广东南海模式与建立中国式绩效预算

白景明　赵新国　李成威　马洪范　著

中国财政经济出版社

图书在版编目（CIP）数据

广东南海模式与建立中国式绩效预算/白景明等著．—北京：中国财政经济出版社，2010.5

ISBN 978－7－5095－2185－4

Ⅰ．广…　Ⅱ．白…　Ⅲ．地方预算－财政管理体制－研究－南海市　Ⅳ．F812.765.43

中国版本图书馆 CIP 数据核字（2010）第 069873 号

责任编辑：孙聪宝　　责任校对：徐艳丽

封面设计：孙俪铭　　版式设计：汤广才

中国财政经济出版社 出版

URL：http：//www.cfeph.cn

E－mail：cfeph@cfeph.cn

社址：北京市海淀区阜成路甲 28 号　邮政编码：100142

发行处电话：88190406　财经书店电话：64033436

北京财经印刷厂印刷　各地新华书店经销

787×960 毫米　16 开　25.25 印张　391 000 字

2010 年 4 月第 1 版　2010 年 4 月北京第 1 次印刷

印数：1—5 000　定价：50.00 元

ISBN 978－7－5095－2185－4/F·1733

（图书出现印装问题，本社负责调换）

本社质量投诉电话：010－88190744

前　言

我国2000年开始的部门预算改革，标志着预算管理制度改革的正式启动。此后，财政部相继实施了部门预算、收支两条线、国库集中收付制度、政府采购、政府收支分类等多项改革，取得显著成效，为深化整体财税改革奠定了基础。但应该看到，目前我国的部门预算编制很大程度上仍然依赖财政部门与经费申请部门之间的讨价还价，预算编制带有较重的经验决策的色彩，部门预算编制与部门事业发展目标之间缺乏直接的联系；同时，预算管理重视对预算资金投入的控制，而对预算支出效果的评价和考核则较为薄弱，结果往往是只管投放进度，不问投放效果，只管使用合规，不问效益大小，只强调支出的财务责任，不考核项目的执行水平，从而造成预算资金浪费和效益较低等问题。这样的预算管理水平显然不能适应我国社会经济发展的需要，也与公众强烈要求落实预算知情权、监督权的情况不相符，更与公众提高财政资金使用效率的呼声不对称。

西方国家早在第二次世界大战前后就开始了政府绩效的理论研究和实践探索。20世纪50年代美国政府通过使用预算绩效方面的信息，重塑联邦预算程序，使预算程序更加关注投入带来的产出，而不仅仅是投入本身，真正将绩效管理理念引入政府管理领域始于20世纪七八十年代。当时，西方国家为应对科技进步、经济全球化和国际竞争以及公共福利支出扩张压力的挑战，特别是为了解决财政困境和受托责任问题，普遍实施了以公共责任和服务对象至上为理念的政府绩效评价。随着政府绩效评价工作的深入，绩效评价开始与政府资金投入结合，政府预算管理模式也相应发生了很大的变化，部分国家开始由项目支出预算管理模式转向基于绩效的预算管理模式，并逐渐形成了世界性的绩效预算改革潮流。

我们可以看到，西方的绩效预算是建立在符合西方经济基础、政治制度和人文环境基础之上的绩效预算。西方的经济基础、政治制度和人文环境与我国的情况有很大的差别。从经济基础来看，西方国家的市场经济体制经过上百年的发展已经基本成熟与完善，而我国的经济体制虽然经历了从计划经济向市场经济的转型，但市场机制在很多方面还有待完善；从政治制度来看，西方国家的政治制度是以分权体制为核心的，这种分权原则不仅体现在纵向的政府级次分权中，而且体现在的议会、司法和行政的三权分立以及直接民主中，而我国的政治架构有明显的集权特色；从文化环境来看，西方的民众担心个人的自由受到束缚而不愿意政府的存在，另一方面又必须建立政府来保证个人权利的实现，在这种心态下，就会苛求政府以最少的花费做更多更好的事，但我国公众普遍希望政府集中财力办大事，当前特别要求政府力推基本公共服务均等化。可见，建立在不同经济基础、政治制度和人文环境之上的绩效预算，其基本理念和管理模式必然存在很大的差别。20 世纪 90 年代中后期我国政府兴起了一些绩效预算改革的探索和实践，许多学者提出向西方国家借鉴经验以推动我国的绩效预算改革，但进展相对缓慢，根本原因就在于忽视了中西方的差别，未能全面分析西方绩效预算的问题，未能深入探讨如何构建中国式绩效预算。

但是，在学术界对西方绩效预算学习、研究和反思的过程中，我国一些地方政府已经开始悄然启动财政预算分配制度改革，在实践中逐渐摸索和建立起具有中国特色的、符合中国国情的所谓“中国式”绩效预算，广东佛山南海区就是其中一个典型。南海绩效预算的改革植根于中国的制度土壤和社会环境，南海改革的探索值得我们去思考很多问题，给予我们的重大启示至少有四点：一是政府财力规模越大越要加强管理；二是中国必须深化预算管理改革；三是绩效预算在中国不仅可行，而且有效；四是绩效预算深受公众喜爱。同时我们还可以从南海实践中悟出中国式绩效预算框架体系的五个基本特征：一是预算绩效管理是以中国特有的政府经济社会发展规划为依据的；二是中国的绩效预算是建立在多部门、大政府基础上的；三是中国的绩效预算首先要实现的目标是科学配置财政资源；四是中国的绩效预算就是要通过预算绩效评价来反推行政管理改革深化；五是中国的绩效预算是财政民主化的助推器。通观南海实践，可以看到，南海政府和南海财政系统具有大无畏的改革精神，勇于承担改革成本和压力，对人民和党的事业具有强烈的责任心，他们的成功表层上是操作上的胜利，深层次的成功是理念和信念的成功。同时，南海的探索为各级政府研究、推进预算改革提供了参照系，得失可资各方分析。

本书分为绪论和上、下两篇。上篇9章主要介绍绩效预算的一般理论以及南海绩效预算的实践，在上篇中探索了南海绩效预算形成的基本原因和动力，阐述了南海绩效预算在绩效目标设定、绩效指标选择和绩效控制系统构建方面如何克服西方在绩效预算中遇到的理论难题，以及他们如何在实践中通过探索逐渐形成了符合中国国情的绩效预算模式。下篇10章主要论述构建中国式绩效预算的必要性和基本原则，阐述中国式绩效预算的基本框架，以及如何处理绩效预算与行政管理体制改革、部门预算改革和预算执行改革的关系，在此基础上探讨了中国式绩效预算改革的目标模式和改革路径。总之，全书的落脚点是从中国制度特征和国情特征出发提出中国式绩效预算的制度框架，为实现财政管理科学化、精细化勾画出一个突破点。

总之，本书是以广东南海案例为支撑，探讨构建中国式绩效预算的研究成果，选择这种研究范式，主要目的是把局部和全局联接起来，具体说就是总结财政改革自下而上模式的特点。当然，出版本书的目的还是要抛砖引玉，希望学术界和实践部门更多地关注和研究中国式绩效预算，共同推动我国绩效预算改革大踏步迈进。

作　者

2010年4月

目　录

下篇 如何建立中国式绩效预算

绪 论

一、探索推行绩效预算是深化预算改革的必然

在30年的改革和发展历程中，财政改革始终走在前列，充分发挥了保全局、保长远的作用。预算管理是财政管理的核心，预算制度是财政制度体系的基础设施。因此，每一轮财政改革高潮预算管理改革都位处浪尖。

国内外实践表明，在中央统一领导、地方分级管理的行政管理体制框架下，在分级财政体制条件下，预算管理改革的推进和深化，都是中央和地方联动，很多情况下是地方率先探索、形成局部经验后反推中央全面实施，有时既便是中央确定了改革理念，也是地方把理念在实践中具体化，从而证明中央的理念的合理性并推动改革在全局逐步落实。

接续前期财政改革，2000年之后预算管理改革成为财政改革重头戏。特别需要指出的是，相继推出的部门预算、国库集中收付、政府采购、政府收支分类、收支两条线五项改革，无不体现出了中央与地方联动，其中部门预算改革则充分表明了地方先行先试（河北省）拓展模式的优越性。在推进“五项改革”过程中，中国各级政府都已认识到预算制度体系各组成部分的重构还属于结构性工程，更深层次的问题是搭建新的预算管理模式，从而实现预算管理体系的全面更新。那么，究竟应该选择什么样的预算管理模式呢？

中国政府在推进预算改革时始终注意充分借鉴国际经验。这不仅是因为市场取向的改革需要吸收成熟市场经济国家的经验，更主要的是因为预算制度的重大转变具有内在规律性。正是依循这种理念，在推进预算改革中，财政系统和学术界高度关注西方国家的绩效预算，认识到绩效预算是

全新的预算管理模式，它的形成和完善虽然艰难，但却是能够提高政府公信力、有效使用财政资金的值得追求的制度变革。在充分研究西方绩效预算理论和实践的基础上，中国各级政府启动了绩效预算的实践探索。在这方面，地方政府显示出了更为强烈的主动性，特别是基层政府，表现出了异乎寻常的勇气和毅力，广东省佛山市南海区是其中的典型。

广东南海属于经济发达地区，人均财力远超出全国平均水平。从2004年起，南海就积极探索推行绩效预算，至今已经形成了包括制度体系、评价主体体系、评价标准体系、评价指标体系、绩效问责体系等内容的相对完整的绩效预算。南海的绩效预算植根于中国的制度“土壤”、发端于改革的特定阶段，破解了一系列预算管理难题并连带化解了诸多行政管理难题。显然，南海案例令人振奋，值得我们去深思，并由此出发探寻事关中国社会经济可持续发展的财政问题和行政管理体制乃至政治体制问题的底蕴。

回首预算改革路径、考察南海绩效预算，可以说中国探索推行绩效预算有其历史必然性。这种必然性既表现在预算改革的客观压力上，又体现在预算改革的内在逻辑性上。就前者而言有三点：一是政府支出规模不断膨胀，2010年我国公共预算支出（含债务）已达8.4万亿元，基金预算支出达1.93万亿元，两项加总已突破10万亿元，如果再加上社会保险基金，政府管理的资金达12万亿元。如此巨额财力，不改革资金管理模式是没有出路的；二是社会公众就财政支出提出了多种管理思路和投入偏好，总归起来就是要求政府使用纳税人的钱要尽责、提效。绩效预算讲求的就是提高政府绩效、细化财政支出管理、民主理财，这与公众的呼声恰好吻合；三是尽管政府可支配财力规模膨胀，但公共产品供给压力强化得更快，这不仅表现在基本公共服务均等化战略的推进带来了公共产品数量和质量的需求变化上，也体现在国情特征（如13亿人口、资源补偿、区域发展不平衡等）构成了他国无可比拟的公共产品需求量上。就改革内在逻辑来讲则主要有两点：一是以细化预算为导向的预算改革必须寻求支撑点，绩效预算本身的特点就是细化管理，把资金绩效与政府绩效对接起来。因此，推行绩效预算，恰好符合深化预算改革的基本原则；二是深化预算改革势必触动行政管理体制。绩效预算的特点是以政府绩效为依据编制、执行预算。显然，推行绩效预算恰好可以促进行政管理体制完善。

二、全面认识绩效预算

如何定义政府预算至今仍是学术界争论的问题。西方财政学界有两大类观点:一是认为政府预算就是政府资金配置的规划或计划方案;二是认为政府预算是一定时间内政府收入和支出的记录。前者实际上是从事前角度看问题得出的结论,后者本质上是从事后角度看问题作出的归纳。应当指出,这两种观点似乎都没有把预算和政府意志之间的关系结合起来,从而使人很难理解西方各国政府为什么总要提预算政策。中国经济学的特点是习惯于从文件政策规定的角度去确定学科内容中的各个概念的定义,因而总是容易把文件术语移植到学科中并界定为相关概念。这在财政学中体现得也很明显。可以说,恰恰是这种思维逻辑使得人们往往简单地把政府预算定义为政府资金分配计划。当然,这种观点与西方学术界的看法有接近之处。

从政府预算表现出来的政府资金流入流出与行政活动环环相扣关系出发，人们又认识到政府预算是国家大政方针的集中体现。由此，可以说，我国对政府预算本质的界定已经考虑到了行政管理和政治体制与政府收支的因果联系。换言之，人们对政府预算的认识已经跳出了经济学圈子。但必须看到，这一结论明显针对的是预算的基本功能，考察问题的视角也是合理的。然而，究竟政府预算的本质是什么确实还有待说明。

那么，如何界定政府预算呢？解决这一问题首先是合理选择分析视角。我们认为给政府预算下定义，应从政府预算的形成、实施、功能三个角度去分析问题。由此，可以说政府预算实际上也可称为国家预算，是国家机器各组成部分及其各个环节分别落实国家意志的政府经济资源配置计划。这里所说的政府掌握的所有资金和资产，政府预算管理的具体对象相应也就分为资金和资产两大类。

政府预算包括预算程序、预算主体、预算权力划分、预算评价和预算决策五大要素。预算的形成包括预算编制和预算执行两个阶段。这其中至为关键的是谁有权力参予、决定预算。就国家性质而言，国家预算的最终决策权属于人民，但由于人民意志是由国家机构的运转来代表、体现，国家预算的直接决策者是人民代表大会授权的国家机关。进一步说，因为国家预算集中反映的是国家各项职能履行状况，所以国家预算又是各个预算单位部门预算的总汇。可见，在操作层面，国家预算的形成是国家机器各个环节、政府各部门预算意志的统一，但这种统一的过程往往包含着部门职能划分的争议和追求资金使用最大化的部门之争。因此，把政府预算管理简单地解释为总预算管理机构的专业职能是片面的，应当承认所有预算单位都是预算管理主体，区别只在于管理层级不同。正是有鉴于此，一个国家政府部门越多、各部门管控的下设机构越多、链条越长，预算管理难度越大。基本的现实情况是，在西方部门少且部门下辖机构也少的国家里，预算争议更多的是来自于政府与公众意志的难以统一，但在我国这样一个多部门、部门下辖机构多的国家里，预算争议最激烈的则是部门之间意志的统一。

显然，政府预算绝不只是经济问题，而是政治体制和行政管理体制问题，作为预算管理对象的资金和资产虽然具有经济属性，其规模和结构变动受制于经济运行状况的变动，但最终的使用方向和管理架框还是要以国家社会管理目标为依据。因此，人类社会政府预算制度的变革是政治和经济制度变革的综合反映，政治、经济制度变革的长期性、复杂性、规律性决定政府预算制度变革的基本路径。第二次世界大战之后，世界各国普遍摈弃了政府职能最小化就是最好的政府的理念，西方国家普遍走上了福利国家道路，财政收支规模逐步膨胀，财政支出占 GDP 的比重平均在 30% 以上，北欧高福利国家甚至占 40% 以上。人类创造的财富越多，政府再分配的职能就越有条件强化似乎成为了一个规律。在此背景条件下，世界各国的预算改革始终未歇脚，特别是西方国家，预算改革从技术性调整最终走到了根本性变革，即：预算管理模式从投入导向型预算转变为结果导向型绩效预算。

从 20 世纪 80 年代开始，西方国家探索采用绩效预算。就理论设计而言，绩效预算把政府预算视为投入—产出过程，并认为这一过程要以结果为导向，就如同企业商品营销要以市场为导向一样。按照这种理念设计并管理政府预算，整体政府预算报告应是一个结果—产出—投入报表，具体说就是要在报告内清楚地列示出政府资金使用了多少、产出了什么、社会效果是什么。很显然，与投入导向型预算报告相比，绩效预算是一种革命，因为前者的报告只是说明政府资金使用了多少、结构如何、都投到哪些公共产品供给上了、哪些社会群体享用了这些资金。既然绩效预算强调政府预算要以结果为导向，那么，究竟什么是结果呢？对此，西方学术界是有争议的，争议的焦点在于如何计量结果，至今可以说人们并没有找到令人信服的完整答案，较为明确的是大家对有形的公共产品的社会效益有了相对可靠的计量方法。然而必须指出：西方学术界毕竟是把预算的产出和结果区分开来了，他们把产出界定为投入的直接成果，比如教育投入的产出表现为毕业人数、就业支持支出的产出表现为再就业培训人数、文化投入的产出表现为博物馆的个数等，但把结果界定为这些产出所带来的社会后果。这不能不说是历史上的进步，因为过去投入导向型的预算把预算绩效仅仅归结为产出，如教育投入带来的毕业人数，究竟这些毕业生的行为对社会产生了什么影响则不在分析范围内，这使人根本不能分辨出政府资金使用的当期和远期社会利益，好像政府用钱仅为产出，就像企业把产品卖出去就完成了任务一样，这实际上是把政府职能和资金使用之间的关系人为地切割开来。

按照绩效预算的理论设计还有一个难题需要解决，即：如何对政府预算中的投入—产出关系作出计量分析。单纯从总量角度上说，政府预算的投入—产出就是公共产品数量与政府支出的比值，但究竟应该如何计量单位成本呢？与私人产品相比，一些公共产品的特点是没有固定的立体物质形式，甚至无法列出数量。比如大家都承认国防是公共产品，但国防投入究竟产出了什么呢？是战争的胜利吗？显然只是个案，国防投入大部分只是体现为军队和武器的存在。再比如治安投入，大部分情况表现为专业机构的运转，破案率只是投入的局部产出。显然，就这些公共产品而言，不可能直接确定出投入—产出系数。事实上即便是一些可以计量产出数量的公共产品投入，也很难界定清楚其单位成本，比如教育投入，人们可能认为生均成本就是单位成本，但问题是什么是教育投入产出的公共产品呢？如果说毕业生数量就是教育投入的公共产品产出量，那么，我们又怎样解释教育自身是公共产品呢？

可见，在理论设计层面，绩效预算是指以绩效管理为核心对政府资金使用和效益实施全程管理。这种观点打破了过去单纯强调预算管理的资金分配职能的理念，试图让公众公共产品需求偏好决定公共产品供给规模和结构，具体说就是要扭转各国普遍存在的公共产品供给设计以官员意志为导向、公共产品资金配置结构偏离公共意志且浪费严重的局面。

理论源于实践，理论又引导实践。公共产品供求偏离所引起的公众不满情绪日渐增长迫使西方各国政府寻求新的预算管理模式，绩效预算理论因之有了需求对接点。20 世纪 80 年代开始，推行绩效预算成为西方国家新公共管理运动的一项内容，但必须说明的是把绩效预算从理论设计转化为现实制度安排并具体操作运行并非易事，其中面临的问题不仅是财政制度体系自身的改革，而且涉及到如何改革相关制度安排，同时还需要思考解决诸多技术性问题。因此，西方国家推行绩效预算的过程充满艰辛，积累了许多经验，也遇到了不少问题。值得指出的是，一些新兴经济体从 20 世纪 90 年代开始也在探索采用绩效预算，如智利、马来西亚、南非。

从实践情况看，实际操作中的绩效预算与理论设计上的绩效预算还是有较大距离。比如没有任何一个国家的预算报表是投入—产出—结果报表。然而必须肯定，所有尝试采用绩效预算的国家，其预算管理理念都是结果导向，实际工作中都制定了把支出与绩效相连接的制度，都对预算绩效进行评价，相比过去，这确实是巨大的变化。所以，我们必须全面认识绩效预算，具体来说，有如下五个问题理应阐述。

（一）绩效预算的核心是把绩效管理引入预算管理

在讨论绩效预算是否可行时，对绩效预算持怀疑态度的人士一般都强调绩效预算的理论模式在实践中不可能彻底落实。应该承认，现实中的情况也的确如此，到目前为止还没有任何一个国家形成过投入—产出表式的预算。然而必须看到，绩效预算的真正价值在于把绩效管理引入政府预算。过去的政府预算强调的是资金分配，分配的依据是预算单位资金需求和收入可能性边界，在预算执行环节追踪问题的只是预算执行进度如何。采用绩效预算，在预算编制环节强调的是以绩效目标和绩效提升为预算审定依据，在预算执行环节强调的也是围绕绩效规划来评价预算执行。因此，当我们判断能不能搞绩效预算、搞到什么程度时，首先要看的是预算中有无绩效因素。由此出发，就可以把所有引入了绩效因素的政府预算都视为绩效预算，而不必再争论什么才是完整的绩效预算。目前宣布采用了绩效预算的国家，共同点也恰恰就是把绩效因素引入了预算管理，这其中美国是把政府绩效评价贯通到预算各个环节、澳大利亚把绩效因素主要放在预算编制环节、南非把绩效因素放在项目预算中。

（二）绩效预算的宗旨是实现预算管理科学化

实现财政管理科学化始终是社会公众的强烈要求。但过去的投入导向型预算一直未能解决预算管理科学化问题。事实上，在以往的预算改革过程中，各国还是在追求预算管理科学化，比如美国在20世纪60年代尝试实行零基预算。之所以如此，关键是政府资金分配具有很强的主观性，每个部门都认为自己应该得到更多的预算资源、每个社会群体都认为预算资金应该投向自己关注的领域。恰恰是这种主观性，使得过去的预算改革不管形式上多么严谨，总是不能大幅度提升预算资金的使用绩效，总是不能切实缓解部门与预算顶层管理机构之间的矛盾。比如零基预算，这种方式试图把因素分析彻底引入预算，打破基数法造成的预算只增不减思维模式，但实际执行情况是各部门报批的项目数量只增不减，预算拨款最终只能还是有增无减。究其根本原因，还是该不该得到预算资源没有一个基本判断依据。绩效预算就是要用制度管钱、用客观依据管钱、用事实判断是非，宗旨是要实现预算管理科学化。其突出表现是所有采用绩效预算的国家，都对财政支出进行绩效评价，不管评价重点放在事前、还是事后，毕竟是要以评价结果来确认支出的合理性，这就打破了过去仅靠个人或机构偏好和判断力来确定预算的决策机制，事实上是用统一的评价制度来取代不统一的一对一谈判制度。当然，绩效评价毕竟还是“人工操作”，而且评价主体有时还是预算单位自己，但评价活动总是要依据固定的标准、指标、方法来进行，最终是会极大地减少主观随意性，这应当说就是预算管理的科学化。

（三）绩效预算是在原有预算制度基础上生成的改革

绩效预算是从投入导向型预算转为结果导向型预算。但必须看到，这种转变并不是没有基础的，换言之，原有的预算制度不能说对绩效预算的形成没有支撑作用。要承认预算制度是一个体系，预算管理模式的变革与这一体系的每个环节都有联系，变革会突破一部分制度，但也会依赖某一部分制度。具体来说，原有的投入导向型预算是在不断完善的，初步形成了管理细化、程序严谨、制度规范的格局，其突出的表现是支出标准化、预算单位责权明确、预算监督规范化、财政透明度逐步提高。反映在制度体系上，就是相对完整的政府收支分类、预算编制制度、预算执行制度和政府会计制度的构建完毕。这些制度框架对绩效预算的采用属于基础条件。比如政府收支分类，其最基本功能是把政府职能细化体现在收支科目上，不管采用何种预算管理模式，政府收支分类都属于基础设施。经过几十年的改革，西方国家已经确立了可操作的、能够准确对应政府职能的预算科目体系，采用绩效预算时，以政府绩效为依据编制预算，原有支出功能性科目体系与政府绩效的分类基本上是相对应的。再比如预算编制制度，在完善投入导向型预算的过程中，细化预算已成定局，而且也试图使基本支出和项目预算都建立在客观标准基础上，这与绩效预算相比，差别只在于视角选择上还是要如何分配好资金，转到绩效预算轨道上，虽然是要以政府绩效为依据编制预算，但支出标准化理念和规则依然是有用的，特别是政府绩效如果要量化，支出标准化就更为重要。因为：达到可量化的政府绩效要求的支出水平有高低之分，而从节约资金的角度看，支出水平要适中，不同区域间要有一个相对均等化的水平。可见，绩效预算并不是对投入导向型预算的完全抛弃，推行绩效预算理应充分发挥原有预算制度体系中合理成分的功能。

（四）绩效预算最大的作用是推动行政管理体制改革深化

预算改革的深层动因是公众对公共产品数量、质量和提供方式不断提出新要求，呼吁改革公共机构的服务模式。同时，政府各个部门也希望职能最大化、最强化，因而都要追求预算资源最大化，最起码部门预算资金增长率不能低于其他部门。然而问题在于各国普遍的情况是部门追求资金最大化，行政效率和服务质量却未见明显提高，而且一些公共产品供给还偏离公众意志。采用绩效预算时，政府绩效评价是预算资金配置的前置条件，评价有关资金需求有效，否则资金需求无效或予以压缩，这实际上是从资金配置机制变革角度对行政管理形成了强劲的改革压力。考察采用绩效预算国家情况，可以看到政府绩效评价的细化首先触动的就是行政管理。比如美国，决定采用绩效预算时，第一个步骤就是出台政府绩效评价法案，该法案要求所有部门必须在年初明确作出政府绩效规划、说明年内本部门要做什么、要取得什么样的结果。这打破了过去各部门没有明确的年度细化工作目标格局。再比如澳大利亚和瑞典，推行绩效预算，直接促使政府采用了全面绩效管理。各国经验表明，采用绩效预算之后，政府部门的办事效率和服务质量明显提高，并主动根据民众意愿调整公共产品供给结构。

（五）绩效预算属于分权化改革

预算管理权限划分始终是预算管理中的一个难题。从政治管理体制角度看，预算管理权要在立法和行政两大系统间划分，在行政管理体系内部，预算管理权限要在政府顶层和各部门之间划分。预算管理权力过于集中，容易导致资金配置失衡、过度倾斜某些公共产品供给，预算管理权力过于分散则可能使政府不能集中财力办大事。从个体偏好出发，所有部门和预算单位都希望预算管理权限最大化。在投入导向型预算条件下，由于重投入、轻绩效考评，尽管建立了多层级预算管理体系、立法机构也在逐步强化预算监管，预算管理权实际上还是过多地集中在行政管理体系的顶层机构，比如美国过多地集中在联邦政府预算办公室。客观地说，投入导向型预算框架下的预算管理过度集权确实在一定程度上抑制了部门有效利用预算资源的积极性和主动性，表面上的规范化掩盖了深层次的矛盾。采用绩效预算后，要求预算单位依据政府绩效编制预算、执行预算，实质上是加大了预算单位和立法机构的预算管理权限，突出点是使它们有了发挥预算管理能力的主动性和创造性，特别是当预算单位成为绩效评价的主体后，预算单位自然会把政府绩效评价与预算资源争取力度自觉结合起来，在预算执行过程中也会主动有效配置资源。比如瑞典和澳大利亚、新西兰等国，采用绩效预算后，在锁定部门绩效目标的前提下，部门首长有了更多的预算资金配置权，这不仅体现在项目资金的调剂使用权上，也体现在人员工资确定权限的扩大上。所以，绩效预算本质上属于分权化改革。

三、为什么要研究“南海模式”

在推进财政改革的过程中，地方政府表现出了强烈的主动探索前行精神。广东省佛山市南海区的绩效预算采用过程是一个鲜明例征。

从2004年起，广东南海探索采用绩效预算，这项改革历经三个阶段。2004～2005年为启动阶段。此间，在部门预算、国库集中收付和收支两条线等项改革的基础上，以财政信息化建设为依托，在广东省率先力推财政支出绩效评价全面化背景下和区委区政府大力支持下，南海财政局先是对信息化建设项目进行支出绩效评价，2005年又对其他一些专项经费项目进行绩效评价，需要指出的是，在这一阶段，南海就把绩效评价放在项目启动前进行，而不是事后评价。2006～2008年为第二个阶段。此间，项目预算评审范围扩大，基建项目100万元以上的设备购置和大额专项业务费纳入立项评审，全额突破20亿元。同时完善了包括评价指标体系、专家评审程序、事后评价体系等的制度建设，并在2008年实现了绩效预算全盘信息化。2009年至今为第三阶段。此间，不仅继续完善了原有制度体系，而且进一步扩大了绩效预算范围，其中最大的亮点是建立了财政资金使用绩效问责制，实际上是把预算资金绩效评价与行政管理问责串联起来，在政府体系内部实现了财政支出结构全透明，以预算资金使用问责推进财政管理乃至行政管理科学化、精细化。

从南海绩效预算推进过程和改革结果看，南海模式有五大特点：

第一，以预算管理改革带动行政管理改革。南海的绩效预算是在区委、区政府的直接领导下推进的，有些相关制度规定是以区政府名义下发的，在采用绩效预算之初的动员大会上区长亲自作动员大会。这些情况表明，南海采用绩效预算立意不在于单纯的完善财政资金管理，而是要推动行政管理改革。其后推行绩效预算过程中所形成的专家评审、支出绩效问责、一定范围内公开财政资金使用情况等制度，实际上是把政府各部门的行政活动阳光化并加大了主民监督力度，提高了民主参予决策程度。这对原有的行政管理模式是一种冲击，把预算管理改革和行政管理改革有机结合起来。

第二，注重从预算管理源头控制预算。政府预算是一个环环相扣的链条，从流程角度看，预算编制是起点，而预算编制的源头是如何立项。显然，如果立项过程管理失控或失范，那么，后续预算管理自然处于先天发育不良状态。南海模式的特点就在于把改革的发力点放在立项评价上，这就主动把住了源头关口，使很多有可能出现的问题在预算管理源头就得到了抑制。

第三，以制度建设保改革。预算改革涉及面广、触动各部门财力形成机制、牵动公共产品供给结构转换。因此，推行绩效预算必须有完整的制度体系作保障。在实施绩效预算的过程中，南海充分认识到制度既是一种规则，又是统一意志的集中表述，也是改革的具体规划。所以，南海的绩效预算每推进一步都以制度建设为先导。至此，南海有关绩效预算的制度规定已达几十项，其中有的是区委、区政府的文件，有的是各部门联合下发的文件。建章立制对南海绩效预算的推进不仅起到了规范化作用，更主要的是使各方面对认识和理解这项改革起到了促进作用，从而增强了各级预算主体参予改革的主动性。

第四，充分调动各方面积极性。政府预算是公共预算，无论是从法律角度看，还是从公共管理机制角度看，国家机器各个环节和社会公众都有权力参予决策和监督。推行绩效预算时，南海不是把改革在政府系统内封闭展开，而是充分调动各方面积极性，让人大、政协、纪检各方面都参予绩效预算的制度建设、运行监控、专业评审等。2009 年启动预算绩效问责制运行时，部门预算绩效问责专家评审会由人大和纪检部门有关职能机构领导主持。这种做法，不仅起到了增强改革决策科学性的作用，而且确保了改革操作过程运行平稳，同时也加大了改革措施落实的权威性。

第五，力促预算制度改革的协调配套。南海推行的绩效预算既是前期预算制度改革的衍生品，又是后期深化其他预算制度改革的助推器。突出的表现有三点：一是为增强财政透明度创造了条件。提高预算透明度始终是当地公众的诉求。推行绩效预算时，政府公布了有关预算绩效的信息，实际上是打开了全面提高财政透明度的窗口。二是加强财政基础信息搜集和处理信息系统建设为完善部门预算制度创造了条件。推行绩效预算时，南海始终高度重视信息采集和处理系统的建设，这对实施绩效评价工作起到了保障作用。然而值得指出的是，这些预算管理信息的整合，事实上也为完善部门预算创造了条件。因为南海的部门预算同其他地区的部门预算一样，面临着进一步优化基本支出标准和项目预算支出标准设立的难题，而要做好这些工作，预算管理基础信息系统的完善是必须首先破解的难题，实施绩效预算时建立完整的预算绩效信息采集系统恰好是在破解这一难题，实际上是把部门预算完善和绩效预算有机结合在一起了。三是实施预算绩效问责为深化国库管理改革创造了条件。2000 年之后，同其他地区财政一样，南海采用了国库集中收付制度。国库集中收付对中国财政来讲是预算执行制度的突破性改革，突出体现是把政府收入统一到国库核算、把政府支出统一到国库单一账号并由此核拨出去，这实际上是在制度上掐断了预算执行单位随意使用财政资金的“主动权”。然而应当承认，在核拨支出时，究竟用款单位能否按时，依绩效用款、国库集中收付制度还没有完善到能够全程控制的程度。南海推行的预算绩效问责，可以反推国库集中收付制度不断完善，具体说就是从问责中发现的问题来有针对性地建立相关国库管理制度。

南海改革的特点归根结底反映出了改革的价值。南海的改革植根于中国的制度土壤和社会环境。很显然，南海改革值得我们去思考很多问题。如果我们放宽视野、深度思想，应该可以发现很多客观必然性乃至规律性。可见，研究南海绩效预算具有多重深层意义。

首先，南海绩效预算推出的财政收支矛盾背景表明财力水平越高越需要改革预算管理制度。改革过程中我国财政收支规模不断扩张，2009 年财政收入达到 6.8 万亿元，财政支出 2009 年达到 7.6 万亿元。应当承认，中国 30 年时间内的财政收入增速之快确属罕见，和经济增长率年均高达 9% 的一样属于世界奇迹。然而也要看到，财政收入高增长并不意味着财政收支矛盾在逐步减弱，实际情况是反而越来越尖锐。有资料表明，如果从预算编制初始阶段申报的资金需求角度看，我国的年度支出需求满足率不足 70%。西方国家的情况和中国是一样的，第二次世界大战之后经济发达国家如美、欧、日等政府财力增长也很快，背景同样是经济规模不断膨胀，但当这些国家走上了扩大公共产品供给、提高全民公共福利的道路以后，公共收支矛盾也是日趋尖锐。其中一些国家政府背上了沉重的债务负担，如美国、日本、德国等政府负债占 GDP 比重超过 80%。那么，如何化解财政收支矛盾呢？可选择的手段有三条：一是增税加费；二是削减支出；三是加强预算管理、提高资金使用效率和效益。对中国来讲，侧重用前两个手段不现实，因为税制改革的目标是公平税负，而收费则属于压缩的重点，特别是目前在实施积极财政政策的过程中，又取消了上百种收费。同时，我国正在重构社会公共福利体系，基本战略是分步实现基本公共服务均等化，这直接导致支出需求急剧扩张，实际支出额只能是快速增长。可行的选择只能是倚重第三个手段。正是鉴此，21 世纪伊始，中国就展开了预算管理改革，近年来不断取得突破性进展。事实上世界各国的情况反映了同样的道理。20 世纪 80 年代之后各国相继探索采用绩效预算，根本性的动因就是为了在财力扩张的条件下有效缓解收支矛盾。作为一个县级市，广东南海的可支配财力高达 80 多亿元，坚决采用绩效预算以有效使用财力，事实上是全局层面的一个缩影，突出证明了财力越多越要讲求绩效，否则收支缺口反而越拉越大的道理。可见，研究南海模式，既可研制收支矛盾与财力增长之间关系，又可追寻到预算管理改革压力增长的根源。

其次，全面认识预算管理与行政管理之间的关系。长期以来，在理论上人们总是过多地强调财政的分配职能，一定程度上忽视了对财政管理与行政管理之间关系的深入探究，因而对预算管理的认识往往流于资金分配管理，相应较少研究预算管理对行政管理的推动作用。然而国内外的实践反复证明预算管理改革总是与行政管理改革连接在一起，前者往往是后者的落实途径。这确实在要求我们反思理论，站在理性思维的高度去把握预算管理与行政管理之间的关系。应当指出，政治家们在治国时，也是从行政管理角度去看待预算管理的。邓小平同志早已指出预算是国家大政方针的体现，江泽民同志曾指出财政既是一个经济范畴，又是一个政治范畴。可见，治国者乃是把预算管理当作行政工具来使用的，而不是简单地去用预算管理来分配资金。南海推行绩效预算，每走一步、每完善一项措施，都体现出了明确的行政管理改革效应，比如绩效预算问责制，不仅起到了优化资金配置的作用，更主要的是推动了部门提高行政决策水平，干应该干的事。这一现象发生在南海，深层次的价值是体现出了行政管理与预算管理之间的内在联系。我们研究这一现象，根本性的意义是把握基层政府内部行政管理与预算管理两者间改革的联动效应，进而捕捉行政管理与预算管理间关系的基本规律。更为具体地说，通过研究南海的绩效预算，可以使我们清楚地认识到预算管理改革能够怎样推动行政管理改革走向深化，以至于在今后的行政管理改革中应把预算管理改革选择为突破口。

再次，探索深化预算管理改革的突破口。2000 年之后，预算管理改革成为财政改革的重头戏，至今已构建起了全新的预算编制和预算执行制度体系，并初步实现了预算管理的公开、民主。然而必须看到，随着财政收支规模的扩大和公众监督、参予意识的强化，预算管理改革的深化再次成为历史性的选择，要解决的突出问题包括预算体系构造、项目支出标准体系建设、完善行政事业单位收入分配制度等。为此，我国提出了财政管理科学化、精细化目标。但摆在我们面前的难题是如何实现财政管理科学化、精细化，具体到预算管理，就是选择什么样的突破口来深化改革。近年来的实践表明，选择深化预算管理改革突破口是一个复杂的系统工程，其中关键问题是从何处入手带动效应最大。考察南海实践，可以发现绩效预算每走一步都会牵动预算管理不同环节联动改革，最终冲击的是预算编制和预算执行两者的基本立法、基本程序、基本效果，绩效预算的各个步骤和操作规程事实上就是预算管理科学化、精细化程度的提高。比如评价指标体系的建立与完善，再比如项目预算申报条件的规范化。这些现象完全可以说明推行绩效预算足以促使我们把财政管理科学化、精细化水平提升一步。追根寻源，绩效预算之所以能够成为实现财政管理科学化、精细化的突破口，关键在于绩效预算的本质属性是要把绩效管理融入预算管理，这恰恰需要量化性、动态性、系统性管理，而过去的投入导向性预算恰恰是没有这些特征。南海模式，反映出来的预算改革对预算管理整体变革推动效应无疑具有深层次的研究价值，有可能使我们考证出绩效预算带动财政管理科学化、精细化的规律性现象。

最后，搭建中国式绩效预算框架体系。世界各国采用的绩效预算植根于特定的制度体系和文化氛围，因而都有自己的特色。西方国家的绩效预算建立于直接选举、民主意识和“小政府”基础之上。中国式的绩效预算则以间接选举、间接参予行政决策和“大政府”为制度基础。南海的绩效预算充分反映出了这些特点。比如预算的专家参予机制，说明的是在间接选举条件下让专家代表公众直接影响预算，再比如绩效问责在国家机器内进行，事实上体现的是在公众间参予行政决策的条件下，让国家机器各个环节都影响预算执行。又比如立项环节的绩效评价能够否决数亿元的项目支出，实际上说明了“大政府”的行政活动覆盖了社会各方面。显然，搭建中国式绩效预算框架体系必须首先研究特定的制度基础，要认识到这种制度基础会使我们只能建立什么样的绩效预算。也正是由此出发分析问题，使我们可以从南海实践中悟出中国式绩效预算框架体系的五个基本特征：一是预算绩效管理是以中国特有的政府经济社会发展规划为依据的；二是中国的绩效预算是建立在多部门、大政府基础上的；三是中国的绩效预算首先要实现的目标是科学配置财政资源；四是中国的绩效预算就是要通过预算绩效评价来反推行政管理改革深化；五是中国的绩效预算是财政民主化的助推器。根据这五个特征搭建中国式绩效预算框架体系最起码有六个具体问题需要研究解决：一是如何把部门预算绩效考评与部门的职能和规划结合起来；二是如何把部门预算绩效管理与部门业务绩效管理结合起来；三是如何在部门内部实现覆盖各级预算单位的预算绩效管理；四是如何处理预算综合管理机构与预算执行主体机构之间的关系；五是如何处理预算绩效评价标准与评价指标体系之间的关系；六是如何分析经济运行自发性与预算编制和预算执行之间的关系。当然，从我国制度变革趋势来看，搭建绩效预算框架体系还应研究公众思潮对预算管理的制约问题。近年来我国的预算管理决策事实上已向民主化迈出了一大步，比如新医改方案中政府投入机制向公众征求意见，再比如燃油税费改革向公众征求意见。这种转变表明今后推行绩效预算，必然出现预算管理公众参予程度强化格局，因此我们就要研究设计如何让公众参予预算绩效的评价和问责。在这方面，南海的实践已经提供了参照系，突出点是他们所搞的专家评审机制和专家参予问责机制以及预算编制过程的公开化。从政府层级角度看，如何设计不同层级财政绩效预算框架也是一个必须研究的大问题。目前的焦点是中央本级怎样全方位推行绩效预算，其中核心问题是如何设计出适合中央财政收支规模和中央行政管理规程以及中央政府职能特征的绩效预算监控体系。

上篇

广东南海模式剖析

第一章 绩效预算体系的构成

绩效预算是一个完整的框架体系，从构成看，主要包括三个部分：预算编制、预算执行和绩效评价。绩效预算的编制、执行和绩效评价都有不同的类型和各自特定的发展规律，下面我们将作具体阐述。

第一节 绩效预算编制的类型及其演变

一、绩效预算编制的主要类型

从世界各国预算编制的发展历程看，虽然出现过多种预算编制模式，但总体而言，主要有三种：①条目预算。这是一种早期的，以强化资源控制为目的的预算编制模式，它的主要特点是每年的支出预算都按条目进行详细的列示，每个条目都有明确的限额，并且通过制定严格的程序，确保不出现过度支出，从而起到控制支出的作用。②项目预算。传统的预算编制将重点放在对现状的边际调整上，而项目预算则是对这种做法的替代，它力图将预算分配与政策联系起来。其主要特点是首先确定政策目标，然后将目标分解为体现不同优先级的项目，最后将项目转化为各年度的预算安排。通过这种制度安排，项目预算把长期政策目标与年度预算有机地结合起来，并通过绩效评价，选择实现既定目标的最优方法。③绩效预算。随着 20 世纪 90 年代新公共管理改革的兴起，产生了主要强调产出和结果的绩效预算。它强调在预算中使用绩效信息，首先，按结果分配预算，因此，绩效必须能够量化说明和报告；其次，改变公共部门内部的责任关系，赋予政府部门更多的自主权，部门对结果负责；最后，改变对部门的激励约束机制，绩效结果与责任相联系，奖优惩劣。

二、预算编制的演变

一般而言，预算编制的目的主要有三：控制资源、制定未来资源分配计划和管理资源。从主要西方国家预算制度演变的过程看，预算改革不能实施跳跃式发展，在发展绩效预算之前一定要经过控制资源阶段，解决资源的控制问题，然后编制项目预算，解决资源的分配问题，此后在绩效管理的大环境下发展绩效预算。

19 世纪以来预算编制模式演变的历史清晰地显示了改进预算模式的基本脉络，预算编制从强调支出控制（财政纪律）——成本核算（经济效率）转向政策规划和产出评价（支出结果）——面向结果（支出有效性和资金价值)。早期的条目预算强调资源控制职能，体现了预算编制中对资源的控制。项目预算则把资源配置职能作为重点，注重成本核算，强调效率，而 20 世纪后期开始的预算编制改革则逐渐将管理资源的职能引入到预算编制当中，强调资源使用的有效性。虽然每个阶段要点不同，但总的改革方向是实现优化资源配置和提高公共支出效果。

第二节 绩效预算执行的类型及其演变

一、绩效预算执行模式的类型

预算执行过程也就是对支出进行控制的过程。预算控制主要有三种类型：①外部控制。外部控制形式有三个特征：支出和控制职能分别属于两个部门；控制针对资金投入加以实施；控制是在资金支付之前实施。外部控制是一种早期的预算控制方法，从预算 100 多年的发展来看，它一直是预算控制的一种重要方法。许多发展中国家预算管理改革主要集中在加强外部控制，以便减少腐败。随着经济和社会的发展，外部控制的管理成本会逐渐增加，主要是因为控制程序繁琐，并且要求进行大规模的监督，从而导致部门规避外部控制的情况越来越多。②内部控制。内部控制制度具有三个明显特征：一是内部控制意味着那些使用财政资金的人，要为确保其行为的合法性和适当性负责。在内部控制之下，执行机构必须根据政府规定建立起标准的人事、采购等管理制度；二是内部控制仍然集中在投入上，但是管理者在采取行动之前不必获得外部同意。三是事先审计（在进行支出之前）转向事后审计（在财政年度结束之后），并且不再审查所有的交易，采取抽样审查的方法以确定运作是否与规定相一致。内部控制是一种过渡型控制类型，既强调外部法律和规则的重要性，又给予支出部门一定权限，在资金的使用上关注部门安排使用资金的合法性和合理性。它与外部控制的区别是某项特定的交易是否符合规定，是由部门自己而不是由外人判定的。但对具体的管理和操作人员而言，由主管部门进行内部控制和由监管机构进行外部控制并没有太大的区别。③管理责任。管理责任将控制的重点从投入转向了产出和结果，从部门购买什么转向了它们生产什么以及效果如何。通过赋予部门享有广泛的决策权来加强管理责任。作为对等，管理者对工作业绩负责。管理责任关注的是对政策目标的实现，而不是细节性的规定，因此，在确定的预算总额下赋予了部门更多的预算自主权。外部控制将支出决策权集中在政府的核心部门，而让具体执行人员负起运作责任；内部控制让具体执行人员对运作状况负责，但是将支出控制权移交给了部门；管理责任将对资源的控制权和对结果的责任全都下放给了部门内的具体运作单位。

二、支出控制改革的次序

预算支出控制对实现预算绩效是十分必要的，但在不同的发展阶段，选择合适的控制形式和类型对实现有效的控制又是重要的，因为每种控制的有效运行要求相应的条件和基础。总体而言，改革的顺序是从外部控制到内部控制再到管理责任阶段。在预算发展的各个阶段，所有的国家都建立了外部控制，某些国家甚至在其预算体制已经高度发展的情况下仍然坚持外部控制；多数国家则已经转向了内部控制；也有一些国家开始强调管理责任和产出及结果控制。预算发展的经验表明，绩效预算控制改革的顺序是政府在对支出具有强有力的外部控制之后，才转向内部控制，同样在内部控制成熟以后再强调产出和结果控制。如果不遵从这样的顺序，在内部控制高度发展之前就将广泛的决策权下放给管理者则可能会造成很大的风险[①]。

究其原因，有效的控制制度依赖于规则和程序的约束力。如果一个国家的预算管理人员没有将遵守规则和制度作为自觉的行为，那么采取下一步改革就不够合适。外部控制可以养成按照规则进行管理的习惯，当法治植根于预算管理制度时，通过外部控制实现绩效提高的目的也就可以达到了。内部控制需要部门对其支出的合法性和效率负责，这意味着控制是内在的，部门管理者认可规则。在管理责任制度下，财政部门不对投入进行严格的控制，各级预算单位的管理者已将规则和制度内化于自己的行为，并对产出和结果负责。

第三节 绩效评价的类型及其演变

一、按绩效关注的方向划分

绩效是一个综合性的体系，最终依赖于预算管理的目标。假如预算管理采取传统的方式，那么绩效关注的是遵从和控制；假如预算管理是面向结果的，那么绩效应该被视为对有效性的评价。根据绩效关注的方向，绩效评价的内容也是不同的。如果关注的是公共资源的投入，也就是节约支出或对投入成本的控制，那么绩效评价的内容主要是资金数量或雇员数量或者两者兼有；如果关注的是产出，则通常使用投入与产出的比率等指标来衡量效率或生产率[②]；如果关注的是结果，也就是目标实现的程度，则用有效性的指标来衡量，此时，把成本和最终结果进行比较即可算出投入的有效性，有时也称之为资金价值。

从发展的角度看，绩效评价的侧重点从节约和效率逐渐过渡到有效性

---

① Jack Diamond, 2003, " From Program to Performance Budgeting: The Challenge for Emerging Market Economics ", IMF Working Paper, No. 2003/169, P3.

② 在此，投入比产出是效率，产出比投入是生产率。

和资金价值。绩效评价最初引入公共部门时，是以财政节约和行政效率为核心，重视节约成本、提高效率。但随着行政改革的深入，继续以经济性和效率为重点，必然引发牺牲质量和公共服务来追求开支节省的风险。因此，绩效评价的发展基本上都是从重视节约和效率到侧重有效性和资金价值，形成以有效性和资金价值为主的综合性的绩效评价体系（如图 1－1 所示）。概念图描述了政府的生产过程，这个过程始于获取投入的成本，使用这些成本进行生产，最终产品是能满足政府政策目标的结果。从这个过程可以看出，评价绩效要有一系列的指标。传统的预算体系关注公共资源的投入，注重节约和对投入成本的控制。面向产出的预算管理体系关注的是效率或生产率。面向结果的预算体系关注的则是投入的有效性和资金价值。

二、按绩效评价的功能划分

绩效评价按其功能分为三种类型：①评判功能。它是指通过对组织绩效的分析来指出促进或妨碍组织取得绩优的因素。例如，著名雷纳评审的目的是通过对政府部门活动的经济性和效率的评审来发现部门内存在的问题，并提出具体的改进措施。②控制功能。是指上级部门依据绩效协议或绩效合同评价下级部门，并运用评价结果对下级部门实施有效控制。例如，政府行动方案要求核心部门与执行机构间签订框架文件。实际上，框架文件就是一种准契约性质的协议或工作合同。核心部门就是依据绩效协议来监控下级部门。③发展功能。它是指通过各部门、各单位间的横向或纵向比较、现有的绩效水平与标准水平或理想水平的比较，进一步提高组织绩效，实现本部门发展的目的。

各国实施绩效评价的初期，评价目的一般都在于评判和控制，随着绩效管理的推进，绩效评价的功能不再局限于评判、控制。新西兰、英国、澳大利亚等政府开始积极运用绩效评价来推进政府绩效的持续改进，以实现组织的发展。此时，绩效不仅仅是一个指导和控制的程序，更是一种学习的程序，目的是实现各部门的发展。

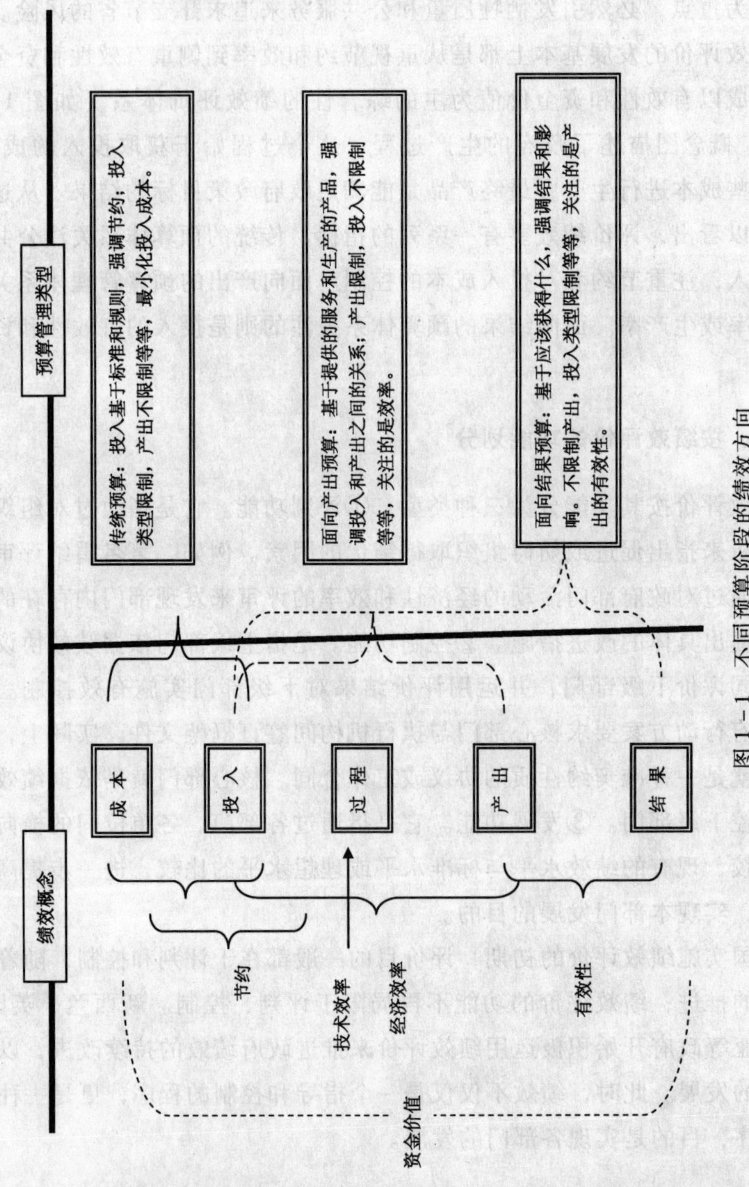

图1-1　不同预算阶段的绩效方向

第四节　绩效预算体系的模式

绩效预算是由预算编制、预算执行和绩效评价构成的完整的体系，同时，它也是一个有机的体系，在不同的发展阶段，不同的预算模式之下，预算编制、执行和绩效评价必须进行合理的匹配，从而真正有效地发挥绩效预算的职能作用。具体而言，主要存在三种模式。

模式一：预算编制采用条目预算，预算执行实行外部控制，绩效评价关注节约和对支出进行控制，评价主要发挥控制功能。

这是早期的预算管理模式，也是目前发展中国家采用较多的一种模式。在预算改革初期，为加强对资源的控制，在预算编制制度的设计上，必须细化到每一个具体的支出条目，并确保其不超过预算额度，如此才能真正达到控制的广度和深度。详尽的预算编制如果没有相应的控制手段为支撑就会失去其实际意义，在这种情况下，通过外部监管机构实施控制就成为必然的选择，因此，与条目预算相适应的控制方式就是外部控制。从外部控制的特点看，它通过向预算部门强调政策规则和指令，对资金投入进行详细的控制，这就要求各部门编制详细的预算，根据行政事务规则雇用并监管工作人员，按照政府的规定采购物品。由于条目预算和外部控制主要是对投入进行控制，并不关注产出，就绩效评价而言，其关注的方向也就是如何更好地节约成本，有效控制支出。从绩效评价的实施主体看，主要还是外部机构和上级部门，评价的重点是部门执行预算限额和遵守预算管理制度的情况，查找问题，分析原因，提出加强控制的措施，因此，从绩效评价的功能看，主要还是发挥控制功能。

模式二：预算编制采用项目预算，预算执行实行内部控制，绩效评价关注效率，绩效评价主要发挥评判功能。

由于条目预算控制成本较高，重视投入控制而忽视效率，
的呼应，因此，在条目预算发展到一定阶段后逐渐被项目预算
目预算把预算与政策联系起来，通过一定的技术手段选择实
方案，按项目优先顺序分配，大大提高了资源配置效率。在

财政部门对项目和效率问题比对详细的投入控制更感兴趣，因此，把部分控制权向部门转移，实行内部控制就成为一种合理和必然的选择。内部控制有利于降低控制成本，调动部门的管理积极性，提高支出效率和增加支出的有效性，但是，内部控制必须是在外部控制高度完善的情况下才能实施，同时，内部控制是一种有限控制，即部门的管理权限是有限度的，部门制定的制度必须符合政府统一规定的标准，还要接受财政部门等的监督。由此可见，在绩效预算体系中，预算编制和预算执行是相辅相成的，预算编制由详细的条目向更加“粗放”的项目过渡，控制方式也由完全的外部控制向适度放权的内部控制转移，这也体现了预算体系组合的有机性。由于项目预算和内部控制更加关注政策而非条目，因此，绩效评价关注的重点也会由节约和遵从逐步转向效率，评价的作用也主要是找出影响效率提高的因素，分析原因，提出改进意见。另外，虽然控制的主体有所不同，但控制仍然存在，在一定程度上还发挥着作用，因而，绩效评价也由控制功能为主转向控制和评判功能并重。

模式三：预算编制采用绩效预算，预算执行实行管理责任，绩效评价关注有效性和资金价值，绩效评价主要发挥发展功能。

条目预算和项目预算重视投入控制和效率，但忽视了政策目标实现的程度，即资金的有效性，随着时代的发展和行政管理体制改革的不断深入，需要一种面向产出和结果的新模式来取代已有的模式，实现管理资源的预算编制目标，绩效预算就是在这种条件下应运而生的。绩效预算把绩效放在突出的位置，按照绩效目标，通过科学的成本衡量技术确定部门的预算总额，由部门在总额内自行安排支出。可见，在绩效预算模式下，部门获得了较大的管理自主权，与此相对应，部门要对绩效目标的实现承担责任，充分体现了权利和责任的对等。从预算执行的角度看，管理责任已经取代内部控制，成为支出控制的主要方式。同样道理，管理责任也是在内部控制成熟，各部门和单位的管理者已将规则和制度内化于自己的行为，能够对产出和结果负责时才能确立。预算编制和预算执行对政策目标实现程度的关注，决定了绩效评价体系也要将有效性和资金价值作为重点，从而能够有效地对产出和结果进行评价，而这对绩效评价体系的建设又提出了极高的要求。绩效评价的作用也不再局限于评判和控制，而是更地通过开展相互比较和学习，促进部门的发展，提高实现政策目标的能力，突出其发展功能。

从以上三种模式的构成和内容看，模式一是绩效预算体系发展的初级阶段，主要是通过外部力量来强制实现投入控制的目标；模式三是绩效预算体系发展的高级阶段，它通过建立分权和责任相结合的激励约束机制，自动实现面向产出和结果的目标；模式二是绩效预算体系由低级阶段向高级阶段发展的中间和过渡阶段，它体现的是适度控制和适度放权，追求的也是介于投入控制和面向结果之间的效率目标。绩效预算发展的一般路径也是由模式一到模式二，再到模式三，但这种划分只是为了满足理论分析的需要，并不意味着不同模式间的界限是严格和清晰的，一切科学的方法和手段都可以用于不同的模式，但这并不能从根本上改变预算模式的特征，也不意味着预算体系的进化可以超越发展阶段，直接从模式一跳跃到模式三。

第二章　基层政府具有强烈的预算改革积极性

第一节　基层政府探索预算改革的理论准备

近些年来，随着我国政治学、经济学、管理学等理论研究的深入和社会主义和谐社会理论的提出，无论理论界还是实践部门，在学习、借鉴国外先进理论的同时，也从我国国情出发，逐步重视执政理论、政府管理理论和公共财政基础理论等方面的研究，并逐步形成了与我国市场经济体制改革和政治体制改革相适应的新时期执政理论、与全面建设小康社会要求相一致的构建社会主义和谐社会理论，以及以构建公共财政框架为主要内容的中国特色公共财政理论，为我国基层政府探索推进财政改革奠定了较为扎实的理论基础。

一、新时期执政为民的执政理论

伴随着经济体制改革和行政管理体制改革的深化以及社会结构、经济结构、公众理念等的变化，我们党和国家不断完善自己的执政理论，从邓小平理论到“三个代表”重要思想，再到科学发展观和“五个统筹”，无不包含着时代色彩，体现着执政理论的完善。增强执政能力与提高执政水平，从财政角度上说就是依随民愿和人民的整体利益、长远利益来分配使用财政资金。

新中国成立60年，尤其是党的十一届三中全会以来的改革、开放与发展，将我国推向一个新的起点，也对提高执政理财能力建设提出了更高的要求。一是关键时期的客观要求。党的十六大提出，21 世纪头 20 年是我国的重要战略机遇期。这一时期，既是“黄金发展期”，又是“矛盾凸显期”。因此，化解矛盾，促进发展，就成为提高执政理财能力的根本性任务。二是践行“第一要务”的要求。发展是“硬道理”，是我们党执政兴国的“第一要务”。但要实现持续快速健康的发展、实现全面协调的发展、实现保持社会稳定的发展，必须有强大的可持续发展的国家财力作为支持。三是经济全球化的要求。经济全球化和科学技术的突飞猛进使来自国家外部环境的机遇与挑战，成为影响我国改革与发展的重要因素。维护国家的政治安全、经济安全、文化安全和信息安全，迫切需要执政理财能力的加强与完善。

政府预算是国家大政方针的体现，是实现政府长、中、短期社会经济发展思路的资金支撑体系。因此，执政理论不可能不决定预算模式的变迁。国家财政在党的执政能力建设中有着相当重要的地位和作用，财政的改革与发展，特别是财政资金运行的安全、规范与有效，也直接影响到执政党的长期执政的能力水平。因此，财政部门务必认真学习贯彻党中央的指示精神，进一步巩固党在财政领域的执政基础。为此，就必须以思想认识的提升为前提，以科学发展观的要求为指导，以科学理财观的实践为途径，以财经理论的创新为动力，以可持续发展为目标，全面履行政府的各项财政职能，不断提高执政理财能力。

具体地讲，包括以下几方面：一是提出和运用正确的财经理论与方法的能力；二是制定和实施正确的财政政策与策略的能力；三是制定和实施财政税收法律、法规的能力；四是建立和落实科学的财政管理制度和管理方式的能力；五是动员和组织各部门及广大民众管理政府财政事务的能力。全面具备与有效运用这几个方面的能力，是实现财政资金安全性、规范性和有效性的重要前提，是推进国家物质文明、政治文明和精神文明协调发展的根本保障。

二、构建社会主义和谐社会理论

21 世纪伊始，我国人均 GDP 在 2003 年突破 1000 美元的基础上继续向上提升，社会主义市场经济体制的基本框架初步建成，在新的更高的历史平台之上构建社会主义和谐社会，已成为我们党和政府率领全国人民建设全面小康社会、走向共同富裕的必然选择。党的十六届四中全会把和谐社会建设摆在“重要位置”，此后，社会、经济、政治、文化和城乡、区域、人与自然、内外发展开放统筹协调的总体战略意向日趋明晰。十六届六中全会则科学总结了中国特色社会主义的本质属性，系统地制定了构建社会主义和谐社会的思路与指导方针，标志着积极有效地逐步实现和谐社会的进程进入了重要的新阶段。2009 年我国人均 GDP 已突破 3700 美元，个别地区已突破 1 万美元（如北京），因之经济增长福利如何由全民公平分享成为必须进一步认真研究的问题。

构筑社会主义和谐社会理念，是国家富强、民族振兴、人民幸福的重要保证。公共财政是一项专门的公共管理技术和政府管理工具，通过围绕与引领和谐社会的发展，可以使现有经济运行高效，促使政府提高效率，纠正不合理的决策行为，对不断提高政府供给公共产品和服务的水平和质量，促进服务型政府建设及和谐社会建设具有重要意义。当然，和谐社会构建是一项系统工程，也是一个长期的动态过程，财政在资源配置、收入分配、宏观调控、社会事业发展等诸多方面发挥不可或缺的作用，但也不可能包打天下。财政应当与各方面的努力相配合，有所为、有所不为。

一是促进民主法治建设。公共财政建设，不仅要求政府为满足社会公共需要提供公共产品和公共服务，而且要求政府构建规范的公共选择机制，这个机制实际上就是要形成一套法制化、民主化、宪政化的理财制度。公共财政要求预算管理科学化、民主化，预算资金要有完整性和透明度，财政信息要尽可能给公众一个可见的全景图和结构图。参与政府预决算决策过程的，不光是政府有关的综合部门，还要有专家群体和公众，通过听证会和舆论监督等方式来发挥作用，通过法治建设逐步把规则与程序完善起来、稳定下来。从理财角度构建公共财政和引出财政民主化、法制化、宪政化，会进一步拉动经济与社会生活的民主化、法制化、宪政化，这将是公共财政对构建和谐社会和在渐进改革“路径依赖”局限下实质性地推进制度创新所可能和所应当作出的一个重要贡献。

二是维护与提升和谐社会所要求的公平正义。财政在这方面所可能发挥的作用是多方面的。比如，建立体现公平正义的相关制度。以税制改革为例，过去企业是由政府投资建立的，五级政府每级都有自己的企业，企业之间不可能公平竞争。1994 年的分税制改革，实现了各类企业在市场中公平参与竞争的“一条起跑线”的初步构建；企业所得税“两法合一”极大地推动了内外资企业间的公平竞争。又比如，通过财政支出、转移支付制度对经济社会发展中一些相对薄弱的领域或地区，比如三农、义务教育、科技自主创新、社会保障等领域和一些欠发达地区，给予特别的倾斜。对诸如贫困家庭、下岗职工、丧失劳动能力的各弱势群体，给予必要的救助。再比如，对于公权部门，坚决推行真正的“收支两条线”管理制度，从理财方面彻底割断公权扭曲的经济利益动因，并加强财政监督，以维护社会正义和公权行使的正当性。

三是促进和谐社会所要求的诚信友爱。财政可以从支持建立社会信用体系和促进改善社会道德体系这两个方面发挥作用。在建立社会信用制度方面，财税部门可以从个人、企业的纳税记录入手，利用现代化的信息技术手段，促进建立个人和企业的信用制度，财税部门要在这方面投入一些财力，“花钱买机制”，通过机制创新使社会的诚信进入一个新的境界；在社会道德体系建立方面，应从财力上对中国传统文化的研究挖掘和社会各界为弘扬一切人类文明成果的工作给予必要支持，以此来培育、增进人们的友爱、友善、友情、友好。

四是通过财政制度创新，促进经济社会活力的涌现。改革、创新对于调动潜力、发挥活力的巨大作用已有目共睹，是小平同志“改革解放生产力”至理名言的事实表现。但要看到我国现在还存在不少抑制活力的体制弊端，比如我国政府的五级架构下，如何做到财权与事权相匹配仍是一个难题。现在财政改革的一个重要取向，就是把财政层级减少，进行扁平化，进而拉动行政层级的扁平化，使行政成本大大降低，由此形成财权与事权新的协调机制。这种改革将使政府提高效能，并促进微观主体焕发新的活力，“做大蛋糕”，使社会和谐、精神文明等得到更为牢固的物质基础。

五是为维护社会的安定有序提供强有力的物质保证和配套条件。就国家安全来讲，财政需要对国防建设作适当的倾斜。当前国际环境相当复杂，我们必须在国防上维护国家安定这一根本。就维护社会安定来讲，对应当秉持社会正义的公检法系统，其从硬件到软件的建设，都需要财政给予合理的、有力的支持，同时也要强调“花钱买机制”，如对所有的罚没收入，从“收支两条线”、审计等管理环节上加强监督，规范管理，这也是财政在维护社会安定有序方面应做的工作。

六是实现人与自然和谐共处。财政可通过多种政策工具及其组合，对解决生态环境、国土整治、防治污染、降低能耗、节约资源、发展循环经济等问题，提供积极的支持。国际经验表明，在生态环境建设方面，除了支出之外，还可以采用税收调节、政策性融资等思路和方式。

建设和谐社会是一个重大的课题，财政手段不可能包揽一切、解决所有问题，需要与其他手段相互配合才能发挥作用。对我国和谐社会建设不能操之过急，要逐渐地、一步步地做，通过效率与公平的权衡与兼顾，在对多方面博弈的合理引导中，逐步实现社会主义社会的和谐发展。

三、中国特色公共财政理论的形成和发展

公共财政强调政府的作用是保证市场经济正常且有效率地运行。公共财政的重要任务是提供经济社会不可或缺的公共产品用以满足社会不断增长的公共需求。公共财政理论中的民主、透明思想为加快我国政府部门建设，在我国推行绩效预算提供了财政理论依据。在增强财政民主性方面，公共财政吸纳了公共选择理论与政府失灵理论的内容。公共选择理论认为，由于人性的某种缺点，政府行为中需要有大量的民主性决策和公开透明的行为规范以防范由于官员的自私所导致政府决策的失误和低效率。所谓财政民主性，就是财政支出的规模和结构要遵从公众意愿、要广泛听取各方面意见，财政资金的使用效果和效率要让社会各方面来提出考评意见，预算透明度要逐渐提高。政府失灵理论认为，由于政府本身的主观性和任意性，它也可能存在类似市场的失灵问题。比如，政府在市场经济中的“越位”和“缺位”问题。显然，这些问题的解决必须一方面靠政府本身加快自身改革，加强执政能力建设；另一方面，也是更重要的方面，就是要求外界能够对政府的行为进行有效监督。

公共财政中关于财政运行的思想，为推行绩效预算做了理论铺垫。所谓财政运行，是依据税收、公债、财政支出、国有资产管理、财政政策等运行规律，结合市场经济的一般规律，所形成的财政自身运作机制以及财政与市场经济运行的机制性对接。首先，财政运行必须以政府为主体。由于我国的国家利益与人民利益是一致的，这就为财政运行赋予了“公共性”的特征，就要强调国家财政为社会公众提供公共产品或服务的充分

性、必要性、及时性。其次，从体系建设上，社会主义市场经济条件下的财政职能决定了财政运行机制的主体框架。财政运行的重点，就应当是通过各种财政手段，使政府财力流向有待支持的领域，以更有效地促进经济增长方式的转变，从而使财政运行在整个市场化进程中发挥应有的稳定和调节作用。资源的流向和使用也需要财政透明度的增强和绩效考评制的推行。从财政运行角度看，由于我国国家利益与人民利益的一致性，以及财政收入与支出的公共性，决定了我国财政的运行必须接受人民的监督，政府行为要公开、透明。因此，我国所要构建的公共财政体系中，包含了公共财政要与政府职能的范围和方向相适应、要充分体现和满足公共需要、服从政府职能转变以及与我国国情和财力水平相适应的思想。既然公共财政认为政府职能的范围和方向要能体现和满足公共需要，因此政府按照人民实际的需求提供公共产品就成为理所当然。这样的政府必须反映人民的需求，在其行政行为当中必须体现群众的意愿。

第二节　基层政府预算改革的现实动因与模式探索

1998 年以来，在党中央、国务院的正确领导下，随着我国经济体制改革的不断深入及经济全球化影响的日渐扩大，基层政府在改革自身财政制度体制方面也加快了步伐。在遵循财政改革的基本方针、基本方法的同时，地方各级政府勇于探索，大胆实践，形成了一些各具特色的做法和经验。

一、基层政府探索预算改革的动力之源

基层政府积极主动探索预算改革是有着深刻的现实根源的。简单地说，主要源自于减轻收支压力的渴望、建立科学的资金分配制度的希望、维护良好财经秩序的期望、提高财政资金使用绩效的盼望。南海区的改革动因具有典型性，主要有四个方面：

一是财政支出压力增大，资金供需缺口不断放大。进入 21 世纪后，

南海区经济一直处于高速增长的态势，与经济收入同步增长的是财政收入，财政收入的“雪球”越滚越大。但是，这种以投资为动力的经济增长机制，使得社会各界对财政投资的需求也越来越大，财政资金的需求总是大于供给，形成了“钱越多却越不够用”的被动局面。以2003年为例，南海区各部门做的财政预算是69亿元，但区财政实际能支配的财力大概是44亿元，两者相差25亿元，并且这一缺口有逐年放大的趋势。

二是财政资金分配缺乏科学依据，政府财政工作重点不突出。财政资金分配程序一般是：项目单位申报项目→财政部门审核平衡→政府部门审批→财政下拨资金。在这样的资金分配流程中，经常存在这样的问题：首先是用款单位“报大数”，能多报就多报，不进行科学的项目预算；其次是财政部门预算科工作压力大，因为预算科掌管着财政资金分配权，因此，也就成为政府和各财政主管领导争夺的主阵地，于是预算科在分配资金时需要考虑谁的官大、谁的关系好、谁哭得最厉害等问题，最终的结果是谁的官大谁主管的部门分得多，谁叫得最响谁分得多。

三是政府部门本位主义思想，严重干扰了财政分配秩序。财政预算本是政府的施政纲领，政府职能通过财政预算体现，财政预算影响政府职能的实现。但在传统的财政分配制度下，各主管领导为了实现自己的政绩，都希望给自己所主管的部门争取更多的资金，谁都想多要、多得。由于缺乏科学合理的决策分配机制，有限的资金分配变成了领导之间权力和交情的博弈。这些博弈主要体现在政府部门各主管领导的博弈、财政部门各主管领导的博弈、政府各部门（局）之间的博弈。有时为了平衡各部门、各单位的利益，就只能搞平均、撒胡椒面，给大家都分一点，往往使有限的资金不能用在最需要的地方。政府部门本位主义思想，严重干扰了财政资金的分配秩序，每年的财政分配就像“一场没有硝烟的战争”，“赢家”于宏观经济而言可能沦为“失家”。既不利于政府调控经济，也不利于宏观经济政策的执行。

四是项目预算管理不规范，影响了资金使用效益。在传统的预算管理体制下，多数单位在预算立项时，“拍脑袋”决策，出发点是争取财政资金。因此，对立项的可行性、规范性缺乏论证，一些项目社会效益低，一些项目甚至中途搁置，出现财政资金转用途等问题，严重影响了有限的财政资金使用效率的发挥。更为极端的情况是对一些单位来说，设立项目只不过是个“要钱”的借口，根本还没有顾上考虑“项目该不该上，怎样上”的问题，当然拿不出可行性方案和实施方案了，更不用说项目效果和目标了。

二、绩效预算成为基层政府财政改革的共同选择

随着基层政府财政改革的探索与推进，绩效预算逐步成为各地的共同选择，先后涌现出北京、闵行、焦作等先进典型。

一是北京市绩效考评与管理改革。经过近几年的探索，北京市绩效考评与管理工作取得一定进展，除对数十家市级部门实施了预算支出项目的绩效考评外，部分区县也不同程度地进行了绩效考评试点工作，有的区县比照市局成立了相应的机构，确保了考评工作有效实施；市级各部门通过绩效考评工作，提升了绩效管理的认识，加大了对预算支出绩效管理的工作力度，市劳动保障局对再就业资金的使用制定了绩效考核办法，市教委、市科委、市信息办等部门正在制定部门和业务的绩效考评管理办法。

总的来说，北京市预算支出绩效考评范围不断扩大，影响力逐步增强，绩效意识大大加强，工作经验日益丰富，绩效考评工作逐步向规范化、制度化、科学化发展。明确绩效考评工作由财政部门统一领导，市级各部门具体组织实施。财政部门、市级部门可根据考评对象的部门、行业、项目特点，制定分类的绩效考评管理办法。要求绩效考评应以国家法律、行政法规等为基本依据，采用规范的程序和定性与定量相结合的考评办法，准确、合理地评价部门预算支出绩效情况。要求绩效考评工作重点考核资金使用结果和效益，要节约高效地使用考评工作经费。同时，办法对绩效考评的内容和方法、指标设定、组织管理、工作程序等进行了详细说明。

二是上海闵行区探索推进绩效预算改革。近年来，闵行区在上海市率先推行了多项预算编制改革，实现了功能预算向部门预算的转变，编制方法上由“基数法”转变为“零基预算”，预算编制不断细化。区政府财政部门主动公开预算，接受人民代表监督，并从人员支出、公用支出、项目支出三方面进行细化，让人民代表和老百姓都能看得清清楚楚、明明白白。

在公开透明的基础上，闵行区进一步推行以结果为导向预算编制模式

的改革。即在编制预算时，先设立项目工作目标，根据目标明确要达到的结果，在有明确结果的基础上推算出所需的资金投入。而预算管理的重点不再是单一地考核单位花费多少，更要考核预算单位为何花费这么多；在衡量预算编制质量和预算执行情况时，不仅要看是否超支，更要看是否达到预期的结果目标。

财政预算听证，是绩效预算改革的重要一环。闵行区在上海全市区县首创“公众参与区级财政预算听证讨论”。500 万元以上的预算项目都在闵行人大网站上公布，部分项目预算申报必须经过听证讨论，代表了预算管理制度改革的大趋势，也是今后政府治理的发展方向。闵行财政预算听证会结束后 10 天内，将形成一个听证报告——该报告将提交给闵行区人大常委会，作为财政预算初步审查的重要参考，并向社会公开。

三是焦作市政府预算改革。为转变财政职能、规范权力运作，焦作市从变革财权的制衡机制入手，在不增加人员编制的前提下，通过对内部机构的调整，建立预算编制、预算执行、预算监督和绩效评价相分离相制衡的“四权分离”财政运行新机制。成立预算编制局、预算执行局，建立财税监督局，加强绩效评价机构建设，建立“大办制”工作机制，优化了人员配置，整合了业务职能。

焦作市新一轮财政改革以预算管理制度改革为切入点。其科学民主的财政分配机制，主要体现在重大财政政策的制定上，尤其在预算编制的环节上引入公共选择程序，注重民众参与和监督。财政分配的科学民主主要表现在预算编制的中间磋商和科学论证环节上。在预算编制的中间环节，焦作市财政局依据参与式预算的新理念，通过引入公共选择程序，创新参与方法和参与途径，科学设计参与流程，逐步扩大群众对财政预算编制的知情权、参与权，实现了公开透明理财和科学民主决策。

为进一步深化预算改革，提高预算编制科学化、精细化管理水平，焦作市在编制经常性政府收支预算的同时，编制了政府公共预算、社会保障预算、政府债务预算、国有资本经营预算、政府采购预算、住房公积金预算、基金预算等七项复式预算，初步建立了涵盖政府全部收支、政府公共预算与专项预算相对照、经常性预算与项目预算相配套的完整统一的公共预算体系和规范的复式预算管理制度，基本反映了政府预算的全貌和资金流向。

三、基层政府推动财政改革具有重要的现实意义

从实际情况看，各地基层政府积极探索财政绩效预算改革，取得了显著成效。其成功来之不易，是多方面努力的结果，尤其是离不开基层政府主要领导的高度重视和大力支持，离不开财政部门无畏改革的勇气和大胆创新的意识，离不开智囊团队的参与和政府各部门的配合与支持，最终探索出一条有中国特色的公共财政之路，在公共财政导向的综合财政改革基础上，逐步走向更高水平的绩效预算，优化了财政支出结构，提高了财政资金的使用效益，促使财政管理水平全面提升和政府职能的转变，推进了公共财政政策决策机制的创新。

一是实现财政支出结构优化。基层政府实行绩效预算后，切实做到了关系民生的重大事情和综合绩效好的项目能够得以优先考虑，加上支出后的绩效评价，从制度上保证了财政资金分配的科学性。

二是有效缓解财政支出压力。通过强化财政资金使用绩效，有效遏制了预算单位日益膨胀的资金需求。例如，2003 年佛山市南海区各预算单位申报预算总额 69 亿元，但南海区财政当年的实际可支配的财力约 44 亿元，资金缺口达 25 亿元。推行绩效预算后，2007 年度预算共申报项目 286 个，资金合计 34 亿元，专家评审同意安排项目 126 个，金额 12 亿元，砍掉项目 160 个，削减预算 22 亿元。

三是实现财政资金管理水平跨越式发展。由于分配程序严格，引入专家决策机制，财政资金分配不再以博弈结果为依据，实现了政府“钱柜”透明化，公众对政府如何花钱、花钱的效果如何拥有更多知情权。绩效预算和事后绩效评价的推进，强化了财政资金事前、事中、事后的全过程监管，有效堵塞了财政资金的管理漏洞。

四是促进预算单位建立用财的自我约束机制，强化了预算单位用财的绩效理念，真正实现了从源头、制度上反腐倡廉。部门单位申请财政资金十分谨慎，不敢乱要钱，更不敢乱花钱，“绩效观念”取代了“要钱观念”，工作重点由原来的要钱转为用钱。通过财政综合改革，也有效堵塞了各部门单位财政预算以外的资金来源渠道，实现在源头上以制度的手段防止腐败。

五是促进政府职能和行政方式转型，为效能政府建设奠定了坚实基

础。绩效预算打破了传统意义上财政资金使用仅由财政部门负责的观念，促进了各部门“责任政府”理念的确立、职能的转变和行政效率的提高。一些基层政府出台了首问负责制、限时办结制、责任追究制等各项行政管理制度，从根本上有利于绩效预算制度的建立与完善。

六是推进了公共财政政策决策机制的创新。绩效预算是实现财政政策决策科学化、机制化的有效手段，是公共财政政策决策机制的创新。科研部门的参与、科学的流程设计是绩效预算成功的基础，有助于实现“科学理财、专家理财”的目标，是财政分配科学化、民主化的前提和条件。监督权的应用使得专家评审过程被有效地控制和监督，进一步提高了财政决策的透明度。

第三节 基层政府财政改革探索的制度建设成效

通过对前述基层政府推出的财政改革举措的分析，我们可以看出，这些改革的全面推开，对财政部门来说是一场深刻的“革自己的命”的制度变革，也是革部门和预算单位既得利益的命的制度变革，取得了一系列制度建设成效。

一、改革传统功能预算编制形式，实行部门预算

1. 已经开始编制部门预算的地方，基本上是以各个部门作为预算主体，将部门所属二级单位全部归口到部门，预算从所属基层单位编起，逐级审核、汇总、核定、审批。部门年度的全部收支项目编制在一本预算中，从而清晰地反映出地方政府各部门年度各项收支计划。

2. 分别编制基本支出预算和项目支出预算。维持行政事业单位正常运转、保证其职能正常发挥而安排的必要的经费支出，包括人员支出、日常公用支出及对个人和家庭的补助支出等，编入基本支出预算。对部门预算中的大型修缮、购置、会议等行政事业性专项支出以及基本建设、科技三项费用等建设性专项支出，采取项目管理方式，编制项目支出预算。一

些地方还进行了更细致的划分。例如，河北省将预算单位的支出分为人员经费、正常公用经费、专项公用经费、专项项目支出、其他支出几个部分，分别编制预算。

3. 改变预算编制内容，实行综合预算。截至目前，各地基本可以做到：预算内外资金统筹安排、综合平衡，将单位的所有收入如财政拨款、预算外资金、事业收入、事业单位经营收入、其他收入、上年结余以及安排的各项支出，全面、完整地纳入部门预算统一管理，在预算之外不再保留收支项目。各地认真贯彻国务院深化“收支两条线”管理改革精神，将公安、法院等5个系统的预算外收入纳入预算内管理，按需求核定支出，取消了预算单位的预算外资金批准留用政策。截至2004年底，全国36个省、自治区、直辖市和计划单列市中，除贵州外，均已在省级部门中开始推行综合预算。

4. 建立复式预算。在部门预算的基础上，从发展趋势上来说，需要建立复式预算制度。一是公共预算，体现经常性收支；二是国有资产经营预算，或称为国有资本经营预算；三是社会保障预算，不能混到经营性预算里去，必须相对独立地表现出来；四是政府性的投融资预算。

二、改进预算编制方法

1. 各地打破传统“基数加增长”的预算方法，根据部门的职能和任务要求以及现有公共资源的配置情况，将各预算单位进行分类分档，分别确定支出定额。在此基础上，按照有保有压、确保重点的原则，分别轻重缓急，统筹安排。

2. 各地部门预算基本上细化到基层预算单位；预算科目细化到类、款、项、目；项目支出细化到具体事项。按此编制的部门预算，提高了部门预算编制的完整性、准确性、规范性和预算编制的透明度，也便于人大对部门预算的监督审查。

3. 为了给细化预算编制、提高预算编制的科学合理性提供充足的时间。各地大都按中央部门预算改革办法，提前着手编制预算，有的地方已实施标准周期预算。按市场经济国家的经验，编制一年的预算对于科学的管理来说，眼界太短，视野不够，一般来说最好编制3~5年。最初编制时，往前作3~5年的预算安排，之后每次编制时都往前滚一年，并调整原预算中所剩2～4年的预测内容和财力安排的内容。这种滚动预算有利于体现瞻前顾后、综合平衡的要求，提高科学管理水平。这种预算编制方法也是我们未来发展的一个趋势。

4. 为了保障部门预算改革的顺利进行，加强预算编制的准确性和严肃性，各地纷纷出台政策法规，对部门预算编制的程序、格式、方法、内容、支出标准等都作了详细的规定。

5. 拓宽向人大报送预算的覆盖面，提高向人大报送预算的完整性，主动接受监督。随着部门预算改革的稳步推进，各地逐步将省级各部门的预算报送人大审查，同时开始向人大报送完整细化的包括基本支出与项目支出明细的综合预算。

三、提高预算执行的严密性和严肃性，强化预算执行管理

1. 改变基层财政工作者在预算执行上的一个偏向，即各个执行环节弹性大，热衷于分小钱；倡导与树立严密严肃的预算执行理念，财政部门的工作人员在执行预算时必须“不多不少不早不晚”，如果不按规定的时间、数量进行资金的拨付，是要接受纪律处分的。

2. 完善预算执行管理制度，使更多的预算单位和项目只见数字不见钱。通过政府采购制度的改革，把市场公平竞争的机制和政府理财的运用有机地结合在一起，国库单一账户集中支付制度也就相应地形成了，单一账户下各预算单位不再开设自己的户头，在技术上也为实现预算的完整性提供了保证。

3. 严格管理与控制预算执行中的修改和调整。各地在强化预算、淡化决算这个大前提下，做了种种严格界定后，但应承认，预算里仍需留有一个机动的余地，过去体现为预备费，以后不管叫什么，总还会有一个相机决策的弹性区间，这个区间如何掌握，资金管理形式和决策程序如何设置，还须进一步探讨。

四、重视信息化建设，改善预算编制与管理手段

随着“金财工程”的建设和财政管理业务软件的推广，地方财政系统信息化水平不断提高。各种信息技术的采用提高了预算编制的准确性，提升了预算编制的效率，逐步拓展了部门预算的覆盖面，而且为预算执行

的审查监督和追踪评价创造了良好的基础。比如，江苏省为编制好部门预算，对部门现有资源、收支状况、所属单位和人员编制情况进行了全面清查，建立了省级各主管部门、预算单位财政供养人员基础信息库，并实行了滚动管理。河北、云南等省开发了应用人事管理系统和基础信息系统，减轻了部门预算编制的工作压力。

据统计，截至2008年底，陕西、广东、四川、湖北、江苏等25个省市已在2008年年底前对所有县区实行了部门预算改革。全国2800多个县级单位中，全面推行部门预算改革的达到2400多个，占到总数的86.6%；选择部分单位实行试点改革的300个，占到总数的10.5%，两项合计占97.1%。

总之，在地方党委和政府的领导下，以预算编制与管理制度为重点的多层次的改革在基层政府渐次推开，不仅取得了较好的效果，也为基层政府积极探索与全面推进财政改革提供了充分的实践经验。

第三章 南海区概况

第一节 自然地理状况

佛山市南海区地处广东省中部，位于北纬22°48′03″~23°19′00″，东经112°49′55″~113°15′47″，东连广州市区，并与广州市番禺区隔江相望；西与佛山市三水区、高明区交界；南邻佛山市顺德区，并与鹤山市、江门市区隔西江相望；北与广州市花都区相交；中部、东南部与佛山市禅城区接壤。全区土地总面积1073.82平方公里。

南海区属珠江三角洲河网区，境内地势平坦，冲积平原占总面积的78.6%，丘陵台地与山地分别占13.2%和1.0%。区内地势中北部稍高，渐向东南倾斜，东部、南部是冲积平原，西部和北部为丘陵台地。境内有广东四大名山之一的西樵山，地势最高处为西樵镇西岸与佛山市高明区、鹤山市交界的“高凹顶”，海拔540米。境内河网密布，河道纵横交错，主要河道有西江干流、北江干流和6条北江支流，在境内总长188公里。

南海区水资源极为丰富，多年径流平均深度为800毫米，年径流量为9.22亿立方米，过境的水径流量达2498.08亿立方米，另外，还有地下水1.29亿立方米。

南海区属南亚热带海洋性季风气候，光热丰富，雨量充足，2008年平均气温22.9℃，年最高气温39.1℃，最低4.4℃；年总降雨量2343.8毫米，为历年最大值；年日照时数1521.9小时。区内受季风气候影响，冬季多吹偏北风，夏季盛行东南风，5~11月还受台风影响，风力通常达6~8级。

南海区地处南亚热带，在海洋性季风气候的影响下，发育地带性的赤红壤，主要土壤类型有赤红壤、潮沙土和水稻土等。

南海区旅游资源丰富。2007 年，“南番顺”旅游联盟成立，成为省内首个跨区域县（区）级旅游联盟，实现区域旅游实力的整体提升。2008 年，全区接待国内外游客 792 万人次，旅游总收入 55.8 亿元。区内有西樵山、南国桃园、西岸、仙湖四大旅游度假区及康有为故居、千灯湖公园、鹭鸟天堂等景点，其中，西樵山旅游度假区、南国桃园旅游度假区分别于 1993 年、1999 年被评为省级旅游度假区。境内的旅游景点类型多样，尤以名人故居、自然景观、河滩风光等引人注目，成为南海游重要的部分。全区现有国家级文物保护单位康有为故居、国家级风景名胜区西樵山及省市（县、区）级文物保护单位、风景名胜区多处。

第二节 南海区社会发展情况

一、南海区人口状况

南海区是广东省人口较稠密的县（区）之一，人口密度为每平方公里 1080 人。据统计，2008 年末，全区总人口 2332255 人，其中，户籍人口 1159302 人，外来人口 1172953 人。户籍人口中男性 574026 人，占 49.51%；女性 585276 人，占 50.49%。全区户籍总户数为 369219 户，户平均人口为 3.14 人。区辖街道人口 279679 人，占户籍人口的 24.12%。区辖镇人口 879623 人，占户籍人口的 75.88%。全区人口较多的镇（街道）主要是：大沥、桂城、狮山、西樵。

南海区是广东省长寿人口较多的县（区）之一。2008 年末，全区百岁以上老人 124 人，按户籍人口计算，百岁老人比例为 10.7/10 万，超过联合国规定的 7/10 万的“长寿之乡”标准。全区 60 岁以上老年人 157132 人，占总人口的 13.6%，已超过 10% 这一中国人口老龄化起点的标准线。

2008 年，散居在南海区的少数民族有 43 个，其人数约占总人口的

0.94%。其中，壮族、土家族、苗族、瑶族和侗族人口最多，占全区少数民族人口总数的94.42%。

表3-1　　南海区人口状况和劳动力结构　　（单位：万人、‰）

指标 年份	全区户籍人口	人口出生率	人口自然增长率	全区常住人口	全社会劳动力	本区劳动力	外来劳动力	三次产业劳动力比重
2007	114.32	9.37	4.60	206.53	165.45	68.43	97.02	6:52:42
2008	115.93	10.24	5.29	208.02	164.77	80.99	83.78	6:51:43

资料来源：《南海统计年鉴2008》。

二、南海区教育事业发展格局

2008年，南海区有中小学校201所，其中小学137所，初中38所，普通高中18所（含完全中学），中等职业技术学校8所。另有成人大中专学校1所、成人文化技术学校8所。共有在职教师13546人。中小学校在校学生284632人，其中小学生149714人，初中生75273人，普通高中生45774人，中等职业技术学校生13871人。2008学年秋季学期起，符合政策性借读条件的义务教育阶段学生纳入免费义务教育对象范围，全区有13.6万人享受免费义务教育，免费金额达1.2亿元。

表3-2　　2008年南海区各级各类学校基本情况一览表

类　别	学校数（所）	在校学生数（人）	教职工数（人）
（一）学前教育（幼儿园）	281	61506	4040
（二）义务阶段教育	175	224987	9962
1. 小学	137	149714	5768
2. 初中	38	75273	4194
（三）高中阶段教育	26	59645	3584
1. 普通高中（完中）	18	45774	2987
2. 中等职业技术学校	8	13871	597
（四）成人教育	9	6748	260
1. 广播电视大学	1	3980	112
2. 成人文化技术学校	8	2768	148

资料来源：《南海年鉴2009》。

2008年，为落实教师工资水平“两相当”的要求（县域内中小学教师平均工资水平与当地公务员平均工资水平大体相当，县域内农村中小学教师平均工资水平与城镇中小学教师平均工资水平大体相当），南海区投入1.5亿元大幅度提升教师待遇。在职人员全年人均收入增加1万元（其中区直学校教师增加1.72万元），退休人员全年人均收入增加5000元，小学、初中、高中在职人员的待遇增幅分别为20%、20%、30%；退休教师待遇平均增幅超过15%。

三、南海区医疗卫生事业发展格局

2008年，南海区共有各级各类医疗卫生机构409个，其中区直医院4所，区直其他卫生机构6个，镇（街道）医院15所，社区卫生服务站90所，民营医疗机构3所，厂矿、学校及其他单位诊所82个，驻南海的卫生机构2个，个体诊所36个。全区床位总数5790张，卫生技术人员8447人。全区每千人口拥有医院床位2.8张、医生（执业医师）1.2人、护士（注册护士）1.6人。全区行政村均有农村卫生站或镇（街道）医疗保健机构，行政村医疗保健覆盖率达100%。

南海区社区卫生服务站建设成就斐然。2008年，南海区已建成社区卫生服务站92个。已建成并投入使用的社区卫生服务站平均使用面积973平方米，平均每站配备医生3.5人、护士4人，大大满足了群众的需求。

南海区积极推进健康村建设，使全区村容村貌、生态环境、社区环境、医疗卫生、健康水平和市民文明卫生素质显著提高，主要健康指标和人均寿命达到国内先进水平。2008年，全区共有15个村通过专家组评估验收，成为“星级健康村”。

四、南海区文化体育事业发展格局

南海区逐步探索建立了以政府为主、社会参与的多元化投入机制，建立运转高效的公共文化产品的生产供给机制，建立健全公共文化队伍培育机制和文化资源共享机制以及建立完备的公共文化评估监督机制，形成区、镇、村（社区）联动、分工合作、各司其职的公共文化服务体系建设格局。

南海区图书馆、博物馆、档案馆设施齐全，采用现代化的技术和管理手段服务于百姓。南海区有文化馆 1 个，镇文化站 8 个，农村文化室 468 个，博物馆 1 个，图书馆 29 个。2008 年，南海区图书馆接待读者 400278 人次（含电子阅览、自修、展览、讲座、培训），图书总流通量 323146 册次（含流动图书、期刊），网络信息咨询 8000 多人次；全年采购图书 29348 册，分编加工入藏图书 37211 册，转换数据 53700 条，搜集地方资料、古籍、捐书 600 多册。2008 年，区档案馆以总分 96.6 分的优异成绩通过国家档案局的测评，成为佛山市第一家国家一级档案馆，各项工作取得新突破。

南海区现有体育场地 5427 个，其中 200 米以上田径场 223 个。2008 年，全年区镇（街道）两级举办体育竞赛 411 次，参赛运动员 10 万人次，观众达 386 万人次。成功承办全国首届大众空手道比赛，举办第八届区运动会、第四届世界华人狮王争霸赛等多项运动赛事。举办各类群众性体育活动 3000 场次。

五、南海区社会保障事业发展格局

南海区建立了比较健全的社会保障体系。在社会保险方面，截至 2008 年 12 月底，全区参加养老保险的实际缴费人数为 52.81 万人，其中企业 48.68 万人，机关事业单位 4.13 万人；全区纳入社会养老保险离退休人员 6.26 万人，其中企业纳入社会养老保险离退休人员 5.38 万人；新办退休人员 5179 人，其中企业新办退休人员 4883 人；办理领取一次性养老保险待遇手续 387 人，办理退还养老个人账户 8.9 万人，退还金额 14028.93 万元，养老金社会化发放率 100%。失业保险实际缴费人数 28.67 万人，共有 2.6 万人次享受失业保险待遇。职工基本医疗保险实际缴费人数 40.78 万人，退休人员参保人数 5.5 万人，共有 9.6 万人次享受基本医疗保险待遇。工伤保险实际缴费人数 65.32 万人，审核工伤保险待遇 8367 人次，支付工伤补偿待遇 10667 宗。按照市局下达社会保险扩面征缴指标，从 12 月参保数据分析，养老、失业、医疗、工伤保险分别完成任务的 105%、124%、117%、104%。

南海区基本医疗保险体系较为完善，走在佛山乃至全国的先列。一是在佛山市率先实施低保五保门诊基本医疗保障制度，低保五保对象的保险费全部由财政负担，门诊就医发生的基本医疗费用全免，全区惠及人员约2.3万人。二是建立门诊基本医疗保险制度。实施居民门诊基本医疗保险，城镇职工统一参加提高型居民门诊基本医疗保险。全区共有118.8万人参保，其中居民参保72万人，城镇职工参保46.8万人（含外来工18万人）；2008年，全区就诊182万人次，报销金额达4719万元，基金使用率68%，平均报销比例50.59%。三是调整居民住院基本医疗保险政策，通过缴费标准正常增长和引入商业保险公司建立补充保险，实现待遇的大幅提高，年度报销限额从原来的3万元提高到15万元，住院报销比例比原来提高了5%，有效解决了南海区居民大病重病保障问题。四是与区内各符合条件的药店签订协议，确定城镇职工基本医疗保险定点零售药店，解决参保人使用医保卡在定点药店购药问题。

南海区低保救济工作逐步走向规范化，做到每月审批、动态管理。资金通过银行实行社会化发放，保证其资金及时到位，发放程序公开、公平、公正，对困难群众实施精确救助，有效保障了他们的基本生活。从2008年1月1日起，南海区五保供养标准从原来的每人每年6000元提高到7200元，年支出五保供养经费781.92万元，使全区1086名五保对象共享南海经济发展成果。

第三节 南海区经济发展情况

一、经济发展概况

南海区实施“东西板块”和“双轮驱动”的发展战略，以《珠江三角洲地区改革发展规划纲要》的实施为契机，积极调整产业结构，转变经济增长方式，活化产业、优化环境、强化管理、落实民权，全面推动国民经济和社会各项事业向前发展。2008年，南海区全年实现地区生产总值1490.75亿元，增长16.5%；工农业总产值3545.01亿元，增长21.8%；固定资产投资总额414亿元，增长14%；实际外商直接投资5.6亿美元，增长13.2%；全部财政收入184.92亿元，增长18.2%，其中地方财政收入76.24亿元，增长21%；城镇居民人均可支配收入25961元，增长6%；农村居民人均纯收入11158元，增长7.7%。三大产业比重为1.9∶64.3∶33.8。

表3－3　　2007～2008年南海区生产总值　　（单位：万元）

年份 / 指标	2008年	2007年	2008年比2007年（±%）
南海区生产总值	14907534	12310033	16.5
第一产业	288923	252509	0.1
第二产业	9577514	7829728	16.8
1. 工业	9295204	7595367	16.7
2. 建筑业	282310	234361	18.4
第三产业	5041097	4227796	16.9
交通运输、仓储和邮政业	356556	300776	16.8
批发和零售业	712195	573022	17.9
住宿和餐饮业	412999	325924	23
金融业	424967	372650	10
房地产业	853809	699698	20.2
其他服务业	2280571	1955726	15.8

资料来源：《南海年鉴2009》。

南海区的经济发展在全国的区县发展中，排位也比较靠前。

表3－4　2008年南海区与昆山市等八市（县）主要经济指标比较

主要指标	单位	南海区	昆山市	顺德区	张家港市	江阴市	常熟市	萧山市	武进市	绍兴市
1. 户籍人口	万人	115.93	69.04	120.27	89.84	120	106.5	120.22	98.23	71.46
±%		1.4	1.6	0.9	0.6	1	0.3	0.6	0.7	0.6
2. 地区生产总值（现价）	亿元	1490.75	1500.26	1560.6	1250.31	1530	1150.02	986.5	849.87	608.27
±%		16.5	15	15.5		14.9	14	10.5	20.3	8.8
①第一产业	亿元	28.89	12.37	37.92	14.77	21.6	19.01	40.13	25.08	21.64
±%		0.1	2.2	1.8	2.8	4.7	0.5	1	7.6	3.9

续表

主要指标	单位	南海区	昆山市	顺德区	张家港市	江阴市	常熟市	萧山市	武进市	绍兴市
②第二产业	亿元	957.75	978.81	1012.59	782.95	949.95	670.99	632.87	586.54	388.62
±%		16.8	14.1	15.5	13.7	14.7	13.1	10.2	17.2	8.4
③第三产业	亿元	504.11	509.08	510.09	452.59	558.45	460.03	313.5	238.25	198.01
±%		16.9	17.2	16.1	16.5	15.7	17	15.8	30.6	10.3
3. 工业总产值	亿元	3486.37	5000.5	3981.6	3790.26	4466.55	2918.27	3580.24	2537.54	2264.98
±%		18.4	24.1	18.5	17.7	19.9	14	13.5	20.8	11.1
4. 全社会固定资产投资总额	亿元	414.07	370.03	301.74	316.04	400.33	317.8	346.92	403.49	242.38
±%		14	15.3	12	12.4	7.6	9.1	14.2	20	13
5. 社会消费品零售总额	亿元	375.74	201.87	397.51	167.15	293.34	263.68	203.5	198.26	91.04
±%		25.2	25.4	24.2	25.5	24.2	25.3	19.3	24.6	20.8
6. 外贸出口总额	亿美元	73.39	386.64	129.96	102.8	87.91	86.6	67.29	38.23	64.21
±%		24.6	19.6	8.6	37.7	36.6	28.4	22.7	25.4	22
7. 财政总收入	亿元	184.92	272.55	272.57	253.8	245.02	162.79	126.8	163.88	75.73
±%		18.2	35	8	30.4	28.6	27.1	13.6	47.4	13
8. 金融机构年末存款余额	亿元	1866.41	1244.99	1667.16	1112.13	1251.61	699.05	1502.75	821.8	820.91
±%		21.4	16.4	16.1	23.7	27.1	14.3	31.8	27.2	28.8
9. 在岗职工平均工资	元	34820	33735	32145	33538	38766	33420		34305	33562
±%		8.5	13.6	13.4	15.3	15.1	16.3		13	6.4
10. 农民人均纯收入	元	11158	11934	11179	11785	11975	11804	12987	11219	13372
±%		7.7	2.4	5.1	12.5	12.5	12.5	10.7	13.2	12.6

资料来源：《南海年鉴 2009》。

二、南海区支柱工业和新兴工业发展

有色金属冶炼及延压加工业、金属制品业和非金属矿物制品业是南海区的支柱工业。2008 年，有色金属冶炼及压延加工业完成产值 441.67 亿元，占工业总产值的 12.67%；金属制品业完成产值 398.34 亿元，占工业总产值的 8.85%；非金属矿物制品业完成产值 292.61 亿元，占工业总产值的 8.39%。南海区新兴产业势头强劲，2008 年交通运输设备制造业实现产值 136.64 亿元，通信设备、计算机及其他电子设备制造业实现产值 171.45 亿元，通用设备制造业实现产值 95.24 亿元，专用设备制造业实现产值 81.79 亿元。

三、南海区第三产业发展

商贸、物流、房地产、旅游等产业是南海区重要的第三产业。2008 年南海区全年实现第三产业生产总值 504.11 亿元，增长 16.9%；社会消费品零售总额 375.74 亿元，增长 25.2%。南海区传统和新兴物流业齐头并进，吉宝物流、中国海运等一批著名物流企业相继进驻，里水空港物流进展顺利；全球最大在线交易平台 eBay 在南海设立办事处，有色金属交易中心、珠银斯迪尔电子交易中心等新型物流平台兴起。

第四章　南海财政与公共管理体制改革

佛山市南海区是一个充满创新活力的城市，改革开放以来，南海区以“敢为天下先”的创新思想走在了改革开放的前列。进入21世纪后，南海区开始全面推进公共管理和财政管理改革，逐步形成了新的公共管理体制和财政管理体系。

第一节　南海财政的发展

近10年来，特别是“十一五”时期以来，南海财政收支规模大幅增加，财力增强为南海经济和社会发展提供了有力的财力保障。与此同时，南海区在建立完善公共财政体制的基础上，不断优化财政支出结构，有力地促进了经济和各项社会事业发展。

一、财政收入大幅增长，为南海经济和社会发展提供了有力的财力保障

南海采取各种有效措施加强税收收入和非税收入的征管工作，财政收入逐年大幅增长。2006年南海制定了征收部门收入增长目标和一般预算收入征收部门激励机制、镇级税收增长激励机制等方案。2007年南海又进一步制定了《一般预算收入征收激励机制考核办法》，将区级工商税收、教育费附加及堤围防护费收入纳入考核指标，并相应制定具体的考核激励办法，对完成考核指标的税务部门进行奖励，这有效地调

动了税务部门征收的积极性，确保了征收质量，促进了一般预算收入的高速增长。

2008 年，南海全区一般预算收入 762388 万元，是 2003 年 279888 万元的 2.7 倍，比“十五”期末 2005 年的 380008 万元翻了一番（见图 4－1）。

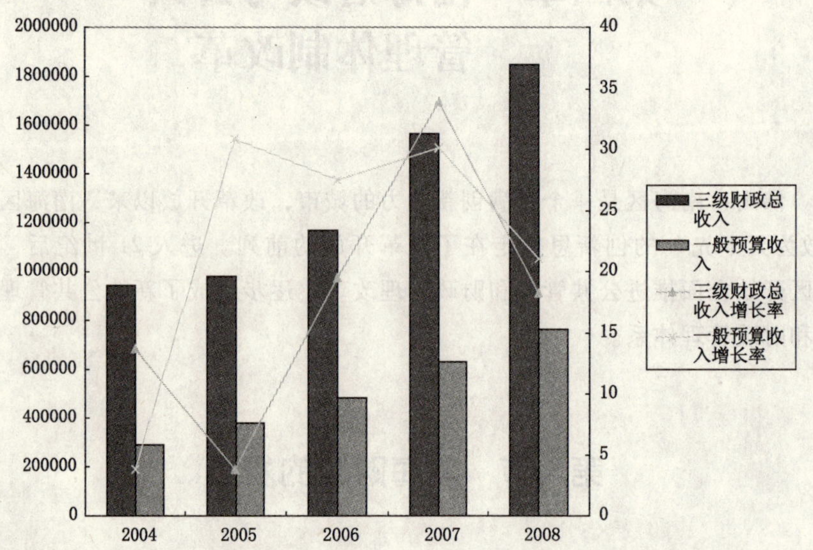

图 4－1　2004～2008 年南海三级财政总收入和一般预算收入总量与增长率变化

从图 4－1 可以看出，南海三级财政总收入和一般预算收入每年增幅都较大，最高增幅超过 30%，即便 2008 年遭遇国际金融危机，增幅也在 20% 左右，体现了强劲的财政增长实力。随着一般预算收入的增长，一般预算支出也大幅增长，为南海经济和社会发展提供了有力的财力保障（见图 4－2）。

二、财政支出结构不断优化，提升政府公共服务水平促进各项事业发展

按照公共财政的要求，近几年南海将财政资金向公共服务领域倾斜，重点解决事关人民群众利益的突出问题。财政支出按照惠及民生的基本要求，更加注重社会建设，压减对竞争性和营利性领域的投入，着力保障和改善民生，在新农村建设、医疗卫生、社会保障、改善困难群众生产生活

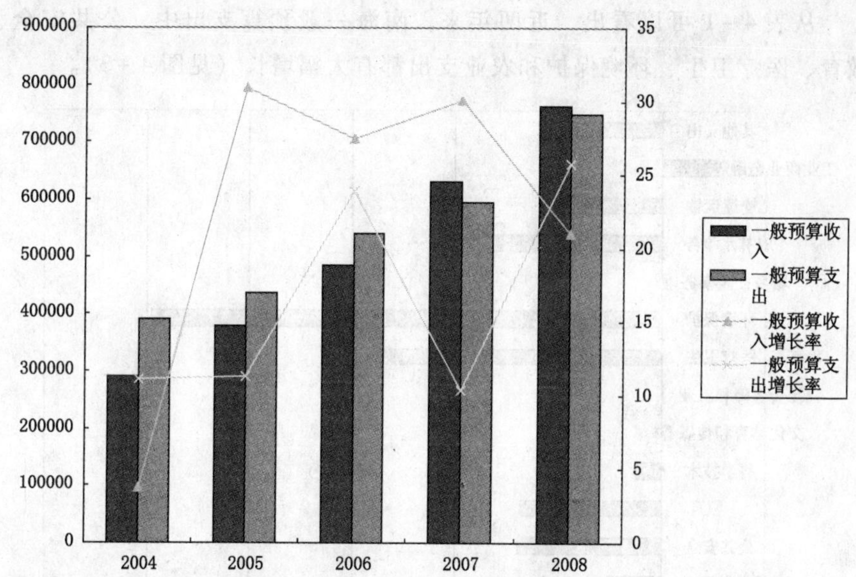

图 4－2　2004～2008 年南海一般预算收入和一般预算支出总量与增长率变化

条件、教育等方面的投入不断加大。

表 4－1　　2006～2008 年南海一般预算支出结构变化　（单位：万元）

年度 / 支出项目	2006	2007	2008
一般公共服务	86114	88585	108394
公共安全	63264	81308	107768
教育	106601	137812	179773
科学技术	19478	21898	21887
文化体育和传媒	7798	6069	7477
社会保障和就业	53756	45129	53259
医疗卫生	13916	20269	32707
环境保护	4702	4705	16358
城乡社区事务	103513	98550	98948
农林水事务	25229	40132	53469
交通运输	3186	4845	4716
工业商业金融等事务	29258	10593	21293
其他支出	22968	35590	36870

从表4－1可以看出，近两年来，南海一般预算支出中，公共安全、教育、医疗卫生、环境保护和农业支出都有大幅增长（见图4－3）。

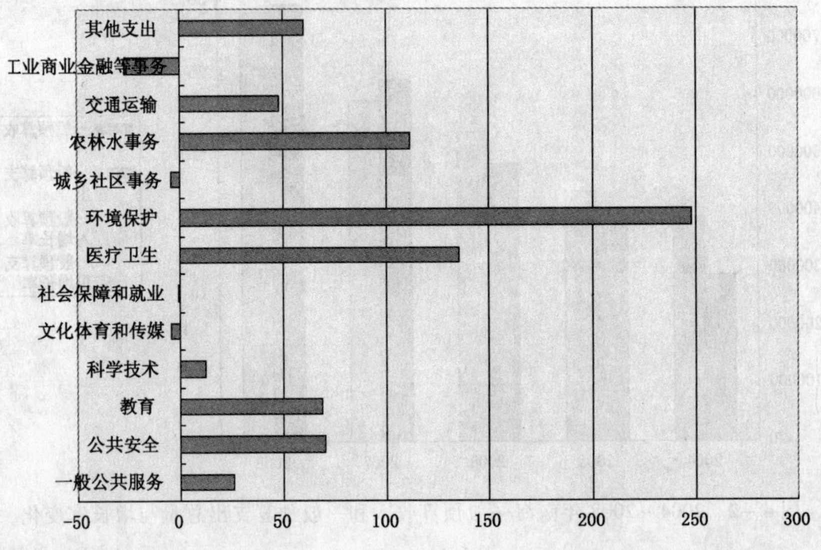

图4－3 南海各项支出2008年比2006年增长率比较（%）

第二节 南海财政改革的历程

步入21世纪，南海按照完善市场经济和公共财政体制的要求深化财政改革，逐步完成了部门预算、国库集中支付、政府采购制度、“收支两条线管理”等项改革，这些改革为南海实行绩效预算奠定了坚实的制度基础。

一、部门预算改革

早在2002年，南海就开始部门预算试点。为了适应社会主义市场经济的发展，改革带有强烈计划经济色彩的基数增长预算编制法，南海根据财政部加大综合预算改革力度、深化部门预算改革精神，成立了预算编制小组，深入调查研究，统一部署，精心制定方案，分步推进。2003年，南海区级部门预算试点单位扩大到6个部门共28个单位。编制部门预算的过程中，利用信息技术以及“二上二下”的程序，保量、高效地完成了试点单位的部门预算编制，提高了预算的透明度，促进预算管理向规范化迈进。

2004年和2005年，南海进一步深化和完善部门预算改革。一是实行综合预算，综合统筹预算内外资金。二是根据上级深化部门预算改革的要求，全面铺开部门预算的编制，全区54个部门共160个单位都纳入部门预算的编制范围。三是建立预算编制的分析制度。在编制预算前，先对国家经济形势和宏观政策、上级政策调整以及南海财政收支情况进行综合分析，通过分析制定预算编制思路，明确部门预算编制基本原则，为预算的编制提供可靠的经济分析依据。四是改进预算编制手段，推进部门预算编制信息化，进一步提高预算编制的效率和水平。

二、国库集中支付制度改革

南海于2002年开始试行国库集中支付制度改革，成立了国库科，扩大了财政直接支付范围。在行政事业单位工资统发的基础上，对农村低保救济金、公务员医疗补助实行了财政直接支付，这为开展以国库单一账户体系为基础、资金缴拨以国库集中收付为主要形式的财政国库管理制度改革打下了基础。2004年，南海成立国库支付中心，并选择了财务管理基础较好的区建设局等四家单位作为国库集中支付改革的首批试点。到2006年末，国库集中支付改革在南海全面铺开，纳入改革的试点单位共124个，除垂直管理和自收自支单位外的所有部门预算单位均纳入了管理，试点面达100%，试点资金包括预算单位部门预算中预算内外的所有专项资金。2006年纳入国库集中支付的试点资金达15亿元。2007年，为提高国库集中支付成效，南海重新开发新的国库集中支付系统，并向全部预算单位开放。2008年，南海把31家区直行政事业单位纳入集中支付管理，至此，已纳入的预算单位有155家，符合纳入条件的预算单位的预算资金100%纳入集中支付管理，并完成新国库集中支付系统的验收工作，结束了为期一年的新旧系统同步使用的试用阶段。南海国库集中支付制度改革有以下几个特点：

一是以信息化推动改革进程。2007年，南海在公共财政平台上新开发了国库集中支付系统，新系统能够依据详细需求设计支付流程，并能根据业务情况的变化及时作出相应的修改，系统界面更友好，功能更完备。实现了与预算编制系统、财政执行系统、总预算会计系统、大额财政资金绩效评价系统等相关模块的联通，真正实现了信息互通，数据共享。

二是实现了预算外专项资金的集中支付。南海财政局在代理银行专门开设一个预算外财政零余额账户，用于办理预算外资金的直接支付业务。预算内和预算外的授权支付则统一通过预算单位零余额账户办理。

三是进一步简化支付流程。对于直接支付，不要求预算单位编报用款计划，只对支付申请进行审核，并在批复申请的同时一并开出直接支付额度清算通知单。目的就是要减少办理环节，提高资金支付效率。对于授权支付，则要求申请单位报送纸质申请，并经相关业务科室和支付中心先后审核。

三、政府采购制度改革

20 世纪末，南海实行政府公物招标采购制度。2003 年，南海制定了政府采购目录、采购计划编报、采购程序、资金管理等一系列制度，并改变传统的采购方式，成功开发应用政府采购信息系统进行采购业务管理，提高了工作效率和透明度，缩短了采购周期，节约了采购成本。同时，政府采购范围和规模也不断扩大。

2004 年和 2005 年，南海进一步深化政府采购制度改革。一是做好采购和监管分离工作。按照《政府采购法》的规定，撤销了政府招标采购办公室，设立政府采购管理办公室，与区政府设立的政府采购中心各自独立行使职权，实现了政府采购监督管理职能和执行职能的分离，规范了政府采购行为。二是调整了以一名副区长为组长的南海区政府公物招标采购领导小组，进一步加大了政府采购工作的领导力度。三是制定了《佛山市南海区直属行政事业单位政府集中采购业务操作基本程序》、《佛山市南海区政府采购当事人职责细则》、《佛山市南海区采购领导组会议制度》和《佛山市南海区 2005 年政府集中采购目录》，规范了政府采购工作流程，明确了政府采购范围，以促使政府采购工作进一步公开透明；同时引入监督机制，邀请区纪检监察局派员对招投标全过程实施监督，杜绝规避政府采购监督的现象。

2006年，南海继续深化政府采购制度改革。一是完善政府采购制度建设，草拟了《南海区政府采购管理工作的若干规定》、《南海区政府采购工作操作规程》和《南海区财政局政府采购审批事项》。上述三项制度有利于进一步明晰政府采购的流程，严格操作行为，维护政府采购的高效、公正和透明。二是重新拟定了《目录及政府采购限额标准》，提高部分品目的起点金额，解决了以前目录范围较窄且起点金额偏低的问题，实现了与省、市级目录的基本一致。三是结合开展治理商业贿赂专项工作，进一步完善监督机制。

2007年和2008年，南海政府采购改革向纵深推进。重新修订完善了《南海区政府采购工作操作规程》和《南海区政府采购活动违法行为处理的工作程序》。对区直单位的医疗设备和教育系统的项目实行计划采购，使此类采购由金额小、次数多转变为具有规模效应的采购，吸引了供应商的投标，提高了工作效率。启用政府采购评审专家电脑抽取语音通知系统，实现评审专家抽取自动化，增强了抽取过程的保密性和公平性，提高了抽取效率。实施电子化政府采购，草拟并出台了《南海区电子化政府采购暂行办法》，建立和完善电子化政府采购系统，并全面推广使用，提高了采购活动的效率和透明度。

四、"收支两条线管理"改革

21世纪初，南海就开始实行"收支两条线管理"，对各单位的罚没收入、收费收入全面实行了"全额上缴，支出核拨"的管理办法，并通过综合预算，使"收支两条线"的管理更加彻底，更为完善。实行"年票制"，加强票据的审核，进一步做好票据的印、领、销、存工作，清理和取缔了一些不合理的票据，抓好收入的"源头"管理，有效堵塞了征管漏洞。完善了委托银行代收款制度并规范其操作程序，提高了办事透明度。强化教育系统的收支管理，对教育局的独立核算单位，要求其单独编报预算，实施分级预算管理，改变以往统一由教育局做预算的分配方式。

2003年，南海在行政事业单位开展了清理收费、罚没项目；清理银行账户；清理财政票据的"三项清理"工作。并开展了"深化收支两条线改革，进一步加强财政管理"的知识宣传及竞赛活动，取得了良好的效果，有效地加强了行政事业性收费、政府性基金和罚没收入实行"收支两条线”的管理工作。

2004 年，南海按照广东省政府《关于深化收支两条线改革进一步加强和规范非税收入管理的意见》要求，在巩固“收支两条线”工作已有成果的基础上，进一步拓宽理财视野，把未纳入财政管理的非税收入，尽快纳入“收支两条线”管理范围，壮大地方财力。

2008 年，南海“收支两条线”改革进一步完善。深入推行“单位开票，银行代收，财政统管”的非税收入管理模式，扩大“佛山非税收入管理系统”的应用范围，逐步推行非税系统刷卡缴费模式，理顺行政服务中心收费工作，方便群众。强化财政票据管理，提高非税收入管理效率。同时，规范了罚没物品处理工作。

五、财政体制改革

2004 年，南海实行区镇两级分税制，出台了《南海区镇级财政管理体制方案实施细则》，对镇实行“划分收支范围，确定比率，见税分成，一定四年”的财政管理体制。分税制财政体制充分调动了区镇两级政府理财和培植财源的积极性，进一步理顺了两级财权和事权。

2007 年，南海区出台了《南海区镇级财政管理体制改革方案(2008 ~ 2011 年)》，决定在 2004 年体制的基础上对镇级财政管理体制进行适当的调整，制定新一轮镇级财政管理体制。新体制继续推行水涨船高的镇级财政管理体制，努力发展镇级（包括街道，以下同）经济，壮大镇级财力。同时，根据区、镇管理事权的调整，进一步完善镇级财政管理体制，规范区、镇财政管理关系，合理安排区、镇两级财政分配，坚持公开、透明以及统一领导、分级管理、权责结合、平衡收益、鼓励增长的原则，做到事权清楚，财权清晰，易于操作。新一轮镇级财政管理体制，兼顾镇级的经济现状，延续 2003 年核定的支出基数且转移支付补助数不变（剔除农业税和民政部门管理的抚恤金、补助农村低保金、民政退休人员经费、百岁老人保健金、城镇及农村低保），对工商税收分成比例作适当的微调，规范区对镇级非税分成收入的划拨办法。

《南海区镇级财政管理体制改革方案（2008 ~ 2011 年）》根据一级政府、一级事权、一级财权的原则界定区镇两级政府的收支范围，并确定了转移支付的基本原则。

划分收入范围。税收方面：工商税收地方库收入（区级金库）部分和契税，减除汇缴行业的工商税收部分和上级要求每年从城市维护建设税中计提15%的水利建设基金后的所得税收入，为区与镇共享收入。非税方面：区政府对已确定分成比例的非税分成收入制定了专项划拨办法，统一将非税分成收入纳入镇级财力范围。

划分支出范围。区级财政主要承担区本级政权机关运转所需支出，调整全区国民经济结构、协调地区发展、实现社会和谐所必需的支出以及由区直接管理的事业发展支出。具体包括：区本级一般公共服务、公共安全、教育、科学技术、文化体育与传媒、社会保障和就业、医疗卫生、环境保护、城乡社区事务、农林水事务、交通运输、工业商业金融等事务、其他支出等。区确定的重大基本建设投资、特大自然灾害救济、特大抗旱和特大防汛、重点水利项目、社会保障和救济、文教卫生事业等方面的专项补助。镇级财政主要承担本镇（街道）政权机关运转所需支出以及本地经济、事业发展所需支出。具体包括：镇级一般公共服务、公共安全、教育、科学技术、文化体育与传媒、社会保障和就业、医疗卫生、环境保护、城乡社区事务、农林水事务、交通运输、工业商业金融等事务、其他支出等。

转移支付。按2003年核定转移支付数额给予定额补助，除农业、民政部门管理的抚恤金、补助农村低保金、民政管理的地方退休人员经费、百岁老人保健金和城镇及农村低保外，四年内区对镇不调增（减）补助定额。

第三节　南海区公共管理体制改革

2000年以来，南海区公共管理体制在几个方面进行了重大的改革，包括行政审批制度改革、行政事业资产管理改革和机关单位绩效与作风考评改革等。公共管理体制改革大大提高了政府运行效率，南海区服务型政府体系逐步建立。

一、南海区行政审批制度的改革

近年来，佛山市南海区不断推进行政审批制度改革。早在20世纪90年代末南海区就开始清理行政管理事项，推进简政放权工作，1999年和2003年南海区对区设立的行政许可事项分两次全部清理完毕。2003年先后两次采取多种有效措施向镇（街）下放行政管理事项，确保“放而不乱、放而有序、放而保质、放而不卡”。2002年1月南海区成立区行政服务中心，全区20个职能部门集中在此办理与群众、企业密切相关的行政审批和日常管理事项。

2005年，南海区出台《佛山市南海区深化行政审批制度改革方案》，要求建立健全科学合理的审批管理机制、规范高效的审批运行机制、严密完善的审批监督制约机制。进一步推动服务重心下移，规范行政审批程序，精简审批环节，形成行为规范、运转协调、公正透明、廉洁高效的行政审批工作新局面。这次行政审批制度改革的具体内容包括以下几个方面：

一是建立和完善行政审批程序。包括完善行政审批申请和受理程序，制定科学明晰的内部审查程序；完善行政审批决定程序；完善行政审批案卷备案程序；完善行政审批信息公开程序等。明确规定，为规范申请受理程序，全区行政审批事项的申请和受理工作必须纳入行政服务中心信息系统进行登记管理。

二是简化审批程序，减少中间环节。这是这次行政审批制度改革的重点。包括：分级下放终审权，减少层级审批；取消部分项目初审权，减少初审环节；整合内部机构的审批职能，减少科室间多头审查；精简申报材料，减少重复提交；加强审批环节之间的衔接，减少审批“瓶颈”；建立行政审批绿色通道。

三是加强和完善内外监督管理机制。包括完善内部监督管理机制，要求在监督与审批之间形成科学的制衡关系，加强机关内部及下级审批机关的层级监督，加强人事部门对业务部门的考核监督，要根据审批事项的重要程度制定不同的监督措施；加强外部监督管理机制，强化区行政服务中心的监督管理职能。

四是贯彻实施行政审批过错责任追究制度。明确对违反行政审批工作规程的责任人予以追究。

南海区这次行政审批制度改革取得了较为显著的成效。审批项目大大精简，审批流程得到简化，共减少了36个办事环节，极大地提高了审批效率。通过改革，推动了服务重心下移，形成了行为规范、运转协调、公正透明、廉洁高效的行政审批工作新局面，得到了群众和企业的认可。

2007年11月，南海区又出台《佛山市南海区进一步深化行政审批制度改革工作方案》。明确进一步深化改革的总体要求是，继续抓好取消和调整行政审批项目的落实，理清不该由政府管的事项，将其交给企业、社会团体、行业组织和中介机构来运作；在完善行政服务体系建设的基础上，建立和健全行政审批运行、管理和监督的长效机制；创新管理理念和审批方式，通过上下联动，相互沟通，确立以服务为本、效率为先、创新为要、协调为上、细节为重的“五为”总体要求，全面增强依法行政和优质服务的意识，促进南海区行政审批制度改革的进一步深化。具体操作思路是：突出“横向到边，纵向到底；分别推进，全面优化”的改革重点，确立“公平、正义”的行政服务理念，通过完善行政服务体系建设和健全各项机制，以理顺办事流程为切入点，以全面解决群众办事问题为着力点，进行全方位、立体化的改革，最终达到“审批环境改善，审批流程改顺，审批制度改优，审批机制改活，审批体系改精”的总体目标，使广大企业、群众能够共享改革取得的成果。

二、南海行政事业资产管理改革

2002年6月，南海区（当时的南海市）出台《南海市行政事业资产和公建物业管理办法（试行）》（南府［2002］92号文），启动了南海行政事业性资产管理改革。这次改革按照“政府统一管理（产权），单位使用（资产）”的原则，把过去各单位分散管理的惯例改革为政府委托财政部门统一管理、统一调配、统一运筹。资产管理改革做法主要有三个特点：

一是建立统一集中管理的体制。采用“所有权集中管理，其他权能依制分流”的管理模式，明确指定公有资产管理委员会办公室负责管理公有物业，所有的土地证、房产证集中管理。

二是建立日常管理规范。在登记造册的基础上，对公有物业的增减变动建立严格的管理制度。通过信息化对资产实现动态管理，建立南海行政事业性资产数据库，开发信息系统，并通过政务网联通政府和单位，对资产实现实时、动态、在线管理。

三是在政府管理中引入市场化的因素与方法，提高资产配置效率。首先通过对行政事业资产进行清理，非经营性部分资产由区财政部门负责管理，经营性资产委托区公有资产管理部门经营，在一定程度上促使政府机构“瘦身”，促进政府职能转换到宏观管理和社会服务上来。其次充分发挥市场的力量来处置收回的资产，提高效率和效益。政府按照其性质进行分类，采用市场化或透明的方式进行资源配置，如出让、出租、拍卖、置换等方式，盘活行政事业性资产，科学高效配置政府资源，实现公有资产效益的最大化。

南海行政事业资产管理改革取得了很好的成效：一是查清了南海行政事业单位土地、建筑物的总量以及分布的情况，查清了空置的土地、建筑物情况，查清了用于办公和已被出租的各类物业的情况；二是日常的管理工作可在系统上轻松地完成，该系统覆盖了新资产的登记、使用权证的办理、出租、借出、处置等业务。三是加快空置物业的出租以及出售，盘活了资产；四是各级领导只要联通政务网，就可以查阅行政事业性国有资产的整体情况，并可使用辅助决策模块进行决策；五是从经济效益方面来分析，纳入集中统一管理的租赁物业每年即可产生大量收入，加上出售其他闲置物业，可以获得可观的经济收入；六是从社会效益方面来分析，系统的使用使整个管理过程更加透明，实现了管理的制度化、规范化和流程化，从源头上抑制了腐败现象的产生。

三、南海机关单位绩效与作风考评改革

2009 年，南海区委、区政府出台《2009 年佛山市南海区机关单位绩效与作风年度考评实施细则》，启动机关单位绩效与作风考评改革。2009 年参与考评的单位共有 62 个，包括党群、人大、政协单位 15 个，行政职能机关单位 27 个，公检法司单位 4 个，直管单位和查验单位 16 个。

南海区机关单位考评内容包括绩效与作风两方面，分别占总考评分 60%、40%。绩效方面包括履行职能（30 分）和改革创新（30 分），作风方面包括清正廉洁（15 分）、优化服务（15 分）和依法行政（10 分），

并对每一部分进行了细化评分。

《2009年佛山市南海区机关单位绩效与作风年度考评实施细则》还规定了详细的扣分办法，例如：区长专线电话、区行政投诉中心、区企业投诉中心接到群众投诉政府部门，经核查属实的，要予以扣分；机关工作人员违纪违法，受党纪政纪处分的，或被行政拘留或司法拘留的，要予以扣分；服务行为失当予以扣分，等等。

南海机关单位绩效与作风考评采取“社会评、基层评、领导评”的方式进行网上或纸质评议。社会评议占总分的40%，基层评议占总分的40%，领导评议占总分的20%。具体评议由区机关单位绩效与作风年度考评工作领导小组办公室组织实施。

南海机关单位绩效与作风考评是政府公共管理改革的一项新的行之有效的措施，对提高政府运行效率、实现真正构建服务型政府产生了广泛影响。

第五章　南海绩效预算的形成

2004年，南海区大胆改革传统财政预算分配制度，全面推行项目绩效预算，开创了全国财政预算分配制度改革的先河。南海区推进绩效预算的动因与全国许多地方尝试推进绩效预算的原因一样，但南海区绩效预算改革之所以走在其他地方的前列，是由于南海区更早具有采用绩效预算的基本条件。

第一节　南海推行绩效预算的动因

南海区推行绩效预算的动因包括多个方面。建立和完善公共财政体制是其推行绩效预算的内在要求；南海区在实践中对传统财政预算分配制度的缺陷有更加深刻的认识是主观动因；财政支出压力的日益增大是客观动因；反腐倡廉和公众的监督是外在动因。

一、建立和完善公共财政体制是南海推行绩效预算的内在要求

1998年以来，我国财政体制开始逐步向公共财政体制转变。这是社会主义市场经济的必然要求，也是解决社会经济生活中各种矛盾和问题的迫切需要。中国共产党十五届五中全会和“十五”计划纲要明确提出要建立公共财政框架。党的十六大提出“完善国家计划和财政政策、货币政策等相互配合的宏观调控体系，发挥经济杠杆的调节作用。深化财政、税收、金融和投融资体制改革。完善预算决策和管理制度，加强对财政收支的监督，强化税收征管。”

建立与公共财政体制相对应的绩效预算制度是我国预算改革的目标模式。公共财政既体现在合理界定财政收支分配框架体系上，更体现在提高财政效能上。以处理好政府与民间利益关系为前提，支持政府履行公共职能的公共财政，要处理好社会成员的公共利益与私人利益关系、基本职能公平与效率关系。基本职能的要求，可以使公共财政高效运行，发挥更大作用。只有实行绩效预算，才能使公共财政达到形式与内容的统一，更好地促进公共财政的全面健康发展。在建立和完善公共财政体制的过程中，南海区开始探索推行绩效预算制度，财政和区政府高层领导认识到实行公开、透明、高效的绩效预算是建立起公共财政体制的关键。

二、对传统财政预算分配制度缺陷的认识是南海推行绩效预算的主观动因

传统的财政预算分配制度是在计划经济体制基础上建立起来的，带有浓厚的计划经济色彩，在市场经济日益成熟的条件下，其制度缺陷表现得越来越明显。传统预算关注的核心问题是分配预算资金的过程，强调的是预算资金是否按照既定的规则和程序进行支出，即在程序上是否合法，而不是预算资金是否得到高效率的配置，在支出预算控制方面，把重点集中到资金使用规则的遵守上，久而久之，预算机构及支出部门就会忽略预算支出的真正目的，容易形成只注重程序而忽略结果的低效预算模式。通过对实践的反思，南海区深感不适应新形势的要求，不改革没有出路，要下定决心推行绩效预算改革。归纳起来，传统财政预算分配制度的缺陷主要包括以下几个方面：

一是财政资金分配科学依据不足。传统的财政资金分配程序是单位报项目，财政部门对项目进行审核调整，再由政府部门审批后，财政下拨资金。在这些环节中都存在着博弈和潜规则，这种财政资金分配的不科学带来了政府决策的不科学，直接导致政府资源的浪费。

二是财政工作重点不够突出。财政部门把大量的时间和精力花在搞收入、搞分配上，忽视了对支出的管理，最终陷入收入增加了、支出膨胀了、分配却难做、管理变混乱的恶性循环中。

三是项目预算管理不规范，资金使用效益不高。对于资金使用单位来

说，在预算立项时，瞄准的是争取财政资金，对立项的可行性缺乏论证，导致某些项目的综合效益不高，中途搁置或者中途改变用途，缺乏财政资金使用的自我约束机制，增加了反腐倡廉难度。

三、财政支出压力的日益增大是南海推行绩效预算的客观动因

21 世纪初，南海区财政收入大幅度增加，但支出需求比财政收入增长更快。财政支出面临巨大的压力。究其原因，财政支出的压力主要来源于以下几个方面：

一是可支配收入有限性与支出需求无限性的矛盾形成的财政支出压力。财政收支矛盾是财政资金需求与供给矛盾的具体体现，反映着社会经济发展对财政资金需求的无限性与一定时期财政收入有限性的矛盾。在市场经济条件下，虽然在资源配置方面以市场机制为主，但政府在弥补市场失灵方面承担了大量的职能，资源配置、收入分配、宏观调控等政府职能的履行都离不开财政的参与。而且，随着国家和政府对民生和构建和谐社会的重视，财政对民生和社会事业的投入越来越多，但受经济发展水平和纳税人对课税的逆反心理影响，财政收入又不可能在短期内大幅增长，这就出现财政可支配收入的有限性与支出需求无限性的矛盾。

二是齐头并进、跨越式发展战略形成的强劲支出压力。与全国其他许多地方一样，南海在进入 21 世纪后，经济一直处于高速增长的态势，财政收入的“雪球”也随之越滚越大。但这种以投资为动力的经济增长机制，使得社会各界对财政资金的需求越来越大，财政资金再多也赶不上需求的增长。以 2004 年为例，南海区各部门申报的财政预算是 69 亿元，但区财政实际能支配的财力大概为 44 亿元，即使除去虚报的水分，也有相当差距。面对“入不敷出”的财政压力，实行绩效预算制度成了最优选择。

三是预算分配的部门平均增长意识与政府发展政策阶段性重点的矛盾对财政支出形成的压力。追求经济效益最大化应是财政资源管理工作的首选目标，但是，目前我国在资金分配上争预算、争项目的现象在各级政府却仍然严重地存在着，且资金分配很大程度上是通过财政部门与经费申请部门在不断的博弈中进行，而且在预算分配过程中，部门的平

均增长意识很强，这就难免出现经验决策和关系决策的现象，因而无法保证资金分配规模和结构的科学性。更为严重的是，很多部门在预算争到手后，对具体项目资金的使用往往缺乏行之有效的监控和管理，以致常常出现投资责任和支出效果无人负责的情况。另一方面，财政预算本是政府的施政纲领，政府职能通过财政预算体现，财政预算影响政府职能的实现，政府在不同发展阶段的政策重点不同，体现在预算分配上的轻重就不同。但在传统的财政分配制度下，各主管领导为了实现自己的政绩，都希望给自己所主管的部门争取更多的资金，谁都想多要、多得。由于缺乏科学合理的决策分配机制，有限的资金分配变成了领导之间权力和交情的博弈。这些博弈主要体现在政府部门各主管领导的博弈、财政部门各主管领导的博弈、政府各部门之间的博弈。有时为了平衡各部门、各单位的利益，就只能搞平均、撒胡椒面，给大家都分一点，使有限的资金不能用在最需要的地方。受政府部门本位主义思想对财政资金分配秩序的干扰，每年的财政分配就像“一场没有硝烟的战争”，“赢家”于宏观经济而言可能沦为“失家”。既不利于政府调控经济，也不利于政府宏观经济政策的执行。

四、反腐倡廉和公众监督意识的增强是南海推行绩效预算的外在动因

随着国家反腐倡廉力度的不断加大，以及网络等信息化水平的不断提高，公众参与监督的热情不断增加。财政是政府履行职能的重要手段，因此公众对财政透明度的要求也越来越高，而传统上财政的透明度还比较低，未完全形成将国家的各项财政政策法规、各部门在财政管理方面的职责权限、财政收支预算的编制和执行及其结果等向全社会公布的惯例，这既形成了对纳税人知情权的一种漠视，也很大程度上妨碍了普通民众对绩效评价的参与。在传统预算制度下，由于财政资金分配和使用中监督机制的弱化，也给腐败提供了温床。在反腐倡廉力度不断加大、公众监督意识不断增强这样一种外在压力之下，南海推行绩效预算制度改革是充分保障公众知情权的有效举措。因为推行绩效预算，实现政务公开，可以形成一种“鱼缸效应”，即政府和公共部门的活动就像鱼缸中的金鱼一样时刻处于民众的监督之下，可使铺张浪费、违法乱纪行为难以隐形遁迹。

第二节 南海推行绩效预算的基本条件

绩效预算是一项系统工程，仅靠领导的热情和几个部门的支持是不够的，南海区绩效预算制度改革是在一系列条件比较成熟的情况下，顺势而为地发起和推动的。这些条件主要包括以下几个方面：

一、对政府预算认识的深化和服务型政府理念的形成是南海推行绩效预算的思想条件

南海区政府和各部门对政府预算认识的深化和服务型政府理念的形成是南海区采用绩效预算得到支持的基本原因。

南海区政府和各部门对传统财政分配的弊端有了深刻的认识，他们又通过对服务型政府理念的学习和宣传，不断提高了认识。南海区政府和各部门认识到，服务型政府是为公众服务的政府，它是在公民本位、社会本位理念的指导下，在整个社会民主秩序的框架中，把政府定位于服务者的角色，并通过法定程序，按照公民意志组建起来的以“为人民服务”为宗旨，以公正执法为标志，并承担着相应责任的政府。正是在上述认识下，南海区政府和各部门对采用绩效预算都给予了支持和保障。

首先，从南海区领导层面来看，区委区政府对推行绩效预算给予了充分肯定和支持。在南海区 2004 年 2 月首次召开的财政资金预算评审会上，区委领导亲自作动员讲话，区委领导的重视和期望极大地坚定了南海财政局坚持探索和开展绩效预算工作的信心和决心。南海区人大、监察部门等也对南海区财政局的绩效预算改革给予高度评价和大力支持，并派员参加财政专项支出项目预算评审会，客观上为南海区财政局的绩效预算改革消除了一定的阻力，促进了政府其他部门的理解。

其次，从政府各部门来看，各单位都对推行绩效预算给予了配合和支持。财政绩效预算改革不仅是财政局一个部门的事情，它还涉及到政府其他职能部门，是一项系统工程，因而也绝对离不开政府各部门的配合和支持。一方面，通过公共财政导向的一系列综合财政改革使得各单位花钱基

本通过财政预算来解决，各单位在某种程度上只能选择配合；另一方面，在南海区委区政府的大力支持下，绝大多数单位对绩效预算改革给予了理解和支持，并在具体的项目立项申报、评价中进行配合和支持。政府各部门的这种支持和配合是绩效预算改革取得成功的基本保障之一，使绩效预算改革免遭在摇篮中夭折的厄运。

最后，从财政部门来看，部门自身的主动性是推行绩效预算的重要力量。南海财政部门具有无畏改革的勇气和大胆创新的意识。南海区，地处中国改革的前沿阵地——广东省。南海人传承了广东人勇于创新、善于改革的伟大精神。敢为人先，无所畏惧的改革精神促使南海区财政局痛下决心，敢于革自己的命，率先从本部门启动了绩效预算改革。因为绩效预算制度，等于将财政部门过去拥有的大权分散化，权力的放手，对于财政部门本身就是一种挑战，没有一定的勇气和胆识是很难做到的。可以说南海区财政局无畏的改革勇气和创新精神是推行绩效预算改革的必要条件之一。

二、公共财政导向的综合财政改革是南海推行绩效预算的财政制度条件

南海区公共财政导向的综合财政改革为绩效预算改革铺平了道路。2002 年“金财”工程正式启动后，南海区成功搭建了南海公共财政管理信息平台；与此同时，各项财政综合改革全面推进，主要包括：行政事业单位职工工资统一发放、办公费用标准化改革；收支两条线、国库集中支付制度改革、单位“小钱柜”的清理；资产清查登记、政府资产统一管理等改革；政府资源拍卖制度的推行。经过这一系列扎实的改革，各政府职能部门的资金、资产、资源管理得到规范，表现在：一是政府各职能部门的资金来源单一化，财政资金是单位资金来源的唯一渠道；二是政府各职能部门原来的经营性资产统一管理后，切断了经营性收入来源。以公共财政为导向的综合财政改革加大了对单位的会计监督，规范了资金管理，为采用绩效预算奠定了坚实的基础。

绩效预算改革必须以政府职能的指标化为起点，通过对政府职能的量化，逐步形成完整的绩效预算体系。政府的财务保障体系，可以分为存量（财产）和增量（财务）两个方面的保障，也可以分为养人和办事两个方

面的保障。南海实施的综合财政改革，可以实现存量和增量的通盘考虑，把部门预算分解为养人预算（基本支出）和办事预算（项目预算），并根据公共部门的特点，在一般预算中实现了标准化管理模式，在项目预算中实现了绩效预算模式，从而使政府职能指标化转化为政府公共事务目标的指标化。经过一系列全方位的财政综合改革，各政府职能部门的资金、资产管理更加规范，财政资金成为各部门行政开支的唯一来源，明晰各项资金使用的目标和用途，进而为科学、全面、准确地考评部门及项目的绩效创造了条件。

三、深入的研究和谨慎的操作是南海区成功推行绩效预算的技术条件

绩效预算改革可以理解为一项预算编制技术的改革。由于对预算资金的使用结果进行了量化管理，打破了长期以来定性管理为主的格局，使预算管理更加专业化，对广大财政工作者和各用款单位提出了更高的要求。而作为长期工作在传统行政管理体制下的财政部门和各用款单位，是没有这样的知识储备的。这种技术基础的不足，使绩效预算改革面临重大风险。南海区在推行绩效预算的过程中，始终坚持一条原则，就是要把改革的风险控制在最低限度。为此他们在出台任何制度与措施的时候，总是要进行深入研究，然后再进行谨慎的操作。南海推行绩效预算之前，做了充分的前期理论研究工作，他们综合比较了美国、加拿大、澳大利亚等国的绩效预算制度后，有针对性地提出了适合中国国情的绩效预算改革方案。在具体方案设计方面，他们与专业研究机构合作，设计了绩效预算的整套方案，包括流程、评审工作方案、申报表、评估指标体系等，确保了方案的科学性。另外在评审阶段，他们邀请项目相关领域的技术专家和经济政策专家参与，如信息化项目，邀请信息领域专家做评委。技术专家和经济政策专家的参与，使项目的可行性、资金预算的准确性、是否符合国家政策和地方发展战略、资金使用效益等，建立在专家认可的基础上。

南海区财政局敢于直面日益突出的财政收支矛盾，在困境中求出路，积极探索财政收支矛盾的深层次原因，在相应条件基本具备的情况下，适时推行了绩效预算实践，迈出了财政预算分配制度改革的重要一步。从表面看，南海区实行绩效预算是迫于财政压力而作出的无奈选择，但实质上，改革是在一系列条件成熟情况下的必然选择，是各项综合改革发展到一定阶段的必然结果。南海区把握住了这个机会，推行了绩效预算改革，这也是偶然中的必然。

第三节　科研机构的参与和南海绩效预算的形成

在几年的实践探索中，南海区财政局借助广东省财政科学研究所的科研优势，与其密切合作，通过引入咨询专家，不断总结经验，逐步完善绩效预算流程，并细化评审表格体系和指标体系，项目评审范围从单类支出扩展到覆盖全部财政专项资金，评审程序和评审指标体系的规范性和科学性实现全面提升。广东省财科所对南海绩效预算的形成与发展发挥了参谋和补缺作用。

一、设计和实施绩效预算过程中科研机构的参与

2004 年前，信息化建设前期的主要项目大都已经完成，剩下的基本上都属于“锦上添花”的项目。这些项目在申报财政资金时，申报金额“水分”往往较大，造成资金供不应求。2004 年，在听取了广东省财政科学研究所的建议后，南海区财政局决定以信息化专项资金为突破口，对绩效预算进行探索和尝试。

2004 年初，南海区举办“南海财政资金绩效预算（信息化项目）评审会”，参加评审的项目包括区直 29 个行政事业单位共 70 个项目，参审金额 8000 万元，最后建议安排资金 6142 万元。这次评审会取得了很好的效果。对于项目的评审，广东省财政科学研究所建议采取专家评审会的形式对项目进行评审。评审中专家们分成项目必要性评审和项目投资规模建议两个组，采取专家提问、单位回答的形式，对所有参评项目进行绩效预算评审。这种质询方式一方面可通过单位人员解答消除一些疑问；另一方面，可引起项目申报部门的足够重视。

2006 年，南海区财政局与广东省财政科学研究所的合作得到进一步深化，明确了协作关系与分工安排。广东省财政科学研究所全面负责制定

南海区财政局2006年专项支出项目绩效预算的工作方案，并负责指导方案的实施，全程掌握专家评审过程；南海区财政局负责组织各单位填写申报项目立项材料以及其他协调配合工作，并不直接参与绩效预算评审工作；专家评审小组的评审结论根据各单位提供的材料得出，不受南海区财政局和广东省财政科学研究所的制约。由于2006年专项经费项目绩效预算评审工作涉及的项目多、范围广，广东省财政科学研究所经过与南海区财政局多次磋商后，制定了《南海区财政局2006年专项经费项目绩效预算评审工作方案》，将所有项目按照类型特征分为大额专项、基建工程、设备购置及修缮、信息化四大类，并对评审程序、评审任务、评价指标都作了进一步细化，拟定了《绩效预算申报表》和《项目评分表》。通过2006年专项经费项目绩效预算评审工作，南海区财政局的绩效预算流程基本稳定和规范下来，各单位的财政资金绩效观念也初步建立，预算单位开始重视绩效预算工作。南海区财政绩效预算向前迈出了一大步，雏形初现。

在建立绩效预算的过程中，科研机构不仅参与方案的设计，还深度参与方案的实施。在最初的绩效预算过程中，广东省财政科研所直接参与执行绩效的评审工作，而财政局自身不参加评审。这种评审方式为保证评审工作的公正性和公平性提供了前提，也避免了部分单位的求情和打招呼干扰评审工作。在评审会结束后，以书面形式将专家的详细评审意见及建议反馈给单位，便于下一年度改进绩效预算申报工作。在改革初期，科研单位直接参与评审，负责和外部组织专家监督，有效地推进了改革、降低了改革的阻力，保证了改革的公平性，使改革取得了预期成效。

二、完善绩效预算过程中科研机构的参与

在总结2006年绩效预算实践的基础上，同年10月，南海区财政局开展了2007年财政专项支出项目绩效预算，广东省财政科学研究所协助进一步细化评审内容、完善工作流程。一是协助进一步完善评价指标体系。2006年绩效预算评审中，虽然将所有项目分为四大类，但是每一类的具体评价指标相差不大，不能充分体现项目类型特征。2007年的评价指标在保持所有项目一致性的基础上，重点反映项目特点。二是协助进一步完善评审程序。2007年的项目资金绩效预算评审的程序增设了形式审查环

节和业务科室把关环节。各单位提交的绩效预算申报材料，首先要经过形式初审，并由主管业务科室把关。形式初审是由南海区财政局主管科室对各项目单位提供的申报表和相关证明材料进行审查，主要考察项目单位申请表填报是否详尽、基础材料提供是否齐全。形式初审不合格、基本材料不齐全的，必须将有关材料补充完备才能进入下一个环节。这一举措促使绩效预算工作进一步规范化、科学化，也更加提高了项目单位对绩效预算工作的重视程度。业务科室把关是指业务科室要对各预算单位填报材料的真实性进行审查和把关，保证评审专家看到的材料都是真实的。这也是专家进行准确评审的前提条件。

2008 年，南海区财政局联合广东省财政科学研究所修改和完善了相关表格和材料，在项目资金绩效预算工作中实现了新突破。经过反复论证，将所有项目分为大额专项类、信息化类、基建工程类和设备购置及修缮类四大类，科研机构在以下几个方面共同研究方案，帮助南海区实现绩效预算的新突破。

一是改进评价指标体系。绩效预算指标体系中，分别设计了政策性指标体系和技术性指标体系，对项目的政策合规性和技术合理性进行评价。政策性指标体系是与往年相一致的指标体系。在原有指标体系的基础上，绩效预算的指标体系更重视绩效。

二是完善评审内容。进一步完善《绩效预算申报表》及《项目评分表》，力求使二者做到更好的对应，使四大类项目的评价指标更能反映其各自的特点。制定了详细的评分说明表。根据各类项目的具体评分指标和《项目评分表》的内容，制定了项目评分的详细说明。制定详细评分说明一方面能够规范专家的评分标准；另一方面还能向各项目单位明确评分标准，为项目单位填报《绩效预算申报表》提供基础材料参考。

三是提高申报材料质量。将继续加强对申报单位相关人员的指导，定期组织培训，为确保申报材料的填写质量做好充分的准备工作。严格控制项目单位申报质量。申报单位必须自行提出项目完成后将达到的绩效目标，对于提不出绩效目标的，或者绩效目标空泛而无法测量的项目，将予以淘汰。申报材料中还必须具备项目可行性研究方案，通过可行性研究方案促使预算单位规范做事，形成自我约束能力，培养“会做事、做好事才能要到资金”的观念。

四是实现绩效预算信息化。在单位申报项目绩效预算、业务科审核、专家评审等环节引入信息化管理，一方面可提高单位填报的效率，节省人力、物力、财力；另一方面网上评审能够让专家更充分地浏览并掌握预算单位的申报材料，方便灵活安排时间，不必将所有专家都集中。

五是进一步完善评审流程。在项目绩效预算中，以“项目立项、项目资金额度计算、项目排序”三大评审目标为导向，将评审专家分为技术专家和政策专家两大类，评审流程将进一步完善为技术评审和政策评审两大步骤。技术评审主要是专家从技术可行性、可操作性上进行评价，形成具体的项目技术评审意见，对技术不可行的项目将取消立项，并就同意技术立项的项目提出具体资金额度和计算依据。政策评审主要是按政策指标对建议技术立项项目进行打分和排序。

六是全面推进事后绩效评价。事后绩效评价主要评价两方面的内容，一是自评报告质量；二是项目资金使用效益和资金管理水平。自评报告质量反映了项目单位对自评工作的重视程度，资金使用效益和资金管理水平则反映了资金预期目标是否达到要求。事后评价要求评审专家给出评价意见书，并反馈到项目单位，用于改进工作，提高资金管理和使用水平，进而达到整体上推进政府效能的目的。

第六章　南海预算绩效目标

绩效目标是绩效预算的核心，绩效目标源于目标管理的思想。目标管理由美国著名企业管理专家德鲁克首先提出，是现代企业管理理论的重要组成部分。作为过程管理理论的内容，目标管理被定义为："一个组织的上层及其下属管理者一起确定其共同的目标，按照期望得到的结果，确定每个人的主要工作范围和责任，并运用它们指导行为和评价每一成员的工作成绩"。把私人领域的这种理念，引入公共领域，成为预算制度设计的一项重要理论依据，对预算制度的改革，产生了革命性的影响。

目标管理着眼点在于实现具有独立性质的具体目标。一般来讲，各项政府职能目标是独立于预算而存在的。精心设计目标管理系统，使之与预算系统最高层次的目标一致，从而实现政府职能目标管理与预算相互联结。是公共管理的重要内容。目标管理模式或说目标管理预算的主要内容包括：确定可量化的目标；设计年度营运计划，强调怎样使目标实现；真实绩效的测量；判断是否达到目标。设定绩效目标要以营运为中心，强调目标的可行性。目标管理要以预定的最佳效果作为目标，把目标逐级展开，以明确的目标为前提，逐级授权，实行有效的分级管理。概言之，目标是绩效衡量的标准和奖励、惩罚的依据，实施目标管理时，可以分阶段考核目标实现情况或绩效水平。

设定绩效目标存在多方面的难题，在绩效预算中，设定绩效预算目标必须要有一套完整的控制程序，以确保绩效预算目标的设定能实现预期的效果。本章对设定绩效目标的难题进行讨论，介绍南海破解这些难题的做法，说明南海做法的意义和启示。

第一节 设定绩效目标的理论难题

绩效预算的起点是绩效目标的确定，而为了确定绩效目标，就必须明确机构的目标是什么，并将这些目标转化为可以测度的合意性目标。这个步骤本身就是一个意义重大的环节。

一、定义绩效的困难

定义合意性的每个活动都对组织关注重点有巨大影响，但在实际中，定义绩效的目标是非常困难的。因为，绩效是一个详细的体系，最终依赖于预算管理宽泛的目标。假如预算管理是传统的方式，那么绩效的目标就是达到遵从和控制；假如预算管理是面向结果的，那么绩效目标就是产出的有效性。实际上，从理论上看，由于绩效关注层面的不同，设定绩效目标的层面也不一样。

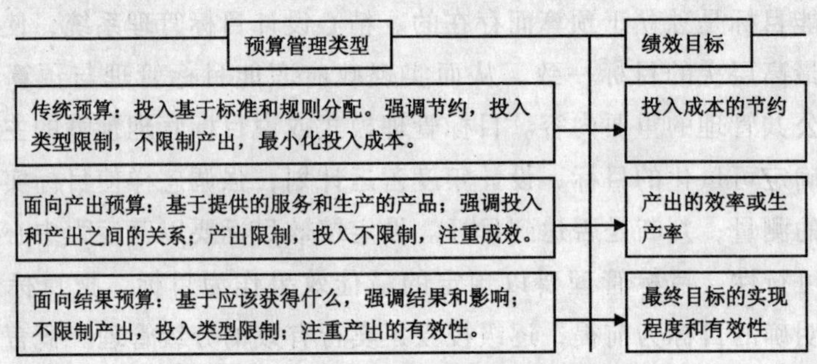

图 6-1 预算管理类型和绩效目标

从图 6-1 我们可以看出，预算管理类型的不同，使得绩效目标的确定存在很大的差异。在传统的预算体系中，关注公共资源的投入，关键性的概念是节约，或者是投入成本的总控制。在面向产出的预算管理体系中，绩效的目标是产出的效率或生产率。在面向结果的预算体系中，绩效的目标是机构最终目标的实现程度和有效性。

绩效预算与传统预算的不同之处在于，它关注的不是预算的执行过程，而是执行的结果，不是政府的钱够不够花，怎么花，而是政府在这些地方花了钱，老百姓最终得到了什么？因此绩效的衡量是实行绩效预算的基础，也是各国在实施当中难度最大的部分。

我们以往也对政府部门进行考核，但那种考核往往是以该机构完成了多少工作量为指标，如制定了多少规章制度、出差多少人次等，这样考核的常常是它们的“产出”，而对这些规章制度和出差的作用却不予过问。绩效预算与此最大的区别就在于，它是从最终的目标出发，制定规章制度也好、出差也好，最后达到了什么效果。用通俗的话说，就是要为老百姓办实事，这是制定绩效指标所要遵循的最重要原则。如果没有达到什么效果，这些规章制度和出差不仅不是政府绩效，而恰恰是应该取缔的资源浪费。

从这一原则出发，有些部门虽然花钱很多，但它们办了很多实事，达到了很好的效果，那么，这些财政支出的绩效就很好，这些部门有可能会得到更多的财政预算。而另一些部门虽然花钱较少，也每天忙忙碌碌、辛辛苦苦，但并未达到什么真正的绩效，只是进行一些公文旅行，做些表面文章。这样的财政支出，再少也是不值得的，应该考虑将这些部门取消，或大幅度削减预算。

那么，什么是从最终目标出发呢？就是说，绩效目标是工作的“成果”，而不是政府机构的“产出”。成果与产出的不同在于：“成果”就是老百姓的受益，通过该项活动老百姓得到了哪些好处。而“产出”则是我们作了哪些工作。政府部门常常将工作“成果”与“产出”相混淆，在绩效目标的制定中片面强调本部门的工作量，而忽略了工作的最终目的，这是一种很普遍的倾向。

二、部门投入与部门绩效的非对应性

按照绩效预算的理论设计还有一个难题需要解决，即：如何对政府预算中的投入—产出关系作出计量分析。单纯从总量角度上说，政府预算的投入—产出就是公共产品数量与政府支出的比值，但究竟应该如何计量单位成本呢？与私人产品相比，一些公共产品的特点是没有有形的物质形态，甚至无法列出数量。比如大家都承认国防是公共产品，但国防投入究竟产出了什么呢？是战争的胜利吗？显然只是个案，国防投入大部分只是体现为军队和武器的存在。再比如治安投入，大部分情况表现为专业机构的运转，破案率只是投入的局部产出。显然，就这些公共产品而言，不可能直接确定出投入—产出系数。事实上即便是一些可以计量产出数量的公共产品投入，也很难界定清楚其单位成本，比如教育投入，人们可能认为生均成本就是单位成本，但问题是什么是教育投入产出的公共产品呢？如果说毕业生数量就是教育投入的公共产品产出量，那么，我们又怎样解释教育自身是公共产品呢？

就理论设计而言，绩效预算把政府预算视为投入—产出过程，并认为这一过程要以结果为导向，就如同企业商品营销要以市场为导向一样。按照这种理念设计并管理政府预算，整体政府预算报告应是一个结果—产出—投入报表，具体说就是要在报告内清楚地列示出政府资金使用了多少、产出了什么、社会效果是什么。很显然，与投入导向型预算报告相比，绩效预算是一种革命，因为前者的报告只是说明政府资金使用了多少、结构如何、都投到哪些公共产品供给上了、哪些社会群体享用了这些资金。既然绩效预算强调政府预算要以结果为导向，那么，究竟什么是结果呢？对此，西方学术界是有争议的，争议的焦点在于如何计量结果，至今可以说人们并没有找到令人信服的完整答案，较为明确的是大家对有形的公共产品的社会效益有了相对可靠的计量方法。然而必须指出：西方学术界毕竟是把预算的产出和结果区分开来了，他们把产出界定为投入的直接成果，比如教育投入的产出表现为毕业人数、就业支持支出的产出表现为再就业培训人数、文化投入的产出表现为博物馆的个数等，但把结果界定为这些产出所带来的社会后果。这不能不说是历史上的进步，因为过去投入导向型的预算把预算绩效仅仅归结为产出，如教育投入带来的毕业人数，究竟这些毕业生的行为对社会产生了什么影响则不在分析范围内，这使人根本不能分辨出政府资金使用的当期和远期社会利益，好像政府用钱仅为产出，就像企业把产品卖出去就完成了任务一样，这实际上是把政府职能和资金使用之间的关系人为地切割开来。

三、产出和结果取舍的困难

绩效目标的确定主要是应该关注产出还是结果，这是一个颇有争议的话题。在实践中，OECD 国家在应该关注产出还是结果之间也存在较大的争议，主要集中在两个方面：第一是绩效目标的评价问题。结果经常难以直接测度或者过于复杂，例如国家安全的测度；还有许多项目和子项目之间的结果存在交叉，例如发病率的降低。第二是机构责任的确定问题。机构和管理者应该对什么负责？在实际操作中，机构经常可以对产出进行控制，而最终结果则受外部因素影响较多，而且这些因素是不可预测的。另外，观察到的结果还可以用不同的方法来解释。结果可以看作项目所造成影响的结果，而不是机构本身获得的。政府清晰的绩效解释依赖于不同的国家不同的理解，OECD 国家逐渐达成的共识是产出方法具有局限性，它可能导致政府不再关注项目影响，而恰恰这才是政府应该重点关注的范围。现在越来越多的 OECD 国家开始使用面向结果的预算管理办法，在使用结果衡量的方法之前，先是广泛地采用产出衡量办法。在预算准备阶段，必须决定每项产出的绩效目标，并达成一致意见。对目标应该给予清晰的说明，并就优先级给予排序，这样它们就可以在任一时段就产出进行评价。除此之外，还经常设置绩效衡量的基准指标。随着技术的进步，在产出衡量中逐渐加入结果衡量的因素。实际上，正是因为上述因素，没有任何一个 OECD 国家仅仅采用结果或者产出来设置绩效目标，而往往是根据绩效管理水平和目标侧重，重点关注某一指标。

四、部门的多重责任机制与绩效目标的多元属性

在传统行政模式下，效率的评价活动属于管理过程中的控制环节。绩效目标是上级对下级的要求。但是，随着分权化管理、结果管理、顾客导向、工作团队、组织与雇员发展等新管理主义理念和实践活动的大量涌现，这种自上而下的要求已经转换为全方位的绩效目标要求。近年来，人力资源领域普遍采用 360°个人绩效评价体系，这种体系能够对个人绩效提供更全面、准确、可靠的评价。在确立组织绩效目标方面，同样也存在多元主体的情况。因为，随着各种类型的公共组织日益获得更加广泛的管理自由权和资源控制权，它们已不再单一而机械地执行上级的指令，其还必须考虑立法部门、利益集团、政治领导人、专业人士、公众以及其他相关部门对它们提出的各种要求，并作出及时的回应。公共组织的责任机制，开始由上而下的单一链条形式转变为面向多元利益群体的网络形式，其责任机制体现在政治、法律、专业技术、管理等多个方面。这种责任机

制的实现，需要体现相关利益群体的目标要求。因此，公共组织的绩效目标呈现出多元化的趋势。

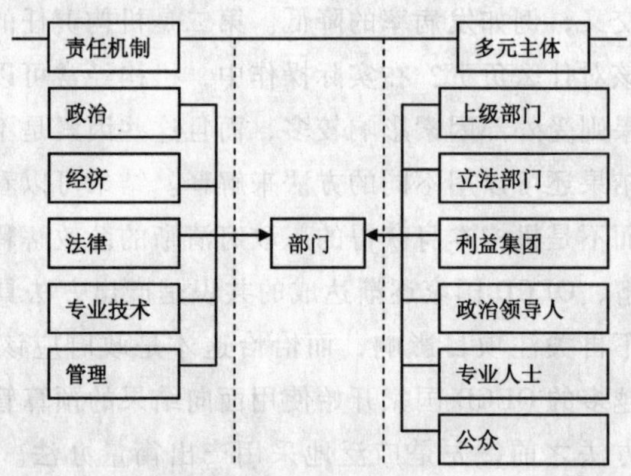

图 6－2 部门的多重责任机制与绩效目标的多元属性

政府部门的行政目标与企业的运营目标有很大的不同，行政部门的目标往往无法量化，加之政府行政部门的利害关系人较多，其彼此间的目标经常是冲突的，因此通过政治妥协，取得共识，并非易事。而绩效目标的确定，是绩效评估的先决条件，如无法确定目标，即无法设定绩效指标，并且作为绩效预算的前提，战略规划要求明确目标体系，但这实际上与政府自身行政目标的多元化发生了冲突：一方面是基于效率考虑的战略规划失去了灵活性，另一方面是体现政府多元目标的灵活性抹杀了效率。

五、部门信息不对称与绩效目标确定的难度

按照现代信息经济学的基本理论，一个部门的绩效目标，属于部门掌握的内部信息。财政等其他部门要了解这个部门的内部信息，只能通过该部门报告的相关信息或者观察它们的活动。在这种情况下，部门就可能发生道德风险或采取逆向选择行为，通过在报告中隐匿关键的信息，或者通过控制部门的活动以改变部门的绩效目标和目标实现的程度。在这种情况下，要想确立符合公众最大利益要求的绩效目标就会遇到很大的障碍。部门很可能为了维护自身的利益而降低或扭曲本部门的预算绩效目标。

第二节　南海设定预算绩效目标的探索

南海对预算绩效目标的认识随着绩效预算的开展和深入不断深化，针对设定绩效预算面临的难题，南海依据的实际情况，不断修订和完善绩效目标确定的依据，在实践中摸索出一套有效的预算绩效目标确定方案。

一、南海设定预算绩效目标的探索过程

设定绩效目标有一定的难度，必须以一定的依据为基础，南海在克服设定绩效目标的难度方面有一些有益的尝试，成效之一是找到了比较明晰和可靠的依据。由于设定绩效目标有相当大的难度，南海预算绩效目标的设定经历了一个较为曲折的探索过程。

2006 年，南海区出台的《财政支出绩效评价试行方案》中提出了要按照目标预定与实施效果比较的方法来进行绩效评价，即通过比较财政支出所产生的实际结果与预定的目标，分析完成（或未完成）目标的因素，从而评价财政支出绩效。《财政支出绩效评价试行方案》规定，财政基本支出的绩效目标包括按定员定额标准计算的基本支出绩效目标和单项核定的基本支出绩效目标，由财政部门根据有关规定和标准确定。预算单位在申报支出项目时，必须提交项目可行性方案，明确提出项目资金使用的绩效目标。预算数额较大或者专业技术复杂的项目，可行性方案必须有科学的论证和专家的意见。可行性方案中，绩效目标包括以下内容：申报单位基本情况、项目概况、项目必要性、项目所要达到的预期绩效目标、前景预测、条件论证、内容和规模、资金来源渠道及比例、资金使用进度、相关经济社会效益等。从这里可以看出，南海区在实施绩效预算的初期，对设定绩效目标的难度估量不足，对绩效目标的研究也不够深入。因此这一时期，南海绩效预算并没有把绩效目标的设定摆在一个很重要的位置，也没有提出设定绩效目标的基本依据。

随着南海绩效预算的开展，南海区逐步认识到绩效目标在绩效预算中的重要意义。在 2007 年出台的绩效预算文件中，明确“绩效目标是财政

支出成果的体现，也是绩效评价工作的首要前提”，把绩效目标设定为绩效预算的“基础设施”，并要求“项目（用款）单位每年度申报财政支出项目时，必须明确项目资金使用的绩效目标，并尽量结合项目实施分年度、分阶段进一步细化和量化，形成具体可衡量的目标任务，以利于项目按绩效目标顺利实施和绩效评价工作的开展。”在这一理念的指导下，南海确定的绩效目标包括：一是预期经济效益。项目实施预期产生的经济效益，能够量化的计算投入产出关系的方法与数额，便于日后同项目实施实际产生的经济效益比较，评价目标的实现程度。二是预期社会效益。项目实施预期所产生的社会综合效益，主要是指不可量化的、不能以投入产出直接计算的效益，便于日后同项目实施实际产生的社会效益目标对比，评价其实现程度。三是预期可持续性影响。预期项目实施后，对人、自然、资源、政治等方面的可持续影响，便于日后同项目实施实际产生的可持续发展影响对比，评价其实现程度。

在实施绩效预算的过程中，南海对设定预算绩效目标依据的研究和探索逐步深入，绩效目标的内容更加丰富。2008 年，南海已经把设定绩效目标的依据落脚到“效果”方面，明确提出绩效评价要注重资金使用效果的评价。绩效评价与财务检查、财务审计有本质的区别，不能只停留在反映项目执行情况和执行结果的层面上。绩效评价除了关注资金使用的安全性、合法性外，更重要的是依据科学的指标体系、合适的评价方法和系统的评价标准对财政资金使用的政治、经济和社会等综合效果进行评判，涵盖了对财务、财经纪律等方面的评价内容，也涵盖了资金安全性、合法性和规范性等部分财务审计的范畴，关注的重点是资金使用的效果。因此，要求各部门单位在评价指标和评价方法的选用、评价报告的内容等方面都要从“效”上下功夫，突出“效”字。在这种认识下，南海确定设定绩效目标的依据包括三个方面：一是资金管理效益：主要包括资金使用是否安全、规范，是否按预算规定用途使用以及配套资金的筹措能力等完成情况。二是经济效益：主要包括项目实施所产生的投入产出效益（成本费用效益），包括直接经济效益（与立项目标的直接经济效益相比较，评价其实现程度）、持续经济效益及间接经济效益（对经济发展的推动作用）等的实现情况，或可从节约成本方面考虑，主要体现在项目以最低成本达到目标，也可从通过区财政资金的投入带动实现更多的项目效益来反映，对经济效益的反映应提出量化指标或用数据具体说明。三是公共（社会）效益：主要反映项目实施后产生的社会效益、环境效益、可持续性影响、使用价值、扶贫减灾、劳动就业以及协调发展等情况。四是其他可测评效益：除上述经济、社会效益外，结合项目特点，主要从项目实施后取得的效果来反映项目其他方面的效益及其他预期效果，反映项目实施是否达到预定目标。如图书馆的购书专项经费项目采用图书馆使用率、服务每位读者的平均成本、馆藏平均流通次数等专业及绩效指标，反映绩效水平及绩效目标的实现程度。

2009 年，南海对预算绩效目标的认识趋于成熟，要求项目（用款）单位每年度申报财政支出项目时，必须明确项目资金使用的绩效目标，并尽量结合项目实施分年度、分阶段进一步细化和量化，形成具体可衡量的目标任务，以利于项目按绩效目标顺利实施和绩效评价工作的开展。要求南海区级部门预算单位在向财政局对口业务科报送年度预算时，需同时报送《年度项目绩效预算申报表》及相关资料。在《年度项目绩效预算申报表》中，各单位要从上述三个方面明确项目的绩效目标。在 2009 年出台的绩效文件中，明确绩效目标设定的依据包括预期效益、预期可持续影响、申报单位预期可测评绩效指标三个方面。

二、南海设定预算绩效目标的特点

综合起来，南海设定预算绩效目标具有以下几个方面的特点：

（一）预算绩效目标与部门的战略目标相结合

南海设定预算绩效目标的一个显著特点是预算绩效目标与部门的战略目标结合得非常紧密，两者互相促进。主要表现在以下两个方面：

一是预算绩效目标以部门的战略目标为基础。南海设定预算绩效目标不是没有根据的，而是以部门的战略目标为基本依据。南海要求各部门在确定自身战略目标的基础上，按照战略目标的阶段性，将其分解到各个预算年度，并在此基础上首先提出本部门的预算绩效目标，这样就确保了预算绩效目标与部门的战略目标总体上的一致性。

二是预算绩效目标旨在优化部门的战略目标。在实施绩效预算以前，各部门也有相应的战略目标。但是，这些目标相对来说非常宏观和不可计量。在实施绩效预算之后，南海要求各部门的战略目标更加具体，更加可操作。在此基础上才能够确定部门自身的绩效目标，并根据绩效目标来确定部门的预算安排。这样，过去部门模糊的战略目标，通过实施绩效预算，按照预算绩效目标的要求，部门的战略目标也更加明确。另一方面，由于预算绩效目标对部门相关经济、社会和管理等方面的硬性约束，对部门的战略目标也提出更高的要求。部门只有制定并分年度实施了更高要求的战略目标，才能满足预算绩效目标的规定要求，也才能得到财政预算的支持。

综上我们可以看出，南海预算绩效目标紧紧围绕部门战略目标的基本要求而设定。但是，又通过预算绩效目标的倒逼机制，促进和提升部门战略目标的优化。这实际上把被动适应变成了主动出击，回避了部门战略目标确定的一系列难题。通过绩效预算目标对部门战略目标的持续优化，可以显著提高公共部门的服务和管理水平。

（二）预算绩效目标的设定采取原则性和灵活性相结合的方式

如上文所述，不同部门的战略目标间存在很大差异，因此在设定预算绩效目标时就面临一个可比性与独特性兼顾的问题，即如何确定一个相对一致的且又能充分体现部门属性的预算绩效目标原则。南海在这方面进行了有益的探索，通过让预算绩效目标体现原则性和灵活性相结合的方式，很巧妙地解决了上述问题。

（三）预算绩效目标的设定方式由部门申报和财政部门组织审核相结合

南海预算绩效目标首先由部门申报。南海绩效预算文件规定，预算单位在申报支出项目时，必须提交项目可行性方案，明确提出项目资金使用的绩效目标。预算数额较大或者专业技术复杂的项目，可行性方案必须有科学的论证和专家意见。可行性方案中，绩效目标包括以下内容：申报单位基本情况、项目概况、项目必要性、项目所要达到的预期绩效目标、前景预测、条件论证、内容和规模、资金来源渠道及比例、资金使用进度、相关经济社会效益等。还规定区级财政支出项目，预算单位在报送预算支出项目申报材料时，必须加报一份给区财政局备案。区财政局对部门提交的可行性方案，要进行严格的审核。一般性支出项目可以按规定的例行程序审核，重大项目可由区财政局组织成立专家组进行评审。

第三节　南海设定预算绩效目标探索的启示

通过对南海设定绩效预算目标探索过程以及其特点的分析，可以得到以下几个方面的启示。

一、发挥预算绩效目标对部门战略目标的导向作用

设定预算绩效目标首先肯定是要以部门战略目标为基础的。因为，部门战略规划确定了一个部门在中长期所要达到的总目标以及为完成总目标发挥关键作用的项目和活动。年度绩效目标和考评指标必须与部门战略规划总目标相适应，为实现部门战略规划总目标服务。从这个意义上讲，部门战略规划是部门绩效评估的前提，为年度绩效目标的制定、实施提供宏观指导，以避免年度绩效目标制定过程中的短视和绩效评估的混乱。战略规划的总目标一般是成果型的，在制定年度绩效目标时要考虑以下几个因素：把部门战略规划分解为可量化的具体目标。大多数年度绩效目标是产出型的，用测量产出的方式对成果目标进行补充，这是确定绩效目标时必须解决的关键问题。在绩效考评实践中，很多情况下，由于政府管理的公共性和广泛性等特征，使得战略目标很难分解。这就需要充分发挥专家和咨询机构的专长，让他们根据本部门的职能特点制定科学的、可量化的绩效目标。

但是，我们也应该看到，预算绩效目标的确定并不完全依赖于部门的战略目标，而是能对其发挥导向作用。从南海设定预算绩效目标的实践中可以看出，预算绩效目标可以促进和提升部门的战略目标。预算绩效目标对于部门战略目标，不仅仅是被动适应，而是通过绩效预算的手段，使部门的战略目标更加明确、具体和可操作。一年或者两年的预算绩效目标的实施，也许不能实现部门的战略目标，但通过预算绩效目标在长时期的导向作用，部门在持续不断地实现预算绩效目标的过程中也就不断地提升和完善自身的战略目标。这样通过绩效预算目标对部门战略目标的持续性拉升，可以显著地提高公共部门的服务和管理水平。

二、绩效预算目标设定要兼顾独特性和可比性

不同的部门战略目标肯定存在较大的差异，这种差异要在预算绩效目标的设定中体现出来。但是为了便于对各部门预算绩效目标进行评价和比较，在体现差异性的同时，还必须让各部门预算绩效目标有进行比较的基础。

南海的经验给我们提供了有益的启示。所有的部门在一个统一的框架之中确定预算绩效目标，而且所有部门确定预算绩效目标都要在这个框架之内进行，这确保了预算绩效目标的统一性和可比性。但同时，在这个框架之上，部门可以根据自身的情况确定符合部门属性和特点的预算绩效目标，这也反映了各个部门的独特性。

三、绩效预算目标要致力于公共部门服务水平的提高和服务能力的改善

预算项目的目标有的是致力于提升公共部门的服务水平，有的则是改善公共部门的服务能力。这两个方面既有联系，又有区别。提高公共部门的服务水平要求公共部门要持续不断地改善服务能力，而公共部门服务能力的改善则有利于提升公共部门的服务水平。但公共部门的服务水平是预算项目的当期影响，而公共部门服务能力的改善则是预算项目的长远影响。绩效预算目标不仅要致力于公共部门服务水平的提高，同时也要注重公共部门服务能力的改善，这两个方面都不能偏废。

四、通过预算绩效目标申报和审核程序实现财政政策与部门政策的有机结合

南海预算绩效目标的设定方式由部门申报和财政部门组织审核相结合，这种方式具有非常明显的优点。具体表现是通过部门的申报，不仅可以充分反映部门的政策意图，而且可以让部门把自身掌握的内部信息展现出来，避免上文所说的由于信息不对称而导致的道德风险和逆向选择行为。在部门申报之后，通过财政部门组织的审核过程，又可以将财政政策的意图反馈到部门当中去。这一来往实现了过程通过程序控制，把财政政策和部门政策有机结合起来的预期效应。

第七章　南海项目预算绩效评价指标体系

绩效预算以绩效为导向，主要关注的不是预算的执行过程，而是执行的结果和效果。因此，如何对执行的结果和效果进行评价和衡量就构成了绩效预算的核心部分，其关键就是要建立起一套能够客观、准确地反映政府公共活动效能的指标体系、评价标准和计量方法。与绩、效的含义相对应，绩效评价指标的设计包括“质”和“量”两部分。评价“质”就是要考核最终的效果，它表明这笔财政支出实现目标的程度，民众从政府的该项活动中能得到的好处；评价“量”就是要考核政府做这件事情的效率如何，这通常包括产出指标、效率指标和投入指标几个方面。产出指标是政府部门活动所提供的公共产品或服务的数量；效率指标是以单位成本、单位时间表示的关于政府部门活动的生产率指标；投入指标是政府部门使用资源（主要是财政支出）的数量。以哥伦比亚大学所在地纽约市的环境卫生绩效考核指标为例。过去对环境部门考核的是工作量指标，即根据街道清洁需求、清扫前的街道清洁等级计算出总的工作量，这项指标由政府聘用的义务监督员来打分。实行绩效预算后，纽约市环卫机构对全市的6000多条街道进行了摸底，重新调整了方案，对那些不需经常清扫的街道，由每天打扫一次改为2～3天一次；对那些肮脏的街道进行重点整治，增加清扫次数。实行这些措施后，“肮脏的街道”的比例由原来的43%下降到4%。有近75%的街道被评为“清洁令人满意”。而环卫部门并未就此增加人员，经费反比以前有所节约，环卫工人的收入也比以前提高了。建立绩效指标体系是实行绩效预算的核心，设计绩效指标要充分体现科学发展观和为民理财的执政观。政府绩效指标分为合规性和效益性两个层次，寻求政府行政结果的社会效益和经济效益的最佳契合点。绩效指标既要全面具体，又要简单明晰，使之能够对政府绩效进行科学规范的评价。

但是，设计预算绩效评价指标体系与设定预算绩效目标一样，也存在多方面的难题需要解决。本章对设计预算绩效评价指标体系的相关问题进行阐述，然后介绍南海破解这些难题的做法，说明南海做法的意义和启示。

第一节　设计预算绩效指标体系的主要难题

设计预算绩效指标体系已成为财政管理界公认的世界难题。进行绩效计量的难度如此之大，原因主要有：第一，政府力求政治、经济、社会政策目标的统筹兼顾与目标本身存在的矛盾导致了在绩效指标选择、绩效目标设定问题上一系列的价值冲突；第二，公共支出与私人支出最大的不同，即在于产出不易测量，这集中体现在某项产出和社会总收益测度的困难上；第三，绩效预算制度结构非市场化导致了评价主体错位，即市场机制作用下是商品需求者评价商品，而在公共支出绩效评价的体系内没有需求硬约束，纳税人不能直接有效参与支出评价并规范政府行为；第四，公共产品的成本和收益都具有经济外部性的特点，而且又不以市场价格方式表现，因而对公共产品的成本与收益进行全面的评价存在许多困难。归纳起来，设计预算绩效指标体系的主要难题表现在以下几个方面。

一、预算绩效评价的多重价值标准

绩效作为一种更加系统和综合的概念，如果要很好地评价结果，首先要做的就是建立能够反映公共管理多元目标的价值标准体系，以取代传统的、单一的“经济或效率取向”。早在20世纪80年代初，英国的效率小组就建议在财务管理新方案的改革中设立经济（economy）、效率（efficiency）、有效性（effectiveness）的3Es标准体系，以取代传统的效率标准（如财务、会计指标等）。不久，英国审计委员会就将3Es标准纳入到绩效审计的框架中，并运用于地方政府以及国家健康服务系统的管理实践中。3Es 实际上是包含不同价值观点的标准体系。用这种多元价值的标准体系来取代传统模式下的单一财务和预算指标，可以更好地体现管理责任，从而使“被授权的管理者根据既定的绩效标准完成既定的任务”。

经济、效率和有效性三者之间彼此相互关联，缺一不可。如果不考虑质量、消费者满意等有效性因素而一味追求节约、效率，则会导致组织偏离自己的目标；而为了取得目标却不计成本、不惜代价、不考虑效率，则又将最终导致组织资源的浪费和不足。因此，在经济、效率和有效性的关系上，最终体现了资金价值的理念，即在组织管理过程中一直追求不断增加的资金价值过程。资金价值标准和理念，反映了公共部门绩效管理中的总体绩效标准，它要求组织根据经济、效率和有效性的标准来获取资源和使用资源，以实现组织的目标要求。经济、效率、有效性和资金价值之间的这种关系，实际上就构成了公共部门绩效评价活动中逻辑的价值标准体系。

3Es 标准只是反映公共绩效评价的多元价值标准的一种方式。在 3Es 标准的基础上，OECD 国家发展了五重价值的评价体系，包括经济、效率、有效性和遵从、服务质量。遵从指机构必须遵守预算和拨款的有关法律法案和其他关于现金流管理和信用支付的规定。当然，有时财务指标和效率关系更加密切，而不是遵从。就广义而言，服务质量指有效性，但在狭义的概念上说，服务质量指对用户的更快更好的服务，诸如时机合时（timeliness）、容易获得（accessibility）、服务可靠（reliability）、持续稳定（continuity）。这些是服务的质量，而不是服务的结果。

实施绩效预算需要对政府的支出作出绩效评价。但是，政府行为的特殊性决定了传统的和单一的成本、效率、产出等指标难以确切反映出复杂的公共支出绩效状况及未来发展和决策辅助价值。取而代之，必须建立一个具有多重的价值标准、多向的维度以及多元的评价主体的绩效指标体系来对政府支出绩效作出科学合理的评价。绩效指标制定的合理与否直接关系到整个绩效预算实施的成败。美国绩效预算发展的一波三折就是很好的证明。

二、政府活动的复杂性

评价“质”的指标与评价“量”的指标共同构成绩效评价的指标体

系。用来直接计量民众从政府工作中获益情况的效果指标是指标体系中最为重要的，产出指标、效率指标、投入指标等评价“量”的指标主要是用来说明效果指标的。但由于公共部门工作的多样性，许多政府工作都难以找到直接的效果指标。在这种情况下，可以效率指标作为绩效衡量的主要指标。如果连效率指标都无法制定时，才使用产出指标。制定绩效指标要注意尽量选择那些能够得到客观数字信息进行计量的指标，否则即使有了绩效指标也无法进行检查和评价。绩效指标的制定被各国公认为一个极其复杂的问题，是一项技术性很强的工作。因为政府的工作不像市场上的各种活动那样都有直接的经济效益。政府活动的范围往往是那些市场失灵的领域，政府的投资也往往是那些社会需要，但短期很难见到经济效益的项目。因此，各国在衡量财政支出的绩效时，除了借助于企业经常使用的“成本—效益”分析法外，还要考虑衡量支出的经济效益和社会效益，以及支出的短期效应和长期效应、直接效应和间接效应。在建立绩效指标体系时，必须遵循短期效益与长期效益指标相结合、定量与定性指标相结合、统一与专门指标相结合的原则，并充分听取各方面专家和社会公众的意见，以形成科学合理、多层次的绩效评价体系。

由于预算绩效目标实际上是对财政资金筹集、使用和管理效果的具体规定，虽然从理论上讲，财政资金筹集、使用和管理要有利于发挥财政的优化资源配置、公平收入分配和稳定经济发展的职能，预算绩效既体现在预算安排和使用资金的经济效益方面，也体现在预算安排和使用资金的社会效益方面，但要将这种理论内容转化成可分析与可计量的绩效预算目标，不仅需要在思维方式上实现由理论思维向技术思维的转化，而且需要将技术思维内容转化为可计量的技术指标体系。在制定预算绩效评价指标体系方面，由于绩效预算是对预算规模和所有预算项目及其搭配结构绩效的综合评价，既包括对一般经常性预算绩效的综合评价，也包括对临时政策性影响的预算规模、项目和结构变动绩效的综合评价，因而预算绩效的评价内容非常复杂，既要评价具体项目绩效，又要考虑到局部最优并非直接等同整体最优问题。因此，在注重建立预算项目评价指标的基础上，还需要对全部预算资金按照系统分析和综合评价的要求，设计好对预算资金整体绩效状况的评价指标体系。

三、绩效与责任悖论

通常情况下，“绩效”是用“投入”、“产出”、“结果”几个指标来表示的。而这几个指标相互之间并不是孤立的，存在着一个“投入—产出—结果”的转换链条。在行政理论中，存在着对于行政与非行政职能的区分。一般而言，行政职能涉及组织的“上游”活动，从事诸如规则制定、计划等综合管理事务，通常由组织中的高层管理者承担；而非行政职能则涉及组织的“下游”活动，从事具体操作层面的事务，通过由组织中的较低层级的职员来完成。越是非行政职能活动，越靠近“下游”，产出—结果的链条越清楚直接，此时，产出指标可以很好地说明结果。比如，增加一名护士，其产出是每天注射疫苗的儿童数量由10人增加到20人，这个产出指标就很好地代表了结果。让某个医院或某个护士为这种服务的产出负责是相当容易的事。因而，产出是对服务提供者进行考核的好办法。当然，在非行政职能活动中，仅仅对产出进行考核还不足以解决服务的质量问题，对服务质量还需要进行监督和控制。在上例中，如果缺乏严格的监督，就很难防止免疫工作在被执行时的质量问题（如疫苗使用数量低于建议数量，其余的疫苗从系统中漏出了）。因此，可以把投入和质量控制与产出指标一同保留，而且应尽可能维持较长时间，直到结果导向型的制度中的“臭虫（bug）”被抖掉。越是行政职能活动，越靠近“上游”，产出—结果的链条越模糊，此时，责任也越不清晰。“儿童健康”这类问题显然是卫生部门管理者考虑的问题，它的产出可能是“政策文件的数量”，但这个产出与结果（儿童健康）之间的关系是模糊的，此时就不能用产出指标代替结果指标，绩效就应该依据投入、产出、结果和过程的指标混合体来进行评估，管理者对这一评估结果承担相应的责任。以上分析着重说明了将“产出”和“结果”指标放在绩效与责任的关系中进行考察应该如何取舍的问题。当然，除了要考虑绩效与责任的关系外，使用产出还是结果指标也受资料的可获得性及信息技术水平的很大影响。如果能对产出进行高质量的监测并取得高质量的资料，这样的产出指标作为一种绩效的衡量标准就是令人信服的。否则，应在提高相关资料的质量和监测能力的基础上，考虑引入效果指标。

四、绩效指标的“非预期结果”

指标设置不当往往导致对工作的误导和对数据的扭曲。绩效评价会引起被评价人员行为上的改变。评价者当然希望向好的方向转变，这正是绩效管理所希望产生的结果。但常常发生的情况是，人们行为的改变与评价者所设定的目标背道而驰，甚至激起人们对所有绩效评价的强烈反对。这就是绩效指标的“非预期结果”。典型的事例是对基础研究的绩效评价，可以说没有什么定量方法可以真正衡量基础研究的质和量。于是人们制定出一些参考指标，如发表论文、出版专著、发明专利的数量等，但实行的结果发现，这样的绩效评价不仅是徒劳的，而且是有害的。因为这样会迫使科学家因更多地关注短期结果而趋于保守，不敢锐意创新；使科学家追求表面成果，而不愿将精力投入到那些需要长期默默无闻搞基础研究的领域。可见，绩效指标的误用会导致严重的负面效果，对基础研究短期绩效的评价可能会对创新工作带来毁灭性的灾难。因此，美国国家科学基金的绩效指标与评价方法，在几经探索之后确定为主要采用定性的方法，如，是否在科学与工程学前沿领域支持了新发现、是否促进了科学发现与其应用相结合，等等，而不制定数量化的指标。另一个例子是警察巡逻的绩效。它的直接成果是增加人们在街上行走或财产的安全程度，它的产出和效率是巡逻的人数、次数和巡逻里程，这些都很难作为绩效衡量的确切指标。于是人们找到了三个替代指标：资源投入、服务水平、犯罪率。资源投入指标包括预算、支出和雇员的数量。服务水平指标包括巡逻的里程、罚款单的数量、作出反应的呼叫数量、逮捕数量和破获的犯罪数量。这些数据与警察巡逻的绩效比较接近，但有些指标在一定程度上处于被评价者的控制之下，很容易被扭曲。如警察机构可以通过增加逮捕的人数或者交通罚款单的数量来提高其“产出”。警察能够在周末晚上增加巡逻，逮捕更多的醉汉，以提高其服务水平。犯罪率指标同样可能使实际成果扭曲，比如，警察能够这样做，当减少严重犯罪对他们有利时，他们就尽量减轻案情，以达到较少的严重犯罪率；而当一个地方的犯罪率增高之后预算分配会增加时，他们就增加犯罪的严重程度。避免对数据进行扭曲处理，是制定绩效指标和进行绩效评价特别要注意的问题。在我国，对高等教育支出绩效评价的重要指标就是“专任教师科研论文发表数”和“转载率”。

这些指标目前已经引起了人们的广泛非议，反对者的最重要的理由是，它导致了高校学术造假和短期行为。而这个后果，可能是当初绩效指标的设计者所没有考虑到的。

这些绩效指标所引发的“非预期结果”，与以结果为导向的绩效预算是相悖的。产生这种“非预期结果”的一个重要原因，就是对左右人们行为的非正式规则的无知或者是忽略。事实上，人们的行为除了受正式规则的约束外，很大程度上也取决于正式规则之外的非正式规则，包括一些所谓的“潜规则”。绩效指标的“非预期结果”提醒我们，对被评价对象和环境情况（正式的或者非正式的）实事求是地理解，是科学设计指标体系的关键，也是把绩效观念成功引入一个“非绩效化”的预算系统的先决条件。

第二节　南海构建项目预算绩效评价指标体系的探索

一、南海项目预算绩效评价指标体系的完善过程

绩效评价指标是项目预算绩效评价体系中的重要内容。随着南海绩效评价的建立和完善，南海项目绩效预算指标体系也在不断地优化。

（一）绩效指标体系的演变

早在2004年，南海以信息化为试点探索项目绩效预算的时候，针对信息化项目技术含量高的特点，在评审指标设计上，着重考虑项目的“可行性”和“科学性”，设计出了一系列可量化的评价指标。项目“可行性”评审主要是评价项目立项的必要性和重要性，以对政府工作效率提高和改进的贡献度为原则，主要从必要性、先进性、效率性和影响力四个方面加以评价，每个方面又包括一系列评价指标。项目“科学性”评审主要是根据单位提供的相关技术指标，对项目的投资规模作出客观评价，提出投资规模建议。

2006年，南海区出台了《南海区财政局2006年专项经费项目绩效预

算评审工作方案》，将所有项目按照类型特征分为大额专项、基建工程、设备购置及修缮、信息化四大类，并对评价指标都作了进一步细化。评价的指标体系分为“基本指标”和“绩效指标”两大类。基本指标主要包括项目合理性指标、项目必要性指标、项目适用性指标和项目真实性指标四小类；绩效指标主要包括项目预期社会效益、项目预期经济效益和项目资金管理效益三小类。其中，每一小类指标都进行了细化描述，并分别加权赋予分值，以便于理解和评分。

2007年，南海区财政局开展了财政专项支出项目绩效预算，进一步细化评审内容、完善工作流程，绩效预算工作得以进一步发展和规范。2007年的评价指标在保持所有项目一致性的基础上，重点反映项目特点，主要做法有：一是四大类项目的评价指标体系都包括项目合规性及必要性、项目可行性、项目绩效目标、项目资金运转效益、项目单位结合申报项目提供反映项目特征性的指标、申报材料质量六类指标。根据每一类项目的特点，又分别设计了具体评价指标，保证每一类指标都能反映本类项目的特征。二是首次突出评价项目的绩效目标是否明确。指标体系中设计了预期项目完成后效益的“项目绩效目标”这一评价指标，旨在突出项目绩效预算的目标导向，扭转部分单位“无的放矢”、信口开河乱要钱的不良政风。三是首次将“申报材料质量”用做评价指标。考虑到项目绩效预算还处于起步阶段，必须得到各个部门的重视和认真对待，设计这一指标主要是为了引导各个部门更加认真填报绩效预算申报表，鞭策那些消极对待绩效预算的部门。

2008年，南海区财政局联合广东省财政科学研究所对绩效评价方案进一步完善，改进了评价指标体系。2008年绩效预算指标体系中，分别设计了政策性指标体系和技术性指标体系，对项目的政策合规性和技术合理性进行评价。政策性指标体系是与往年相一致的指标体系。在原有指标体系的基础上，2008年绩效预算的指标体系更重视绩效。新的指标体系主要包括项目合规性及必要性、项目合理性及可行性、项目绩效目标、项目实施的制度保障、以往年度绩效评价结果和申报材料质量六大类，每类又根据项目实际分别设计了具体指标。可以看到，在对绩效的考察方面，除了保留上年度指标中的“项目绩效目标”之外，还增设了“上年度绩效评价结果”指标，将上年度本单位相关项目的绩效评价结果也纳为评价的重要衡量要素。技术性指标体系是对项目技术绩效进行评价。在很多项目中，申报资金额度是否合理，需要专业技术指标的支撑。2008 年绩效预算评审的指标体系中，按照四大类项目特点分别设计了技术指标体系，专家对项目的技术指标进行评价并给出项目评审意见。技术指标主要包括申报材料真实性、项目技术可行性、项目可操作性三大类，每类又根据项目实际技术情况设计了具体指标。

（二）指标体系案例

1. 南海财政支出绩效评价指标体系。

2006 年，在南海出台的《关于印发南海区财政支出绩效评价实行方案的通知》中就提出了完整的财政支出绩效评价指标体系。明确财政支出绩效评价指标体系是反映财政支出绩效总体现象的特定概念和具体数值，是衡量、监测和评价财政支出经济性、效率性和有效性，揭示财政支出存在问题的重要量化手段；是根据财政支出绩效评价工作的要求，按照一定的分类标准，对财政支出内容和评价对象进行科学合理、层次清晰、实用可行的分类形成的指标体系。财政支出绩效评价指标包括两大类，一类是定量指标，一类是定性指标。定量指标包括基本（通用）指标、个性（选定）指标。基本指标包括基本财务指标、国家（国际）通行指标、公众关注指标等被广泛应用在综合性绩效评价以及公共支出项目绩效评价的指标。个性指标包括绩效指标和修正指标，是在确定具体评价对象后，通过了解、搜集相关资料、信息，结合评价对象不同特点和财政支出具体设定目标来设置（选定）特定的指标。其中绩效指标按照使用的财政经费，将财政支出绩效评价划分为九大类。定性指标指无法通过数量计算分析评价内容，而采取对评价对象进行客观描述和分析来反映评价结果的指标。定量指标和定性指标共同构成财政支出对象的评价指标体系。体系是动态的，可扩充的，具体体现在所选用的指标既可从每类指标和备选指标库中选取，也可以根据评价对象的特性设置指标，从而保证评价结果的科学性和真实性。

具体情况见图 7－1 所示。

基本指标主要评价财政支出效益的共性方面，它是每个评价对象都必须采用的指标，由资金到位率、资金使用率和支出效果率三项指标构成。

绩效指标是评价财政支出效益的核心指标。按照财政支出的功能，分

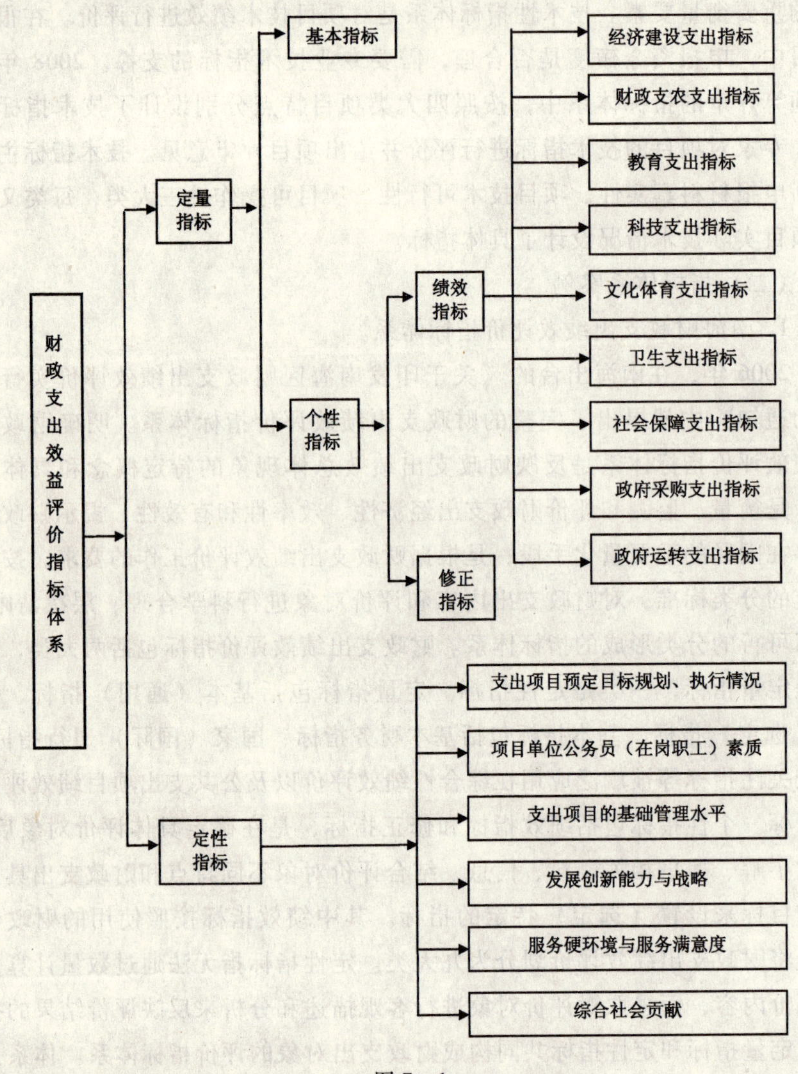

图 7-1

为九类指标，每一类指标又由若干个明细指标构成。

经济建设支出指标。包括直接效益指标、资金利税率、固定资产交付使用率、项目建成投产率、基建投资回报率、投资效益系数六类。涉及的财政支出科目包括基本建设支出、企业挖潜改造支出、科技三项费用。

财政支农支出指标。包括支持农村建设、支持和促进农业发展和农业产业化三类指标，每类指标又分若干子指标。涉及的财政支出科目包括支援农村生产支出、农业综合开发支出、农林水气象等部门的事业费、支援不发达地区支出中的财政扶贫资金、其他部门事业费中的农业综合开发事业和基本建设支出中的农业基建支出等。

财政教育支出指标。由投入资金分析、财政资金产出效益、财政资金利用效率和发展潜力四类组成，每一类都包括若干指标。涉及的财政支出科目包括教育事业费等。

财政科技支出指标。由投入资金分析、财政资金产出效益、财政资金利用效率和发展潜力四类组成，每一类都包括若干指标。涉及的财政支出科目包括科学事业费等。

财政文化体育支出指标。由投入资金分析、财政资金产出效益、财政资金利用效率和发展潜力四类组成，每一类都包括若干指标。涉及的财政支出科目包括文体广播事业费等。

财政卫生支出指标。由投入资金分析、财政资金产出效益、财政资金利用效率和发展潜力四类组成，每一类都包括若干指标。涉及的财政支出科目包括卫生经费等。

财政社会保障支出指标。包括公有企业失业职工基本生活保障、养老保险、医疗保险、失业保险、最低生活保障线、财政资金落实情况和社会稳定评估等七类指标。每一类都包括若干指标。涉及的财政支出科目包括社会保障补助支出等。

政府采购支出指标。包括四个指标，基本都涉及到财政支出科目。

政府运转支出指标。包括趋势分析指标、结构性指标和定额指标三类。每类指标又由若干个指标组成。涉及的财政支出科目包括行政管理费、公检法司支出和其他部门事业费等。

修正指标。主要是对所处的环境、行业的特点，对环境、社会发展、长期体现的效益的影响来对评价结果作出修正。

定性指标是用于评价财政支出项目涉及改革与发展、资源配置状况、服务态度和质量等非定量指标因素，是对定量指标的进一步补充。通过对定性指标各项定性因素的分析判断，对定量指标评价结果进行全面的校验、修正和完善，形成财政支出项目绩效定量与定性评价相结合的综合评价结论。由于定性指标无法量化的自身特点，在财政支出绩效评价中有其独特的地位。定性指标主要由财政支出项目预定目标规划、执行情况、项目单位公务员（在岗职工）素质、支出项目的管理水平、项目的发展创新能力与战略、服务硬环境与服务满意度、综合社会贡献等6项非定量指标构成。

支出项目预定目标规划、执行情况指财政支出项目单位申请支出项目时，对预定目标的设定、规划和执行基本情况是否合理，能否体现支出绩效的经济性、效率性和有效性，以及单位的组织能力和科学决策水平等因素。

项目单位公务员（在岗职工）素质指财政支出项目部门和单位的公务员及在岗职工的文化水平、道德水准、专业技能、组织纪律、参与社会建设事业的积极性及爱岗敬业精神等方面的综合因素。

支出项目的基础管理水平指财政支出项目部门和单位按照国家政策法规规定和本单位实际情况，在事业建设和发展过程中形成和运用的维系单位正常运作及生存与发展的组织结构、管理模式、各项基础管理制度、激励与约束机制、信息支持系统、依法行政、精神文明等方面的建设及贯彻执行状况。

发展创新能力与战略指部门和单位在市场经济条件下，围绕经济建设中心和目标，不断根据外部环境进行的结构调整和创新的能力。包括制度创新、管理创新、技术创新、服务创新、观念创新等方面的意识和能力。在发展战略方面包括科技投入、市场开拓、项目规划、资源配置、资本筹措及人力资源等方面的谋划和策略。

服务硬环境与服务满意度指部门和单位办公条件和主要专用设备的先进程度，以及适用性、技术水平、使用及闲置状况、更新改造情况、技术投入水平和采用环保技术措施等情况。在推动事业改革和发展中，服务的种类、速度、方便程度、服务态度和质量，以及群众接受服务的心理满足程度等。

综合社会贡献指部门和单位对经济增长、社会发展、环境保护等方面的综合影响。主要包括对国民经济及区域经济增长的贡献、提供就业和再就业机会、履行社会责任与义务以及信用操守情况、对财政税收的贡献和对环境的保护影响等。

对定性指标的设定，从以下方面取得判断基础或依据：一是专家经验判断。专家凭借自己的经验，综合当时的政治经济发展形势，以及以往年份同类项目、单位或部门使用同类资金所产生的经济效益和社会效益，并结合一定的经验，对该项财政资金的支出绩效作出经验判断。二是问卷测试。对于一些涉及公众满意度应达到的支出目标等指标，通过公众评判的方式建立定性标准。三是横向比较。综合比较同类财政支出绩效所达到的结果作出判断。四是“一票否决”法。通常运用在项目或单位使用的财政资金上行为违法违规时，评价采取“一票否决”法作出评判，确认该资金的使用绩效为最差。

定性指标测定通常是上述四种方法的综合运用，采取模糊学的隶属因子赋予法对不同的等级赋予相应的等级参数，形成若干个从高到低有档次的评语。

财政支出绩效评价依据层次分析法设定不同层次指标的权重，然后采用综合指数法根据各项指标的权重进行加权汇总得出量化的评价结果。6项定性指标的权重如表7－1所示。

表7－1 绩效评价定性指标权重表

项　目	定性指标	权　重	比　例
1	支出项目预定目标规划、执行情况	20	20%
2	公务员（在岗职工）素质	15	15%
3	基础管理水平	15	15%
4	发展创新能力与战略	17	17%
5	服务硬环境与服务满意度	17	17%
6	综合社会贡献	16	16%
	合　　计	100	100%

2. 南海财政支出项目绩效评价自评指标体系。

2007和2008年度，财政支出项目绩效评价引入了自我绩效评价模式。绩效评价落实自评主体责任，明确项目（用款）单位是财政资金的直接使用者，对财政资金使用的安全、合法合规及其效果负有直接的责任，是项目绩效自评的直接责任主体。

财政支出项目绩效评价自评指标体系有三个特点：一是除应用通用（共性）指标外，还采用反映项目特性的专业（个性）指标，形成自评项目的指标体系；二是评价指标与申报的绩效目标有密切相关的联系，能够体现绩效目标的特点，真正反映出项目的绩效水平和绩效目标的实现程度；三是评价指标能够量化测算，能够进行比较、综合、分析和评价（见表 7－2）。

表 7－2　南海财政支出项目绩效评价自评指标体系

基本指标		具体指标	指标说明	该项分值	自评得分
一级指标	二级指标	三级指标			
业务指标	目标设定情况（20）	依据的充分性	项目资金设立依据是否充分	5	
		目标的明确度	项目资金使用的预定目标是否明确	5	
		目标的合理性	项目资金使用的预算目标设置是否客观、科学，能否体现财政支出的经济性、效率性和有效性	5	
		完成的可能性	根据项目实际进展情况，预测项目预定目标实现的可能性	5	
	目标完成程度（20）	目标完成率	目标完成数/预定目标数×100%	5	
		目标完成质量	实际达到的效果/预定目标×100%	5	
		完成的及时性	项目资金使用的预定目标是否如期完成	5	
		验收的有效性	项目验收方式的合理性、验收机构的权威性和验收结果的公正性等	5	
	组织管理水平（20）	管理制度保障	项目的相关管理制度是否健全以及落实到位情况	10	
		支持条件保障	项目承担单位的人员、设备、场地、信息等支持条件的保障情况	10	
财务指标	资金落实情况（15）	资金到位率	实际拨付金额/计划投入资金×100%	5	
		配套资金到位率	实际到位配套资金/计划投入配套资金×100%	5	
		资金到位及时性	各项资金是否按项目进度及时到位	5	
	实际支出情况（15）	资金使用率	实际使用金额/实际拨付金额×100%	5	
		支出的相符性	项目的实际支出与预算批复的用途是否相符、支出调整的合理性	5	
		支出的合规性	项目的实际支出是否符合国家财经法规和财务管理制度以及有关专项资金管理办法	5	

续表

基本指标 一级指标	二级指标	具体指标 三级指标	指标说明	该项分值	自评得分
财务指标	财务管理状况（20）	制度的健全性	项目单位的内部财务管理制度、会计核算制度的完整性和合法性	10	
		管理的有效性	项目的重大开支是否经过评估论证，资金的拨付是否有完整的审批程序和手续，财务管理制度是否按规定有效执行	10	
	会计信息质量（10）	信息的真实性	项目实际发生支出的会计核算是否真实、准确和规范	4	
		信息的完整性	项目资金投入、支出、资产等会计核算资料的完整性	3	
		信息的及时性	各类会计核算资料提供的及时性，已完成的项目是否及时进行决算与审计，项目形成的固定资产是否及时登记入账	3	
绩效指标	资金管理效益（20）	个性指标	资金使用是否安全、规范、有效以及配套资金的筹措能力等完成情况	20	
	经济效益（20）	个性指标	项目对国民经济和区域经济发展所带来的直接、间接效益或成本节约	20	
	公共(社会)效益(20)	个性指标	项目实施对社会发展、环境保护、劳动就业等的影响	20	
	其他可测评效益（20）	个性指标	项目实施是否达到预定目标或其他预期效果	20	
综合得分				200	

3. 南海各大类项目评分指标体系。

2007年开始，南海区级部门预算单位在向财政局对口业务科报送年度预算时，需同时报送《年度项目绩效预算申报表》及相关资料。财政绩效管理部门要对各单位的项目进行评价，采用对各大类项目评分的模式进行绩效评价，将项目分为信息化类、基建工程类、设备购置及修缮类和大额专项类四大类，分别进行评价。评价指标在保持所有项目一致性的基础上，重点反映项目特点。四大类项目的评价指标体系都包括项目合规性及必要性、项目可行性、项目绩效目标、项目资金运转效益、项目单位结合申报项目提供反映项目特性的指标、申报材料质量六类指标。根据每一类项目的特点，又分别设计了具体评价指标，以保证每一类指标都能反映本类项目的特征（见表7-3~表7-6）。

表7-3　　南海信息化类项目评分表

评价内容	说　明	评价标准	分值	分数
项目合规性及必要性（20）	指项目是否符合有关法律法规制度，有无上级政府有关部门批文，结合立项单位的职能范围，评价项目立项的必要性	项目合法合规	3	
		立项有上级批文等相关依据	3	
		项目对立项单位履行职能有促进作用	5	
		项目的不可替代性	5	
		本地区同级职能部门在相同领域的信息化水平	4	
项目可行性（15）	评价申报项目的可行性	项目实用性是否经过专家论证	5	
		项目有无详细的概算	5	
		购置价格有无经过政府采购询价	5	
项目绩效目标（20）	评价项目的总绩效目标及阶段绩效目标是否明确，预期项目完成后的效益	项目的总绩效目标是否明确	4	
		项目阶段性绩效目标是否清晰	4	
		预期利用率	4	
		对行政效能的提高程度	4	
		节省时间、人力、金钱的程度	4	
项目资金运转效益（20）	立项单位能否保证项目资金的安全、完整、有效	立项单位执行财务制度是否规范	5	
		立项单位最近三年有无财务违规行为	5	
		立项单位有没有项目资金专门管理办法	5	
		立项单位上年度预算资金使用率	5	
立项单位结合申报项目提供反映项目特性的指标（15）	要求项目单位自行提出适合反映项目绩效的指标	要求提供的指标详尽、准确且有数据说明	15	
申报材料质量（10）	评价项目申报材料的真实性、规范性及完整性	申报材料真实	2	
		材料的填报符合规范要求	4	
		申报表及所附材料完整	4	
合计	满分100分			

表 7－4　　南海基建工程类项目评分表

评价内容	说　明	评价标准	分值	分数
项目合规性及必要性（17）	指项目是否符合有关法律法规制度，有无上级政府有关部门批文，结合立项单位的职能范围，评价项目立项的必要性	项目合法合规	2	
		立项有上级批文等相关依据	3	
		项目是立项单位履行职能所必需	4	
		项目的不可替代性	7	
项目可行性（20）	评价申报项目的可行性	立项单位的组织管理制度及水平	3	
		项目实用性是否经过专家论证	3	
		项目有无详细的工程概算	4	
		工程概算的依据是否充分、科学	4	
		项目规模与申请资金额度的配比是否合理	6	
项目绩效目标（20）	评价项目的总绩效目标及阶段绩效目标是否明确，预期项目完成后的效益	项目的总绩效目标是否明确	4	
		项目阶段性绩效目标是否清晰	4	
		项目的预期效益	4	
		项目预期支出效果率	4	
		基建项目对环境的影响	4	
项目资金运转效益（20）	立项单位能否保证项目资金的安全、完整、有效	立项单位有无项目资金专门管理办法	5	
		立项单位最近三年有无财务违规行为	4	
		以前年度基建项目有否办理投资审核及财务决算	6	
		立项单位上年度预算资金使用率	5	
立项单位结合申报项目提供反映项目特性的指标（15）	要求项目单位自行提出适合反映项目绩效的指标	要求提供的指标详尽、准确且有数据说明	15	
申报材料质量（8）	评价项目申报材料的真实性、规范性及完整性	申报材料真实	2	
		材料的填报符合规范要求	3	
		申报表及所附材料完整	3	
合计	满分 100 分			

表 7－5　　　　南海设备购置及修缮类项目评分表

评价内容	说　　明	评价标准	分值	分数
项目合规性及必要性（20）	指项目是否符合有关法律法规制度，有无上级政府有关部门批文，结合立项单位的职能范围，评价项目立项的必要性	项目合法合规	3	
		立项有上级批文等相关依据	3	
		项目是立项单位履行行政职能所必需的	5	
		项目的不可替代性	5	
		本地区同级职能部门在相同领域的硬件水平	4	
项目可行性（15）	评价申报项目的可行性	项目有无详细的概算	5	
		设备购置数量有无经过论证	5	
		设备购置价格有无经过政府采购询价	5	
项目绩效目标（20）	评价项目的总绩效目标及阶段绩效目标是否明确，预期项目完成后的效益	项目的总绩效目标是否明确	4	
		项目阶段性绩效目标是否清晰	4	
		项目预期支出效果率	4	
		对行政效能及工作效率的提高程度	4	
		社会公众满意度	4	
项目资金运转效益（20）	立项单位能否保证项目资金的安全、完整、有效	立项单位执行财务制度是否规范	5	
		立项单位最近三年有无财务违规行为	5	
		立项单位有没有项目资金专门管理办法	5	
		立项单位上年度预算资金使用率	5	
立项单位结合申报项目提供反映项目特性的指标（15）	要求项目单位自行提出适合反映项目绩效的指标	要求提供的指标详尽、准确且有数据说明	15	
申报材料质量（10）	评价项目申报材料的真实性、规范性及完整性	申报材料真实	2	
		材料的填报符合规范要求	4	
		申报表及所附材料完整	4	
合计	满分 100 分			

表 7－6　　大额专项类项目评分表

评价内容	说　明	评价标准	分值	分数
项目合规性及必要性（15）	指项目是否符合有关法律法规制度，有无上级政府有关部门批文，结合立项单位的职能范围，评价项目立项的必要性	项目合法合规	3	
		立项有上级批文等相关依据	4	
		项目是立项单位履行行政职能所必需的	4	
		项目的不可替代性	4	
项目可行性（15）	评价申报项目的可行性	项目有无详细的概算	5	
		对项目实用性是否进行论证	5	
		项目概算是否合理	5	
项目绩效目标（25）	评价项目的总绩效目标及阶段绩效目标是否明确，预期项目完成后的效益	项目的总绩效目标是否明确	5	
		项目阶段性绩效目标是否清晰	5	
		对履行单位职能的促进作用	5	
		对行政效能的提高程度	5	
		往年同类项目的社会公众满意度	5	
项目资金运转效益（20）	立项单位能否保证项目资金的安全、完整、有效	立项单位执行财务制度是否规范	5	
		立项单位最近三年有无财务违规行为	5	
		立项单位有没有项目资金专门管理办法	5	
		立项单位上年度预算资金使用率	5	
立项单位结合申报项目提供反映项目特性的指标（15）	要求项目单位自行提出适合反映项目绩效的指标	要求提供的指标详尽、准确且有数据说明	15	
申报材料质量（10）	评价项目申报材料的真实性、规范性及完整性	申报材料真实	2	
		材料的填报符合规范要求	4	
		申报表及所附材料完整	4	
合计	满分 100 分			

2009 年，南海出台了《2009 年度项目绩效预算专家评价要求》（见表 7－7、表 7－8），对基建工程项目、信息化项目和设备购置项目的评价要求和评价指标进一步规范和统一，并出台了统一的绩效预算评价专家评分表和专家评分要求表。

表 7-7　　　　南海 2009 年度绩效预算评价专家评分表

评价内容	评价标准	该项分值
（一）项目申报理由的充分性（60 分）	1. 立项是否有本级政府批文或区领导批示	20
	2. 立项是否有上级政府或主管部门的批文	10
	3. 项目是否符合国家政策和财政资金支持的方向和范围	5
	4. 项目是否符合部门工作任务和单位发展规划	5
	5. 项目是否与本年度其他申报项目重复	5
	6. 项目可行性分析或实施计划是否充分可行	15
（二）项目实施条件的健全性（40 分）	1. 项目是否有专门组织机构及人员配备	5
	2. 项目实施的基础条件是否齐备	10
	3. 单位是否有健全的财务制度	5
	4. 是否制定（或拟制定）专门的项目资金管理办法	10
	5. 是否制定（或拟制定）专门的工作措施	10
（三）项目绩效目标的合理性（45 分）	1. 绩效目标的设定是否切合实际	15
	2. 绩效目标实现的可评价程度	15
	3. 单位有否根据项目特点设定合理的预期可测评绩效指标	15
（四）以往年度绩效评价结果（15 分）	根据单位上年度绩效评价情况由财政部门打分	15
（五）申报项目资金的合理性（25 分）	1. 项目资金计算依据是否充分合理	15
	2. 项目支出预算明细是否详尽	10
（六）单位申报质量（15 分）	1. 申报材料是否按要求规范填报	5
	2. 申报材料是否完整	5
	3. 申报材料是否真实	5
综合得分（120 分以上的项目为同意立项，120 分以下的项目为不同意立项）		200

基建工程项目的评分要求包括：项目申报类别是否准确，单位是否按要求规范、细化填报，所附相关材料依据是否齐全、规范，申报内容是否真实可靠；项目申报理由是否充分，项目是否符合区委区政府工作重点，是否符合部门工作任务和单位发展规划；项目绩效目标的设置是否明确、合理，单位是否根据项目特点提出个性量化的绩效指标；项目实施条件是否完备，项目组织实施计划是否明确可行，组织实施保障措施是否落实；

项目申报预算是否合理，项目预算的计算依据是否充分。项目预算评价包括对项目建设程序、建筑安装工程预算、设备投资预算、待摊投资预算和其他投资预算等的评价。

信息化项目的评分要求包括：项目申报类别是否准确，单位是否按要求规范、细化填报，所附相关材料依据是否齐全、规范，申报内容是否真实可靠；项目申报理由是否充分，项目是否符合区委区政府工作重点，是否符合部门工作任务和单位发展规划；项目绩效目标的设置是否明确、合理，单位是否根据项目特点提出个性量化的绩效指标；项目实施条件是否完备，项目组织实施计划是否明确可行，组织实施保障措施是否能落实；项目是否经技术专家论证，提供的相关技术指标或参数是否合理，技术路线是否科学；项目申报预算是否合理，项目预算的计算依据是否充分。

设备购置项目的评分要求包括：项目申报类别是否准确，单位是否按要求规范、细化填报，所附相关材料依据是否齐全、规范，申报内容是否真实可靠；项目申报理由是否充分，项目是否符合区委区政府工作重点，是否符合部门工作任务和单位发展规划；项目绩效目标的设置是否明确、合理，单位是否根据项目特点提出个性量化的绩效指标；项目单位对设备的采购是否有相应的控制制度并按照执行；限额以上设备的采购是否进行招投标；现有设备的占有和使用情况，所购置的设备与原有设备是否相衔接，是否符合单位实际要求；设备购置的数量和价格是否经过政府采购询价和市场调研，设备采购的品种、规格是否与初步设计相符合，是否存在增加数量、提高标准现象；对购置政府采购目录外设备的，应对其价格依据进行评价。

大额专项项目的评分要求包括：项目申报类别是否准确，单位是否按要求规范、细化填报，所附相关材料依据是否齐全、规范，申报内容是否真实可靠；项目申报理由是否充分，项目是否符合区委区政府工作重点，是否符合部门工作任务和单位发展规划；项目绩效目标的设置是否明确、合理，单位是否根据项目特点提出个性量化的绩效指标；项目实施条件是否完备，组织实施计划是否明确可行，组织实施保障措施是否能落实；单位是否编制详细的项目预算明细，项目预算的内容、标准等是否符合相关要求，项目预算的计算依据是否合理；对于常规性项目，应对单位上年度的预算执行情况进行评价。

表 7-8　　南海 2009 年度绩效预算评价专家评分要求

评价内容	评价标准	该项分值	评分要求
（一）项目申报理由的充分性（60分）	1. 立项是否有本级政府批文或区领导批示	20	1. 有本级政府批文或区领导批示得 20 分；
			2. 没有本级政府批文或区领导批示不得分。
	2. 立项是否有上级政府或主管部门的批文	10	1. 同时有上级政府及主管部门批文的得 10 分；
			2. 仅有上级政府或主管部门批文的得 5 分；
			3. 没有上级政府或主管部门批文的得 0 分。
	3. 项目是否符合国家政策和财政资金支持的方向和范围	5	1. 完全符合国家政策和财政资金支持方向和范围的得 5 分；
			2. 符合国家政策但不属于财政资金支持方向和范围的得 3 分；
			3. 不符合国家政策和财政资金支持方向和范围的得 0 分。
	4. 项目是否为单位履行行政职能或促进事业发展所必要的	5	1. 是单位履行行政职能或促进事业发展所必要且每年均安排资金的得 5 分；
			2. 其余结合单位履行行政职能或促进事业发展所必要的紧迫程度酌情给分（0~4 分）。
	5. 项目是否与本年度其他申报项目重复	5	1. 项目与本年度其他申报项目内容没有重复的得 5 分；
			2. 项目与本年度其他申报项目内容重复的得 0 分。
	6. 项目可行性分析或实施计划是否充分可行	15	1. 项目可行性分析能详细反映项目实施的工作思路、设想及项目预算的合理性、可靠性分析等内容的得 15 分；
			2. 有项目可行性分析但内容不完整的酌情扣分；
			3. 没有可行性分析或 500 万元以上的项目没有提供可行性报告的得 0 分。
（二）项目实施条件的健全性（40分）	1. 项目是否有专门组织机构及人员配备	5	1. 有成立专门组织机构及配备专门人员负责项目实施的得 5 分；
			2. 没有成立专门组织机构但配备专门人员负责项目实施的得 3 分；
			3. 既没有成立专门组织机构又没有配备专门人员负责项目实施的得 0 分。

续表

评价内容	评价标准	该项分值	评分要求
(二) 项目实施条件的健全性(40分)	2. 项目实施的基础条件是否齐备	10	1. 为完成项目所必须的基础条件如工具、场地、设备、数据测算等软硬件保障齐备的得10分； 2. 其他按项目实施基础条件齐备的情况酌情扣分； 3. 无反映项目实施基础条件的得0分。
	3. 单位是否有健全的财务制度	5	1. 有提供财务制度的得5分； 2. 有财务制度但无提供的得3分； 3. 没有财务制度的得0分。
	4. 是否制定（或拟制定）专门的项目资金管理办法	10	1. 有制定（或拟制定）并提供完善的项目资金管理办法的得10分； 2. 有制定（或拟制定）并提供项目资金管理办法，但办法针对性不强的酌情扣分（6~9分）； 3. 有制定（或拟制定）专门的项目资金管理办法但无提供的得5分； 4. 无制定（或拟制定）专门的项目资金管理办法的得0分。
	5. 是否制定（或拟制定）专门的工作措施	10	1. 有制定（或拟制定）并提供切实可行工作措施的得10分； 2. 有制定（或拟制定）并提供工作措施，但措施不力的酌情扣分（6~9分）； 3. 有制定（或拟制定）专门的工作措施但无提供的得5分； 4. 无制定（或拟制定）专门的工作措施的得0分。
(三) 项目绩效目标的合理性(45分)	1. 绩效目标的设定是否切合实际	15	1. 绩效目标客观、具体、可定性量化的得15分； 2. 其他视绩效目标的客观、具体、符合实际程度酌情扣分（0~14分）。
	2. 绩效目标实现的可评价程度	15	1. 绩效目标实现可能性较高且可评价程度高的得15分； 2. 其他视绩效目标实现可能性及可评价程度酌情扣分（0~14分）。

续表

评价内容	评价标准	该项分值	评分要求
(三)项目绩效目标的合理性(45分)	3. 有否根据项目特点设定合理的预期可测评绩效指标	15	1. 能根据项目特点或行业特性设定合理的预期可测评绩效指标的得15分;
			2. 能根据项目特点或行业特性设定预期可测评绩效指标但不具体的酌情扣分(8~14分);
			3. 没有预期可测评绩效指标的得0分。
(四)以往年度绩效评价结果(15分)	根据单位上年度绩效评价情况由财政部门打分	15	
(五)申报项目资金的合理性(25分)	1. 项目资金计算依据是否充分合理	15	1. 项目列出详细的资金计算依据,且计算依据客观合理的得15分;
			2. 其他视计算依据的合理程度酌情扣分(0~14分)。
	2. 项目支出预算明细是否详尽	10	1. 能根据项目情况列出详实的支出明细的得10分;
			2. 其他视支出明细的细化程度酌情扣分(0~9分)。
(六)单位申报质量(15分)	1. 申报材料是否按要求规范填报	5	1. 申报表按南财评［2008］22号文要求规范填报的得5分;
			2. 其他视申报材料填报规范程度酌情扣分。
	2. 申报材料是否完整	5	1. 提供附件材料完整的得5分;
			2. 其他视附件材料完整情况酌情扣分。
	3. 申报材料是否真实	5	1. 申报材料真实可靠的得5分;
			2. 其他视申报材料真实情况酌情扣分。
综合得分		200	

二、南海项目预算绩效评价指标体系的特点

综合起来,南海项目预算绩效评价指标体系设计具有以下方面的特点:

(一)项目预算绩效评价指标体系体现了事前和事后评价相结合

南海的项目预算绩效评价指标设计有两个方面:一是在项目申报和立项过程中的预算绩效评价指标体系;二是项目完成后的项目单位自评绩效

指标体系。这两套指标各呈体系，但又相互呼应。

项目申报和立项过程中的预算绩效评价指标体系，主要是为了满足事前对项目评审的要求，但同时也为事后评价项目的绩效预留了空间。因此，在设计各层次指标时，各类指标首先服务于项目的立项。南海四大类项目的评价指标体系都包括项目合规性及必要性、项目可行性、项目绩效目标、项目资金运转效益、项目单位结合申报项目提供反映项目特性的指标、申报材料质量六类指标。根据每一类项目的特点，又分别设计了具体评价指标，保证每一类指标都能反映本类项目的特征。项目预算绩效评价指标体系服务于项目的审批和预算拨付，经过指标体系的评价和专家打分，超过一定分值的项目可以通过评审，没有超过分值的不通过评审，这就为事前控制项目的风险提供了很好的依据。

项目完成后的项目单位自评绩效指标体系服务于项目执行事后评价。项目（用款）单位是财政资金的直接使用者，对财政资金使用的安全、合法合规及其效果负有直接的责任，是项目绩效自评的直接责任主体。项目绩效评价自评指标体系有三个特点：一是除应用通用（共性）指标外，还采用反映项目特性的专业（个性）指标，形成自评项目的指标体系；二是评价指标与申报的绩效目标有密切相关的联系，能够体现绩效目标的特点，真正反映出项目的绩效水平和绩效目标的实现程度；三是评价指标能够量化测算，能够进行比较、综合、分析和评价。项目单位自评绩效指标体系包括业务指标、财务指标和绩效指标三大类。其中业务指标包括目标设定情况、目标完成程度和组织管理水平等三类；财务指标包括资金落实情况、实际支出情况、财务管理状况和会计信息质量等四类；绩效指标包括资金管理效益、经济效益、公共（社会）效益和其他可测评效益等四类。

（二）项目预算绩效评价指标体系体现了主观和客观评价相结合

南海的项目申报和立项过程中的预算绩效评价指标体系以及项目完成后的项目单位自评绩效指标体系都分为多级指标。每一指标都赋予了一定的分值和评判标准。也就是说，不管是定性指标，还是定量指标，都量化为一定的分数或者权值。有的评判标准是客观的，只要材料齐全或者制度健全就可以得到相应的分数或者权值；但是有的评判标准则是主观的，需要引入专家评价机制进行评价。在指标体系中，既有主观的评价标准，又有客观的评价标准，这样就能综合反映项目的整体情况。

（三）项目预算绩效评价指标体系体现了绩效提升和规范管理相结合

一方面，南海项目预算绩效评价指标体系中，突出了评价项目的绩效目标是否明确。指标体系中设计了预期项目完成后效益的“项目绩效目标”这一评价指标，旨在突出项目绩效预算的目标导向，扭转部分单位“无的放矢”、信口开河乱要钱的不良政风。在绩效评价指标中，设置了绩效目标客观、具体、可定性量化等指标，要求项目单位提出切实可行和可计量的绩效指标，并在项目完成后对这些绩效目标和指标的完成情况进行评价，通过前后呼应的指标评价，切实提升了项目的绩效水平。

另一方面，南海的项目预算绩效评价指标体系中有大量的关于合规性和制度基础要求的绩效指标。例如，项目是否经过可行性分析，项目单位是否有健全的管理和财务制度等内容，这些指标的设立，对于引导各部门制订和出台项目管理办法，规范项目的管理发挥了积极作用，同时也有利于财政部门执行财务纪律。另外，还引入“申报材料质量”用作评价指标，旨在使项目绩效预算得到各个部门的重视和认真对待，设立这一指标主要是为了引导各个部门更加认真填报绩效预算申报表，鞭策那些消极对待绩效预算的部门。

第三节　南海项目预算绩效评价指标体系设计的启示

通过对南海项目预算绩效评价指标体系的完善过程以及其特点的分析，可以得到以下几方面启示。

一、建立项目预算绩效指标体系要符合实际情况并坚持循序渐进的原则

如上所述，构建一个有效可行的绩效指标体系是实施绩效预算的重要条件。政府行为的特殊性决定了传统和单一的成本、效率、产出等指标难以确切反映出复杂的公共支出绩效状况及综合价值。因此，必须建立一个

具有多重价值标准、多向维度以及多元评价主体的政府支出绩效评价指标体系。具体来看，就是要在完善部门预算，以统一的部门、项目目标作为绩效评价考核参照的前提下，构建完备的“投入—产出—成果—效益—满意度”指标体系，结合不同部门的实际情况，选择搭配合理的指标结构。对一项支出活动要综合考查多个指标，以期做到对绩效的全面准确衡量；构建衡量效益的定量与定性指标体系，对难以量化的效果、影响程度，以定性指标来衡量，并结合其他手段，综合考虑多方因素，将同一项目、部门活动对效果的影响分离出来；采用先易后难、逐步完善的办法，从项目预算入手，制定出分项目的绩效指标并与其预算相对应。

南海的预算绩效指标体系设计就是按照从无到有、从易到难的方式层层推进的。实际上南海在 2006 年的时候也设计了一套财政支出绩效评价的指标体系，但我们也看到，这套指标体系基本上是建立在理论假定基础上的，虽然对财政支出绩效评价有一定的作用，但总体来说，这套绩效评价指标体系的实用性并不强，也不太符合我国目前财政绩效管理的基本情况。2007 年，随着绩效评价改革的深入，南海改进了绩效评价指标体系，将评价的指标体系分为“基本指标”和“绩效指标”两大类。2008 年，南海区财政局联合广东省财政科学研究所对绩效评价方案进一步完善，并改进了评价指标体系。2008 年绩效预算指标体系中，分别设计了政策性指标体系和技术性指标体系，对项目的政策合规性和技术合理性进行评价。2009 年，南海出台了《2009 年度项目绩效预算专家评价要求》，对基建工程项目、信息化项目和设备购置项目的评价要求和评价指标进一步规范和统一，并出台了统一的绩效预算评价专家评分表和专家评分要求表。南海绩效预算评价指标，就是根据绩效预算改革实践过程中发现的新问题和新情况不断进行调整和变化的，最终形成了事前和事后两套项目预算绩效评价指标体系。

二、建立有区别但又相互联系的事前和事后项目预算绩效指标体系

在项目申报和立项过程中的预算绩效评价指标体系是事前项目预算绩效指标体系，而项目完成后的项目单位自评绩效指标体系是事后项目预算绩效指标体系。这两个指标体系虽然有区别，但却联系密切。从上我们可以看出，南海的事前和事后两套项目预算绩效评价指标体系各有侧重但又

相互呼应。一方面，两套指标体系的服务目标和侧重点有差别。项目申报和立项过程中的预算绩效评价指标体系服务于项目立项和预算批复，因此侧重项目的预期绩效评价。项目完成后的项目单位自评绩效指标体系服务于项目执行事后评价，因此侧重于项目完成后的绩效评价。另一方面，两者前后呼应，两套指标体系评价的大致内容和范围相似，在项目申报和立项过程中的预算绩效评价指标体系中不仅为事后评价预留了内容，而且还要参考项目以前年度的事后评价结论，2008 年确定的指标中，除了保留“项目绩效目标”指标之外，还增设了“上年度绩效评价结果”指标，将上年度本单位相关项目的绩效评价结果也列为评价的重要衡量要素。

三、项目预算绩效指标体系设计要体现战略和结果导向的设计理念

战略和结果导向的设计理念，对公共支出绩效评价的结果应用体系提出了三点要求：一是绩效指标应分出评价层次，抓住关键绩效指标，而且必须进行动态、实时的评价；二是以结果指标为主；三是要建立反映配置效率和使用效率的指标。

根据上述要求，公共支出绩效评价指标和方法的选择，应从战略上着眼，抓住那些影响支出绩效的全局性、关键性因素，突出结果性指标。平衡记分卡式的绩效评价方法（如图 7－2 所示），从财务、政府运行、改进和公众四个维度来设计政府公共支出绩效评估指标体系，这种设计也是符合战略与结果导向的公共支出绩效评价体系设计理念的。

南海项目预算绩效指标体系设计比较符合战略和结果导向的设计理念，既有利于提升项目绩效水平，又有利于提高项目单位的管理能力。提升项目的绩效水平是绩效预算的根本目标，但项目单位的管理能力则是实现这一根本目标的前提和基础。因此，设计项目绩效指标不仅要着眼于提升项目绩效水平，而且还必须有利于提高项目单位的管理能力。南海的绩效评价指标体系中，按照客观、具体、可定性量化的要求，设计了切实可行和可计量的绩效指标，并在项目完成后对这些绩效目标和指标的完成情况进行评价，通过前后呼应的指标评价，能够切实提升项目的绩效水平。但是，预算绩效指标体系中的指标不仅限于对项目绩效情况的考量，指标体系中还设置了大量的关于项目单位日常和财务管理等方面的指标，旨在通过这些指标，引导项目单位重视绩效预算，提高项目的日常和财务管理

水平，这一点是非常重要的，否则，绩效预算的基础就不会牢固。

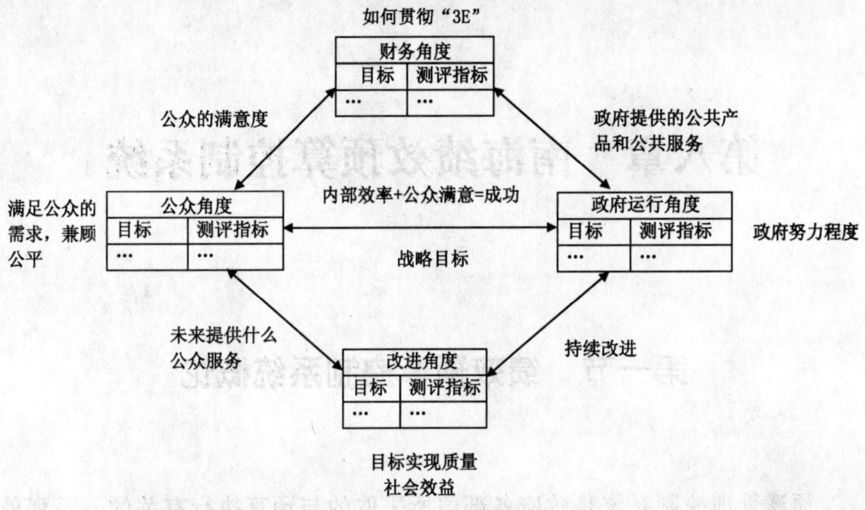

财务角度		政府运行角度	
目　标	测评指标	目　标	测评指标
合规	国家相关的法规、制度	目标实现程度	政策目标完成率
经济	资金实际支出结构、实际支出占上缴金额比重	成本运作	预算成本、履行职能的标准成本率
效率	资金的到位率、履行职能成本降低率、资金征缴率	资源使用	经费占地方财政总支出比例、经费的支出结构
改进角度		公众角度	
目　标	测评指标	目　标	测评指标
目标完成质量	政府产出的评价指标	公众满意度	公众满意度
社会效益	政府效益的评价指标	公平	与社会平均水平的比较
		公共产品（公共服务）的质量	公共产品（公共服务）的使用率

图 7－2　基于战略和结果导向的政府公共支出绩效评估指标平衡计分卡

第八章　南海绩效预算控制系统

第一节　绩效预算控制系统概论

预算管理控制系统是政府各部门所采取的与预算执行有关的一系列外部和内部控制程序和调整机制，其主要功能是防止错误和舞弊，确保预算的正确执行以及组织目标的高效实现。

预算控制系统发展经历三个阶段：外部控制、内部控制和产出结果控制。

一、预算控制系统发展的第一阶段：外部控制

在预算控制系统的历史上，最先发展起来的是外部控制，即由立法机构和中央预算管理部门对预算执行情况进行审计和监督，发现与预算安排不相符之处，督促预算执行单位予以纠正。这是预算民主化的要求，也是有效执行预算的起点。但是，由于预算执行中外部控制机构与预算执行机构的信息不对称，以及受外部控制机构的独立性和专业技能等因素的制约，仅有外部控制还不足以保证预算执行的有效性。由此，很多国家在外部控制发展得相当完善后，开始把重点转向内部控制。

外部控制形式有三个基本特征：支出和控制委托给两个部门；控制针对资金投入加以实施；控制在资金支付之前实施。

从预算 100 多年的发展来看，外部控制一直是预算控制的一种重要方法。外部控制是在预算的投入方面实施的，并未涉及产出，而且对产出有关的数据也没有进行系统的汇编。尽管其作用有限，但投入控制仍然可以

发挥其作用，因为它是对支出的事前控制，它可以在整个政府系统应用，节约公共支出，并将那些决定支出合法性和适当性的人与那些实际花费支出的人区分开来，而且还可以对待定的交易进行准确的描述。

二、预算控制系统发展的第二阶段：内部控制

内部控制是一种预算执行机构内部的自我监督、自我调整系统。按财政部预算司的定义，它是一个部门、单位为了保证各项业务活动的有效进行，保护资产的完整和有效运用，防止、发现和纠正错误、舞弊及欺诈行为，保证会计资料的真实、合法、完整，提高经营管理水平和效益，为实现经营管理目标而制定和实施的一系列组织措施、业务处理程序以及其他调节方法的总称[①]。内部控制制度具有以下三个特征：一是内部控制意味着那些使用公共资金的人，要为确保其行为的合法性和适当性负责。在内部控制之下，运作机构必须根据政府规定建立起标准的人事、采购和其他管理制度。二是内部控制仍然集中在投入上，但管理者在采取行动之前不必获得外部同意。三是为了取代事先审计（在进行支付之前），政府转向了事后审计（在财政年度结束之后），并且不再审查所有的交易，采取抽样审查的方法以确定运作是否与规定相一致。

内部控制的功能主要是通过财务报告、会计控制、实物控制、采购控制、内部审计等控制手段来实现的。内部控制系统控制的重点是预算执行，控制的方法是组织和规则，目的是通过对从项目准备到执行、完成等全过程的详细的投入控制，保证不改变执行中的预算内容。在形式上，预算通常是采用一个以操作为重点的功能性分类系统的形式表现的，这个功能性分类系统包含了维护一个管理单位运行所必需的大量的与项目有关的详细列表：全体职员、燃料、租金、办公日用品和其他投入等。机构报告和评估预算执行情况的信息就建立在这些分项逐条详细记录基础之上。

内部控制主要使用政策控制和过程控制，同时部分程度上引入效率控制；在控制类型上采取指令控制、激励控制和协同控制的部分做法。

---

① 财政部预算司编著：《绩效预算和支出绩效考评研究》，中国财政经济出版社，2007 年版。

因此，内部控制是一种过渡型控制类型，既强调外部法律和规则的重要性，又给予支出部门一定权限，在资金的使用上关注中央在有关授权的情况下，支出机构安排使用资金的合法与合理性。内部控制在保证遵照预算执行的同时，也存在着与效率有关的几个方面的缺陷：一是过细的控制耗费大量的时间和资源，使管理控制系统的成本过高；二是预算僵硬，管理者没有足够的灵活性去对预算进行必要的调整；三是内部控制关注对公共物品的资金支付，但问题往往发生在其他地方，如人员过多、权力集中和官僚主义等等。这三个方面的问题集中地反映出内部控制系统中存在的“注重投入、过程和规则”而非“注重目标、结果”的弊端，导致公共支出在保证按预算执行的同时，有效性（结果）却往往不尽如人意。从理论上而言，这一阶段预算控制的内容和方法体现了传统行政学注重通过组织结构的调整和规则的设计来提升“行政效率”的基本理念。

三、预算控制系统发展的第三阶段：产出和结果控制

正是由于对上述与效率有关问题的关注，伴随着20世纪80年代主要西方国家普遍开展的新公共管理运动，预算控制体系也发展到一个新的阶段：产出、结果控制，即在传统的强调过程和规则的内、外部控制系统中，增加产出和结果控制的内容，进而使预算管理控制系统的重心逐渐向产出和结果控制转移。从理论上而言，这一变革的直接动力源自新公共管理理论的创新和发展。在新公共管理理论中，传统的行政学所关注的“行政效率”逐渐被“公共绩效”所取代。人们普遍认为，以“竞争”、“分权”、“结果导向”和“绩效管理”为特征的新公共管理可以有效地解决传统公共管理中存在的低效问题，从而理论的创新直接对政府预算管理形成冲击，导致了一系列以结果为导向的预算控制系统的变革。

产出和结果控制是政策控制、效率控制、激励控制和协调控制。它虽然是政策控制，但关注的是对政策目标的实现，而不是细节性的规定。产出和结果控制从两个方面提高运作效率。首先，通过制定产出和结果目标，使管理者对其服务数量、质量和及时性负责。管理效率通过优化产出来增加提高效率的机会。其次，通过使管理者享有运作决策方面的全部权利（或者接近全权），使他们可以应用其专业技巧、判断力及掌握的信息

来选择最有效率的投入组合，并且可以获得“效率红利”。

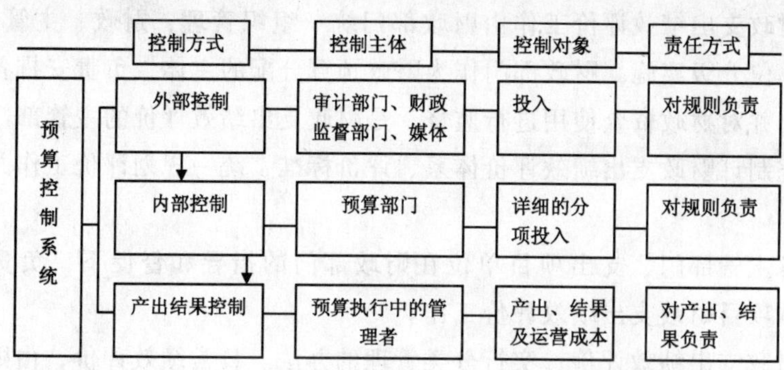

图 8－1　预算控制系统的发展阶段和特征

第二节　南海绩效预算控制系统的框架与特征

一、南海绩效预算控制系统的框架

这里从绩效预算的组织和管理体系以及项目预算绩效评价实施步骤两个方面说明南海绩效预算控制系统的基本框架。

（一）南海绩效预算组织与管理体系的建立和完善

绩效预算涉及的部门很多，既包括绩效预算的执行部门，又包括绩效预算的实践部门，另外还有相关监督部门。处理绩效预算涉及的各部门之间的相互关系非常重要，这也是绩效预算顺利实施的重要保障。南海区实行绩效预算一开始就非常重视组织和管理体系，在绩效预算法规中明确了各部门的权力和职责。财政局还专门设置了绩效评价机构，并调整了内设支出管理机构的职能。

南海绩效预算的组织体系在 2006 年就基本明确，到 2008 年南海区出台《关于加强项目绩效预算及绩效评价管理的有关规定》，对绩效预算的组织体系予以进一步明确。

1. 南海绩效预算组织体系的建立。

2006 年，《南海区财政支出绩效评价试行方案》基本确立了南海绩效预算的组织体系框架，其包括以下几个方面的内容：

财政支出绩效评价工作由财政部门统一组织管理，财政、主管部门、项目单位分级实施。财政部门作为财政预算分配的主体，负责安排各项财政支出并对财政资金使用进行监督，是财政支出绩效评价的主管部门，负责研究制订财政支出绩效评价体系、评价标准，统一规划评价工作并组织实施。

各主管部门、支出项目单位在财政部门的指导和督促下，负责本部门、本项目财政支出绩效评价工作。

财政支出绩效评价，实行分类管理的办法。日常绩效评价，由财政部门组织实施；区委、区政府指定的重要项目，由区委、区政府指定的牵头单位或由区财政局、审计局、监察局共同组织实施；对区级部门或一级预算单位的整体支出绩效评价，由区财政局、人事局会同审计、监察部门组织实施。

进行绩效评价必要时邀请各级人大专门委员会、人大代表、政协委员等参加。各镇（街道）根据实际确定绩效评价项目，将项目的立项文件，评价结果报区财政局备案。

2. 南海绩效预算组织体系的完善。

2008 年，南海财政局、监察局和审计局联合出台文件，对项目绩效预算和绩效评价中各机构的责任进一步明确，绩效预算组织体系更加完善和规范。

财政部门的职责。南海区《关于加强项目绩效预算及绩效评价管理的有关规定》首先明确了财政部门的职责。财政部门负责研究制订项目绩效预算及绩效评价工作制度，统一规划绩效预算及绩效评价工作并组织实施，以及指导各单位开展绩效预算及绩效评价工作。

用款单位的职责。各单位为财政资金使用的责任主体，负有对使用的财政资金进行绩效管理的工作职责。凡使用财政资金的项目预算或项目实施结果都必须由各单位进行绩效评估，并根据财政部门有关绩效预算及绩效评价工作的规范要求，负责实施本单位立项申报、评价及相关工作。各单位在申报项目绩效预算及进行绩效评价自评时，必须按照财政部门每年绩效预算及绩效评价的工作要求按时提供完整的资料。各单位在申报项目绩效预算时，须提供项目可行性研究报告及详细的用款计划。对申报资料齐全的项目，财政部门将组织专家进行评价；对单位逾期不申报或申报资料不符合规定要求的项目，不进入专家评价阶段，该项目视为不同意立项或绩效不合格。

监督部门的职责。南海区《关于加强项目绩效预算及绩效评价管理的有关规定》中明确了人大、政协、监察和审计等监督部门的职责。财政部门组织绩效预算及绩效评价时，由区人大、政协、监察等部门对单位申报、评价等工作情况及评价过程的公正性进行监督。财政部门完成绩效预算及绩效评价工作后，将评价结果及时报送区人大、政协、监察、审计等部门。评价结果作为财政部门安排资金的重要依据。财政部门联同监察部门将评价结果上报区政府，经区政府同意后，在一定范围内公布，对绩效良好的单位通报表扬，对绩效较差的单位予以通报批评，以加强各单位对财政资金运用和部门行为的监督，体现并增强公共支出的公正性和透明度。审计部门负责做好有关财政支出项目资金的审计工作，加强对重点项目的监督。监察部门负责严肃查处绩效预算及绩效评价工作中的违法违纪违规行为。对违规行为责令改正，并根据情节轻重依法追究单位及其直接负责的主管人员和其他直接责任人员的责任。

3. 南海财政部门绩效管理专职机构的建立。

2007 年，《佛山市南海区项目绩效预算管理试行办法》明确区财政局负责统一制定项目绩效预算管理的规章制度、评价体系，指导、组织各部门预算单位开展项目绩效预算工作，组织实施项目评价。

2009 年，为了加强财政的绩效管理，南海区财政局专门成立绩效管理股。绩效管理股的职能包括：负责对财政资金及资产实施绩效管理；拟订财政资金及资产绩效管理的制度和办法；拟订财政资金及资产绩效管理指标体系及评价标准；组织开展对财政资金的分配及使用实施绩效评价及问责，提出财政资金安排的意见和建议；组织开展对行政事业单位资产的绩效评价工作；拟订公共资源统计评价及报告制度，组织公共资源管理研究和开展预测分析；组织企业、行政事业单位等会计决算报表汇总和分析；负责有关法规、制度的宣传和普法教育工作；组织协调有关行政复议答复和行政应诉工作。

4. 建立专项资金使用绩效问责制。

2004 年以来，南海区财政可支配财力逐年增长，规模已超 100 亿元，而财政专项支出占可支配财力的比例接近80%，为加强对巨额财政专项资金的管理，南海区财政局开展了专项资金预算绩效管理工作，创新性地对财政专项资金使用效果进行问责和监督，有力地触动了部门单位的支出责任意识。

南海区财政专项资金使用绩效问责的基本做法是：由区人大财经工委、监察局、审计局、财政局、人事局联合组成问责小组，聘请有关专家团队参与，公开随机抽取被问责单位及项目，根据设定的绩效目标，对财政支出全过程及其效果进行问责监督，将绩效问责结果与部门单位履行岗位职责及部门发展目标结合起来，实施奖惩制度，建立财政资金使用绩效问责与激励机制。

一是在财政专项资金申请和分配阶段，对项目资金进行预算绩效评价，引入第三方包括专家、人大代表等对项目的可行性、资金的合理性及绩效目标进行评价，公开评价、筛选最优项目分配资金；二是对项目的完成情况或跨年度项目的进展实施绩效评价，将评价结果作为单位改进项目管理及下一年度编制预算的重要依据。

在此基础上，为进一步完善财政资金绩效管理，2009年南海区财政局又主动延长改革链条，在充分利用预算绩效评价的资源和管理机构、指标体系设计，以及专家选择方面保持连续性和一致性的基础上，对财政支出项目绩效采取了问责制，从而健全财政资金使用的责任追究和问责机制，保证财政资金有效投入到各领域、各行业及重点项目，为公众提供更多更好的公共产品和公共服务。具体做法为：

（1）建立问责制度。2009年6月，南海区政府出台了《佛山市南海区财政专项资金使用绩效问责暂行办法》，建立以人大财经工委、监察局、审计局、财政局、人事局联合组成的绩效问责架构，明确问责范围为区财政安排专项资金50万元以上及其他有必要的项目，并将绩效问责结果纳入南海区年度机关单位绩效与作风考评中，实行奖优罚劣。

（2）公开抽取项目。在前一年度已进行绩效自评的财政支出项目中，先将各单位及项目进行编号，通过摇珠的方式先抽取单位再抽取项目以确定被问责的单位和项目。2008年11月，首次尝试抽取了4个财政专项支出项目，2009年7月则抽取了8个项目展开绩效问责。

为对项目进行科学、客观、公正的评价，绩效问责小组根据所抽取的项目情况，聘请有关领域的专家，分成不同的小组参与问责。问责过程包括审阅单位的项目自评材料、财务收支审核、现场视察及召开现场评价会等。其中现场评价会由所有使用区级财政资金的单位参加，使各单位明晰其是使用财政资金的责任主体。问责现场会分单位陈述和现场答问两个环节，由项目单位按抽取的出场顺序陈述问责项目的基本情况，问责小组就项目管理、资金使用情况及取得的绩效等进行询问，项目单位一一答辩。

绩效问责小组结合项目资料、现场评价情况，按单位原申报项目预算绩效时所设定的绩效目标进行综合评价，形成问责结果。问责结果分为优秀、良好、合格、不合格四个等次，问责结果将反馈给各单位，由各单位进行整改。同时，问责结果报区政府，由区政府在一定范围内公开，并作为下年度编制预算的依据，而且列为区政府对各部门进行年度绩效作风考评的内容之一，财政资金使用绩效优良的给予加分，不合格的扣分。

绩效问责需对财政支出有没有按规定花出去，有没有花到点子上，有没有达到预期效果等问题进行公开问效，倒逼了部门预算单位做准、做实、做细预算，并设定科学合理的绩效目标。绩效问责针对单位在使用财政专项资金的日常工作中可能存在的各种问题，要求单位在使用财政资金的过程中不断完善项目的管理，提高资金使用效益。不少参加现场问责的单位均表示，财政资金使用效果不好要接受问责“大考”，要追究资金使用责任，今后他们在工作开展时将更注意细节和效益，形成单位使用财政资金的自我约束机制，为广大群众提供更多更好的公共产品和更优质的公共服务。

绩效问责有效减少了部门单位的不必要支出，节约了财政资金，防止财政资金被改变用途或被挤占、挪用、浪费等现象，2009 年度绩效问责现场追回水利工程区级配套资金 280 多万元。问责完成后，各被问责单位须按问责小组意见进行有针对性的整改，切实加强和完善对项目及资金的管理，努力提高财政资金使用效益，使政府有足够的财力加大社会保障投入，城乡社会救助体系得到日益完善，让纳税人的钱更好地为纳税人谋福利，惠及广大群众。

问责项目的抽取及现场答问均公开进行，由问责小组所有成员单位及所有使用区级财政资金的单位参加，并由人大代表进行监督及向媒体公开，通过电视、报纸等新闻媒体向社会公开，让其他没有被抽中的单位和市民了解到财政资金的使用情况，监督财政资金的使用效果，体现了公众的知情权和监督权，增加了财政支出问责的公开化和透明度。

一直以来，外界往往关注政府工作人员工作的合法性和廉洁性，对其工作的合理性和效率性却被有意无意地忽略了。温家宝总理在国务院常务会议中提出“要健全责任追究和问责机制”，绩效问责明确对政府工作人员的“不作为”、“不在状态”也应当追究责任，这作为建设责任政府的重要内容，将促进政府职能转变，促使政府工作人员在日常工作中更加谨慎，更加务实、更加认真、更加尊重民意。

由于这项工作成效显著，南海区财政局将继续推进预算绩效管理工作，把绩效管理贯穿于财政专项资金分配和使用全过程，努力建立“事前评价项目预期绩效，事中加强绩效监督，事后实施绩效问责”的全过程绩效管理体系。具体将从如下三方面入手：

（1）事前严把项目申报关，建立项目准入制。2009 年 11 月，南海区政府印发了《佛山市南海区区级财政项目支出申报管理暂行办法》，明确了财政专项项目的分类、申报和审核要求。从 2010 年开始，所有单位申请财政专项资金都要按要求先向财政部门申报，由财政部门审核，项目资料齐全、绩效目标明确、实施条件具备后再报政府批准，由财政部门进行事前严格把关，逐步建立专项项目设立准入机制，明确资金使用责任，有效解决目前专项设置过多、重复、随意等问题。

（2）事中追踪管理项目，有效实施绩效监督。目前，南海财政在事前绩效评价及事后绩效自评工作方面已取得成效，绩效问责工作也在稳步推进，但事中绩效监督还处于探索阶段。为此，今后南海财政将在项目实施阶段，对项目实施绩效管理和跟踪问效，结合项目的拨款及绩效目标的设定情况，采取日常督查与对重点项目组织专门绩效监督相结合的形式，实施全过程绩效监管，及时帮助有关部门和单位找出资金使用和管理上存在的问题，有效监督项目绩效目标的实现程度，及时发现项目实施过程中的问题，督促用款单位及时整改。

（3）事后公开问责，建立问责长效机制。以往专项资金的管理和监督往往重投入，而很少关注投入大量财政资金产生的效果。事前项目预算绩效评价，在资金的分配环节就要求单位有明确的绩效目标和反映绩效目标实现程度的具体指标，为绩效问责工作的开展奠定基础。今后，南海区财政将进一步加大绩效问责力度，扩大公开问责的范围，主动接受社会公众监督，建立健全问责制度体系，通过绩效问责衡量项目单位实现预定目标的情况，对资金使用未达到预期目标的用款单位进行责任追究，增强财政资金使用的公开性和透明度。

（二）南海项目预算绩效评价实施步骤

1. 南海项目预算绩效评价的分类实施。

南海财政支出绩效评价类型分为项目实施过程评价和项目完成结果评价。项目实施过程评价，是对项目实施过程中阶段执行情况或者跨年度项目支出绩效的评价。项目完成结果评价是项目完成后总体绩效的评价。

南海财政支出绩效评价具体实施主体分为部门（单位）自我评价和财政部门组织评价。

（1）部门（单位）自我评价。财政支出项目统一实行部门（单位）对资金使用情况自评制度。财政资金使用部门（单位）是自我绩效评价的具体实施主体，负责本单位财政支出项目自我绩效评价工作；两个或两个以上部门（单位）共同实施的项目，以牵头的部门（单位）为自我绩效评价的具体实施主体。部门（单位）自我评价要填写支出项目绩效自评报告，其内容应该包括：与申报的可行性方案进行的比较分析、资金使用情况、项目完成情况（项目阶段完成情况）、绩效结果等。

部门（单位）自我评价分为项目完成后评价和中期评价。

一是项目完成后评价。被列入要进行财政支出绩效评价范围的预算项目，在支出完成后一个月内，资金使用单位必须对项目支出的绩效和预定目标的实现情况进行绩效自我评价，并向财政部门提交绩效评价自评报告备案，由财政部门抽样复核、审查。

二是项目中期评价。对跨年度项目支出实行项目中期绩效自我评价制度。每个预算年度结束，项目资金使用单位都要对资金使用绩效情况实施一年一评的中期评价制度，自评报告报财政部门备案，由财政部门抽样复核、审查。

（2）财政部门组织评价。除部门（单位）自我评价以外，财政部门也会组织对项目进行评价。财政部门组织评价也可以委托下一级财政部门和具有资质的社会中介机构实施评价。包括以下几种情况：

一是重点项目评价。财政部门将会同有关部门，在每个预算年度筛选部分有影响和有代表性的重点支出项目进行综合绩效评价。综合绩效评价由财政部门在项目资金使用单位自评的基础上，根据各方面材料和基础数据，对项目评价采取定量和定性分析、判断，综合专家意见，对项目支出的经济、社会、政治绩效进行全面的评价。

二是项目中期评价。对影响较大或者所跨年度较长的项目实施评价。

三是支出预算中按定员定额标准计算的基本支出和单项核定的基本支出，由财政部门根据实际情况组织实施评价。

2. 南海项目预算绩效评价的工作程序。

南海财政支出绩效评价遵循严格、规范的工作程序，保证评价结果的客观公正。南海财政支出绩效评价一般工作程序主要包括：

（1）前期准备。前期准备的程序包括：

一是绩效目标申报。财政基本支出的绩效目标，包括按定员定额标准计算的基本支出绩效目标和单项核定的基本支出绩效目标，由财政部门根据有关规定和标准确定。预算单位在申报支出项目时，必须提交项目可行性方案，明确提出项目资金使用的绩效目标。预算数额较大或者专业技术复杂的项目，可行性方案必须有科学的论证和专家意见。

可行性方案中，绩效目标包括以下内容：申报单位基本情况、项目概况、项目必要性、项目所要达到的预期绩效目标、前景预测、条件论证、内容和规模、资金来源渠道及比例、资金使用进度、相关经济社会效益等。

区级财政支出项目，预算单位在报送预算支出项目申报材料时，必须加报一份给区财政局备案。区财政局对部门提交的可行性方案，要进行严格的审核。一般性支出项目可以按规定的例行程序审核，重大项目可由区财政局组织成立专家组进行评审。

二是确定评价对象，下达评价通知书。财政部门根据公共支出绩效目标以及绩效预算管理的要求，有针对性地确定评价目标和对象并下达评价通知书。评价通知书应载明评价任务、目的、依据、评价人员、评价时间和有关要求等。

三是成立评价组织机构。确定评价目标后，应根据目标的具体情况，成立评价组织机构，负责评价工作的组织领导，制定评价实施方案，选择委托评价机构，审核评价结果报告。

四是制定评价实施方案。评价组织机构根据评价工作规范，针对评价对象，拟定评价工作具体方案，选定评价指标，确定评价标准和评价方法。评价组织机构根据工作方案分组实施，一般分为评价工作组和评价结果审核组。评价工作组具体负责现场搜集基础数据和资料、分析基础数据并计算评价结果，初步撰写评价报告等；评价结果审核组主要负责审查核实评价基础数据和评价结果，审核修改评价报告。

（2）现场评价。南海绩效预算现场评价的程序包括：

一是搜集基础数据和资料。评价工作组根据评价工作要求，到评价对象现场采取勘查、问卷、复核等方式搜集、整理基础数据和资料，包括评价对象的基本情况、财政资金使用情况、评价指标体系需要的相关资料。

二是核实、分析基础数据并计算评价结果。评价实施机构根据被评价单位提供的基础资料，核实基础数据的全面性、真实性以及指标口径的一致性，根据实际情况对指标和标准进行必要的调整，并辅助以专家问卷等定性指标的分析计算出评价结果。

（3）撰写报告。撰写报告的程序包括：

一是形成初步评价结论。评价工作组根据计算的初步评价结果，撰写评价分析报告，并在必要时候将初步评价结果反馈到被评价单位，核实相关调整事项。评价报告按规定格式（具体格式和要求由区财政局另行制订）撰写，要求内容完整，分析透彻，逻辑清晰，用语准确、文字简洁，并报请评价组织机构审核确认、备案。

二是总结建档。评价工作完成以后，应进行工作总结，将评价有关问题和建议形成书面材料上报评价组织机构，并对评价项目建立工作档案备查。

（三）南海绩效评价结果应用

评价结果的应用。在预算绩效评价结果的实际应用方面，作为完整意义上的绩效预算评价，是对预算项目的制定和执行情况进行的全程化评价。其评价结果必须成为预算收支规模和预算收支项目安排的基本依据，通过实行预算绩效与预算资金安排相挂钩的办法，为提高预算资金的使用效益提供相应的制度保障。如果绩效评价不能成为预算安排的依据，或者预算安排受到脱离绩效标准的各种人为因素的干扰，就会导致绩效预算仅仅流于形式，无法产生实质性的约束效果，也无法真正发挥绩效预算的功能。因此，绩效预算评价必须同时包括对预算绩效评价结果的实际应用情况的分析和评价，以保证预算绩效评价结果真正成为预算收支规模和预算收支项目安排的依据，充分发挥绩效预算的激励和约束功能，促进财政资金使用效益的不断提高。南海财政支出绩效评价结果的应用体系包括以下几个方面。

一是对项目支出资金使用单位报送备案的绩效自评报告进行核实和抽查。逾期不报送项目资金绩效自评报告的，视同没有达到项目支出绩效目标。

二是对跨年度实施中期评价的项目支出，在提交年度评价报告之前，财政部门不再拨付资金，并可以根据评价报告的结果，对长期项目资金作中期调整，以使项目资金发挥最大的效益。不按规定提交评价报告的，必须向区政府提出书面申请，经同意后方可拨款。对绩效差劣的项目要进行通报，对同类项目下一预算年度不再安排资金。

三是重点支出项目经过综合绩效评价，评价结果应及时报告区人大、区政府和有关部门作决策及绩效考核参考，并为加强项目管理、监督和新上同类项目提供经验参数。财政部门可根据绩效评价结果，对后续资金拨付提出处理意见，经政府批准调整支出预算。同时，提请有关部门对重点项目资金进行重点审计和事后审计，加强对重点项目的财政和审计监督。

四是财政项目支出绩效评价结果将作为下年度安排部门预算的重要依据。综合评价结果还可以判断财政资金配置的合理性，准确把握财政决策和政策效应，控制财政风险。

五是根据财政支出绩效评价结果分析诊断单位内部的管理问题和部门的主要政绩水平，加强财政资金的监控，提高支出项目的管理水平。对绩效良好的项目通报表扬，并对下年度的同类项目优先安排。

六是财政支出绩效评价结果经报请区政府同意后，将在一定范围内公布，以加强对部门财政资金运用和部门行为的监督，体现并增强公共支出的公正性和透明度。

（四）南海财政项目申报和审核程序

南海在对申报的项目进行充分论证和严格审核的基础上，结合当年财力状况，按照轻重缓急和项目预期成果的大小与时效进行排序。项目单位在编制财政年度项目支出预算时都必须围绕区委区政府年度工作重点，制定本部门（单位）工作目标，所申请的项目支出必须符合工作目标。财政预算的编制要完整、科学、全面、合理。单位年内的所有项目支出原则上要纳入年初预算编制范围，避免年度追加预算。

申报的项目应当同时具备以下条件：一是符合国家有关法律、法规、方针政策规定和财政资金供给的方向、范围。二是有明确的项目目标、评价指标、项目实施方案及科学合理的资金使用计划，并经过充分的研究和论证。

项目申报按区财政局制订的规范文本填报，按照《南海区区级项目支出预算申报材料规范要求》附上必要的材料，如项目申报不符合管理规定或缺少材料，财政部门将不予受理单位项目申请。

项目申报要求包括：各单位向区财政局报送的申报材料包括项目申报文本内容必须真实、准确、完整；申报的项目支出金额应按支出类别进行细化；申报绩效指标必须有明确的绩效目标和可衡量的指标；实施政府采购的项目，编制时要按照“政府采购集中采购目录及标准”的要求，明确具体采购项目、需求数量、需求时间。

区财政局在接到单位的申报资料后，分别进行如下审核：一是资格审核，即项目申报单位及所报的项目是否符合规定的申报条件。二是形式审核，即申报材料是否按照规定要求填报，相关材料是否齐全。如项目申报不符合项目管理要求，财政将退回单位。三是内容审核，即项目的申报内容是否真实可靠，项目论据是否充分，项目预算是否合理，实施方案是否可行，绩效目标及评价指标是否明确。项目支出预算一经批复，部门和项目单位不得自行调整。

二、南海绩效预算控制系统的特征

从南海绩效预算控制系统的框架来看，其综合了外部控制、内部控制与产出和结果控制的优点，体现在以下几个方面。

（一）控制主体体现外部控制和内部控制相结合

在控制主体方面，一方面建立财政和监督部门的控制主体责任，建立和强化外部控制；另一方面，又充分发挥预算单位自身的作用，探索内部控制方式。

首先，南海明确了外部控制主体责任，建立了比较完善的外部控制框架。财政部门负责研究制定项目绩效预算及绩效评价工作制度，统一规划绩效预算及绩效评价工作并组织实施，以及指导各单位开展绩效预算及绩效评价工作。同时，财政部门还建立专职绩效评价机构，统一制定项目绩效预算管理的规章制度、评价体系，指导、组织各部门预算单位开展项目绩效预算工作，组织实施项目评价。审计部门负责做好有关财政支出项目资金的审计工作，加强对重点项目的监督。监察部门负责严肃查处绩效预算及绩效评价工作中的违法违纪违规行为。对违规行为责令改正，并根据情节轻重依法追究单位及其直接负责的主管人员和其他直接责任人员的责任。

其次，南海探索内部控制方式，充分发挥预算单位自身的作用。绩效文件规定各单位为财政资金使用的责任主体，负有对使用的财政资金进行绩效管理的工作职责。凡使用财政资金的项目预算或项目实施结果都必须由各单位进行绩效评估，并根据财政部门有关绩效预算及绩效评价工作的规范要求，负责实施本单位立项申报、评价及相关工作。另外，还明确财政支出项目统一实行部门（单位）对资金使用情况自评制度。财政资金使用部门（单位）是自我绩效评价的具体实施主体，负责本单位财政支出项目自我绩效评价工作；两个或两个以上部门（单位）共同实施的项目，以牵头的部门（单位）为自我绩效评价的具体实施主体。

（二）控制对象体现投入控制与产出和结果控制相结合

在控制对象方面，南海绩效预算主要着眼于项目的产出和结果，要求单位必须做好绩效目标申报，包含基本支出绩效目标和项目绩效目标。财政基本支出的绩效目标，包括按定员定额标准计算的基本支出绩效目标和单项核定的基本支出绩效目标，由财政部门根据有关规定和标准确定。预算单位在申报支出项目时，必须提交项目可行性方案，明确提出项目资金使用的绩效目标。在项目实施过程中以及项目完成后，对项目的绩效目标实施和完成情况要开展自评或者由财政部门组织绩效评价。而且，财政项目支出绩效评价结果将作为下年度安排部门预算的重要依据。

但我们也看到，南海绩效预算在主要着眼于项目的产出和结果控制的同时，也没有放松对投入的控制。各单位在申报项目绩效预算时，须提供项目可行性研究报告及详细的用款计划。而且，《南海区区级财政项目支出申报管理暂行办法》规定，申报的项目支出金额应按支出类别进行细化。这说明，在项目支出之前，其主要投入方向是基本确定的。

南海绩效预算控制程序之所以能做到既控制产出和结果，又能控制投入，这主要取决于南海的制度规定，所有的项目申报必须经过严格的论证，而且，绩效预算程序要对项目的内容进行严格的审核，包括项目的申报内容是否真实可靠，项目论据是否充分，项目预算是否合理，实施方案是否可行，绩效目标及评价指标是否明确。此外，项目的审批按照科学论证、合理排序的原则，在对申报的项目进行充分论证和严格审核的基础上，结合当年财力状况，按照轻重缓急和项目预期成果的大小与时效进行排序。在这种条件下，项目必须有明确的项目目标、评价指标、项目实施方案及科学合理的资金使用计划，并经过充分的研究和论证。正是通过这种严格的控制程序，南海绩效预算控制程序才能实现既控制产出和结果，又能控制投入。

（三）责任控制方式体现对规则负责与对产出和结果负责相结合

《南海区财政专项资金使用绩效问责暂行办法》规定，使用专项资金的单位或主管部门是绩效问责的对象。这些部门（单位）必须对以下情况负责：绩效目标的设定情况；绩效目标的完成情况；为完成绩效目标安排的财政资金使用情况、使用效率、财务管理状况和相关资源配置与使用等情况；为完成绩效目标采取的管理制度、措施等。这说明在南海的绩效预算控制系统当中，财政资金使用部门（单位）的责任首先必须是对产出和结果负责。

另一方面，从南海的绩效预算文件中也可以看出，南海绩效预算也特别注重对规则负责。不管是绩效指标框架还是项目申报和审核程序，都要求财政资金使用部门（单位）制定严格的日常管理和财务管理制度，并把制度是否完善作为绩效评价和资金审核批复的重要参考内容。财政部门根据财政支出绩效评价结果分析诊断单位内部的管理问题和部门的主要政绩水平，督促部门（单位）加强财政资金的监控，提高支出项目的管理水平。

第三节　南海绩效预算控制系统的启示

一、重塑绩效预算控制系统的理念

在预算发展的各个阶段，所有的国家都建立了外部控制，某些国家甚至在其预算体制已经很完善的情况下仍然坚持外部控制；多数国家则已经转向内部控制；也有一些国家开始强调产出和结果控制。OECD 国家的经验表明，绩效预算控制改革的顺序是政府在对支出具有强有力的外部控制之后，才转向内部控制，同样在内部控制成熟以后再强调产出和结果控制。如果不遵从这样的顺序，在内部控制相对完善之前就将广泛的决策自由下放给管理者则可能会造成很大的风险。

实际上绩效预算控制系统不应该是对内部控制系统的否定，而是在其中增加了绩效管理的内容，从而使管理控制的重心向后者倾斜。因而在两种控制系统同时发挥作用的过程中，如何谨慎处理二者之间的关系就成为改革者必须面对并着力解决的一个重要问题。

从各国预算控制系统改革实践来看，处理这个关系容易出现两个失误：一是“为结果负责”的预算控制系统很容易被过分地依赖程序化的安全保证或多层次的决策监督的传统控制系统所破坏，从而使预算控制系统的改革无果而终。其原因可以归结为传统预算理念根深蒂固，这从一个侧面揭示出绩效预算所面临的难题；二是“为结果负责”的预算控制系统是以放松严格的规制、增加机构的自主决策权为前提的，经常发生的问题是，机构和管理者被赋予相当大的自由决策权，但却没有承担足够的责任，这种控制系统的改革就是有问题的。出现这两种失误的根本原因，是将两种控制系统看作是对立的关系，而没有看到其统一性和共存性。事实上，两者并不是相互否定的，通过管理者的精心设计两者可以相互补充，共同作用于控制系统的目标。因而，对控制系统及其运行环境的实事求是的了解并合理设计管理控制系统的发展框架，是每一个致力于提高组织效率的管理者所必须面对并谨慎处理的问题。管理者首先需要对内部控制系统的现状做实事求是的了解，发现其要面对和解决的主要问题。如果机构中人员的诚实及财务纪律是管理控制系统所要解决的主要问题，那么加强传统的以规则为主的内部控制，也就是说健全内部控制系统就成为机构的主要任务。在这一阶段不宜过分强调绩效管理改革，因为绩效改革是以放松规制、增加自主决策权为前提的，在机构财务纪律松懈、舞弊行为得不到及时发现和处理的情况下，强调放权的绩效改革是不合时宜的；相反如果内部控制系统能够很好地解决财务纪律及舞弊等问题，而过于程序化的内部控制规则已经成为组织低效率的根源时，适时引入产出结果为导向的绩效改革就应当成为预算管理控制系统面临的首要任务。从这个意义上讲，在内部控制系统的完善程度存在很大差距的情况下，盲目照搬国外绩效改革的成功经验是危险的。

二、确立预算控制系统改革的政策要素

预算控制系统是实现预算绩效的重要内容，在不同的发展阶段，选择合适的控制形式和类型对实现有效的控制是十分必要的。每种控制的有效运行都要求有相应的条件和基础，这也是预算控制系统改革的基本要素。

（一）改革的顺序是从外部控制到内部控制再到产出和结果控制

发展中国家或转型国家尚未建立正式的控制制度，资金使用效率低下。改革的顺序应该是首先建立可靠的外部控制，然后转向内部控制，只有在这些制度已经很好地包含在管理制度之中以后才可以转向产出和结果控制。针对这种情况，可以通过以下措施推进改革进程：一是使外部控制合理化，逐渐消除无效控制；二是在外部控制已经良好的部门进行试点，将控制权力逐渐移交内部；三是制定初步的绩效衡量指标。这些步骤会提高运作效率并为将来改革作好准备。

（二）建立有效的控制包括建立良好的制度和程序

有效的控制制度依赖于是否将规则和程序视为合法的行为方式。如果一个国家的预算管理人员没有将规则和制度视为应该遵守的制度，那么采取下一步改革就不尽合理。外部控制可以养成按照规则进行管理的习惯，它确实会影响预算效率，当法治植根于预算管理制度时，通过外部控制实现绩效提高的目的也就可以达到了。内部控制需要支出机构对其支出的合法性和效率负责；从行为意义上讲，它意味着控制是内在的，管理者认可

规则。在产出和结果控制下，预算管理者不对投入进行严格限制，前提条件是预算执行者已将规则和制度内化于自己的行为。因此，制度和程序依然重要，并要求管理者对产出和结果负责。

（三）建立公共部门责任关系，引入契约模式和市场竞争机制

产出和结果控制方式强调政策控制、激励控制和协同控制，如果没有有效的奖励机制，其激励效应就很难达到。在产出和结果控制方式中，由于放弃了投入的严格控制，逐渐转向产出和结果控制，就要求以契约的方式明确机构的目标和产出以及结果，明晰责任关系。因此在产出和结果的控制中，责任关系是最重要的改革内容，往往会决定绩效预算改革的成败。

另外，OECD 国家改善公共支出有效性的经验表明，在公共部门引入市场竞争机制，强化市场信号，对于改善预算执行绩效非常重要。其中购买者和供应者分离、市场检验、绩效合同等都是非常有效的方法。

三、选择适当的评价程序和方法

在评价程序和评价方法的选择上，针对预算绩效既体现在经济效益方面，更体现在社会效益方面，因而对预算绩效的评价必须按照指标分析与社会评议相结合的要求，通过对预算实际执行情况的指标分析和社会民主评议的方式，在允许社会成员代表充分表达各种不同意见的基础上，按照尊重多数人意见的原则，形成关于预算绩效的最终评议结果。由于对预算实际执行情况的指标分析和社会民主评议，必须使社会成员充分了解预算方案和预算执行情况，因而需要提高政府预算的公开性和透明度，这也是落实社会成员知情权和评议权的基础。针对我国预算内容和预算执行的公开性和透明度不高的状况，必须以提高政府预算的公开性和透明度为前提，建立政府预算的公开化信息披露制度和全部预算报告审批制度。在预算绩效评价的方法上，针对预算收支执行实现的经济效益和社会效益，根据不同的具体对象，对于能够采用指标分析的部分，可以分别采取相应的“成本—效益”分析法、定员定额法、最低费用选择法、公共定价法、对比分析法；对于无法采用具体指标分析的部分，可以采取社会民主评议法，以反映预算资金使用的社会满意程度。

第九章　绩效预算是实现财政管理科学化、精细化的通路

2009 年 7 月，全国财政厅（局）长座谈会在北京召开。会上，财政部部长谢旭人同志作了题为《深入贯彻落实科学发展观　着力推进财政科学化精细化管理》的工作报告；同时，《关于推进财政科学化精细化管理的指导意见》也提交会议讨论。这次会议的召开，标志着财政工作进入了全面推进财政科学化精细化管理的新阶段。全面推进财政科学化精细化管理，事关改革发展稳定大局，事关财政职能作用的有效发挥，事关财政事业的健康发展，意义重大。做好财政工作，必须全面推进财政科学化精细化管理。科学化管理，就是要从实际出发，实事求是，积极探索和掌握财政管理的客观规律，遵照财政法律法规要求，建立健全管理制度和运行机制，运用现代管理方法和信息技术，发挥管理人员的积极作用，把握加强管理的方向和途径。精细化管理，就是要树立精益思想和治理理念，运用信息化、专业化和系统化管理技术，建立健全工作规范、责任制度和评价机制，明确职责分工，完善岗责体系，加强协调配合，按照精确、细致、深入的要求实施管理，避免大而化之的粗放式管理，抓住管理的薄弱环节，有针对性地采取措施，增强执行力，不断提高财政管理的效能。南海模式给予我们的重大启示就是绩效预算是实现财政管理科学化精细化的通路，具体表现在如下几方面。

第一节　绩效预算理念强调的就是财政管理科学化、精细化

胡锦涛总书记曾指出：管理和技术是推动经济发展的两个车轮，同发达国家相比，我们在管理水平上的差距比技术上的差距更大，要广泛应用现代信息技术和科学管理方式，努力提高企业管理水平。这些要求也同样适用于政府公共管理。在财政管理理念、管理制度、管理方法、管理手段、管理人员素质等方面，我国与发达国家相比，都不同程度地存在着差距，需要通过全面推进科学化、精细化管理来逐步缩小。而要实现财政科学化精细化管理，就必须在财政管理中普及与推广绩效预算等现代管理理念。

一、集约管理、注重效益是财政管理科学化精细化的本质要求

从本质上讲，科学化精细化是有机的整体，科学化是精细化的前提，精细化是在科学化指导下，按照统筹兼顾的原则，把科学管理要求落实到管理的各个环节，落实到管理人员岗位，体现集约管理、注重效益的要求，这在客观上要求财政管理必须实现科学化精细化。制定实施财政政策、编制和执行预算，都要符合科学化精细化管理要求。科学发展观讲求质量和效益，财政管理要体现绩效的要求，就要做到科学精细。财政工作政策性很强，涉及面很广，关系经济社会发展全局和广大人民群众切身利益，又处在收入分配和资金供求矛盾的焦点上。财政管理既有宏观的，也有微观的；既有政策的研究制定和预算的编制，也有政策的贯彻实施和预算的执行，要求很高。这些特点都决定了必须实行科学精细管理，容不得半点疏忽大意。根据上述指导思想和现代财政管理观念，财政科学化精细化管理要遵循以下基本要求：

（一）注重流程设计

合理的管理流程，是财政科学化精细化管理的基础。要按照精简程序、理清环节、分清责任、明确标准的要求，健全和优化财政管理工作流

程，使预算编制、预算执行、财政监督、绩效评价等各项工作均依流程运行。在流程设计中要做到目标明确、环节清晰，形成上下互动、左右联动、环环相扣的有机链条，努力实现各环节间的“无缝衔接”，有机配合，信息共享，既相互促进又相互制约，既提高效率又减少差错。

（二）完善岗责体系

有岗必须有责、权责必须对等，是财政科学化精细化管理必须遵循的原则。财政科学化精细化管理要在优化流程的前提下建立健全岗责体系，从机制上保证权责一致，促进责任落实。要根据财政管理各项工作的职能和流程运转环节科学设置工作岗位，明确界定岗位职责，确定工作衔接的节点和程序，做到分工明确、各司其职、协调配合，形成包括工作职责、工作目标、业务流程、工作质量、绩效考核、责任追究等要素的具体岗位工作规范，使各个岗位的工作人员能够全面了解岗位职责，熟悉本职业务，确保严格按照管理标准和工作规范优质高效地完成本职工作。

（三）加强绩效考核

绩效考核是实现财政管理科学化精细化的重要保障，要根据岗责体系的要求，按照奖优、治庸、罚劣的原则，合理确定考核标准，坚持定性与定量考核相结合，强化考核结果的运用，积极推进预算编制、执行等工作绩效考核，使财政科学化精细化管理的成效体现到提高资金使用效益和财政管理水平上来。

（四）健全配套制度

制度具有根本性、长期性、稳定性。要将工作中采取的有效做法通过建立和完善制度的方式稳定下来，使各项工作有章可循，做到用制度管权，按制度办事，靠制度管人。要在执行好已有行之有效的工作制度的基础上，根据形势任务的发展变化不断健全各项工作规范，努力做到反映财政工作规律，符合财政工作实际，可操作，可检查。

（五）运用科技手段

财政科学化精细化管理要求运用先进科学技术，大力推进财政管理信息化建设，以信息化推动科学化精细化，努力创新财政管理方式，提高财政工作质量和效率。要加快推进金财工程建设，建立财政管理各环节畅通、业务标准统一、操作功能完善、网络安全可靠、覆盖所有财政资金、辐射各级财政部门和预算单位的财政管理信息系统。

二、绩效预算理念强调的就是财政管理科学化精细化

绩效预算与传统预算的不同之处在于，它把市场经济的一些基本理念融入公共管理之中，从而有效地降低了政府提供公共品的成本，提高了财政支出的效率。可以说绩效预算不仅是一种预算方法的改变，而且是整个政府管理理念的一次革命。

（一）从管人转向管事，更贴近市场经济要求

传统的预算管理方式，是按照"人员—职能—经费"这一模式进行制度安排的。先考虑人员等政府履行职能的资源量，再根据资源情况确定政府履行职能的程度，再根据职能需要确定相应的预算。这一模式，计划经济痕迹很浓，所谓"因人设事"，就是这种制度安排的产物。绩效预算，则以一种全新的角度，按照企业化经营模式，把政府作为一个提供公共品的经济部门，建立起"公共品—公共品成本—预算"的模式，通过对公共品的核算，进行预算编制。这就彻底改变了原来只考虑政府公共资源存量的做法，从而使预算紧紧围绕公共品的成本，体现了预算的约束机制。

（二）从收支核算到成本核算，更符合价值规律的要求

在市场经济条件下，公共品也是商品，它也必须遵循价值规律。在传统预算理念下，预算收支仅仅体现了政府意图。从制度经济学的角度讲，政府自己按自身的意图编制、执行预算，本身就缺乏内在约束机制。尽管有人大（国会）的国家监督、审计部门的政府监督以及财政内部的监督体系，但总的看，这些外部监督都难以摆脱政府自身需求膨胀的趋势，以至于政府支出扩张成为一个财政学的定律。绩效预算，则从强调公共品核算的角度，在预算中融入了成本核算的理念，从而从制度上强化了政府内控机制，使公共产品和服务能严格按价值规律的要求进行核算。

（三）绩效预算更好地调动了各部门的积极性

财政支持绩效预算评审会议在传统预算管理体制下，要么先由财政代部门编制预算，要么由部门编制预算、财政审批，财政与各部门实际上站在对立的角度，在预算经费指标上进行博弈。绩效预算实际上把预算的执行权还给了部门，在确定了部门的业绩指标和预算指标后，部门可以在这

些指标的前提下，自行调整实现业绩指标的技术路线，从而一方面使政府能较好地控制预算规模，另一方面，可以极大地调动预算单位的积极性，使它们能更好地进行资源配置。

一个简单的例子是政府部门为了完成某项目标（如城市绿化），在政府核定的预算指标内，既可以选择通过招投标的方式，让市场力量来完成城市的绿化及维护工作，也可以通过组建公共园林局等形式，由政府部门来完成这项任务。这种选择权的下放，可以促进政府行为能符合按市场经济的要求，从而使政府行为与市场经济的要求更为协调。

（四）以客观公正的绩效评估体系代替传统的业绩考核，体现的民主化理念更为完整

绩效预算的核心，就是建立起一套能够反映政府公共活动绩效的评估体系。在绩效预算制度下，一个单位的预算是根据它所要完成的职能，需要通过一系列取样于社会的客观指标来计算的。对各部门绩效的评估既不是本部门自己说了算，也不是由财政部门说了算，而是由纳税人的代表对政府的公共服务进行评价。这就赋予了绩效预算民主化的功能，无论是财政部门，还是用款单位，必须在公众的监督下，通过实现有效的公共服务，才能取得政府预算的支持。可以有效地改变各级官员盲目追求“业绩”和“形象”的形式主义做法。因此，绩效预算，也是一种公民（纳税人）监督下的预算方式。它对于强化财政监督，提高政府的管理水平，有着十分积极的意义。

（五）给予管理者充分的自主权符合现代行政管理体制改革趋势

传统预算管理方式侧重对投入的控制，往往条条框框约束部门管理者的具体活动。这种管理方式在一定程度上确保了资金使用的安全性，但部门管理者无法根据实际情况灵活安排资金，资金使用效果往往受到影响。绩效预算本质上是更加注重产出而非投入，为了确保产出目标的实现，有必要让最熟悉情况的管理者自己决定资源的配置。因此，赋予管理者充分的灵活性是绩效预算的又一显著特点。

综上所述，绩效预算理念的普及与应用，有利于将部门预算与部门发展规划和年度工作计划有机结合起来，合理分配财政资源，促使部门预算编制更加科学、规范、客观，能够更加准确地了解各部门履行职责所需的经费情况，从而提高财政资金使用效益。此外，还可以推动政府决策的民

主化、科学化进程，有利于改善政府与公众的关系。从上述意义上讲，绩效预算理念强调的就是财政管理科学化、精细化。

三、绩效预算改革具有重要的理论和现实意义

绩效预算是政府预算制度发展到一定阶段，加强财政管理与提高公共资金有效性的客观选择，对于实现财政管理科学化精细化具有重要的理论和现实意义。

（一）建立公共财政框架，强化支出管理

公共财政要求政府支出必须体现公共性特征，支出的安排要严格限定在提供公共产品和服务的范围内。对拟安排的各个支出项目进行绩效评价，可以将各部门的职能与支出供给范围及规模紧密结合起来，真正解决公共资金供给中存在的“缺位”与“越位”问题，强化公共支出管理与控制。

（二）提高预算管理水平，促进预算管理改革

政府公共部门将其在年度内计划提供的公共产品和服务以及所需经费，分解成可以考评的、具体的、量化的公共支出绩效目标。财政年度结束后，比较分析各绩效目标的执行情况及最终完成情况，并将其作为确定下年度政府预算的重要依据。通过这样的绩效评价过程，可以促进各部门积极采取有效措施，使公共支出行为逐步规范化、科学化、精细化。

（三）提高财政资金使用效率，优化社会资源配置

通过建立公共支出绩效评价制度，可以对公共支出的科学性、投入风险、效益水平等方面进行综合评判，找出资金运行中的问题及形成原因，明确相关责任，有利于推动资金管理和使用部门建立起强有力的执法和监督机制，有利于财政稀缺资源的优化配置和较高水平的利用。

（四）提高地方政府决策水平，建立良好公共治理

通过将政府公共部门的支出绩效执行情况公之于众，社会公众可以对不同部门的工作绩效以及同一部门不同业务的绩效进行比较分析，有助于加强社会对公共支出的监督，促进政府提高决策水平，推进廉洁、高效政府的建设进程，增强政府的长远发展能力，建立良好的公共治理模式。

第二节　绩效评价指标体系和编制体系是财政管理精细化的体现

一、绩效指标选取与编制应“质”、“量”兼顾

绩效预算与传统预算的不同之处在于，它关注的不是政府的钱够不够花，怎么花，而是政府在这些地方花了钱之后，老百姓最终得到了什么？因此，绩效的衡量构成了政府绩效预算的基础，同时这也是在绩效预算管理中实施难度最大的一部分工作。过去，对政府部门的考核往往是以该机构完成了多少工作量为指标，如制定了多少规章制度、出差多少人次等，这样考核的常常是它们的“产出”，而对这些规章制度和出差的作用却不予过问。绩效预算要求从最终的目标出发，制定规章制度也好、出差也好，最后达到了什么效果。用通俗的话说，就是要为老百姓办实事，这是制定绩效指标所要遵循的最重要原则。如果没有达到什么效果，这些规章制度和出差不仅不是政府绩效，而恰恰是应该取缔的资源浪费。

美国爱荷华州曾出现过绩效评估非常失败的案例，该州某市有一条河，河上需要建一座桥，以解决交通拥堵的问题。但有关部门将建桥本身作为该预算项目的目标，并且从建桥的方便出发，将它设计在河流最狭窄的地段。桥建成了，交通拥堵的问题却没有得到很好的解决。在这个案例中，相关政府部门虽然很好地完成了“产出”，工作量完全符合要求，桥按时完工，质量也符合标准，但绩效评估却只得到很差的结果①。

---

① 无独有偶，澳大利亚的案例也能说明同样的道理。以职业培训为例，各国政府都比较重视对失业人员的职业培训，通常的做法是，政府自办或者委托其他机构对失业人员进行培训，财政按参加培训的人数进行拨款，但经常有人经过数次培训仍不能再就业。澳大利亚政府实行绩效预算后，改变了原来的做法，首先通过劳工部公开招标，选择一批信誉好的私营职业介绍所作为政府特约服务商，与其签订购买就业服务成果的协议。由他们对那些年龄偏大、缺乏专业技术的就职困难者提供培训、职业介绍等服务。每成功就业一个人，可以从政府领到相应的报酬。没有就业成功就不付酬。为了防止“水分”，他们还对“成功就业”制定了严格的标准，将服务费用分几次支付。从而使职业培训的工作效率大大提高，政府不再花冤枉钱，有效地减少了财政支出。

从这里可以看出，绩效考核在绩效预算中发挥着关键性作用，具体指标的设计应该包括“质”和“量”两部分。“质”就是我们通常所说的最终成果，表明这笔财政支出是用来做什么的，老百姓从政府的该项活动中能得到什么好处；“量”就是政府做这件事情的效率如何，这通常包括产出指标、效率指标和投入指标几个方面。产出指标是政府机构工作所产生的货物或服务的数量；效率指标是以单位成本、单位时间或与其他单位比较等表示的关于政府机构活动的生产率指标：投入指标是政府机构使用资源（主要是财政支出）的数量。总之，无论何种类型的标准，都要做到“质”“量”结合，达到有效性、可理解、时效性、正激励、唯一性、经济性、可控性与全面性等要求（如表9－1所示）。

表9－1　　　　绩效评价的标准及其要求

	标　准	内　容
1	有效性	是否评价了应该评价的内容？
2	可理解	评价能被政府官员和普通市民理解吗？
3	时效性	评价是及时的吗？
4	正激励	是否不鼓励与目标相悖的行为发生？
5	唯一性	是否揭示了绩效中其他评价没有揭示的重要方面？
6	经济性	评价成本是否低廉？
7	可控性	在多大程度上绩效能够被正在被评价的机构所控制？
8	全面性	绩效评价是否包含了组织功能的所有方面？

其中，有效性是判别绩效评价系统和数据质量的最关键因素。只有保证绩效评价的有效性，才能使绩效评价系统真正令人信服，才能得到准确的绩效评价结果，避免产生误导信息。

绩效评价标准的改进，就像政府预算绩效的改进一样，是一个不断探索和完善的过程。一方面要吸取先进的理论知识和实践经验，完善评价模型，不断优化评价方法和流程；另一方面，要在不断实践的过程中总结经验教训。另外，加强对公共支出绩效评价的元评价，是改进评价质量的有效方法。

所谓元评价，是对绩效评价主体、评价过程、评价结果的再评价，主要运用统计和其他方法来估计产生的偏差对评价结论的影响。这里所指的偏差并不局限于统计性质，评价主体的心理认知失当、对评价问题的理解错误、以及运用的评价模型及手段等因素，都是造成评价偏差的原因。元评价的客体就是原来的评价，原来的评价不只是评价结论，而是包括评价结构、评价过程、评价结论在内的系统评价。评价过程包括评价方案的设计、评价信息的获取、评价方法模型的选择等。因此，元评价是对评价的结构、过程、结论进行全面、系统的再评价，是修正评价结论、改进评价活动的过程。元评价的关注点是评价指标结构是否科学，评价实施过程是否规范，评价数据采集是否准确，评价主体的意见是否客观一致等。它的评价指标是信度和效度，可用某种相关系数来衡量。

二、绩效指标选取与编制一定要符合财政精细化管理理念

绩效指标的选取，被公认为是一个极其复杂的问题，是一项技术性非常强的精细化工作。因为政府的工作不像市场上的各项活动那样，都有直接的经济效益。政府活动的范围往往是那些市场失灵的领域，政府的投资也往往是那些社会需要，但短期很难见到经济效益的项目。因此在衡量财政支出的绩效时，常常除了借助于企业经常使用的"成本—效益"分析方法，还要考虑支出的短期效应和长期效应、支出的直接效应和间接效应等。美国的一些的做法，对我们很有借鉴意义。

在美国，公安是一个提供纯公共产品的部门，其工作性质使得业绩考核难度较大。加利福尼亚州某市对公安考核分成三大类：一是治安指标。将犯罪案件按性质和危害程度进行分类，规定了各类的犯罪率和破案率指标，如第一类犯罪率应当保持在同等规模城市中最低的25%的范围内，平均每人的物质损失不超过74.37美元等。二是交通安全指标。平均行车100万英里发生的车辆事故不超过3.42起。三是软指标。主要靠当地居民对警察服务满意程度的打分。上述三类指标的考核由审计和社会公证机关主持，议会进行监督。这些考核指标的选取，体现了公安部门对本地区社会治安的总体负责的思想，使公安的重点由原来的纯粹查案转变为依靠群众防止案件发生上。由于还要考核居民对警察服务满意程度，警风也有了很大变化，警民关系变得比以前融洽了。

环境卫生项目绩效评价指标的选取也很有启发意义。过去，美国对环

境部门考核的是工作量指标，即根据街道清洁需求、清扫前的街道清洁等级计算出总的工作量，这项指标由政府聘用的义务监督员来打分。实行绩效预算后，纽约市环卫机构对全市的6000多条街道进行了摸底，重新调整了方案，对那些不需经常清扫的街道，由每天打扫一次改为2~3天一次；对那些肮脏的街道进行重点整治，增加清扫次数。实行这些措施后，“肮脏的街道”的比例由原来的43%下降到4%。有近75%的街道被评为“清洁令人满意”。而环卫部门不仅没有增加人员，经费也比以前节约，环卫工人的收入也比以前提高了。

确定好了绩效指标之后，还需要结合绩效评估的标准，对获取的绩效信息作出进一步的判断。由于绩效指标一般是数量化的，其评估标准通常是一个数值范围，如果被评估者的绩效恰好在标准范围之内，说明它完成了预定的职责；如果被评估者的绩效表现超出标准的上限，则说明被评估者作出了超常的努力，绩效卓越；如果被评估者的绩效表现低于标准的下限，则表明被评估者存在绩效不佳的问题，需要进一步改进。

此外，绩效评估中还应特别注意一些关键问题。首先，应注意被评估者对数据的扭曲处理。应该承认有些政府服务即使考虑了各种因素，用以上方法仍然很难进行绩效衡量。如警察巡逻的绩效。它的直接成果是增加人们在街上行走或财产的安全程度，它的产出和效率是巡逻的人数、次数和巡逻里程，这些都很难作为绩效衡量的确切指标。于是，人们找到了三个替代指标：资源投入、服务水平、犯罪率。资源投入指标包括预算、支出和雇员的数量。服务水平指标包括巡逻的里程、罚款单的数量、作出反应的呼叫数量、逮捕数量和破获的犯罪数量。这些数据与警察巡逻的绩效比较接近，但有些指标在一定程度上处于被评估者的控制之下，很容易被扭曲。如警察机构可以通过增加逮捕的人数或者交通罚款单的数量来提高其“产出”。警察能够在周末晚上增加巡逻，逮捕更多的醉汉，以提高其服务水平。犯罪率指标同样可能使实际成果发生扭曲，当减少严重犯罪对他们有利时，警察就可能会尽量减轻案情，以达到较少的严重犯罪率；而当一个地方的犯罪率增高之后预算分配会增加时，警察就倾向于增加犯罪的严重程度。避免对数据进行扭曲处理，是制定绩效指标和进行绩效评估特别要注意的问题。

其次，还应注意避免绩效指标对工作产生误导。比如，基础研究的绩效评估。可以说，没有什么定量方法可以真正衡量基础研究的质和量。于是人们制定出一些参考指标，如发表论文、出版专著、发明专利的数量等，但实行的结果发现，这样的绩效评估不仅是徒劳的，而且是有害的。因为这样会迫使专家学者因更多地关注短期结果，反而不利于锐意创新；多追求表面成果，反而不愿将精力投入到那些需要长期默默无闻搞基础研究的领域。可见，绩效指标的误用会导致严重的负面效果。因此，美国国家科学基金的绩效指标与评估方法，在几经探索之后最终确定为主要采用定性的方法，如，是否在科学与工程学前沿领域支持了新发现、是否促进了科学发现与其应用相结合，等等，而不是制定数量化的指标。

三、建立健全财政支出绩效评价体系

绩效评价指标体系是反映预算绩效的特定概念和具体数值的度量衡，是衡量、监测和评价预算经济性、效率性和有效性，揭示预算缺陷与不足的重要量化手段。绩效评价指标体系是为衡量政府部门的生产与服务目标而设置的，在这些目标和机构的生产与服务产出之间发挥桥梁的作用。

按照社会统计学的分类标准，根据绩效评价指标的属性，可分为定量指标和定性指标两种。定量指标主要根据各有关部门工作中的客观记录采集，这些指标一般没有主观偏好，具有测评的客观性。定性指标则主要是在民意调查等工作的基础上进行分析，得出的结论带有公众的主观色彩。这两类指标及其细化，构成了政府预算绩效评价指标体系的一般框架（如图 9－1 所示）。

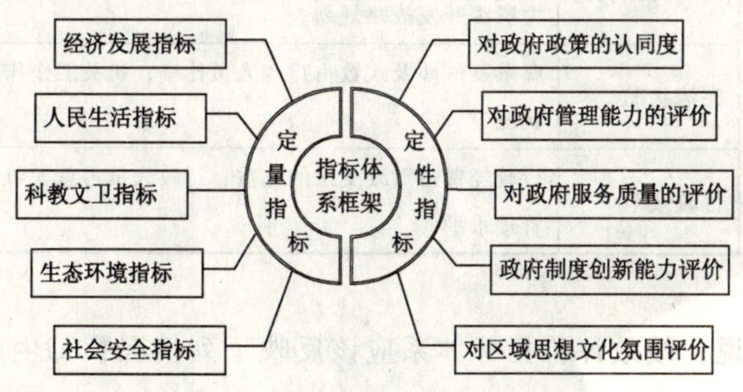

图 9－1 绩效评价指标体系框架图

根据我国的实际情况，绩效评价指标体系的建立必须遵循短期效长期效益相结合、定量与定性相结合、统一与专门指标相结合的原则。设置绩效评价指标体系的目标，就是形成一套完整的绩效评价的指标库，这种指标库的形成不仅需要理论上的探索和研究，更依赖于在实际中逐步完善和健全。绩效评价的层次，应按照政府预算项目分类的原则，分别建立不同层次、不同类别的绩效评价指标库。从指标的适用性角度考虑，各类指标均为通用指标、专用指标、补充指标和评议指标四种类型。无论是定量指标还是定性指标，都应由职能指标、影响指标和潜力指标等大类以及诸多分项指标组成（如表9－2所示）。

表9－2　　　　绩效评价指标体系设计示例

	一级指标	二级指标	三级指标
绩效指标体系	职能指标	经济调节	GDP增长率；城镇登记失业率；财政收支状况
		市场监管	法规的完善程度；执法状况；企业满意度
		社会管理	贫困人口占总人口比例；刑事案件发案率；生产和交通事故死亡率
		公共服务	基础设施建设；信息公开程度；公民满意度
		国有资产管理	国有企业资产保值增值率；其他国有资产占GDP的比重；国有企业实现利润增长率
	影响指标	经济	人均GDP；劳动生产率；外来投资占GDP比重
		社会	人均预期寿命；恩格尔系数；平均受教育程度
		人口与环境	环境与生态；非农业人口比重；人口自然增长率
	潜力指标	人力资源状况	行政人员中本科以上学历者所占比例；领导班子团队建设；人力资源开发战略规划
		廉洁状况	腐败案件涉及人数占行政人员比率；机关工作作风；公民评议状况
		行政效率	行政经费占财政支出的比重；行政人员占总人口的比重；信息管理水平

……评价指标体系应该反映下列情况：①生产量，即处……产率，指每人的平均产出单位，通过加权在可比的……型的工作；③成本，指单位平均成本，表示需要和运……④目标时间，指完成每一件事所需要的时间；⑤服务需

求，指产出的类型、频率和数量；⑥服务效应，表现为消费者需求的范围和价值；⑦结果，指期望结果的类型，时间的选择和机构目标全面设置的影响。

在此基础上，设计科学合理的绩效评价指标体系包括三个步骤：①设计通用指标，主要评价预算绩效的共性方面，它是每个评价对象都必须采用的指标，一般来说，通用指标最常用的有资金到位率、资金使用率和支出效果率三项指标。②根据预算项目类型的不同设置绩效指标，在确定具体评价对象后，通过了解、搜集相关资料、信息，结合评价对象不同特点和预算项目的特定目标来设置的特定的指标。绩效指标是评价公共支出绩效的核心指标，如经济建设支出指标、财政支农支出指标、财政教育支出指标、财政科技支出指标、财政文化体育支出指标、财政卫生支出指标、财政社会保障支出指标、政府采购支出指标、政府运转支出指标等。然后在这些大类一级绩效评价指标下，再根据不同的具体支出项目，相应设置具体的二级、三级、四级绩效评价指标。③根据实际需要进行个案选择和确定补充指标。补充指标是指根据绩效评价工作对象以及当时所处的社会、经济环境而设置的可选性指标，或者说备选指标。它一方面是根据国家对预算管理时效性较强的政策和要求设定的，另一方面是由具体评价机构结合具体评价项目的实际需要而进行个案选择和确定的。

此外，政府绩效预算的有效运行，需要建立健全相关管理制度，从根本上转变政府职能，完善公民参与机制，逐步构建完善政府绩效预算框架体系。

第三节　绩效评价专家引入机制是财政管理科学化的体现

一、绩效评价是一项技术性、专业性很强的工作

目前，我国很多地方的财政支出绩效评价工作仍处于探索阶段，抛开缺乏法律保障、评价范围窄、指标体系不健全、结果应用不理想等诸多具

体现实问题不讲，单从技术角度看，也面临着不少有待克服的困难。

从主体操作角度看，绩效预算管理是一个强大的信息系统，不仅要搜集大量基础数据，还要做大量细致、深入、繁琐的调查研究以及测算、分析、研究工作，涉及包括经济、管理、统计、社会、文化以及各个领域的专业知识，需要大量能开展各方面工作的复合型人才，目前这方面的专业人员非常匮乏。从客体的评价方法角度看，评价方法的科学性也严重制约着评价的结果及其应用，具体分析如下：

1. 成本—效益分析法，是将一定时期内项目的总成本与总效益进行对比分析的一种方法，通过多个预选方案进行成本效益分析，选择最优的支出方案。该方法更适合于项目层次的绩效评价，对以社会效益为主的支出项目不宜采用。

2. 标杆管理法。标杆管理最初应用于企业绩效评估，后被引入到地方政府绩效评估中来，西方国家应用标杆管理法成功进行地方政府绩效评估的范例当属美国的俄勒冈州。作为发展，将标杆管理与数据包络分析结合，在部门内部用数据包络分析找出有效决策单元后，与标杆单元结合，再用数据包络分析比较，选出有效决策单元，可以避免传统的部门绩效考评中考核权重的主观性。

3. 平衡计分卡，作为世界范围内被广泛讨论和应用的组织绩效管理方法，其产生、发展及在企业绩效和战略管理中的应用给了公共部门很多启示。

4. 统计方法，评价公共服务提供绩效不在于支出绝对额的多少，而在于其经济社会能否平衡、协调地发展。基于这种思想，可以运用现代统计方法，建立政府预算绩效综合评价指标体系，揭示政府预算在增强预算的资源配置效应、拉动经济增长和提高就业水平等方面发挥的重要作用。

5. 模糊数学法，以多项评估指标为基础，运用以模糊数学理论为基础的多级模糊综合评判法评估政府预算绩效，将定性的信息定量化，为地方政府计划、控制和决策提供分析工具。

因此，无论从主体角度看，还是从客体角度看，绩效评价都是一项技术性、专业性很强的工作，需要建立科学化的管理制度与引入专家评价机制。

二、建立绩效评价专家引入机制的必要性与重要意义

改善政府预算绩效管理的一个有效途径是引入专家评价机制。在绩效预算管理活动中，尤其是绩效评价指标的确定和评估方面，需要采取内外结合的办法。因为这是一项技术性非常强的工作，靠财政部门或仅靠本部门的工作人员都难以胜任，可以采取由专家讨论和评价的方法，专家应包括部门内部的专家和外部（如大学、社会科研单位）的专家，通过专家评价与自身评价的内外结合，最终形成科学合理的绩效指标。通过专家评价，可以消除政府自己评价自己可能导致的难以认真、客观地评价自己的弊端，取得公众的信任和好评。

1. 专家评价意味着专家可以以社会的主人和服务对象的角色对政府绩效提出要求，协助和监督政府机构对他们的开支负责、对他们的行动负责、对他们的承诺负责。这样的绩效管理不但能帮助政府以民众的需求目标为运作和努力导向，还能形成“鱼缸效应”，使政府运作像“玻璃缸里的金鱼”随时接受公众的监督。

2. 专家评价意味着要重新定位专家的作用，他们不仅仅是传统意义上的咨询顾问，而是政府的问题架构者。充当问题架构者的专家通过积极参与公共事务，帮助政府机构界定重要问题，提出解决方案，判断目的是否达成。

3. 专家评价意味着在绩效管理中引入“第三方介入”机制，通过专家的参与将事实（硬件资料数据）与价值取向（公民偏好）结合起来，增加指标体系的社会相关性，选择那些最需要监控又最能体现对公民负责的重要项目，以保证公共服务的提供机制符合公民的偏好。

总之，财政支出绩效评价活动的开展，依托于大专院校、科研机构、中介机构专家人员的力量，发挥其专业知识优势，通过细化专家分组，参与财政支出项目的绩效评估和审查，并对财政支出绩效评价项目提供咨询、策划和专业技术指导，便于监控评价过程，提升绩效评价结论的权威性。

三、绩效评价专家引入机制是实现财政管理科学化的有效方式

南海区的绩效预算工作从开展以来，每年迈出一大步，实现了从无到

有、从单一到全面、从简单到详尽，逐步走向科学化、常规化、制度化。从南海的经验来看，作为一项系统工程，绩效预算的成功实施离不开政府和社会各界的高度重视和大力支持，其中，借助外脑、引进咨询专家的模式是南海绩效预算取得成效的重要保障。把决策权交给专家，政策专家和技术专家两方面的有机结合实现了由领导个人“拍脑袋”决策，到专家集体决策的转变，全面提升了预算安排的科学性、客观性、合理性。

（一）邀请广东省财政厅财政科学研究所参与

从某种程度上讲，财政科研所在这次改革中起了主谋的作用，做了充分的前期理论研究工作，不但查阅国外有关绩效预算的资料，而且派员去国外考察，综合比较了美国、加拿大、澳大利亚等国的绩效预算制度后，有针对性地提出了适合中国国情的绩效预算改革方案，包括流程、评审工作方案、申报表、评估指标体系等。同时，南海区为了规避风险，把绩效预算的策划和执行评审工作也交给了财政研究所，自己不参与，为评审工作的公平性、公正性提供了前提条件。

（二）邀请专家参与评审

在评审阶段，邀请项目相关领域的技术专家和经济政策专家参与，如信息化项目，邀请信息领域专家做评委。技术专家和经济政策专家参与，使项目的可行性、资金预算的准确性、是否符合国家政策和地方发展战略、资金使用效益等，建立在专家认可的基础上。

以“项目立项、项目资金额度计算、项目排序”三大评审目标为导向，将评审专家分为技术专家和政策专家两大类，评审流程进一步完善为技术评审和政策评审两大步骤。技术评审主要是专家从技术可行性、可操作性进行评价，形成具体的项目技术评审意见，对技术不可行的项目将取消立项，并就同意技术立项的项目提出具体资金额度和计算依据。政策评审主要是按政策指标对建议技术立项项目进行打分和排序。

专家评价是南海区项目支出预算绩效管理的重要依托，目前南海区已经形成了专家库制度和评审会制度，建立了规范的专家库、评审会管理办法。专家库由区财政局统一建立，区财政局和镇（街）财政所共同使用，资源共享。目前，已建立了一支跨学科的100余人的专家队伍。在评审会制度建设方面，确立了“项目支出、项目资金额度计算、项目排序”三大评审目标，将评审专家分为技术专家和政策专家两大类。

专家引入机制的建立使得科学化的财政管理制度得以健全与完善，使得预算的配置更有效率。现在编制预算的流程是：人员经费标准化、公用经费公式化，50 万元以上的专项经费绩效化。专家评价采取专家个人评价与小组评价相结合的方式，评价重点紧紧围绕“项目立项、项目资金额度计算、项目排序”三方面，评价过程分为技术评价和政策评价两个阶段。技术专家负责评价项目的可行性和资金预算的准确性，政策专家按照“大事优先、绩效优先、民生优先”的原则，根据国家政策和地方发展战略、资金使用效益等评价标准，确定项目安排的先后顺序。

第四节　绩效预算讲求程序严谨、操作公开就是财政管理科学化、精细化

注重程序严谨与操作公开，是保障绩效预算改革成果有效性的重要基础。绩效预算由财政部门负责组织实施，并统一制定规章制度和评价体系，要求所有部门都必须遵循规定的程序来申报支出预算。单位申报后，由财政绩效评价部门进行形式初审，并转交各业务科室出具是否提交专家评价的意见。具体评价时高度注重评价公正，按规定的流程由评价专家独立进行，评价结果分为同意立项和不同意立项两类，基于此形成各类项目的优先排序结果和综合评价报告。其后，依据这些评价报告，由财政部门形成绩效预算总报告上报政府。建立完善这样一种程序严谨、操作公开的绩效预算制度，就是财政管理的科学化、精细化，意味着财政管理水平又上了一个台阶。

一、程序严谨、操作公开符合现代管理理论的要求

当代管理理论与管理实践相互促进，不断发展。20 世纪初，泰罗等人倡导科学管理，强调标准管理和管理流程控制。20 世纪 20 年代至 30 年代出现的行为科学理论，主张通过多种方式激励人的积极性。第二次世界大战后，根据科学管理理论而建立的管理制度强调流程的规范化和标准

化，同时注重发挥人的主观能动性和创造性，适应管理环境的变化，不断进行管理创新，提高管理质量和效率。

在吸收传统管理经验和借鉴国外先进管理理论的基础上，我国也形成了许多有价值的管理理论研究成果。比如，细节理论认为，细节决定成败，百分之一的疏忽可能导致百分之百的失败，成功来源于细节的积累。精细化管理理论认为，科学化精细化管理注重过程控制，体现于每一个管理环节，在持续改进中达到最优效果；注重绩效考核，明确责任，有奖有罚；注重成本管理，追求低成本、高效益。现代政府管理理论认为，公共管理与企业管理之间不存在本质区别，企业管理中要求的绩效管理、质量管理、目标管理、成本管理、结果控制等，公共管理都适用。财政部门作为政府的重要组成部分，实行科学化精细化管理，符合现代管理理论的要求。

“流程”已成为过去10年以来组织机构运营管理中最为流行的概念之一。在任何一个组织机构运营过程中，业务处理是通过各种各样的业务流程来贯穿和执行的。所谓流程一般是指一系列连续有规律的业务活动，这些业务活动以确定的方式发生或执行，导致特定结果的实现。对于财政业务而言，流程是否高效合理无疑非常关键。“财政业务流程”是指一组共同为履行财政职能、提供各项服务而开展业务活动所规定的程序与规范。合理的流程塑造需要适应既定辖区的政府管理体制与机制，这也是财政部门提供优质、高效服务的制度保障，在特定规则下，对流程的优化管理，可以增加各项业务的价值增值或价值创造，提高政府竞争力。

现代组织机构的运营管理，正从传统以职能分工为基础的管理，向以流程优化为中心的程序式管理方式转变。越来越多的组织机构管理者开始关注“流程”，并着手把业务运作中大类单项任务重新按照流程内在的结构关系优化整合起来，旨在建立协调紧凑、高效的流程化管理模式。财政管理业务流程再造，也是大势所趋。

在预算权力的制度安排上，大致有两种模式：一是集权模式，即在民众不知情、不参与的情况下由少数主管领导决策，在信息不公开、不透明的体制下由相关行为主体负责执行，最终的信息实现缺乏披露。这种情况下，信息只为少数人所知，只为少数人服务；二是民主模式，即在民众知情并广泛参与的情况下，经由公共选择机制决策，在信息公开、透明的体制下由相关行为主体负责执行，最终的信息实现可以按照相关法律法规及时充分披露。在这种情况下，民众可以更多地、更及时地了解政府预算的真面目，有助于保证预算官员和政府各部门在其合理合法的范围内行使好自己的职权。

从本质上看，财政是“聚众人之财，办众人之事”，政府预算所涉及的各类活动，都不是少数人随心所欲的私人活动，这些活动均需按照法律要求在阳光下进行公开操作。所以，引入权力变量的修正模型Ⅰ的政策性内涵是：政府预算活动的全部内容及其绩效，是相关权力分配及行使的直接结果，各类指标、统计数据、财务报告等信息是相关权力履行的具体体现，除少数机密者外，都应以官方文件形式对全社会公开，以便预算内容能为全社会成员所理解。根据前述信息与权力的关系，唯有信息公开、透明与及时披露，才能使得民众真正行使其所应享有的相关预算权力。

当前我国财政运行的整个社会背景在发生深刻的变化，突出的表现就是公众参与、公众决策的意识越来越强。公众参与税收决策、参与支出决策的意识异常浓烈，这和我国财政运行的基本条件是有关系的，从利改税以后，税收成为财政收入的主要来源，这就意味着财政和老百姓直接挂起钩，在这种情况下公众参与财政决策的意识自然会不断地强化。一如上调我国个人所得税起征点召开的听证会一样，实质上是这种形式所反映出来的公众参与财政决策意识的强化。

绩效预算体制所体现的理念与方法，能够有效克服我国公共财政透明性过低、公开性不够的问题。绩效预算首先体现了民主性原则。它做到了反映公民作为公共产品购买者的意愿，并实现公共支出与合理税收负担均衡，为预算的民主决策和监督提供制度保障。其次是规范性原则。预算过程必须遵循严格的法定程序。第三是完整性原则。评估结果应整理成为书面绩效报告应用于实际的行政管理中，以提高公共部门业绩、提高公共产品供给水平和公民满意度为最终目标。第四是公开性原则。公开性原则是民主化预算管理的延伸，它包括两个方面的内容：预算过程的公开性和内容的公开性，健全预算约束功能，使云里雾里的财政预算变成“阳光财政”。

二、绩效预算程序严谨、操作公开是实现财政科学化、精细化管理的保障

传统的财政预算分配制度是在计划经济体制基础上建立起来的，在当前市场经济日益成熟的条件下，其制度缺陷表现得越来越明显。

一是财政资金分配科学依据不足。传统的财政资金分配程序是单位报项目，财政部门对项目进行审核调整，再由政府部门审批后，财政下拨资金。在这些环节中都存在着博弈和“潜规则”，这种财政资金分配的不科学带来了政府决策的不科学，直接导致政府资源的浪费。

二是财政工作重点不够突出。财政部门把大量的时间和精力花在搞收入、搞分配上，忽视了对支出的管理，最终陷入收入增加了、支出膨胀了、分配却难做、管理变混乱的恶性循环中。

三是项目预算管理不规范，资金使用效益不高。对于资金使用单位来说，单位在预算立项时，瞄准的是争取财政资金，对立项的可行性缺乏论证，导致某些项目的综合效益不高，中途搁置或者中途转变用途，缺乏财政资金使用的自我约束机制，增加了反腐倡廉难度。

绩效预算是对传统财政分配制度的革命性变革，具体体现为财政资金分配流程的再造。南海区的绩效预算以结果为导向，在财政资金的分配和使用上充分考虑绩效的原则，从而有效地降低政府提供公共品的成本，提高了财政支出的效率。其实践的具体程序为：单位申报项目绩效预算→专家评审确定项目资金额度和排序→财政部门制定具体预算→政府部门批准→财政资金下拨→财政资金使用（绩效事中评价）→项目绩效评价→结果反馈→下年度预算分配依据。

绩效预算使财政资金分配依据从虚化的人为主观臆断落实到“绩效”这个实点，实现了由“人为分钱”到“制度分钱”的根本性转变，理顺了政府职能部门和财政部门的关系，缓解了部门间的矛盾，单位能否争取到资金，不在于领导个人，而在于项目本身的绩效性。在此流程基础上，南海区财政局将所有评价项目分为大额专项类、信息化类、基建工程类和设备购置及修缮类四大类，三年三大步，评审范围从单类支出扩展到覆盖全部财政专项资金，评审程度和评审指标体系规范性和科学性实现了全面提升。

1. 以信息化专项资金为试点，不断扩大参评项目和金额。作为全国信息化建设示范城市，南海区拥有较好的信息化基础。因此，从改革初期就以信息化专项资金为突破口，不断扩大评价项目范围。凡是申报金额在50万元以上（含50万元）的信息化项目和在100万元或以上的专项支出项目都纳入绩效预算评审范围。目前，南海区绩效预算已经覆盖了除人员经费、公用经费以外的全部财政专项资金。

2. 改进评价指标体系。在绩效预算指标体系中，将原有的“基本指标”和“绩效指标”逐步改进完善，分别设计了政策性指标体系和技术性指标体系，对项目的政策合规性和技术合理性进行评价，更加重视绩效。政策性指标体系主要包括项目合规性及必要性、项目合理性及可行性、项目绩效目标、项目实施的制度保障、以往年度绩效评价结果和申报材料质量六大类，每类又根据项目实际分别设计了具体指标。其中，在对绩效的考察方面，新增设了“上年度绩效评价结果”指标，将上年度本单位相关项目的绩效评价结果也作为评价的重要衡量要素。技术性指标体系是对项目技术绩效进行评价。在很多项目中，申报资金额度是否合理，需要专业技术指标的支撑。按照四大类评价项目特点分别设计的技术指标，主要包括申报材料真实性、项目技术可行性、项目可操作性三大类，每类又根据项目实际技术情况设计了具体指标。

3. 实行绩效预算信息化。南海区财政局已基本实现部门预算编制信息化，在绩效预算评审中，单位申报项目绩效预算、业务科审核、专家评审等也引入信息化管理，一方面提高单位填报的效率，节省人力、物力、财力，另一方面网上评审能够让专家更充分地看预算单位的申报材料，方便灵活安排时间，不必将所有专家集中。

三、推行绩效预算程序严谨、操作公开的主要成效

南海区通过绩效预算，优化了财政支出结构，提高了财政资金的使用效益，促使财政管理科学化、精细化水平全面提升和政府职能的转变，推进了公共财政政策决策机制创新。

1. 实现财政支出结构优化。南海区实行绩效预算后，切实做到了关系民生的重大事情和综合绩效好的项目能够得以优先考虑，加上支出后的绩效评价，从制度上保证了财政资金分配的科学性。

2. 有效缓解了财政支出压力。通过强化财政资金使用绩效，有效遏制了预算单位日益膨胀的资金需求。例如，2003年南海区各预算单位申报预算总额69亿元，但南海区财政当年的实际可支配的财力约44亿元，资金缺口达25亿元。推行绩效预算后，2007年度预算共申报项目286个，资金合计34亿元，专家评审同意安排项目126个，金额12亿元，砍掉项目160个，削减预算22亿元。

3. 实现财政资金管理水平跨越式发展。由于分配程序严格，引入专家决策机制，财政资金分配不再以博弈结果为依据，实现了政府“钱柜”透明化，公众对政府如何花钱、花钱的效果如何拥有更多知情权。绩效预算和事后绩效评价的推进，强化了财政资金事前、事中、事后的全过程监管，有效堵塞了财政资金的管理漏洞。

4. 促进预算单位建立用财的自我约束机制，强化了预算单位用财的绩效理念，真正实现从源头、制度上反腐倡廉。部门单位申请财政资金十分谨慎，不敢乱要钱，更不敢乱花钱，“绩效观念”取代了“要钱观念”，工作重点由原来的要钱转为用钱。通过财政综合改革，也有效堵塞了各部门单位财政预算以外的资金来源渠道，实现在源头上、以制度的手段防止腐败。

5. 促进政府职能和行政方式转型，为效能政府建设奠定坚实基础。绩效预算打破了传统意义上财政资金使用仅由财政部门负责的观念，促进了各部门“责任政府”理念的确立、职能的转变和行政效率的提高。南海区出台了首问负责制、限时办结制、责任追究制等各项行政管理制度；针对行政机关存在的“中间环节办事难”问题，切实做到限时审批，责任到人。

6. 推进了公共财政政策决策机制创新。绩效预算是实现财政政策决策科学化、机制化的有效手段，是公共财政政策决策机制的创新。科研部门的参与，科学的流程设计是绩效预算成功的基础，有助于实现“科学理财、专家理财”的目的，是财政分配科学化、民主化的前提和条件。监督权的应用使得专家评审过程被有效的控制和监督，进一步提高了财政决策的透明度。

下篇

如何建立中国式绩效预算

第十章 绩效预算制度体系

第一节 制度与绩效预算制度

建立中国式绩效预算制度是一个制度变迁和创新的过程，关于制度和制度变迁，新制度经济学提供了一个独特的理论视角。与传统经济学相比，它的独特性在于：首先，传统经济理论往往是在假定制度不变的条件下展开研究，而新制度经济学则把制度作为一个内生变量引入经济理论，在考察一国经济发展和经济增长的因素时，更加关注市场与政府规制的关系，突出制度分析、动态分析和整体分析；其次，它又在制度分析中沿用主流经济学的理论和分析方法，利用正统经济理论去分析制度的构成和运行，并去发现这些制度在经济体系运行中的地位和作用，大大拓展了主流经济学的理论框架和应用领域；最后，在政策建议上，认为应从制度或结构方面着手克服社会的“缺陷”，主张经济自由，反对国家干预。从某种意义上讲，制度经济学在本质上就是一种关于制度变革的理论，对制度及其变迁具有强大的解释力，本章主要运用新制度经济学的理论和方法研究中国式绩效预算制度的有关问题。

一、制度及其作用

诺斯在《经济史中的结构与变迁》中给出的制度定义为，“制度提供了人类相互影响的框架，它约束着人们的选择集，它们建立了构成一个社会，或更确切地说一种经济秩序的合作与竞争的关系”。在其另一部著作《制度、制度变迁与经济绩效》中，他把制度定义为“制度是一个社会的游戏规则，更规范地说，它们是为决定人们的相互关系而人为设定的一些制约。制度构造了人们在政治、社会或经济方面发生交换的激励结构，制度变迁则决定了社会演进的方式，因此，它是理解历史变迁的关键。”

日本新制度经济学家青木昌彦从博弈论的角度出发概括了其他人对制度的三种定义，并提出了自己的定义。他指出，制度有三种定义：一是把制度定义为博弈的参与者，尤其是组织；二是把制度定义为博弈的规则；三是把制度定义为博弈的均衡解。他本人倾向于第三种定义，但提出了修正意见，指出“制度是关于博弈如何进行的共有信念的一个自我维系系统。制度的本质是对均衡博弈路径显著和固定特征的一种浓缩性表征，该表征被相关域几乎所有参与人所感知，认为是与他们策略决策相关的。这样，制度就以一种自我实施的方式制约着参与人的策略互动，并反过来又被他们在连续变化的环境下的实际决策不断再生产出来”①。

美国经济学家舒尔茨指出，“我将一种制度定义为一种行为规则，这些规则涉及社会、政治及经济行为”。他对制度进行如下分类：①用于降低交易费用的制度（如货币，期货市场）。②用于影响生产要素的所有者之间配置风险的制度（如合约，分成制，合作社，公司，保险，公共社会安全计划）。③用于提供职能组织与个人收入流之间联系的制度（如财产，资历和劳动者的其他权利）。④用于确立公共品和服务的生产与分配的框架的制度（如高速公路，飞机场，学校和农业试验站）②。

根据以上关于制度定义的界定，可以看出：①制度与人的动机、行为有着内在的联系。从深层次看，历史上的任何制度，都是人的利益及其选择的结果。制度经济学家认为，要从现实中的人出发来研究制度。因为实际的人是在由现实制度所赋予的制约条件中活动的，人们的任何社会活动都离不开制度。如果没有制度的约束，那么人们追求效用最大化的结果，只能是社会的混乱或者低效率。②制度具有“公共品”的性质。制度作为一种行为规则，并不是针对某一个人的，历史上还没有一种制度是专为某一个人制定的，它是一种公共规则。与一般公共品相比，制度有两点不

① ［日］青木昌彦：《比较制度分析》，上海远东出版社，2001 年版，第 28 页。

② T. W. 舒尔茨：《制度与人的经济价值的不断提高》，科斯等：《财政权利与制度变迁》，上海三联书店 1994 年版。

同，一是一般公共品是有形的，而制度是无形的；二是具有一定的排他性，对大多数人有益的制度可能对少数人不利。③制度和组织是不同的。制度是一个社会的游戏规则，而组织是社会游戏的参与者。组织是一群人为了一定目标所组成的，是为了捕捉由制度所创造的机会。

新制度经济学认为，制度至关重要，它是决定一个社会经济绩效的最重要的因素。“制度对经济绩效的影响是无可非议的。不同时期经济绩效的差异受到制度演进方式的根本影响也是无可争议的”[①]。因为人们的交易行为总是在一定的制度安排下进行的，不同的制度结构和组织安排，对人们交易行为的影响是不同的，进而对于经济的运行绩效也会产生不同的影响。制度的功能主要可分为五个方面。

（一）降低交易成本

新制度经济学认为，如果存在交易费用，那么制度是重要的。交易费用包括衡量成本和实施成本。衡量成本是完全衡量有价值的属性的成本。实施成本是监督代理人的成本。制度在交易费用中的作用，主要体现在制度所提供的交换的结构，加上所用的技术决定了交易费用与转化费用。许多制度被制定出来的目的就是为了降低交易成本。

（二）为经济提供服务

著名经济学家 T. W. 舒尔茨认为，制度的功能就是为经济提供服务。每一种制度都有其特定的功能和经济价值，如货币制度的特性之一是提供便利；租赁、抵押贷款和期货可以提供一种使交易费用降低的合约；市场可以提供信息；保险公司可以提供共担风险等。

（三）为合作创造条件

传统经济学强调经济当事人之间的竞争，而忽略了合作。其实，竞争与合作是一对矛盾的统一体。制度从这个意义上讲，就是人们在社会分工与协作过程中经过多次博弈而达成的一系列契约的总和。制度的基本作用之一就是规范人们的相互关系，减少信息成本和不确定性，把阻碍合作得以进行的因素减少到最低限度，保证合作的顺利进行。

（四）提供激励机制

一定时期社会的总资源是有限的，如果一项制度安排能激励人们将资

① 诺斯：《制度、制度变迁与经济绩效》，上海三联书店，1994 年版。

源和努力更有效地配置于生产性活动，而不是再分配；它们所创造的是竞争性而不是垄断条件；它们增加机会，而不是限制机会；较多地进行有利于生产率提高的教育投资，这样就能促进经济增长，一个社会的经济绩效也就较好。

（五）有利于外部利益内部化

当某个人的行为所引起的个人成本不等于社会成本，个人收益不等于社会收益时，就产生外部性。外部性的存在导致个人成本小于社会成本的物品过度供给，而个人收益小于社会收益的物品供给不足，造成资源配置的低效。新制度经济学认为，通过建立排他性的产权制度和市场参与者之间的交易，能够提供一种有效的激励，实现外部性的内部化。

二、绩效预算制度

（一）绩效预算的涵义

随着新公共管理运动的兴起，绩效管理理念受到各国高度重视，为提高公共资源配置效率，各国纷纷进行了“以结果为导向”的绩效预算改革。绩效预算是与传统预算相区别的一种预算模式。一般认为，绩效预算是以结果为导向、以项目成本为衡量标准、以业绩评估为核心的一种预算制度。具体来说，绩效预算就是把增加资源分配与提高绩效紧密结合的预算管理制度。

这一涵义可以从三个层面上来理解：第一层面上绩效预算是一种新式预算理念，是在现有法律框架和政治程序下，利用预算追求财政管理效率、效果和有效性的理念；第二层面上绩效预算是一种模式，以实现财政资源宏观控制、优化财政资源结构配置、高效率和有效使用财政资源的目标为导向、以项目成本衡量为基础，以业绩评估为核心、以绩效分配为依据的一种预算模式；第三层面上，绩效预算是方法论的问题，即是多学科理论创新的制度载体，例如新公共管理学中管理上的适度分权、责任机制、结果为本、顾客导向和市场机制；政治学中的理性计划和渐进调整决策；经济学中减少委托代理关系和制度交易成本、合理利用利益主体的博弈关系、产权理论中的清晰产权激励等方法和工具，为实现第一层面的绩效预算理念和第二层面的模式提供支持，因此，第三层面可以说是工具、方法和手段的集合与创新。

（二）绩效预算的特征

绩效预算克服了传统预算编制方法的弊端，不仅是预算编制方法上的一种创新，更是政府管理理念上的一次革命。与传统预算相比，绩效预算具有如下特征：

1. 以结果为导向。

绩效预算强调的是“结果”，而不仅仅是支出部门的“产出”。“结果”与“产出”是有区别的，后者是指政府部门生产多少公共产品和服务，而前者则是指政府部门实现了某种目标，产出再多，但没有达到预期目标，都是无效率的。绩效预算强调预算资源分配与支出结果即绩效之间的有机联系，注重财政支出的有效性。在绩效预算模式下，相对于财政资金投入来说，财政部门更注重支出效果，对财政支出进行“追踪问效”；政府部门不仅关注其所提供的公共产品和服务的数量，更关注公共产品和服务的质量与效果；社会公众更加关注政府部门工作的成效以及政府提供公共服务的质量和水平，具有很强的对政府进行监督的意识。

2. 总量控制。

政策制定者一般只对支出目标和支出总量进行控制，并对支出方向进行大致的规定。在传统预算下，政策制定者一般先等各个支出部门提交预算请求，然后汇总形成总预算。而在绩效预算中，政策制定者事先设定了支出总额，因此，传统预算的形成一般是从下到上，绩效预算则是从上到下。为了实施目标和总额上的集中控制，许多国家，尤其是那些从宏观预算层面开始进行预算改革的国家，都致力于将预算过程和政策过程整合起来，并制定和实施一种滚动的多年期支出框架。

3. 可量化衡量。

与传统预算相比，绩效预算更加关注预算执行结果，对绩效目标及其完成情况进行分解、衡量及评价是实行绩效预算的重要步骤。绩效预算通过设立绩效指标体系，在财政资金使用的最终成果和资金使用效率等方面对绩效目标进行量化；同时，还设立了绩效标准，以便对部门绩效目标的实现情况进行比较、判断。

4. 管理者享有充分自主权。

传统预算管理方式侧重对投入的控制，往往条条框框约束部门管理者的具体活动。这种管理方式在一定程度上确保了资金使用的安全性，但部门管理者无法根据实际情况灵活安排资金，资金使用效果往往受到影响。绩效预算本质上是更加注重结果而非投入，为了确保目标的实现，有必要让最熟悉情况的管理者自己决定资源的配置。因此，赋予管理者充分的灵活性是绩效预算的又一显著特点。

5. 全面报告结果。

绩效预算要求对部门绩效目标的实现情况进行完整、全面的报告。绩效报告既是对绩效考评工作的总结，也是以后年度预算分配的重要依据。发达国家的绩效报告一般包括以下内容：部门的绩效目标、绩效指标、绩效考评标准以及绩效目标实现情况。如瑞典每个部门都需提出一个年度财务报告和年度绩效报告。澳大利亚的绩效报告体系包括月报、年中报告以及年度绩效报告。

（三）绩效预算的作用

1. 绩效预算可以提高财政资金的配置效率和使用效益。

绩效预算把国家及部门的长期战略和年度目标结合起来，并基于此来分配资源，提高了财政资源的宏观配置效率。绩效预算根据具体项目绩效目标所确定的优先次序来分配资金，把有限的财政资源用于绩效更突出的项目，提高了财政资源的微观配置效率。通过对项目绩效目标的确定、项目实施过程及结果的绩效考评能够提高项目规划设计的科学性和管理水平，提高财政资金的使用效益，从根本上提高公共服务水平。

2. 绩效预算可以提高公共支出使用及管理的透明度。

绩效预算管理中两个核心的思想就是责任与透明。从各国的实践来看，不论是预算编制环节的中长期财政框架、执行环节的绩效合同，还是强化市场信号，或者引入权责发生制会计，都在于提高公共支出使用及管理的透明度。对预算结果进行评价，也要求全面报告各部门的预算信息，包括长期规划、年度目标、项目的绩效目标、产出及结果等，在全面提高预算透明度的同时，便于各方面对预算进行更有效的监督。

3. 绩效预算有利于政府切实转变职能，改进工作作风，提高决策水平和管理效率。

在实行绩效预算框架下，政府部门获得的预算资金与其制定的业绩指标有着直接而紧密的联系，这就增强了政府部门使用预算资金的责任感，促使其不断提高管理水平。另外，绩效预算的主旨是用企业家精神改造政府，把居民看作顾客，要求政府的一切活动都要从满足顾客需求出发，因此，实行绩效预算，可以强化政府为公众服务的观念，使政府机关人员追求办事效果，使政府行政变得更加务实、有效。

三、绩效预算的制度基础

实施绩效预算是一项系统工程，它涉及到各项相关制度基础的建立与完善，包括公共部门报告制度，公共部门问责制度，以权责发生制为核算基础的政府会计制度等等。通过建立这些制度，从而实现预算执行过程中的有效监督，才能够对公共部门行为进行约束，进而保证预算执行的效率和预算支出的成果。

（一）公共部门报告制度

发达国家的经验表明，信息公开是保证政府高效率运作的前提条件之一。早在1966年，美国就制定了《信息公开法》，要求政府的一切活动必须公开，并且还有《政府阳光法》等法律相配套；法国在1978年制定了《行政文书公开法》；韩国在1996年制定了《公共机关情报公开法》；英国在2000年通过了《信息公开法》；日本也于2001年实施了《信息公开法》。现代民主政治的趋势是要求政府政务公开透明，实行公共部门报告制度是公开政府政务的有效手段，因此，公共部门报告制度作为绩效预算的制度基础显得十分必要。

公共部门报告制度是指为了防止政府的暗箱操作，保障社会成员的知情权、参政权及言论权，通过建立有关的法律法规，要求政府必须将其一定时期内的行为信息向公众公开的制度。公共部门报告包括政府（整体）报告、预算法案、财政报告、预算执行报告、部门报告和审计报告等。公共部门报告反映了财政透明度和受托责任的履行情况。通过报告合规性、透明度和受托责任方面的充分信息，公共部门报告为评估这些目标方面“政府做得怎样”提供了一个适当的手段①。公共部门报告制度是建立有效率的政府，加强政府与公众沟通的重要方式。

---

① 欧文汉：“政府报告制度：公共支出管理中的重要环节”，《经济研究参考》，2004年第12期。

对于公共部门报告，一般有如下要求：

首先，要针对不同的对象采取不同的报告形式。通常针对专业机构，如议会、审计监督机构都需要提供专业的部门报告，对公众需要提供一些通俗易懂的报告或大众读物。值得注意的是，提供给议会、审计监督机构的报告和公众阅读的报告在内容和形式上要求不一样，特别是给公众阅读的报告，不仅内容上要求绝对的真实，更重要的是要求能通俗易懂，方便群众对政府行为的监督。

其次，报告内容需要绝对的真实可靠。部门报告是考评一个部门每年绩效的重要信息，因此它在内容上很容易受到部门首长意志的影响。根据提高政府透明度的要求，报告内容不能受到任何外在因素的影响，更不能弄虚作假，否则报告就失去了实际意义。

最后，公共部门报告在公开程度上要放开。公共部门报告的公开程度与民主化程度、公众参政意识以及国家保密法规是紧密相连的，西方国家都经历了从部分人群可以阅读相关部门报告到普通公众也可以通过不同渠道获得政府部门报告的过程。因此，从某种程度上讲，公共部门报告制度的发展过程也是民主化程度不断提高和公众参政议政意识逐渐增强的过程。

公共部门报告制度与绩效预算有如下关系：

如前所述，绩效预算作为一种预算模式，体现着预算理念和预算过程的变化。它通过有目的的预算规划、行之有效的评价和激励约束机制，将政府责任、效率和公正以透明的方式表达出来，并不断加以改进。可见，绩效预算的概念中已经蕴含了要以透明的方式表达出政府职责完成情况和效率情况之意。因此，构建现代的公共部门报告制度是绩效预算的内在要求。

从绩效预算体系来看，它的体系基础——政府绩效管理，包含了政府各部门应该和可能做到什么、做到何种程度、什么时候完成等要求，这些要求的实施情况和监督都必须以公共部门报告制度为基础。公共部门报告制度可以让公众和有关机构及时了解政府行政行为，并参照政府部门的绩效目标，对部门行为进行有效监督。

从财政支出绩效考评体系来看，公共部门报告制度是保证支出绩效考评时效性及准确性的必然要求。财政支出绩效考评体系是绩效预算实施中的核心步骤。财政支出绩效考评通过将政府行为变为可衡量的绩效目标，从质和量上考察财政资金的使用状况。考评指标的设计和确定必须准确反映部门的实际工作特点。公共部门报告则为开展绩效考评提供了信息基础。

（二）公共部门问责制度

所谓“问责制度”，是指对政府及其官员的一切行为和后果都必须而且能够追究责任的制度，其实质是通过各种形式的责任约束，限制和规范政府权力和官员行为，最终达到监督政府的目的①。现代政治学理论认为，政治问责的积极程度与权力的腐败存在着一种明显的负相关：政治问责越积极，权力的纯洁度就越高，官员的政治责任心也就越强。可见，问责制度对加强政府绩效管理，防止腐败行为发生具有重要意义。

为了加强对行政权力的制约和监督，预防和惩处官员滥用权力和违法乱纪，许多国家都实行了部门问责制度，主要包括以下几方面内容②。

1. 明确问责的前提，划定政府部门职责。

明确部门及官员的职责是问责制度实施的重要前提。瑞典公共管理局把瑞典政府部门及其官员的责任划分为三类，即法律责任、政治责任和道德责任。法律责任又具体分为刑事责任、赔偿责任和纪律责任。政治责任主要是指民选官员应该对其政党及选民负责，内阁成员应该对议会负责。道德责任是指官员必须具备优秀的职业道德，严格自律，树立良好的形象。

在英国，根据布莱尔政府2001年通过的《部长级官员准则》，部长级官员需承担集体责任与个人责任，议会充当问责者的角色，刑事责任方面由司法部门处理。所谓集体责任，要求政府部长级官员必须恪守集体负责制的原则，不得透露政府内部的决策过程。所谓个人责任，包括三个方面，即决策错误、执行不力或执行过程中出现偏差，以及个人品行不端。

2. 建立完善的问责法律制度体系。

---

① 田科瑞：“盘点官员问责制：并非一问就灵，要完善需法制保障”，《北京日报》，2005年4月4日。

② 唐铁汉：“我国开展行政问责制的理论与实践”，《中国行政管理》，2007年第1期。

完善的问责法律制度体系是实行问责制度的保障。例如，法国建立了完善的行政司法体系，法国的行政法对行政行为、行政组织、治安、公共事业、责任和行政诉讼等都有具体的规范，既规定了行政权力机关的权力、行政活动的方式，也规定了对行政活动的损害后果应该承担的责任（包括行政机关的责任和公务员的责任）。在法国，官员的失职或以权谋私等行为，往往成为行政法的惩戒对象。如果发生重大事故，造成很大影响，则有关人员会被迫或自动下台。

美国国会在 1978 年通过《政府道德法案》，规定政府官员、国会议员和政府中某些雇员必须每年公开自己的财产状况，并且详细规定了对包括总统在内的高级政府官员所提出的指控进行调查的程序。

日本颁布的《国家公务员法》和《国家公务员伦理法》对国家公务员行为进行了约束和规范，《人事院规则》制定了对国家公务员违反《国家公务员伦理法》的处罚标准。

韩国对“事务职公务员”、其他各种公务员以及地方政府公务员的问责通过“惩戒”来实施。对公务员实行“惩戒”的法律依据分别是国会通过的《国家公务员法》和《地方公务员法》以及总统颁布的《公务员惩戒令》。

3. 设立专门机构来监督和保证问责制度的实行。

有力的组织机构是实行问责制度的基础，实行问责制度的国家政府一般都有专门的机构来监督和保证问责制度的实行。例如，瑞典对政府的监督主要通过议会进行，具体是通过监察专员办公室和宪法委员会来实施。监察专员办公室的监察范围包括法院及所有从中央到地方的行政机关及其官员，它接受来自机构和个人的投诉。监察专员根据投诉开展调查，如果发现某个机构或官员违反法律或有失职行为，监察专员将公布“提醒书”；而当某官员确有犯罪行为，监察专员可作为特别检察官对其进行法律起诉。宪法委员会则专门对内阁成员履行职责及处理政府事务进行审查。宪法委员会有权力检查内阁的所有文件和记录，包括涉及国家机密的特殊文件，而且每年都向议会提交相应报告。除议会外，瑞典政府也有自己的监察机构，如国家审计署审查国家机构、国有企业及国家经济部门的商业活动；政府设有与议会监察专员相对应的监察办公室。

法国于1993年通过了《反贪法》，并成立了跨部门的“预防贪污腐败中心”。该中心由高级法官及内政部、地方行政法庭、司法警察和税务部门的专家组成，定期组织对国家机关、公私企业监督人员的培训。此外，在法国还有公共生活透明委员会、审计法院、中央廉政署等民间或官方预防职务犯罪的机构。

美国政府和国会都设有监督部门，分别负责对政府各部门及其官员和国会议员的行为进行监督。美国政府专门成立了政府道德办公室，主要职责是保证《政府道德法案》的执行。国会设有政府责任办公室，帮助国会调查联邦政府部门的工作表现，预算经费的去向，政府项目是否达到了预期目标，是否向公众提供了良好的服务，等等。该机构还对政府的政策和项目情况进行评估和审计，对其违法或不当行为的指控进行调查，并提出法律决定和建议。另外，美国国会众参两院均设有道德委员会，负责对议员的行为进行监督。

4. 实行政务公开，发挥公众和传媒的监督作用。

发挥公众和传媒的监督作用、强调政务公开，是实行公共部门问责制度的重要基础。例如，瑞典在对2003年官员问责制度现状调查后强调，只有坚持政务公开，公众和传媒才能有效监督，问责制度才能真正生效。在法国2003年夏天的“热灾”中，医院和社会救助部门频频告急时，卫生总局依然上报说局面已经被控制，未能及时准确地向卫生部通报情况并采取有效措施。对此，法国新闻媒体及公众舆论形成强大的攻势，迫使法国卫生总局局长引咎辞职。

公共部门问责制度与绩效预算的关系：

一方面，公共部门问责制度是实行绩效预算的重要制度基础。按照公共部门问责制度的内容，政府与公共部门的行为，如果偏离了社会利益与公众利益，应该追究相关当事人及行政长官的责任。问责制度的建立与完善，就是把追究政府与公共部门失职行为制度化。问责制度可以从两个层面来理解，一是议会与公众对政府的问责制度。政府行为的过程与结果，必须代表并维护社会利益与公众利益。政府的决策行为，是议会与公众问责的重点。政府及政府职能需慎重决策，涉及公众切身利益的决策要公示并充分征求公众意见。政府行政长官及政府职能部门负责人，必须对政府决策行为承担责任，决策失误要引咎辞职。二是政府与公众对公共部门的问责制度。这些部门包括：提供公共产品与服务的部门、非政府性的行使管理权的法定机构、非营利性的经营机构等。政府应该监督公共部门的行为，使之达到社会利益与公共利益的要求，公共部门占用更多的资源，其低效率不仅浪费纳税人的钱，而且影响公众生活质量的提高，政府要通过问责制度推动公共部门提高效率。对于来自公众的对公共部门的投诉，政府必须回应并采取相应措施。建立公共部门问责制度与绩效预算的目标要求是一致的。绩效预算的实施要求在公共部门建立问责制度，监督公共部门的行为，以满足社会公众的利益要求。

另一方面，对公共部门问责是实行绩效预算的重要内容。实行绩效预算，可以对公共部门的行为结果作出客观评价，判断公共部门是否履行了应有的职能，是否承担起应有的责任，并能监督绩效合同履行情况，充分了解公共部门责任和结果的对应性，促使公共部门对结果负责。因此，对公共部门问责是实行绩效预算必不可少的组成部分。当然，绩效预算也要求在公共部门进行问责的同时实施激励，政府要合理建立绩效与激励之间的联系。

（三）权责发生制政府会计制度

1. 权责发生制的概念和类型划分。

会计在处理账务时，如何确认收入或费用，一般有两种标准：一种是收付实现制；另一种是权责发生制。

收付实现制是指：凡是在当期收到的收入和支出费用，不论是否属于当期，都作为当期的收入和费用处理。反之，即使收入取得或费用发生，但没有实际款项的收付，则不作为当期的收入或费用。

权责发生制是相对于收付实现制建立的一种收益核算方法，指凡是当期已经实现的收入和已经发生或应当负担的费用，不论款项是否收付，都应作为当期的收入或费用处理；凡是不属于当期的收入和费用，即使款项已经在当期收付，也不作为当期的收入和费用。

2. 权责发生制政府会计与权责发生制预算。

所谓权责发生制政府会计就是指以权责发生制为基础的政府会计计量和核算制度。目前国际上采用的权责发生制政府会计准则在很大程度上是参照私营部门的会计准则建立的。权责发生制政府会计的基本特征就是在政府经济活动的交易和事项发生时，而不是在现金实际收付时对交易和事项进行确认，权责发生制政府会计确认的会计要素有资产、负债、净资产/权益、收入和费用。权责发生制政府会计计量和核算侧重的是所有资产（而不仅仅是现金），但同时也包含了现金流量的所有信息。在西方国家预算会计的核算内容主要是政府预算资金的收支活动，政府会计的范围比预算会计更为广泛，还包括了那些并不反映为预算收支的政府资金运动。

与收付实现制相比，权责发生制政府会计可以在以下方面为使用者提供更为全面和准确的信息：①政府对所使用资源的受托责任的履行情况；②政府对其全部资产、负债的管理责任的履行情况；③政府如何筹资并满足其资金需求的情况；④政府筹集资金、偿还债务和履行义务的持续能力；⑤政府的财务状况及其变动情况；⑥政府在服务成本、效率、成果等方面的业绩情况。

预算是政府最主要的财务计划。收付实现制预算在收到和付出现金的同时记录收入和开支，而不考虑政府行为何时实现收入、耗费资源或增加负债。权责发生制预算在政府行为实现收入、耗费资源和增加负债的期间记录交易，而不考虑与之相关的现金是否已收到或已付出。由于政府预算中的成本信息会对决策者和管理者产生重要的激励作用，也由于应用权责发生制政府收入计量实务的困难性，目前各国收付实现制预算和权责发生制预算的差异更多在于预算成本的计量。所谓权责发生制预算，通常是指按照以权责发生制为基础的财务会计准则记录预算成本。两种预算的不同不仅仅是政府服务预算成本计量的技术差异，实际上反映了对预算的作用和功能的不同选择。

在政府会计和预算的改革过程中，一些国家进行了由收付实现制向完全的权责发生制的转变，也有很多国家在改革中根据本国的国情和财政管理的需要，部分地采用一些权责发生制的同时，保留了一定程度和范围的收付实现制做法，从而形成了多种收付实现制和修正的权责发生制模式，各种会计模式在政府管理方面满足目标的能力是不同的。

最普遍的收付实现制修正模式是在年度结束后的延长期内（例如一个月左右），账务保持未结账状态。这种修正模式的目的是克服一些可以觉察的、在收付实现制下遇到的由于时间选择而引起的现金流量差异问题，这些现金流量与当年支出有关，却直到年后发生。政府采用这种修正的收付实现制的一个原因是，它允许在特定的财务年度将拨出的款项作为该年度的支出，而不考虑它延期才支出的事实。修正的收付实现制的另一种形式是政府对某些项目提供附加披露信息，这些项目正常情况下是应在权责发生制下确认的。例如单独披露表现为应收款和应付款，但随后在延长期内收到或支付的各类现金余额项目、各种金融资产和负债等。

最常见的权责发生制修正模式是对确认资产和负债的范围作出限制，例如对所有金融资产在购置时确认为费用；按权责发生制确认某些非金融资产，但对国防基础设施和文化资产在取得或建造时确认为费用；只确认短期金融资产和负债；确认所有负债但不含养老金负债等。限制范围的原因在于这些资产和负债的确认存在技术上的困难，计量成本过高、或对政府管理与政策的影响不大，采用修正的权责发生制既可以避免收付实现制的弊病，也可以降低改革的难度。

权责发生制的财务会计与权责发生制的预算之间存在差异。预算是未来导向的，财务报告是通过财务状况和业绩对一个实体的交易和事件的后果进行回顾性的描述。实际上，只有新西兰和澳大利亚同时在财务报告和预算中采用权责发生制。

3. 权责发生制政府会计与绩效预算。

权责发生制政府会计制度不只是一种孤立的技术方法，而是公共管理领域全面改革的一部分，是绩效预算的重要制度基础。实行权责发生制政府会计制度，使预算收支确认标准的重点从投入转向结果，一些长期项目和或有债务信息得到了反映。通过对部门提供的产品和服务与成本和费用进行配比，使政府的业绩更加透明化，政府预算更加完整、可信，有利于广大纳税人及社会公众考评政府部门履行职能的状况及其工作效率。能够帮助政府发现在公共支出中的高成本、低效率等问题，及时采取降低成本、提高效率的措施，加强预算成本计量，提高资金使用效率，从而为实施绩效导向的预算管理模式奠定良好的基础。

另外，权责发生制提高了预算信息的完整性和有用性，提高了预算报告的一致性和可靠性，利于政府制定长期政策。在政府预算会计中引入权责发生制，也是明确政府部门承担相应责任，形成激励与约束机制的需要。

第二节 绩效预算制度体系的构成

一、绩效预算制度的类型

（一）按组成部分的性质划分

新制度经济学认为，制度是由社会认可的非正式制度、正式制度及其实施机制构成的。

1. 非正式制度。

林毅夫这样定义非正式制度，“在这种制度安排中规则的变动和修改纯粹由个人完成，它用不着也不可能由群体行动完成。最初，个别创新者将被其他人认为是违犯了现行规则。只有当这个社会中的大多数人放弃了原来的制度安排并接受新制度安排时，制度安排才发生变换”[①]。一般说来，非正式制度可分为对正式制度的扩展、细化和限制，社会公认的行为规则和内部实施的行为规则，主要包括价值信念、伦理规范、道德观念、风俗习惯和意识形态等。在非正式制度中，意识形态处于核心地位。

2. 正式制度。

林毅夫所理解的正式制度是，“在这种制度安排中制度的变动或修改，需要得到其行为受这一制度安排管束的一群（个）人的准许。也就是说，无异议是一个自发的、正式的制度安排变迁的前提条件。因此，正式的制度安排变迁，需要创新者花时间、花精力去组织、谈判并得到这群（个）人的一致性意见”[②]。诺斯认为，“正规规则包括政治（及司法）规则、经济规则和合约。这些规则可以作如下排序：从宪法到成文法与普通法，再到明确的细则，最终到确定制约的单个合约；从一般规则到特定说明书”。

① 林毅夫：《关于制度变迁的经济学理论：诱致性变迁与强制性变迁》，刘守英等编：《财政权利与制度变迁》，上海三联书店，上海人民出版社，1994 年版。

② 同上。

3. 实施机制。

判断一个国家的制度是否有效，除了看这个国家的正式制度与非正式制度是否完善以外，更主要的是看这个国家制度的实施机制是否健全。离开了实施机制，那么任何制度尤其是正式制度就形同虚设。实施方式是造成历史上的停滞和当代第三世界发展不足的主要原因。

在新制度经济学看来，经济活动中的交换品具有许多有价值的特征，衡量成本很高，实施不可能自动进行，欺骗、违约行为会阻碍复杂交换的出现，因此必须建立制度为合作者提供足够的信息，监测对契约的偏离，通过强制性的措施保证契约的实施。在现实生活中，制度实施机制的主体一般都是国家。

与上述类型划分相适应，绩效预算制度也包括正式制度、非正式制度和实施机制三种类型。所谓正式制度，是指规范和约束绩效预算管理和运行的各种规则，具体包括三个层次的制度，第一层次是全国人大和国务院制定的有关绩效预算的法律法规，在绩效预算管理过程中发挥着最根本和最广泛的作用，具有很强的约束力；第二层次是部门规章，即负责绩效预算的主管部门制定的，各部门统一执行的规章制度和规范性文件，这些规章体现了法律法规在预算管理中的具体化；第三层次是绩效预算管理的具体规定，包括预算格式、报表体系的设计及填报要求、信息系统的建设和管理等，这一层次的制度更多地体现为对具体工作的规范。

所谓非正式绩效预算制度是与正式制度相伴的思想认识、道德观念、行为准则等，既包括全社会的绩效理念、绩效文化、绩效思想等，也包括个人对绩效理念和绩效制度的认识以及接受与否。如果能在全社会形成重视结果的绩效文化，绝大多数的社会成员理解和接受绩效理念，那么绩效管理的各项制度就会得到比较好的实施，否则正式制度在很大程度上就会成为一纸空文。

所谓实施机制，就绩效预算而言，就是通过绩效报告、绩效评价和问责制等来保证绩效预算落到实处。从实施的主体看，应包括三个方面：一是立法机关对预算的审查和监督；二是审计部门对预算执行情况和执行结果的监督；三是财政部门从预算编制和绩效评价等方面所进行的管理。

（二）按制度所处的地位和作用划分

上述的制度构成是按制度各组成部分的性质来划分的，此外，制度还可以划分为三种类型：一是宪法秩序。宪法是用以界定国家的产权和控制的基本结构，它包括确立生产、交换和分配的一整套政治、社会和法律的基本规则，它为集体的选择确立原则，从而是制定规则的规则。二是制度安排。这是在宪法秩序下约束特定行为模式和关系、界定交换条件的一系列具体的操作规则，它包括成文法、习惯法和自愿性契约。三是行为的伦理道德规范。它来源于人们对现实的理解和意识形态，是与对现实契约关系的正义或公平的判断相连的，它对于赋予宪法秩序和制度安排的合法性是至关重要的。

按照这一分类，绩效预算制度属于制度安排的范畴，就其内部而言，也分为三个层面：第一个层面是绩效预算法律法规；第二个层面是部门规章；第三个层面是规范性文件。此外，还有与此相联的属于非正式制度范畴的绩效文化、绩效观念等。

二、绩效预算制度体系

为了理论阐述的方便，诺斯与戴维斯在他们合著的《制度变迁与美国经济增长》中，作出了制度环境与制度安排的区分。制度环境被定义为“一系列用来确立生产、交换与分配的基本的政治、社会与法律规则”，如支配选举、产权与合约权利的规则。制度安排则是“支配经济单位之间可能合作与竞争方式的规则”。它可能是正式的或非正式的，可能只包括单个人，也可能是一批自愿合作者，或政府性安排。一个社会的制度环境对制度安排起着决定性作用，制度环境给出了形成各种制度安排的约束。与制度环境相比，制度安排更接近于“制度”一词通常所使用的涵义。

从各国的实践看，各个国家政治体制、历史传统的不同，绩效预算制度体系也各有特点，并没有一个统一的体系模式。绩效预算是绩效管理的重要组成部分，从这一意义上讲，先有绩效管理，后有绩效预算，绩效管理是绩效预算的基础。综合理论研究和各国的实践情况，较为完善的绩效预算制度体系由三个层面的制度构成：一是绩效管理制度，这是绩效预算制度的基础；二是预算管理制度，这是绩效预算制度的核心；三是配套制度，这是有效发挥绩效预算制度所必需的外部条件。

(一) 绩效预算的制度环境

政府绩效管理强调以成本计算来看待政府绩效。在履行特定的政府职能方面，最少的成本或者给定成本对较高水平的工作和经济收益是效率的尺度。这种理论已经把注意力转移到公共部门中制度安排与经济绩效关系方面，根据其产出或结果是否符合效率标准或者其他绩效尺度来评估政府工作。以此为基础，政府绩效管理运动主要包括下述内容和改革措施：

1. 重新定位政府与市场的关系，界定公共领域。

从政府与市场的两分法到一体运行。公共领域过于庞大是其整体效率低下的基本原因。本来，按照公共选择理论的逻辑已经得出了“根本不存在公共利益”的结论。但公共选择理论没有将其进一步导向无政府主义，而是将政府较市场更易于失灵在理论上保留下来，并同古典经济学一样主张将政府规模限制在尽可能小的范围之内。缩小公共领域必然有利于提高其运行绩效，它也是其他政府绩效管理措施的基础。缩小公共领域的方法包括公营部门的私有化、缩减政府机构和人员的规模、将一切可能的公共服务转向私营机构购买等等。

2. 打破政府公共产品生产的垄断性地位，建立公共产品市场，在公共产品提供中引入竞争机制。

要在必要的由政府和其他公共机构进行的公共产品生产领域引入实质性竞争。英国引人注目的举措是建立代理人市场，让公共服务生产机构的经理职位向全社会开放，实行招标式竞争，并吸引私营机构管理人员通过择优录用加入。美国则在开展公对私的竞争和公对公的竞争方面作了有益的实验，例如给学生发放政府教育券让学生选择学校，从而造成学校之间的竞争；将城市服务工作的费用、效率和效果同其他城市进行比较以增强竞争意识；政府系统内部的印刷、会计、采购、车辆、维修等自我服务也向不同的供应者开放以增加选择，从而实现质优价廉，等等。

3. 广泛进行绩效评估。

由于政府和其他公共部门要面向市场，成本——收益的计算或者说价格机制就要发挥重要作用，而价格机制发挥作用的前提是对政府部门和公务员的工作能力和实绩进行比较准确的评估。因此，在政府绩效管理的各项努力中，评估是一个至关重要的环节和必须广泛运用的行政管理技术。英国政府为了体现与传统管理体制的分离，用绩效评估代替一般性的政策分析、早在1981年就取消了公务员部，将其职能划归财政部和内阁办公室。同时，中央政策评论部也在1983年被取消，代之以效率小组。

由于评估是一项工作量大、费时耗力且关乎重大的事情，特别要追求真实准确性和公正性，所以必须采取多种切实可行的办法。首先要设立大量具有可比性、可测量性和可计算性的绩效指标；其次要进行专门的评估组织活动；再次对评估结果进行审计。这样，政府一方面要建立大量专职机构，例如英国1984年设立了专门的国家审计办公室等机构，另一方面还要启用大量私人管理顾问来对公共管理进行评估。英国在医疗、科学、教育、技术、环境和监狱等公共服务领域广泛进行的绩效评估，导致出现"审计爆炸"现象。由此，改革被称为在"创造一个评估性国家"①。

4. 按绩效化要求对政府组织结构和公务员管理体系进行调整。

政府组织结构的一个最重要调整是将决策和执行机构分开，政府的各个机关是该职能部门的决策机构，而将传统业务中的一大部分划入决策执行机构，称为执行局，专门就行政执行向决策机构负责。这种组织模式在荷兰和美国早已存在，不过欧洲和澳洲国家正式采用它是在赋予其新的改革意义的条件下进行的。这一过程称为执行局化。执行局独立行动权力大大增加，但要定期接受绩效考评，并在竞争中面临被淘汰的压力，执行局化使传统公务员制度遭到重大冲击。首先，它们的身份界限模糊化起来，处于是否公务员的变动之中。其次，等级工资制被绩效工资制替代。再次，它们要在绩效评估中确定自己的位置和身价。

（二）绩效预算的制度安排

与其他预算模式相比，绩效预算最大的特点，一是在正常的预算管理工作中增加了绩效管理的内容，二是在传统的预算编制和执行之外增加了绩效评价的环节，因此，从制度安排的角度看，它也包括绩效预算编制制度、执行制度和评价制度。

1. 预算编制制度。

绩效预算采用面向结果的预算编制模式，它更多地体现为一种分散型的管理体制，它强调按总额控制预算，赋予部门更多的自主权，对预算的

① 张梦中、杰夫·斯特劳斯曼："美国联邦政府的改革剖析"，《中国行政管理》，1999年第6期，第43~45页。

评价也是按部门来进行。绩效预算编制制度的主要内容：

一是控制公共支出总额。考虑到公共资源的有限性和预算需求的无限性，绩效预算体系把控制公共支出总额作为首要目标。如果不对财政支出的总额设定限度，受不到约束的需求将导致长期的高赤字以及税收和公共支出占国内生产总值比率的累进上升。财政总额控制要求支出总额在预算编制之前就确定下来，并且不受其他因素干扰。财政支出总额属于硬性规定，不只在预算编制阶段，而是在整个预算年度都必须强制执行。另外，预算总额必须能够通过滚动计划或手段维持到中长期的时间跨度。从更广泛的意义上说，要保持财政总额控制就必须强制执行财政纪律，不能随意增加收入或追加支出的限额，实现这一目标的方法是按比例将支出总额限定为国内生产总值的一定比例；另一种方法是设定支出总额的绝对限额；第三种方法是详细说明支出与上年额度或与基准水平相比被允许增加的最大额。

二是实施中期预算框架。采用中期预算框架是绩效预算的一个重要特征。中期预算框架的主要好处：一是明确了中期可操作的财政目标，预算项目具有稳定性和可靠性，项目虽然跨年度，但政策目标稳定，项目也有稳定的预算安排。二是便于支出管理者制订更好的计划，这也是中期预算优于年度预算的重要原因，在中期预算框架中，支出管理者可以更好地对跨年度项目作出计划安排。

实施中期预算框架，第一，要预测未来 3 ~ 5 年的财政收入和支出，确定可供分配的资源总额；第二，要确定部门的目标、产出和活动，安排项目并按优先性进行排序；第三，政府根据财政部门提出的支出规划，按照财力和部门间优先次序，在部门间进行中期的资源配置，确定未来 3 年部门的预算最高限额；第四，各部门在预算限额内调整预算安排；第五，修改后的部门预算由财政部再次审核，然后提交给政府和议会最后通过。

建立中期预算框架有三个要素：一是预算详细程度，它应该包含所有的部门和所有的支出种类；二是时间跨度，多数国家采取 3 年计划，但也有一些国家采取 5 年或更长的时间跨度；三是对年度间预算变化的调整，采取变动滚动式或滑动式计划，也就是说每当能够获得关于外部环境和经济运行的新情况时，就根据新情况作修改。

三是优化资源配置。在绩效预算编制中，优化资源配置主要体现在两个层面：一个是政府层面的分配效率，政府根据支出总额和部门间优先性的顺序，确定各部门的支出限额，在预算编制前通知部门，各部门的预算安排必须控制在限额之内，在这一层面，政府因不再过多关注部门内部的具体支出安排而提高了宏观资源配置效率；另一个是部门内部的资源配置，绩效预算编制赋予部门更多的权力，可以在限额内分配本部门资源，在允许的范围内可以调整预算安排，并且通过绩效评价约束部门的分配行为，使之与政府的政策目标相吻合，从而提高了微观资源分配效率。为提高资源配置效率，绩效预算还在项目与政府优先级之间建立联系，项目按优先级排序并分配资源，使项目设置与战略、目标和结果相一致。

2. 绩效预算执行制度。

绩效预算执行中采用管理责任模式对支出进行控制，即把资源的控制权和对结果的责任全都下放给部门内的具体单位，将控制的重点从投入转向了产出和结果，从部门购买什么转向了它们生产什么以及效果如何，通过赋予部门享有广泛的决策权来加强管理责任。与其权利对等的是管理者对工作业绩负责。绩效预算执行制度包括：

一是在绩效预算执行中引入绩效合同。从实施绩效预算国家的情况看，绩效合同应用在三个层面：①政府与部门签订的绩效合同。通过该合同，确定了各政府部门的产出和绩效任务，即各政府部门要实现的目标、完成的任务，并用量化的指标加以说明。②部门与执行机构签订的绩效合同。该合同明确各机构必须达到的产出和结果。③部门管理者与下属签订的绩效合同。该合同明确部门内部各机构负责人的工作内容、程序、目标等等，个人薪水和升迁等取决于绩效合同完成情况。

二是引入竞争机制，实行政府采购制度。市场信号在提高公共支出有效性方面起到重要的作用，竞争可以降低成本，增加效率。因此，引进竞争机制，强化市场信号，通过在供给和需求方面发挥作用可以显著地提高预算执行效率以及有效性。许多 OECD 国家越来越依赖于协议和竞争性招标来提供低成本的公共服务。竞争性招标最主要的方式就是政府采购。实行绩效预算的各国普遍通过制定政府采购法律，设立专门负责该项业务的管理机构，制定一系列采购原则，采取招投标采购方式，加强政府采购人员培训和信息化建设等方式，逐步建立并完善了政府采购制度。

三是建立国库集中收付制度，加强政府资源控制。实行绩效预算的一个重要前提就是要将所有现金都纳入国库管理，并能够对资金使用情况进行有效监督。国库集中收付是通过建立国库单一账户，规范财政资金收入和支付运行机制，进而提高预算执行的透明度以及资金运行效率的财政管理活动。国库集中收付制度是市场经济国家普遍采用的国库管理制度，国际上的基本做法：财政部门统一开设国库单一账户，预算单位所有财政资金收付活动都要通过国库单一账户办理。建立收付直达的资金缴拨方式，税收和非税收入直接缴入国库单一账户，支出由国库单一账户直接支付给商品和劳务供应者或用款单位。

3. 绩效预算评价制度。

绩效预算评价制度是由一系列相互联系的制度构成的有机体系，通过这一体系使绩效预算制度得以有效实施，一般而言，这一体系包括：一是年度绩效计划。年度绩效计划通常在编制年度预算时根据部门的战略目标确立，详细阐述部门在特定年度内拟提供的公共服务数量和水平，包括以结果为导向的绩效目标，实现绩效目标需开展的详细活动和需动用的资源，衡量绩效目标的具体指标等。年度绩效计划通常需提交给内阁或者国会通过，以作为将来对该部门或项目进行绩效评价的依据。二是绩效报告制度。这一制度要求各部门管理者定期或者不定期提交绩效报告，通过绩效指标详细描述绩效目标的完成程度。这一方面有利于部门管理者了解工作进展情况，据以改进工作，另一方面有利于独立机构或者公众进行绩效评价。三是绩效评估信息的审核与评价制度。全面审核每一阶段的绩效信息或资料是保证绩效评价质量的基础，这项工作通常是由专门的机构来进行。审核意见包括信息的准确性和完整性，但不包括指标的适当和有效性。四是绩效结果的反馈和应用制度。对绩效进行比较和对结果进行评价是绩效评价的关键步骤。可以在三个方面进行这种比较分析：①使用绩效评估信息检验组织是否达到原先设定的目标。②利用绩效信息来进行绩效预算的操作。③在组织和个人层面上，利用绩效评估的信息对个人和组织进行绩效激励。对于不同的利益相关者，绩效评价结果产生的作用不同：对于部门管理者，绩效评价结果有利于其了解公众的偏好以及自身工作存在的不足，据以加强预算管理、提高管理效率；对于财政部门，绩效评价结果是调整以后年度预算分配的重要依据；对于个人，评价结果影响其经济利益和事业发展。

第三节　我国绩效预算制度建设的路径选择

一、绩效预算制度的构建是制度变迁的过程

新制度经济学的制度变迁理论认为，制度变迁的原因是为了追求在现行制度框架下无法得到的潜在收益，其方式主要是通过制度创新，降低制度的交易成本来实现，制度变迁受制度供给和制度需求因素的影响，但只有在制度变迁的收益超过成本时才可能发生。制度包括正式规则、非正式规则和实施三部分，制度变迁的过程就是上述三部分不断变迁的过程。建立绩效预算制度就是“以结果为导向的预算”替代传统的“以投入为主的预算”，既涉及法律法规和各项规章制度的修订，也涉及思想观念和行为方式的转变，是制度替代和创新的过程，也要遵循制度变迁的基本特点、方式和规律。

二、绩效预算制度确立的步骤

绩效预算是政府绩效管理中的一个重要内容和环节，其全面改革和推进必须根植于政府绩效管理的土壤中。因此，政府绩效管理改革是绩效预算改革的制度基础和平台。按照国际货币组织绩效专家戴梦德的观点，建立绩效管理体系，应该有如下六个步骤①。

步骤一：改善项目和目标定义。绩效预算中的绩效评价是战略性的绩效管理框架中的一部分，其中首要的就是目标的定义，如果没有良好的目标定义，绩效评价就会失去意义。对于发展中国家实施绩效管理之前，首先要做的事情就是定义部门、单位和项目目标。项目的定义各个国家之间差别较大，但良好的项目定义有助于明晰责任，提高效率和便于评价。我国应该在现有项目的基础上，根据国家战略和部门目标来进行项目定义，

---

① Jack Diamond, “Establishing a Performance Management Framework for Government ”, IMF Working Paper, WP/2005/50, P23.

以增加项目与目标及战略之间的联系。

步骤二：在预算投入和项目结果之间建立紧密联系。项目结果与预算投入之间建立联系，有助于单位增加结果的有效性。从绩效评价和预算分配之间的关系来看，绩效评价分为两类：一种是绩效评价和预算分配之间没有直接联系，美国、荷兰、澳大利亚等国家采用这种类型，该种模式赋予政府部门更多的自主执行权和灵活性；另外一种是绩效评价与预算分配之间有着直接的联系，新西兰采用的就是这种模式，在此种模式下，政府各部门被赋予更多的责任[①]。根据实际，我国应该在预算投入和项目结果之间建立紧密联系。美国等在公共行政管理中是强调责任的国家，责任意识和责任观念很重，因此，在实际预算分配中没有考虑实际项目结果有其一定的合理性，但对于实行完全的绩效预算来说也不是好的选择。

步骤三：建立相关绩效信息指标。如前所述，绩效信息搜集和分析是绩效评价中重要的一个环节。在预算投入和项目结果之间建立联系后，为了评价绩效就必须评价项目绩效，因此，绩效信息搜集就显得相当重要。绩效评价与绩效目标有清晰关联，从效率、有效性和服务质量方面评价绩效，必须使用可行、精确并且成本最小的方法。绩效信息体系中尽可能建立核心绩效信息，并最小化绩效管理成本，确保绩效信息对机构和投资者具备相关性和可理解性；绩效信息的合适性应该持续评估，其中合适性包括：信息相关性、信息成本、信息价值和信息的有用性。

步骤四：在持续性的基础上提供绩效信息。建立相关绩效信息后，机构和组织应该持续性地提供信息，为绩效改善建立基础。绩效信息如果出现间断和缺失，就无法在一致性的基础上来评价绩效。

步骤五：为管理者提供使用绩效信息的激励。世界银行建立绩效评价的步骤中，也阐述了建立绩效信息激励机制的重要性。使用绩效信息来加强责任、改善管理和节约财政资金，必须给管理者以激励，在绩效结果和预算投入之间建立联系的情况下，必须与部门的管理者共享预算“红利”。

步骤六：开发项目管理的监管系统。建立绩效信息体系后，要为管理者使用绩效信息提供激励。作为预算项目的管理者享有充分的自主权，但

---

① 财政部预算司：“绩效预算国际研讨会观点综述”，《预算管理与会计》，2004 年 11 月。

对项目的监管也是必要的。因此，各国在建立绩效信息系统后，要开发项目管理的监管系统。绩效监管和周期性评价应该和实际操作以及与绩效信息使用相对应。预期绩效会持续监管，并以周期性的评估作为补充，一般是5年或者是3年。

三、当前面临的主要约束条件

从我国的情况来看，推行绩效预算改革是预算管理制度改革的不变方向，但我们的预算支出绩效考评体系建设仍处于起步和探索阶段，相关制度和技术基础还很不完善。在推行绩效预算方面还受到一些条件限制：

（一）行政管理体制改革

实行绩效预算的国家，普遍对其政府机构的设置和职能进行了调整，以适应引入市场机制和提高政府效率的要求，这也说明行政管理体制改革对绩效预算的重要影响。在我国，由于绩效管理还没有作为一项改革整体加以提出，各项改革的统筹协调机制还没有建立起来，而且，从改革的难度来讲，行政管理体制改革也高于预算制度的改革，因此，实行绩效预算还无法得到行政管理体制改革的有效配合。

（二）法律和技术的空白

实施绩效预算，需要以相应的法律为依托，以提高其约束性，同时，在绩效评价等方面，也需要强大的技术支撑，以准确反映预算的真实结果，这也是世界各国的共同做法。在我国，目前这两方面还是空白，绩效预算立法尚未提到议事日程，绩效评价的技术手段的研制也刚刚处于起步阶段，考虑到这项工作的复杂性，只能逐步向前推进。

（三）预算制度自身的限制

一是预算编制方法方面的限制。我国预算编制还以投入法为主，按基本支出和项目支出编制预算，并要求部门严格按照预算执行，不能自行互相调剂使用。二是资产管理方面的限制。目前，我国资产管理相对弱化，部门的资产无账可查、“家底”不清，财政部门不掌握部门资产的准确信息，因此不能准确地把握完成绩效目标需耗费的成本。三是国库管理和会计制度方面的限制。我们的国库管理系统、财务会计制度等还不完善，还达不到与实施绩效预算相配套的要求。一方面，我们没有实现现金全部归国库管理，尚不能对部门的资金使用情况进行有效监督。另一方面，目前我们只在中央预算总会计中实行了权责发生制，但是在部门预算中并没有实行权责发生制，地方也没有实行。

（四）思想认识的转变尚需时日

从财政部门看，我国传统预算模式下形成的“重收入轻支出、重分配轻管理”思想还有很大的惯性，要彻底转变到崇尚绩效、讲求绩效的思路上来，不是一朝一夕能够做到的。从各政府部门看，实行绩效预算后，其思想观念、行为方式都会受到很大的冲击，相对于过去只追求预算规模而言，部门要对预算的结果承担更大的责任，而且透明度的提高，部门会面临全面客观的评价和监督，部门申请预算的难度增加了，花钱的要求更高了。在没有强大的外部压力的情况下，要各部门自觉认可和接受绩效思想，也不是一件轻而易举的事情。

四、我国建立绩效预算制度的路径

（一）建立绩效预算制度应采取渐进的方式

按照制度变迁理论，制度总是处于变动之中的，但制度的变迁总是渐进的，这主要是由于路径依赖的存在，过去的选择影响今天和以后的选择。所谓路径依赖，是指这样一种现象，在制度变迁中，由于存在报酬递增和自我强化的机制，这种机制使制度变迁一旦走上了某一条路径，它的既定方向会在以后的发展中得到自我强化，而且一旦进入锁定状态要脱身而出就会变得十分困难。路径依赖是由两方面的原因造成的。一是原有制度下形成了一些与这一制度共存共荣的既得利益集团，他们总是努力去维持和强化现有制度，使它沿着既定的轨道持续下去。二是意识形态、文化传统等非正式制度的影响和制约。“非正式制度在制度渐进的演进方式中起着重要作用，因此，是路径依赖的来源。”①

正是由于绩效预算的实行面临诸多限制条件，西方国家在引入绩效预算的过程中都采取了渐进式的方式，其引入绩效预算的重要经验是结合经济发展的客观阶段，由易到难，先加强对投入的控制，再逐渐赋予部门灵活性，过渡到侧重产出控制。

结合制度变迁的理论和各国绩效预算改革的经验，我国建立绩效预算

① 诺斯：《制度、制度变迁与经济绩效》，上海三联书店，1994 年版。

制度也要采取渐进式的方式。具体来说，就是采取“摸着石头过河”的办法，根据经济体制改革、行政管理体制改革和宏观经济形势的变化，针对现行预算制度所存在的问题和改革的需要，提出改革设想、设计改革方案并在局部试点的基础上逐步推广，在实施中修改和完善。

（二）改革的次序安排

渐进式制度变迁要求在改革过程中，要根据轻重缓急和实际情况，合理安排各项改革方案的出台时机和先后次序。因为，从旧制度的废除到新制度的形成并发挥作用之前，会存在一定的“时滞”，如果在新制度得以有效运行的客观条件并未就绪的情况下，就简单地放弃旧的控制，就有可能形成所谓的“制度真空”，表现为制度的断裂、脱节和错位，导致人们行为出现盲点，造成经济和社会秩序的混乱。

1. 绩效预算制度体系的总体思路。

绩效预算制度体系的构建是一项复杂的系统工程，按照渐进式改革的思路，应首先推进绩效预算改革，建立绩效报告和评价制度，同时推行与预算改革配套的权责发生制会计制度；其次是逐步建立政府报告制度和问责制等与预算密切相关的制度，改进政府规划制度，完善绩效预算的制度基础；最后根据改革的进展情况适时推进行政管理体制改革，调整政府机构设置和职能配置，在政府管理中引进市场机制，建立比较完善的绩效管理制度。

主要考虑：一是绩效预算是绩效管理的核心。政府行为都要以财力为支撑，政府的各项职能和活动以收支的方式反映出来就构成了预算。绩效管理的主要目的是提高政府的效率和政府行为的结果，绩效管理的主要内容如市场化、放松管制、绩效评价等，与绩效预算中的结果导向、以最小的投入实现产出最大化等是一致的，可以说，绩效预算反映了绩效管理的本质要求，绩效预算实现了，绩效管理也就具备了基本的特征和基础。

二是绩效管理改革涉及面广，改革的难度和复杂程度更高。与以往管理模式相比，绩效管理在功能、体系及运行方式上都大相径庭，涉及行政管理体制、人力资源管理体制和财政体制等一系列重大的改革，在巨大的制度鸿沟面前，改革面临很大的不确定性。而绩效预算改革涉及面相对较小，主要涉及经济利益的调整，对行政管理体制等方面的冲击不大，改革本身的可控性强，可以按照形势和需要稳步推进，不至于出现不可挽回的局面。

三是从预算着手有利于实现绩效目标。在思想、制度、技术等准备尚不充分的情况下，全面推行绩效管理的效果难以预料。但财政领域则有所不同，预算改革涉及各部门的利益关系，部门的重视程度高；同时，政府预算都涉及公众的切身利益，各方面对此普遍关注。通过对预算绩效评价、提高预算透明度等措施，加强对预算的监督，逐步促使政府部门转变思想观念和行为方式，提高工作效率和效果，更容易平稳地实现提高政府绩效的目标。

四是通过绩效预算改革可以积累相应的技术手段。实行绩效管理，开展绩效评价，需要技术手段的支撑。直接开展政府绩效评价难度较大，因为政府行为既追求经济效益，也追求社会效益，有些甚至以社会效益为主。在缺乏强大技术支撑的情况下，难以准确衡量各部门的绩效。而预算绩效评价主要针对各个具体项目，其目标更容易确定和衡量，从具体项目入手，逐步积累经验，创新手段，可以更顺利地过渡到对部门绩效和政府绩效的评价。

2. 绩效预算制度建设的基本策略。

当前的绩效预算改革，是在绩效管理尚未全面推行的情况下进行的，绩效预算缺乏必要的制度基础，如政府报告制度、问责制度、绩效评价制度等，当然，按照目前的政治体制，预算改革也很难要求行政管理体制改革给予及时的配合，因此，政府机构框架和职责划分难以在短时间内有一个根本性的调整，绩效预算改革可以说是“带着镣铐跳舞”。在这种情况下，选择合理的改革路径是非常必要的。

针对改革面临的约束条件，结合绩效预算的基本特征，我国实施绩效预算改革可遵循以下策略：首先，要完善绩效评价制度，形成科学的评价办法、体系、标准和工具，能够较为科学合理地衡量预算项目的绩效情况；其次，要改进预算编制制度和绩效报告制度，结合绩效评价建设的成果，逐步实现按照绩效分配预算，同时，强化绩效报告制度，为实施绩效评价提供全面可靠的信息；再次，深化预算执行制度改革，逐步扩大部门在预算管理方面的自主权，同时，引入预算问责制，使权利和责任对等起来；最后，改革收付实现制的会计制度，逐步过渡到权责发生制会计制度，这样，我国的预算制度就具备了绩效预算的基本特点和主要内容。需要说明的是，在这一过程中，要始终抓好资产管理和预算完整性的建设，为绩效预算改革创造良好的实施环境。

3. 重视非正式制度的建设。

关于非正式制度与正式制度的关系。诺斯认为，“正规规则能贯彻和增进非正规制约的有效性，它们可能会降低信息、监督和实施成本，因而使得非正规制约成为解决更为复杂交换的可能方式。正规规则也可能被用于修正、修改或代替非正规制约。双方谈判力量的变化可能会诱致对用于交换的不同制度框架的有效需求，但是非正规制约仍然会保持完成它的方式。有时（但不常常）新的正规规则可能会取代有的非正规制约。”① 一般说来，正式制度与非正式制度的区别主要体现在以下方面：

（1）非正式制度是我们不能理解的和不能在结构上加以构造的，并始终成为对我们的行为能力有约束力的各种制度；而正式制度是我们可以选择的、对我们在文化进化中所形成的制度内的行为实行约束的各种制度。

（2）从变革速度看，正式制度可以在一夜之间改变，而非正式制度的变化则是一个长期的过程。例如，一个国家进行革命或被军事征服后，即使整个正式制度都发生了变化，但这个国家的许多社会特征仍然保留着。

（3）从可移植性看，一些正式制度尤其是那些具有国际惯例性质的正式制度，是可以从一个国家移植到另一个国家的。但非正式制度由于内在着传统性和历史积淀，其可移植性就差很多。一种非正式制度尤其是意识形态能否被移植，其本身的性质规定了它不仅取决于所移植国家的技术变迁状况，更重要的是取决于后者的文化遗产对移植对象的相容程度。

综上所述，要提高对意识形态、思想观念等的重视程度，尽快建立起与新的财政制度安排相适应的非正式制度，对增强改革的认同感，减少改革阻力，巩固改革成果具有重要意义。这点对绩效预算改革而言同样适用，在全社会弘扬绩效文化，培养立法机关、政府部门和公众对绩效管理的认同感，树立绩效思想，支持和配合绩效预算工作，对绩效预算改革的成败非常重要。考虑到非正式制度变迁的长期性，加强非正式绩效预算制

---

① 诺斯：《制度、制度变迁与经济绩效》，上海三联书店，1994 年版。

度建设主要从以下方面开展：

一是要加大对绩效预算的宣传。通过系统的媒体报道、专家学者和政府工作人员专题研讨、进修培训、加强国家间交流合作等方式，有效消除社会各方面对改革的误解，统一思想认识，取得社会各界和广大人民群众积极的参与和广泛的支持，这是确保绩效预算改革成功的社会基础。

二是要发挥正式制度对非正式制度的引导作用。正式制度确定后，非正式制度会随之发生变化，因此，要加大对非正式制度形成具有重要影响的正式制度的实施力度，尤其是问责制。之所以选择问责制，主要考虑它的影响力：一方面会影响部门的预算额度，另一方面会影响部门负责人的发展。这两个方面都是部门及其负责人所关注的，也会促使他们更加重视预算绩效，采取措施提高预算绩效，在这一过程中，他们的思想认识也会相应转变，逐步树立绩效理念。

第十一章　绩效预算管理体制

第一节　预算管理体制

一、体制与管理体制

所谓“体制”，根据《现代汉语词典》的定义，意指“国家机关、企业、事业单位等的组织制度”。据此，体制是特定主体内部的组织制度，是国家机关、企事业单位在机构设置、隶属关系和管理权限划分等方面的体系、制度、方法、形式等的总称。管理体制是指管理系统的结构和组成方式，即采用怎样的组织形式以及如何将这些组织形式结合成为一个合理的有机系统，并以怎样的手段、方法来实现管理的任务和目的。具体而言，管理体制是规定中央、地方、部门、企业在各自方面的管理范围、权限职责、利益及其相互关系的准则，它的核心是管理机构的设置，各管理机构职权的分配以及各机构间的相互协调，它的强弱直接影响到管理的效率和效能，在中央、地方、部门、企业整个管理中起着决定性作用。

二、预算管理体制及其构成

根据上述体制与管理体制的基本涵义，可以将预算管理体制理解为包含预算管理的组织架构、机构设置、职责权限以及各机构间相互协调等在内的有机系统。由预算组织、预算权力和预算运行机制所组成的制度体系，是预算制度在预算管理工作中的具体体现，是预算得以实施的组织保障。

具体而言，预算管理体制由三个基本要素所构成：预算组织架构、预算权力和预算运行机制。这三个要素，就是预算管理体制的基本构造，三个基本要素在预算管理体制中都具有相对独立的功能或地位，相互之间不能代替。只有预算管理体制的三个基本要素正常运作，作为整体的预算管理体制才能发挥其应有功能，缺乏上述三个要素之一，预算管理体制要么名不符实、要么陷入瘫痪状态。

预算组织架构是指由预算各相关方组成的框架体系，这一体系包括三个层次：第一层次是立法机关和政府，第二层次是政府各职能部门、审计机关和第三方机构；第三个层次是财政部门和政府职能部门内部的组织机构。如果预算管理组织架构设置不科学，机构缺失、臃肿或重叠，则必然造成人浮于事，工作效率低下，以及有事无人做等负面影响。

预算权力是指预算各相关方在绩效预算管理中，依法享有并行使的各类具体的职权和职责。政府预算权力是一个国家公共权力的核心部分，它的分配就是指政府预算编制、审查批准、执行、调整和执行结果的审计等权力，在政府与国家权力机关、政府职能部门之间和政府职能部门内部各组成机构之间的划分。预算权力的划分也包含三个层次：第一层次是立法机关与政府的权力划分，这与一个国家的政治体制密切相关；第二层次是政府各部门之间的权力划分，主要体现在财政部门与其他部门之间；第三层次是财政部门和其他部门内部机构之间的权力划分。

预算运行机制是指应实现预算正常运行所需要的手段、方法、程序等的总和。通过绩效预算运行机制，绩效预算的各个环节才能够被有机地联结起来，各相关方才能有效实施各类政府预算权力。如果运行机制缺损，那么预算管理体制的各个环节就会断裂。考虑到运行机制问题的重要性，内容的复杂性，本书将绩效预算运行机制单独作为一章进行研究，本章重点研究绩效预算的组织架构和权力配置。

三、预算权力配置

（一）预算权力及其配置

政府预算权力是一个国家公共权力的核心部分，政府作为一个公共部门，其职能范围虽然可以通过立法手段加以规范，但对政府行使公共权力最有效的约束机制，则是对政府取得和使用财政资源的决策权力进行合理安排。预算作为政府财政支出的基本决策工具，在规范政府的活动范围和约束政府行为等方面，有着不可替代的特殊作用。

从表面上看，政府预算就是一个关于收支计划的报表，但从本质上讲，政府预算是最复杂的公共决策，它是对国家支出的优先顺序的最明确的体现。像所有的其他政府决策一样，政府预算决策必须经过制定、采纳、实行和评估等活动，这一过程的目的就是要确保政府财政资源的有效利用；另一方面，与其他决策不同，政府财政资源都是通过一定财政手段筹集的，政府的财政负担最终都要由公众和纳税人来承担，因而预算决策要达到一个较高的透明度，以利于接受公众的监督。由于通过政府预算作出的财政资金分配决策是与政治权力的行使紧密相连的，因而，要确保政府预算决策所需的透明度，提高政府财政资金的使用效益，就必须对政府预算权力及其行使进行合理的安排。这样，制定有关政府预算权力分配和行使的制度框架，是政府预算有效运行的制度基础。

政府预算权力的分配就是指政府预算编制、审查批准、执行、调整和执行结果的审计等权力，在政府与国家权力机关、政府职能部门之间和政府职能部门内部各组成机构之间的划分。这些权力的划分都是通过宪法或其他法律来加以规定的。所谓的预算过程，从组织结构角度来看，就是掌握政府预算权力的机关和部门行使其权力的过程，其表现形式就是通常所说的政府预算程序。

（二）预算权力分配的相关理论

多种理论从不同角度阐释了预算权力的分配。制度主义主要从形式上分析权力问题，强调围绕“地位”、“作用”等概念开展研究，由于主要权力的掌握是高度集中和铁板一块的，制度主义者认为可以根据组织结构、法律法规等制度上的安排来判断预算决策权在不同机构以及具体参与者中的分配。权力虽不是个体的特征，但却是一种与个体的特征社会地位相联系的潜在能力，一种提供某种能力的外在条件，一个人的地位如果能够确保其个人意志的实现，这个人就可以被认为是拥有权力。在这一分析框架下，对权力分配可以通过对各种主要制度形态加以分类，并对每一种制度的主要控制职能进行考察来理解，因为这些职能正是权力的内涵所在。

多元论和集团论从具体决策行为去考虑权力现象，认为权力广泛分散于众多彼此竞争的集团之间。集团是预算决策中的基本角色和基本的分析单位，预算权力的分配取决于各集团之间的相互作用所形成的一种平衡状态。他们对权力分配研究的出发点不是地位的分类，而是决策过程。权力取决于对决策过程的实际参与，而不是依赖于对关键地位的占据。分析的重点由制度所规定的地位转移到人本身及其可以被观察到的行为上，权力存在于人们的相互作用中，而不是存在于形式上的社会地位中。也就是说，权力不是一种属性而是一种关系，是一种需要在每一具体情况下对实际领导活动进行充分描述和说明才能显现出来的现象。他们不像制度主义者那样强调权力的根源和基础，而是更侧重于权力的行为实践，主张把权力作为一种动态现象而不是一种静态的规定来加以研究。

精英统治论则强调，权力掌握在富有、受过良好教育、联系紧密的“权力阶层”中；无论集团的权力如何，在政府组织内外事实上存在一些有影响的人物，他们对预算决策活动的影响远比普通公民、甚至强有力的集团还要大。

博弈论者主要对具体决策过程进行考察，认为在涉及两个或两个以上决策者参与的预算决策中，决策者通常面临相互依赖的选择。每个“博弈者”必须既根据自己的愿望和能力，又要根据对其他人的行为的预测来调整自身行为。因此，就过程本身来看，权力是不确定的或者说是相互制衡的①。

（三）预算权力分配的内容

1. 政府与立法机构间的预算权力分配。

按照预算决策主导权的不同，可以分为行政机构主导和立法机构主导。在行政主导模式中，行政首脑负责预算提议，这些提议将反映其优先项目和政策议程。立法机构通常照例批准行政机构提交的预算，即在不进行细致的审查或修改的情况下批准提议。如果立法机构作出任何行政首脑所反对的改动，行政首脑将设法否决这种改动，有时甚至修改立法。在立法主导模式下，各个行政部门的负责人在立法者的帮助下起草他们的开支要求。这些要求不经行政首脑的审查直接送到立法机构寻求审议和批准，

---

①　苟燕楠、董静著：《公共预算决策——现代观点》，中国财政经济出版社，2004 年版，第 98 ~ 99 页。

行政首脑的决策权在这种情况下是微弱的。

预算决策权通常处于完全的行政主导和完全的立法主导两个极端之间。从规范或法律的意义上来说，立法机构有权提出开支动议、批准征税和提出开支建议，但是它们可以将大量权力授予行政机构。如此授权的一个原因是相信开支会失控而立法机构不能约束自己，特别是在一些迎合选民的项目和领域上。

从各国的实践看，政府与立法机构间的预算权力分配主要存在五种类型：

一是美国、意大利和俄罗斯。这些国家的立法机构具有强大影响力，有能力推翻行政管理者的提议并被赋予起草提交给总统通过或者否决的法案的权力。立法机构的这种显著地位经常会造成行政管理者和立法者之间的矛盾和立法枷锁。

二是英国及英联邦成员国（澳大利亚、新西兰以及部分亚洲、非洲和加勒比地区的发展中国家）。这些国家预算编制和实施的主要责任落在行政管理者身上，立法机构的角色是批准政府的提议。立法机构有权力反对预算或者修改其中的任何部分（在不增加预算支出的情况下），但是这种不批准被视为对政府的否决，强迫政府放弃。但是总体来说，这些国家能够采取措施避免这样的否决。

三是法国和其他国家。它们为立法机构设想一种截然不同的角色，希望立法机构在继续按传统方式批准支出的同时关注新的提议和支出。类似地，日本立法机构更多地注意新的支出。

四是德国和瑞典等北欧国家。这些国家将中期财政计划视为在预算决策中起主要作用，尽管立法机构的批准被限制为按年度进行。在德国，财政计划在国家地方政府和联邦支出机构编制年度预算的框架中不仅仅是一个基准规则。在瑞典，预算的批准被要求在三年内完成，各个政府机构要每隔三年呈交一份深刻的小结。

五是中东国家。这些国家没有立法机构或即使有也只是除了讨论之外几乎没有任何实权，在中东的很多国家，预算由皇家法令通过，公众很难参与。此外，很多政策指令通过法令形式发布。

2. 政府内部的预算权力分配。

政府内部预算权力的分配实质上就是预算决策的集权与分权问题，主要表现为预算过程自下而上或自上而下的程序。

自下而上的程序开始于各部门的预算要求，这些要求或者由政府首脑或预算主管部门审议，或者由立法机构审议，或者由两个机构共同审议。在这种极端形式的模型中，很少有优先项目。每项要求都根据其特点来判断，并独立于其他要求。通过预算开始时设置收入以及开支限度来达到一种宽松的协调；有时通过规定任何机构的开支增长率都不能超过收入增长的总百分比来将成本增长控制在一个大概的范围内。

极端形式的自上而下的预算实际上忽视了部门的自主权。行政首脑可以不征询各部门的预算要求或者在如何提出其要求上给予具体的建议，预算建议可以在行政机构的高层作出，他们采用上年的实际预算，并根据政策偏好进行调整。一个温和的自上而下的程序采纳各部门的预算申请并根据政策选择作出最终决策。

预算决策过程通常将自上而下与自下而上结合起来。当存在收入问题或明显的财政危机从而需要削减开支时，预算一般更多地是自上而下的。自上而下的预算决策经常与开支控制和预算政策导向相联系。就是说，如果行政首脑明显倾向于实现某个目标，那么更有可能运用自上而下的过程来选择某些项目。

四、预算组织架构

从管理角度来看，预算程序是一种政治安排，是政府各权力单位相互斗争和相互妥协的结果。每一个国家进行政府预算管理都要首先提供必要的组织制度保障，建立相应的组织机构，只有这样政府预算过程及预算过程中各环节职责权限的规范才具有实际的意义。以法律的形式固定的政府预算决策权力，由国家权力机关、行政部门、职能部门和业务单位共同决定的、相互制约的、职责权限分明的组织体系来行使。

（一）预算组织架构中的制衡

预算组织体系建设的一个基本问题是如何实现各个环节、不同机构的分工协作。具体而言，就是在预算管理工作中，承担或履行某一职责或任务的职能机构不止一个，因而要完成某一预算任务，必须实现承担不同职责机构之间的合作。有学者称之为“制衡”，这种制衡既包括了预算管理体系中各机构之间的制衡，也包括组织机构内部各职能部门间的制衡。

很显然，预算权力分配中的制衡与预算分权是两个方向不同的概念。组织结构内各机构间之所以产生这种制衡，是因为预算权力往往是按照所谓职能来划分的。按照职能划分政府预算权力是“依法理财”的思想基础，并且一直是为阐述政府预算权力分配目的而使用最多的工具，预算分权虽然隐含了在各预算权力机构之间对预算职能进行彻底的划分，做到任何机构都不再需要其他机构的职能。这种认定可以将不同的“意志活动”和“执行活动”孤立开来并将之保持在分立的空间内的纯粹的分权观点，是十分天真的。因为，纯粹的分权对于极其简单的活动也许可以适用，但政府预算活动是极其复杂的，要求作出一连串的决定，以致无法将各种预算权力完全分割开来。另一方面，在实践上，这种职能划分从来没有也不能实现，因为如果真正做到这一点，必然会导致政府预算管理活动过程的中断，这在预算管理过程中是绝对不允许的。

在各组织机构内各职能部门间也没有做到完全的分权，不同的职能部门或决策单位间各自都有“成串”的决策权，在某种程度上，此类权力与职责往往是相互重叠的。制衡作用则由此产生或形成，如在财政部门内部的各职能部门间，虽然它们都承担有预算执行的职能，但它们的权力是相互联系且相互制约的，公共支出管理部门的支出活动，必须经过预算部门的审核并由预算部门的总会计办理拨款。

（二）预算职能机构的设置

从国际经验看，各国预算职能机构的设置存在一定的相似性，都包括立法机关、政府、预算主管部门、其他部门、审计机关，以及各部门的内设机构。但在具体机构的设置上则有所不同。

1. 立法机关。

一般而言，各国立法机关负责审批政府确定的当年税收和公共支出计划、临时预算和预算调整方案等，各项工作都有相应的委员会负责审查。如美国国会的参众两院各有一套审核联邦预算编制的庞大机构，包括拨款委员会、筹款委员会、预算委员会、国会预算办公室（CBO）和会计总监局（GAO）。拨款委员会是国会中负责拨款的常设委员会，为政府部门拨款授权，通过取消拨款的立法，开支结余结转的立法，及根据国会预算委员会的决定进行新的开支授权。国会筹款委员会是国会中抓每年负责税收法案审议的常设委员会。国会预算委员会成立于1974年，是国会中专门对总统的行政预算进行审议的常设委员会，主要职责是加快国会审核预算的进程，并使国会能用专家的眼光来审核总统的行政预算。国会预算办公室（CBO）是一个专业的、非党派的机构，成立于1975年，无审批权。其职责是为国会参众两院提供客观、专业、及时、非政治化的分析，这些分析有助于经济和预算决策。国会预算办公室对经济与预算有独立的分析与预计，并独立地编制一整套预算，供国会参考。会计总监局（GAO）成立于1921年，是审计政府财务，使政府财务活动限制在国会批准的范围内的机构[①]。

2. 政府。

政府的主要职责是决定预算实施政策，向国会提交预算报告；向国会提交追加预算的请求和预算修正案等。

3. 预算主管部门。

预算主管部门的主要职责是编制预算和组织预算执行，其设置主要存在两种方式：一是由一个部门行使预算的编制和执行职责，即只设一个预算主管部门。二是设置不同的预算管理部门，分别负责预算编制和预算执行工作。如美国财政部成立于1789年，当时其职能是管理国内收入、组织预算执行和进行一些其他财政金融活动。其后财政部的职能和规模不断扩大，目前其基本职能主要为：拟定和建议经济、金融及财政政策；办理国库业务；执行有关预算法令；印铸货币；管理公债、国家政策性银行和国家金银。财政部负责根据历年的收入情况和经济发展预测，编制收入预算（支出预算由总统预算办公室编制），供总统预算办公室参考；美国财政部根据国会批准的预算，组织资金供应。总统预算与管理办公室（OMB）独立于财政部之外，直接向总统负责的机构，其职责主要是编制支出预算，即根据各部门、机构提出的各自预算方案，经核查后统一汇编出联邦预算，交总统审核，然后由总统提交国会。经国会批准后，按项目分配资金并监督行政部门的预算执行，保证其达到预算目标，促进政府内部机构之间的合作与协调。此外，OMB还负责制定政府采购的政策、规章和程序、定员定额管理、常规预算审查等。

4. 审计机关。

① 财政部预算司编：《预算管理国际经验透视》，中国财政经济出版社，2003年版。

审计机关主要负责对财政支出的合规性进行审计，对政府各部门和其他公共机构账户进行检查，审计机关的年度审计报告提交立法机关审议，并对社会公布。

5. 部门内设机构。

从预算主管部门看，如果预算编制机构和预算执行机构未分开设置，则预算主管部门内部需分别设置负责预算编制和执行的内部机构。从其他部门看，各部门也需设置相应的机构，分别负责预算的编制、执行和内部审计等预算管理工作。

第二节 绩效预算管理体制

一、绩效预算权力配置

（一）绩效预算的决策模式

绩效预算决策模式与众不同之处主要体现在四个方面：首先，宏观层面的决策控制减轻，从上到下的理性主义决策模式被翻转过来，多中心治理模式占据主导地位，决策重心进一步下移，决策单位变小，基层管理者成为决策主体，享有很大的自由度。其次，强调参与式决策，突出公众需求在公共预算决策当中的核心地位，也即预算决策必须在充分倾听公众呼声的基础上作出，最终结果成为评价的标准。同时，打破公共提供问题上市场和政府之间的樊篱，在市场能够更有效发挥作用的地方充分发挥市场的潜力，既强调在公共产品和服务提供决策上公共部门内部各管理层的参与，又强调非公部门的参与；既强调有偿提供方式上多方面的参与，又强调非完全有偿或无偿提供方式上多方面的参与。再次，强调决策方式上的渐进主义取向，具体表现在政府放弃从上到下的理性主义决策方式，采取实验性项目为基础的和缓途径，摸着石头过河，充分尊重基层的首创性和自主性，取得成功经验后再在面上推广。在这一决策模式下，不同的公共机构能够针对不同的社群利益发展不同规模和不同方式的预算决策和公共提供机制，如果公共产品和服务提供方面的规模经济能够通过较大的机构实现，较小规模的机构就能够利用契约性的安排向大的机构购买服务；如果通过扩大生产单位的规模无法实现规模经济，就可以通过较大型政府单位与最优规模的生产者签订契约来改正其设施与利益以容纳更大范围的利益社群。在这一模式下，公共预算决策是开放性的，面临更多的选择机会，行政官员和社会各界在预算决策过程中集思广益，共同参与政府再造①。

（二）绩效预算中的权力分配

绩效预算是一种以结果为导向的预算模式。结果导向预算的目的是为了避免高度集权化预算决策下可能会出现的僵化和低效，这一探索既来自财政状况好转提供的可能，又源于对财政民主化和效率的持续关注。该模式下预算决策权的分配呈现出三个特征：

首先是决策重心进一步下移，围绕基层管理机构，形成一个个相对独立的决策中心。多元化和多中心决策的好处得到广泛认可，甚至多元化和多中心决策本身即成为追求的目标，人们不再过分纠缠于个别决策优劣的成败得失，而更注重通过制度选择实现长期的利益。这背后有两方面重要原因，一是随着经济发展和社会进步，个人自由越来越受到社会的广泛关注，要求减少规制、减少对个人束缚的呼声日渐高涨；二是信息化和全球化趋势的出现，使整个社会组织变得扁平化和网络化，高度集权化控制既无必要，又无可能。

其次是预算决策权在立法部门和行政部门之间的分配发生了深刻的变化。由于立法部门关注的问题诸如社会保障、社会福利、卫生、教育等涉及社会公正和价值判断的问题大都以立法形式加以制度化，成为每年预算中必须包括的内容，如果我们从对预算资源的支配量上来判断，立法部门在预算决策权的争夺中实际上已经成为赢家。行政部门的决策权则更多地集中在技术性领域和对非法定项目的决策建议上面。

再次是预算决策权在政府内部的分配也呈现出新的特点。由于部门自主权的扩大，绩效预算权力配置中更多地把自上而下和自下而上结合起来。政府根据一定时期内可利用的资源总额自上而下确定各部门的支出限

---

① 苟燕楠、董静著：《公共预算决策——现代观点》，中国财政经济出版社，2004 年版，第 187 ~ 190 页。

额，各部门在限额内根据优先顺序自主提出支出计划，以更好地调动部门的积极性，同时也体现部门对此所承担的责任。在这种权力分配模式下，政府更加关注发展战略以及与此相适应的政府优先次序，而不是对部门的具体支出计划进行控制。

最后是绩效评价权力的分配。从预算程序的角度分析，绩效预算与其他预算模式的最大不同在于增加了绩效评价的环节，按照预算权力配置的原则，相应地产生了绩效评价权力及其分配的问题。在立法机关与政府之间，由于政府是公共资源的使用者和公共产品的提供者，因此，立法机关有评价政府的权力；在政府机关内部，由于各部门具有较大的决策自主权，因此，政府及相关机构有评价各部门绩效的权力；此外，由于审计机关所处的特殊地位，它也有对各部门进行绩效审计的权力。

二、绩效预算的组织架构

（一）预算分权与绩效预算组织架构

政府预算权力包括预算编制权力、审查批准权力、执行与调整权力和决策、审计权力等。这些权力不能由某个人或某一机构或某一级政府专断，已经是公共财政理论原理的一个核心命题。因此，如何设置政府机构，如何分配政府预算权力，实现权力机关之间的制衡，从而达到政府财政资源的有效、公平的使用，是政府预算管理的一个基本理论问题。

绩效预算是一种分权型预算模式。所谓预算分权就是政府预算权力的配置，或政府预算权力在国家政治权力机构之间以及其与预算单位之间进行分配。这种分配的目的，一是要形成一种分权结构，以有效地制约权力，防止滥用权力；二是要形成一种相互制衡与协调的运行机制，以实现预算的目标。

政府预算分权是赋予特定政府机构或政府阶层完成特定预算任务的权威，或者说，不同的预算任务由不同的单位来执行。在现代政府预算体系中，政府预算权力是沿着两条路径进行配置的，一是在政府间进行划分，二是在政府各机构之间进行划分。前者可称之为预算权力的纵向配置，后者称之为预算权力的横向配置。

预算权力的横向配置，就是如何有效地将预算权力在立法机关、政府、政府财政职能部门和财政职能部门内部各组织机构之间进行分配，以形成一个相互制约的运作系统，一个行之有效的组织系统的基本特征就是在各组织机构之间形成一种有利于进行决策和确保必要的决策效率的机制，即实现一种权力均衡。这种权力均衡与一般工商业团体和单位内部的权力配置有相似性，即政府预算权力的配置，首先是要实现政府预算工作的专业化分工；其次是在专业化分工的基础上建立权力、利益与责任的联系机制，从而形成一种预算责任制。

另一方面，由于政府预算是一项公共权力，因而政府预算的权力配置又不同于工商业团体和单位内部的权力配置，这种权力配置的目的不是盈利，而是实现公共目标。由于各权力主体的权力是公共权力，因而权力主体最终必须对公众或公共权力的初始授予者负责，而不像一般工商业团体和单位只对所有者负责。预算权力的这种特殊性，决定了预算权力的配置更侧重于建立一种相互制约的机制，注重防止滥用预算权力的行为发生和制止浪费。

预算权力的配置是通过预算的组织程序安排来实现的，即往往是按照预算过程或程序，在不同的环节设置各种职能不同的组织机构，这种职能不同的组织机构组合在一起，便形成了一种预算组织结构，保障这些机构有效行使其权力，或将这些组织机构联系在一起的是法律，通过严格的立法来规范各机构的职责权限和预算程序，既是组织结构有效发挥作用的基础和前提条件，也是评价预算权力配置效果的一个重要方面。

多级政府与多级预算是现代社会政府组织结构的一个十分重要的特征。在实行分级预算体制下，政府预算权力的纵向配置明显显现出权力“单向运动”的特征，即在中央与地方政府、以及地方各级政府间的预算权力分配，往往表现为中央政府或上级政府对下级政府预算权力的限制与约束，虽然下级政府与上级政府在课税权、支出划分与转移支付等方面普遍存在相互间“讨价还价”现象，但在组织结构上，政府间的预算权力分配往往是通过立法或法律规定的形式来实现的，特别是在非联邦制国家，上级政府往往还以指令、命令的形式来限制或约束下级政府的预算权力，下级政府只能也必须按照上级政府的指令或命令来执行。因而，在组织形式上，下级政府没有与上级政府进行“讨价还价”的余地。

（二）专业化制衡体系与绩效预算

1. 从政府管理的角度——绩效预算符合政府组织专业化分工和制衡

的趋势。

绩效预算是一个复杂的系统工程，它至少包括政府绩效评价体系、公共支出决策体系、预算拨款体系和审计监督体系等几个重要组成部分。

（1）政府绩效评价体系：从OECD国家的绩效评价实践来看，政府绩效评价是一个持续的、周期性的过程，通过不断地反馈和运用考评结果来实现提高政府各部门行政绩效的目的。具体程序如下：首先，政府各部门制定绩效评价战略规划和年度绩效计划。绩效战略规划主要是对各政府部门的职能、使命、完成任务的期限、短期行动及较为准确的长期行动纲领进行详细说明。其次，财政部门设定绩效基准和绩效评价指标体系。绩效基准是政府各部门的行政绩效应该达到的目标水准，也是实际绩效与计划绩效进行比较的基础。最后，财政年度结束后，政府各部门要编制并提交年度绩效报告。

（2）公共支出决策体系：政府绩效评价体系确定之后，公共支出预算的合理性也就相应可以规定下来，支出结构的确定也就有了依据。由财政部门对各部门绩效计划的执行情况、完成结果以及提交的年度绩效报告进行考评，并综合应用绩效考评的结果与相关信息，提出改进预算管理的措施，按预算绩效评价结果的高低水平确定下一年的预算拨款。

从各国绩效预算实践来看，根据政府行政绩效与预算支出决策的关联度，将绩效预算分成以下几类：

——报告型绩效预算（Performance Reported Budgeting）：它的意思是，绩效信息包含在预算文件中，但并不作为预算支出决策的考虑因素（例如美国的大多数地方政府）；

——知晓型绩效预算（Performance Informed Budgeting）：它是指在确定预算支出决策的过程中考虑到项目的绩效信息，但实际决策中这些信息仅作为次要考虑因素（例如美国俄勒冈州政府）；

——决策型绩效预算（Performance Based Budgeting）：它的意思是在预算支出决策中，绩效信息与其他因素一并发挥着重要作用（例如新西兰政府以产出为基础的预算编制）；

——理论型绩效预算（Performance Determined Budgeting）：它意味着预算支出决策直接而明确地与政府行政绩效相联系。

（3）预算拨款体系：预算拨款是对预算决策的具体执行环节，是预算活动的财务支付环节。目前，预算拨款体系的核心是国库单一账户系统，具体包括：一是政府财务信息系统，该系统包括支出部门的全部账户，并记载了这些账户上的每一项与交易有关的资金流量。各账户的余额都代表在余额内进行支付的能力。二是现金支付账户，即所有的支出部门都在政府财务系统上开立一个以上的账户，记录现金支付的总额。三是转账支付账户，即支出部门在政府财务系统上开立转账支付账户，进行转账结算。四是明细账户，该账户反映资金支付的具体情况。

(4) 审计监督体系：审计监督原本是对公共预算活动外部控制的主导力量，但是由于绩效预算的发展对政府审计也产生了重大影响，因此，必须把审计监督环节也纳入绩效预算的整体框架。在传统预算模式下，预算单位的主要责任是按规定的预算项目和标准使用资金，更多地需要遵守外部规定，审计也主要监督相关外部规定的遵守执行情况；而在绩效预算条件下，预算单位的主要责任是提供符合规定要求的公共产品或服务，外部约束主要是考核其实际绩效，预算单位需要更加重视自身的内部管理和控制，审计也就更多地关注实际绩效和相关的内部控制。绩效预算条件下，审计部门将更主要开展绩效审计，监督的重点也转向政府行政的绩效。绩效审计已经成为当今世界发达国家政府审计的主要业务活动，其工作总量已经超过了传统的财务审计。它的开展对于考核政府绩效和责任履行情况，提高政府管理水平，促进财政资金使用效益的提高和提供更优质的公共服务发挥着重要的作用。

2. 从财政预算过程角度——要建立预算编制、执行、监督相对分离的预算整体运行机制。

政府的行政权力是公共权力，具有强制性。要保证约束的有效性，必须在政府预算过程中建立权力制衡机制。政府预算权力包括：预算编制权力、审查批准权力、执行与调整权力和监督、审计权力。这三大权力是公共预算组织流程的三大关键环节。处理这三大环节的关系是从组织流程角度抑制政府权力腐败的关键所在。这些权力绝对不能由某个人或某一机构垄断，必须在权力机构之间、权力机构与预算单位之间进行分配，以实现权力的相互制衡。根据权力制衡和管理流程原理，在组织流程上遏制执法腐败的科学选择就是将长期存在的权力集中的预算流程改造为编制、执行和监督三个职能部门相对独立、权力上相互制衡、业务上相互协调的管理新流程。专业化制衡的组织流程为高效的预算管理提供了组织制度基础，为预算管理向制度约束和组织约束的转变创造了条件。具体来说，政府要将预算编制、执行、监督三个环节在工作中清楚划分，相互分离，三个环节既一脉相承又彼此间相互独立运作。与此相适应，传统财政内部原来行使预算管理职能的机构重新调整，划分为预算编制、执行和监督三个大的部门，各司其职，各负其责，各部门相互不再直接介入其他环节管理。预算编制机构全权负责预算编制工作，统一掌握预算编制政策与标准，审核、编制和确定财政及部门预算；预算执行机构专职负责预算执行，统一管理财政预算资金账户，办理资金拨付，管理部门预算资金使用；监督机构负责预算编制、执行、决算全过程的监督管理，确保预算管理纳入法制规范的轨道。

（三）绩效预算组织体系的特点

1. 压缩政府机构和人员。

绩效预算模式下，由于强调市场机制的作用，各国纷纷重新定位政府与市场关系，合理界定公共领域。主要的做法是缩小公共领域，以提高其运行绩效，它也是其他政府绩效管理措施的基础。缩小公共领域的方法包括公营部门的私有化、缩减政府机构和人员的规模、将一切可能的公共服务转向私营机构购买等等。如 1987 年，澳大利亚重组政府部门，将 28 个部裁减为 17 个。1979 年，撒切尔政府上台后，立即任命雷纳爵士担任其效率顾问，开展了著名的“雷纳评审”。雷纳评审的重点是经济和效率，目的是通过评审来终止和避免政府行政过程中不理想的东西（包括过时或不合时宜的工作任务，无效率的工作程序和方法等），从而降低政府部门的开支和运营成本，提高公共组织的经济和效率水平。据统计，从 1979 年到 1985 年的 6 年间，雷纳评审小组共进行了 266 项调查，找出并确认了 6 亿英镑的年度节支项目（或任务）和 6700 万英镑的一次性节支项目（任务）。截止到 1986 年年底，评审共花费 500 万英镑，而它所带来的直接经济效益约高达 9.5 亿英镑[①]。1979 年到 1987 年间英国公务员总人数减少幅度为 18%。

---

① 戴维·奥斯本、彼得·普拉斯特里克：《摒放官僚体制：政府再造的五项战略》，中国人民大学出版社，2002 年版，第 24 页。

2. 按绩效化要求调整政府组织结构。

政府组织结构的一个最重要调整是将决策和执行机构分开，将公共服务的提供和执行职能从部门中分离出来，决策执行机构，称为执行局，专门就行政执行向决策机构负责。1988 年，英国开始实施“下一步行动方案”，明确提出以下改革建议：一是设立执行机构，将公共服务的提供职能和执行职能从各部门中分离出来，使部门领导和高层官员从繁杂的日常事务中解脱出来，将精力集中于政策发展和部门战略管理；二是给予执行机构更大的灵活性和自主权；三是各部首长与执行机构签订服务供给协议，使执行机构对提供的服务负责。在管理执行层面，第一，采取公开竞争的方式选拔负责人；第二，上级部门对执行机构采取“适距控制”；第三，在主管部长和执行机构负责人之间签订为期 3～5 年的协议，确定双方的责任和义务；第四，上级部门对执行机构的绩效情况进行定期评审并将评审结果公之于众，以便形成有效监督，也为下一年度下达绩效指标提供参考依据；第五，建立惩罚制度，对于没有完成绩效目标的机构，主管部门通过降低负责人和高层管理者绩效工资的方法进行惩罚。

3. 建立和完善绩效评价组织体系。

绩效预算增加了绩效评价的环节和绩效评价权力，因此，建立绩效预算评价组织体系成为绩效预算管理体制的必要要求和实行绩效预算的国家的普遍做法。按照评价机构与政府的关系不同，绩效评价体系包括政府内部评价机构和外部评价机构。政府内部评价机构包括预算主管部门，以及负责不同内容和层面预算绩效评价的常设和非常设机构。政府外部评价机构包括立法机关成立的相关评价机构、审计机关等。以澳大利亚为例，为配合绩效预算改革，澳大利亚建立了比较完善的政府内外评价体系。

（1）政府内部评价机构。这些机构包括内阁支出委员会、公共服务委员会、管理咨询理事会（MAC）、管理改进顾问委员会（MIAC）、提升评审委员会、财政部和国库部。

支出审核委员会由总理、财政部长、国库部长及其他 5 名负责支出的内阁部长组成。在编制年度预算时，该委员会对所有预算内的政府机构进行评估，评估结果供“预算内阁”决定预算最终方案参考。

公共服务委员会由公共服务专员领导，直接向内阁总理负责。它负责拟定公共部门服务准则、公务员行为手册，以此作为部门绩效评估的基本依据。所有受《公共服务法》约束的机构及其公务员都是其评估对象。

管理咨询理事会（MAC）和管理改进顾问委员会（MIAC）主要是对公共部门的管理绩效进行分析、讨论和核实，形成改进管理、提高绩效的政策建议。MAC 的建议没有法定的约束力，但由于其成员都是公共部门高级官员，因此可对政府决策、拨款发挥重要影响。MAC 的主席由总理府秘书长担任，向总理负责；常务执行官则由公共服务专员兼任；组成委员则由各部的秘书长担任。

职务晋升评审委员会（Promotion Review Committee，PRC）主要是评估除了第一级以外各级公务员的工作绩效，并据此决定公务员是否晋升。

财政部和国库部主要是通过公共预算的执行评估、财政资金的收支动态等方面对各联邦预算内单位进行财务业绩的评估监控。

(2) 外部评价机构。这些机构主要包括：议会参众两院及参议院（上院）的“财政委员会”。在澳大利亚，议会对政府及其预算的控制有着举足轻重的作用。一方面，国会通过整体支出目标控制各个部委的任务；另一方面，国会审定各部门限额和国库盈余目标。澳大利亚议会有很多专业委员会。有的委员会负责评价、绩效预测和特定部门的绩效检查，有的委员会则负责对某项工作（项目）的完成情况进行监督，检查程序相当完备。如果前一种委员会的职责范围涵盖国库或财政部，那么它们就能够对财政进行监督。参议院设有“银行、财政和公众管理委员会”。众议院设 A、B、C、D、E 五个专业预算委员会，专门负责有关部门的预算审查工作。议会专业委员会在将讨论重点放在“成果”和“产出”或文件包含的其他事务上并不受任何限制。议会的审查常常针对非常细小的事情或细小的程序进行。如公共账户联合委员会，由参议院指定 5 位、众议院指定 10 位共 15 名成员组成，作为议会两院的派出机构，行政上独立，直接对国会负责①。其职责是通过检查政府公共账户，深入研究各部门预算编制及预算执行情况，从而实施必要的监督。

公共账目和审计联合委员会（JCPAA）。该委员会于 1951 年由两院共同设立，负责审查所有联邦机构使用国会拨付资金的业绩，并根据《公

---

① 财政部预算司：“澳大利亚、新西兰政府绩效预算管理”，《预算管理会计月刊》，2005 年第 2 期。http：//www. bjcz. gov. cn/yusuanchu/。

共服务法》批准各部年度绩效报告，以加强联邦各机构使用公共预算资金的责任。

联邦审计署（ANAO）。联邦审计署直接向国会负责，下设管理执行理事会，作为审计署的核心领导机构，共有审计长、副审计长等7名理事成员；其中有2名小组执行理事，专门提供业绩审计服务，可对联邦政府各部、两个联邦直辖区预算资金使用情况进行审计，审计结果直接向议会报告①。

第三节 中国式绩效预算管理体制

一、建立中国式绩效预算管理体制是组织再造的过程

一定的组织架构都是与特定的制度相联系的。制度是一个社会的游戏规则，而组织是社会游戏的参与者。组织是一群人为了一定目标所组成的，是为了捕捉由制度所创造的机会。制度变迁后，游戏规则发生了变化，激励的目标和方式也有所不同，相应地，组织也要有一个再造的过程，以适应新的游戏规则，捕捉新制度所创造的新机会。

绩效预算制度的建立，从新制度经济学的角度分析，也是制度变迁的过程，是从传统的关注投入控制的预算制度向关注产出和结果的预算制度的变迁，这一过程包含正式制度、非正式制度以及实施机制的全方位的变迁。从绩效预算的管理体制看，它总是建立在一定的制度基础之上，机构的设置和运行都要有相应的制度依据。因此，制度是体制的基础，管理体制要随制度的变化而调整。绩效预算是以结果为导向的预算模式，与其他预算模式相比，它更加注重结果而不是过程，更加强调分权而不是控制，绩效预算制度的这些特征无论在机构设置还是权力配置方面都要有所体现，这同样需要对现行的管理体制进行再造。

① http://www.anao.gov.au/annual/reports/02-03/management_accountablity/01_aorporate.html。

从各国的实践看，由于制度变迁的范围不同，组织再造的规模和程度也有所不同。许多国家把绩效预算作为绩效管理的一部分加以推行，因此，它们不仅按照绩效预算的要求对财政部门和其他政府部门进行改革，还按照绩效管理的要求对政府的职能和构成进行了大幅度的调整，其组织再造的力度是很大的。在我国现阶段推行绩效预算，由于受各方面条件的制约，还是一种不完善和不全面的绩效预算，或者说是绩效预算的初级阶段，预算改革主要是由财政部门推动，其范围还只是局限于预算管理体制内部，其范围也仅限于财政部门和其他部门内部的机构调整，并未涉及到政府层面的组织再造。

二、影响我国绩效预算管理体制的因素

（一）绩效预算制度安排

预算制度安排对管理体制有着根本性的影响，其影响主要体现在预算制度的特征、构成和内容等方面。作为中国式绩效预算，我们设想的预算制度安排兼有投入控制和注重产出的双重特征，从这一点出发，相应的机构设置也要体现节约开支和支出效率的需要。职责方面，在继续强化原有控制职能的前提下，逐步增强绩效评价的职能。从制度的构成看，我们拟建立的绩效预算制度包括预算编制制度、预算执行制度、绩效评价制度，与此相对应，也要设置专司绩效评价和绩效管理的机构，专门行使绩效评价的相关职能。从制度的内容看，既要完善投入控制的手段和措施，又要强化绩效评价和问责，增强部门的责任意识，因此，在财政部门增加绩效管理职责的同时，还要对财政部门与其他部门之间的预算权力划分进行适当的调整，以体现权责对等的原则。

（二）预算管理程序

预算管理是一项周期性的工作，每个周期之内都设计了比较规范的程序，这一程序由若干环节组成，每一环节的时间和工作内容也有比较明确的划分。一般而言，预算的组织机构往往根据预算管理的环节设置，每一环节设置不同的机构，承担这一环节的任务，各个环节的机构有机地组合在一起，就构成预算管理的组织体系。在传统预算管理模式下，预算一般分为编制和执行两个环节，相应地，各国也分别设立了负责预算编制和预算执行的机构，分别承担预算编制和预算执行的职责，所不同的是，有的

国家预算编制和执行由不同的政府部门承担，有的是在财政部门内部由不同的内设机构负责。在绩效预算模式下，增加了绩效评价和报告的管理环节，因此，也要建立相应的机构承担此项职能，使预算管理的链条更加完整。

（三）国际经验

要提高公共支出的效率和有效性，就要使决策科学化和合理化，杜绝决策过程中的腐败行为。为此，要在组织结构上形成权力的相互制衡机制。实行绩效预算的国家经过多年的实践，形成了目前的管理体制格局，其中一些共性的做法体现了绩效预算的基本规律，也是我们应当学习和借鉴的。例如，澳大利亚的预算实行两级审议，为此专门成立了支出审议委员会，所有支出提案都由支出审议委员会审议，而财政部不再控制支出，只是负责向支出审议委员会提供部门支出提案，协助支出审议委员会审议支出提案。之后，预算提案再提交国会授权的参院委员会审议。支出审议委员会和参院委员会都由最高级别的政府官员组成，这从组织上保证了公共支出得到控制。加拿大也是财政部、国库委员会各司其职。财政部只负责预算的编制，而控制支出的职能则由国库委员会履行。为加强绩效评价工作，加拿大还专门成立了支出考评委员会。

三、中国式绩效预算管理体制的主要内容

（一）预算权力分配

由于我们拟建立的绩效预算还是一种不完善的绩效预算模式。因此，在管理体制设计上不能完全照搬其他国家的做法，需要根据预算制度的特征和改革的需要合理安排。在立法部门和行政部门间的预算权力分配方面，按照我国当前的政治体制，应采用立法主导与行政主导相结合，侧重于行政主导的模式，支出决策以行政部门为主，同时，强化立法机关对预算的审议职能，提高预算的透明度和对预算的监督。从政府内部的预算权力分配看，应实行自上而下与自下而上相结合、以自下而上为主的模式，主要考虑是在当前财政监督和审计监督尚不到位的情况下，还不具备预算分权的条件，对各部门的支出还是以控制为主。从绩效评价权力分配看，绩效评价权力应以财政部门为主行使，其原因一方面是部门还没有自主权，因此，也不应进行完全的自我评价；另一方面，根据财政部门的职能

和专业化程度，更有条件设计出科学合理的评价体系以对部门的支出进行客观全面的评价。此外，无论在什么预算模式下，审计机关都是一支不可或缺的力量，它的存在对于提高支出的合规性，提高财政支出的效率和效果，都发挥着不可替代的作用，但在中国式绩效预算模式下，它的作用更多地还体现在对支出合规性的审查上，提高预算的遵从性，在此基础上，可随着预算管理水平的提高，适当关注对财政支出效率的审计监督。

（二）预算组织体系

从预算机构设置看，我国与实行绩效预算的国家的机构设置存在共同点，即都包括立法机关、政府、预算主管部门、其他部门、审计机关等，但与传统预算模式下的机构设置相比，中国式绩效预算的组织体系最大的不同是增加了绩效评价机构，之所以这样设计，主要是因为我们将要实行的绩效预算并不是完全意义上的绩效预算，还不具备对政府机构进行大规模和大幅度改造的条件，只能在现有机构设置的基础上进行边际性的调整，增加从事绩效评价的机构，以适应开展绩效评价工作的需要。从绩效评价机构的角度分析，我国也还不具备建立完善的绩效评价组织体系的条件，主要是因为评价的范围还比较小，主要集中于部门项目支出，评价的主要目的还是节约开支和提高支出的效率，以较小的成本争取更大的产出。并且，财政支出的控制职能主要集中在财政部门，因此，绩效评价机构也应设在财政部门。

四、构建中国式绩效预算管理体制的主要措施

通过前面的分析可以看出，我国拟构建的绩效预算是投入控制与支出效率相结合的混合型预算模式，构建中国式绩效预算管理体制并不是推倒重来，而是在现行体制的基础上，增加相应的机构，专职从事绩效评价和管理的相关职责，同时，对现有机构和预算权力进行调整，以适应新的预算管理程序和专业制衡的要求。主要工作包括：

（一）充实领导机构

行政等级制度对于制定预算分配至关重要，在当前情况下，要加强投入控制，提高支出效率，应赋予财政部门更大的权力，控制各职能部门的支出，或将这种权力赋予一个学院性质更强的部门，将能够促进执行更严格的财经纪律，彻底地“自上而下”地控制支出，并限制各种因素零敲

碎打地扩大预算规模。同时，推行绩效预算是一项系统工程，尤其是诸如问责制等的实施，仅靠财政部门一家之力，很难从根本上加以推行。因此，必须获得政府主要领导的支持。从优化政府管理流程的角度来看，要建立一个能够超越部门利益，具有统筹协调管理能力的机构，统一组织绩效预算改革的实施。基本设想是在中央政府成立绩效预算领导小组。通过绩效预算领导小组，加强对绩效预算工作的领导。从权威性的角度分析，领导小组的组长应该由国务院的主要领导担任，成员应包括全国人大、中央纪委、中组部、财政部、国家审计署等部门的领导。领导小组办公室可设在财政部门，主要承担绩效预算管理的日常工作。领导小组的主要任务，就是推动绩效预算在中央本级的实施，对绩效预算改革中的重大问题进行决策，对涉及跨部门的绩效管理进行统筹协调，并推动绩效评价结果的有效运用。

（二）预算编制和执行彻底分开

无论从支出控制的角度，还是建立专业化制衡机制的角度，都要求从机构设置和职责配置两方实现预算编制和执行的分离，同时，这也是实行绩效预算的国家的普遍做法。从我国情况看，部门预算改革时，在财政部门内部成立负责预算执行的机构，初步实现了预算编制和执行的分离，但这种分离还不够彻底，主要表现在，财政部门内部负责预算管理的机构，如行政政法司、教科文司等，都是既负责预算编制又负责预算执行。所以，要实现真正意义上的预算编制和执行的分离，还必须对现行机构设置进行较大幅度的调整，将财政部门的主要业务机构分为两大部分：一部分从事预算编制；另一部分负责预算执行，重点充实预算执行机构，强化对预算执行的审查和控制。在组织架构方面，可考虑成立预算局和国库局，将其他业务类内设机构分为两部分，分别纳入预算局和国库局，分别负责预算编制和执行，实现制度设计的初衷。

（三）设立专职绩效评价机构

在财政部成立绩效评价司，承担绩效预算领导小组办公室的职责，在绩效预算领导小组的领导下，从事绩效预算管理的日常工作，负责拟定财政资金绩效管理的制度办法，研究制定财政支出绩效评价的标准和指标体系，组织开展绩效评价和问责工作，提出节约财政资金和改进财政资金分配的意见和建议。需要说明的是，绩效评价机构主要是绩效评价的组织者，即它可以组织相关专家或专业组织对某个财政支出项目进行评价，但它自己并不从事具体的评价工作。

绩效评价机构与预算编制机构的关系：评价机构只负责评价的组织，将评价结果交编制机构，作为预算安排的依据之一，同时向编制部门提出改进预算资金分配的意见和建议，但不参与预算资金的分配。预算编制机构负责预算编制，根据评价机构提供的结果及其他需要考虑的因素，提出预算分配意见，结合评价部门的建议改进预算编制，提高分配的合理性，但不参与绩效评价工作。这样既避免既当裁判员又当运动员的问题，又体现相互制约。

绩效评价机构与预算执行机构的关系：绩效评价机构对预算执行结果进行评价，根据评价结果提出改进预算执行的意见和建议，但并不参与和干涉预算执行工作。预算执行机构负责预算执行，根据评价机构的建议，改进预算执行工作，提高预算执行效率。

（四）引入第三方评价机构

在绩效预算模式下，绩效评价机构的主要职责是构建一个独立、公正、科学的绩效评价管理体系，以强化对预算支出效率和结果的管理。要完善内部管理体系，为开展评价工作提供组织保障，在此基础上，可引进外部专家智力和借助社会评价机构，以提高绩效评价的客观性和可信度。首先，可以考虑建立项目绩效评价专家库，针对不同项目，分门别类地建立专家库，对专家库可以实施动态滚动管理。每次开展项目支出绩效评价前随机抽出专家名单，进行封闭评价。其次，将项目绩效评价委托给和项目没有任何利害关系的第三方评价机构，由第三方对预算项目实施的绩效进行评价，以求评价结果的科学和公正。需要明确的是，建立专家库和委托第三方评价机构对项目进行测评、打分，仅仅是工作的一种手段，而不是目的。更为重要的是，要在此基础上，在评定这些项目之后，请专家或第三方机构结合其评估过程，提出修正和改进方案，以进一步优化项目的质量和未来的绩效合同——将目标（结果）和预算资金更好地结合起来。在进行客观评价的基础上，可以考虑将专家和评估机构对项目的评价结果在互联网上进行公布。对于这些项目及其绩效，公民可以按照项目名称和关键词以及话题逐一查询。通过网站公布绩效考评的结果，可以让整个考评体系更加透明。同时，也可以让社会各界广泛监督项目的进展和绩效，以及项目绩效的评价过程。

（五）逐步强化绩效审计

预算三权分立中，监督权的独立行使是非常重要的环节，也是建立预算权力专业制衡机制的重要内容。当今，绩效审计已成为许多国家政府审计关注的焦点和主要的工作内容。绩效审计的出现和发展一方面加重了政府审计部门的责任，另一方面也强化了政府分权制衡机制。目前我国虽然还没有全面实行绩效预算，但不少审计部门已经先行一步，开始在审计工作中不仅进行合规审计，同时审计政府的支出是否取得了应有的效益。因此，我国在绩效预算的改革中，可以通过绩效审计推动绩效预算的实施。政府的各项财政支出都有一定的目的性，通过绩效审计可以看出该项支出是否完成了预期的目标，与同类支出相比效率如何。实行绩效预算，人代会上不仅要报告关于财政预算执行情况的审计，还要报告对政府绩效的审计。通过这样的方法可使政府各部门的决策者增加在使用财政资金时的"压力"，同时强化政府的三权分立和制衡，保证绩效预算改革的实施。

绩效审计在我国出现不久，实践经验尚不丰富。在今后完善绩效审计的工作中，我们还需要从以下几个方面出发，构建专业化制衡的绩效审计。

1. 我国绩效审计应在财政支出的经济效益审计、重大计划项目的可行性审计的基础上，逐步放宽绩效审计的范围，对经济活动中与利用受托资源有关的一切重要方面都要评价，对总体经济效益有重大影响的一切基本要素都要进行审查，尤其应重视对关系国计民生的公用事业领域的绩效审计。

2. 改革财政预算管理体制。实施制度创新与管理创新，提高审计的独立性、权威性和审计的效率、效果。借鉴发达国家的经验，将财政预算的编制与执行分离，并且由预算编制机构拨付审计经费，为开展绩效审计创造制度条件，也是提高财政资金使用效益的重要保证。我国政府绩效审计中，对财政资金使用效益的审计占有绝对重要的地位。如果财政预算管理体制不科学、不合理，必然影响到财政资金的使用效益，也影响到审计的效率和效果。

3. 加强绩效审计组织的专业化与独立化。与被审计单位及其他部门良好合作，以利于获取审计资料，并使绩效审计顺利开展。有效借用并整合外部资源，鼓励绩效审计业务专业化经营，积极引导中介组织的发展，在发挥审计检查控制功能的同时，进一步发挥其他服务咨询功能。积极开展理论研究，积极组织培训，提高认识，促进被审计单位重视和利用审计结果，真正把绩效审计工作落到实处。

4. 制定科学的政府绩效审计和评价标准。政府绩效审计指标体系是衡量被审计单位绩效高低的尺度，结合我国现阶段的审计工作水平，应尽快建立一套完整的、可操作性的审计指标体系。该指标体系的建立应考虑绩效评价的特殊性，将定性评价与定量评价相结合，一方面将可以量化的影响绩效的因素通过设置指标的方式进行量化，以便于分析、比较；另一方面对无法量化的影响绩效的因素，可借鉴美国的做法，建立“优先实践”原则作为衡量标准①。

① 张艳：“我国政府绩效审计实施中的制约因素及对策”，《审计与经济研究》，2004 年第 3 期。

第十二章　绩效预算运行机制

第一节　绩效预算运行程序

一、绩效预算运行程序的构成

绩效预算的运行程序。如前所述，绩效预算有着和传统预算不同的程序，这些程序保证了绩效预算的效果。

绩效预算的一般过程大致可以分为以下几个阶段：首先是政府确定行政目标；其次是部门依据目标确定工作重点并提出预算需求；接着是部门制定决策并执行预算；最后是评估绩效并提供预算报告。具体的预算过程如图 12－1 所示。

这样一种预算程序遵循的是一种“自上而下”的目标确定模式，这种模式可以确保国家层面的战略目标能够通过一种“金字塔”式的决策体制贯彻下去，同时，绩效评估和公开的预算报告又对政府的绩效形成了有效的监督，构成了一个“封闭环”，有助于产生“绩效”。在美国，对公共部门进行绩效评估的主要是公共部门自身、政府部门以及民间机构。

二、绩效预算编制

（一）绩效预算编制的主要内容

一是明确部门的任务和目标。绩效预算编制的第一个步骤是要求机构领导者对本部门的任务和目标作出清晰的界定，具体包括制定部门年度战略目标、明确达到目标的途径和手段以及设定衡量部门业绩的指标体系

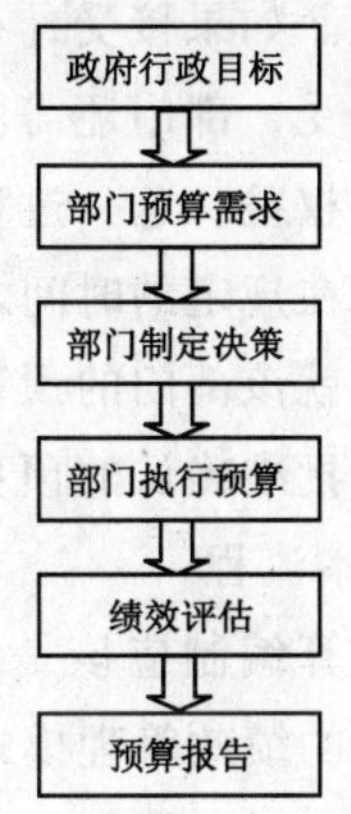

图 12－1 绩效预算程序示意图

等。通常情况下，部门的任务和目标已经存在，但仍然有必要对其进行重新审视，对由于部门内外部环境变迁而导致的部门目标或任务的变化要作出充分的评估，必要时可依据环境的变化为部门设定新的目标或使命。部门在每一预算年度开始时都要知道自身的工作目标，以及为实现部门目标所必须完成的任务。因此，明确部门的任务和目标是绩效预算编制的基础和前提。

二是细化战略目标，制订行动计划，提出预算需求。各部门的绩效目标在组织形式上类似于金字塔结构，位于塔顶的是各部门的年度总战略目标，在明确年度总目标的基础上，各部门还需要把战略目标进一步细化为具体的项目或产出目标，并依据这些细化的项目或产出目标制订详细的行动计划和资金预算。资金预算包括相关项目的人员费用标准、资本的单位成本和价格指数的变化情况等信息，主要用于评估项目的平均成本和边际成本。完成这些工作之后，部门就初步作出了各自的预算支出计划，据此提出部门预算需求。

三是审核部门的预算。财政部门或政府预算管理相关的职能机构在收到各部门提交的预算拨款申请之后，一般会安排审核员对部门的申请进行初审。审核员会根据宏观经济运行的各项统计指标和预测，结合该部门的战略目标，在综合税收收入等因素之后，对部门预算申请提出审核意见。如果需要，审核员可能会要求部门提供更为详细的支出说明书。通常情况下，初审意见会返回到相应部门，部门根据初审意见结合自身的实际需要，接受审核意见或提出异议。如果接受，在规定时间内编制形成该部门新财年的支出预算；如果不接受，部门还需就审核意见中提出的问题，作出自己的说明，以争取部门的权益。这一过程通常需要几次反复。

四是预算的批准和确认。在规定的时间之前，部门和财政部门在经过反复审核和讨论之后，最终会就该部门的预算申请达成一致。部门新财年的预算支出得以确认，并按照批准确认的预算进行资源配置。

（二）绩效预算编制的基本流程

从理想模式来看，绩效预算编制应该是绩效和预算分配挂钩的模式，这种模式对应的是责任和控制的绩效管理模式；而预算分配不直接和绩效相挂钩的绩效预算编制模式一般对应的是管理和改善的绩效管理模式或者节约型的绩效管理模式。由于管理实践、预算发展历程及政治体制差异等因素的限制，理论上没有适用所有国家的绩效预算编制模式和绩效管理模式，但绩效预算编制的一般流程却是基本一致的（如图 12－2 所示）。

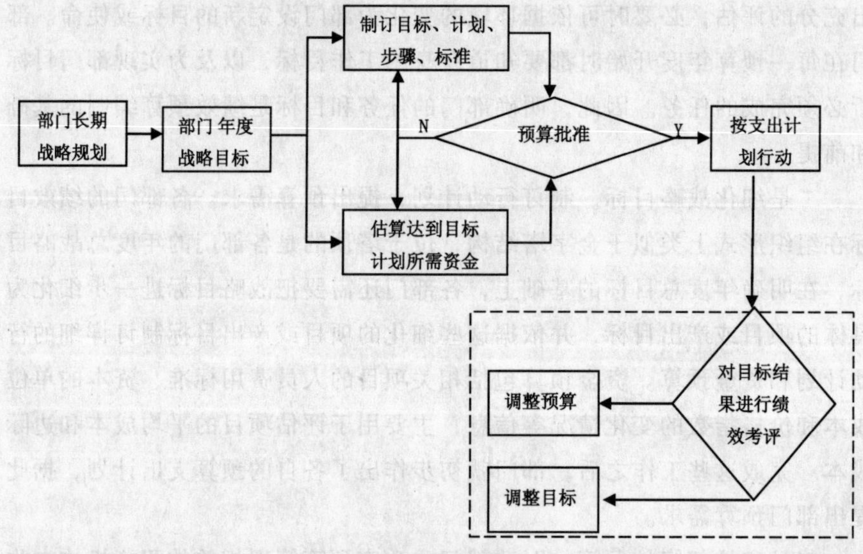

图 12－2　绩效预算编制流程

从图 12－2 可以看出，以绩效管理为基础的预算编制更客观地评价部门支出取得的成效，更有约束力地管理公共部门，更高效率地配置资源。各部门的绩效预算编制首先要明确本部门的职责，这要求各部门之间要有明确的分工，知道自己的职责是什么。然后根据具体情况，结合职责、使命，确定本年度需要实施的项目，并对各项目间的重要性按优先级次进行排序。接下来制订具体的计划，分步骤、分阶段地分解项目；确定具体的阶段目标，用来考核项目实施时的进度情况，以确保项目按计划完成。在分解项目过程中，对每个过程所需要的资金作出科学的核算，这不仅是分配资金的需要，也是比较不同支出项目优先顺序的基础。随后政府根据不同部门的需求，结合当下经济调控和社会公共服务的需要合理分配资源。

由绩效预算编制的流程可以看出，在预算编制过程中，处处体现了对结果和产出的关注，强调政府提供服务的经济性、效率性和效益性。

三、绩效预算的执行过程

（一）绩效预算控制的发展阶段

支出控制是预算的基本职能，可以说，绩效预算的执行过程就是对预算进行控制的过程。预算控制经历了三个阶段：通过机构对支出项目进行外部控制；通过支出部门对投入进行内部控制；产出的管理及决策自由和责任①。

在预算发展的初期阶段，所有的国家都建立了外部控制，某些国家甚至在其预算体制已经高度发展的情况下仍然坚持外部控制。但仅仅做到外部控制并不能保证预算执行的有效性，因为不同的支出项目具有不同的特点和要求，只有具体的支出部门才会更详细地了解这些项目的决策信息，而这些是有效决策所必需的。因此，必须还要由具体的支出部门实施内部控制。

从预算控制的实践来看，很多国家在外部控制都发展得相当完善后，大都转向了内部控制。内部控制机制是一种内部的自我监督和自我调整体系，是一个部门、单位为了保证各项业务活动的有效进行，保护资产的完整和有效的运用，防止、发现和纠正错误、舞弊与欺诈行为，为实现经营管理的目标而制定和实施的一系列组织措施、业务处理程序以及其他调节方法的总称。内部控制强调部门内部对支出项目的投入进行全程的监管，从准备阶段到项目的执行、完成阶段，预算执行的负责人都要严格控制支

---

① ［美］艾伦·希克：《当代公共支出管理方法》，经济管理出版社，2000年版，第113页。

出，这不但可以帮助预算部门实现其预期目标，而且还能为绩效考评提供可靠的依据。该系统一般由内部会计控制、内部管理控制和内部考评控制三个控制子系统所组成。

但内部控制也有自身的缺点，即控制制度着重点是遵照预算执行，采用这种方法的目的是确保财政纪律，但存在两个问题：一方面是过细的控制耗费大量的时间和资源，使得预算僵硬，没有给予管理者应有的灵活性；另一方面是内部控制关注对公共物品的资金支付，但问题往往发生在其他地方，如人员过多、权力集中、公共服务资金支付拖欠等等。

为此，有一些国家开始强调管理责任、产出和结果控制。一般认为，自主决策可以弥补上述两种控制制度的不足，但自主决策的权力需要责任加以约束，即对产出进行管理。决策自由和权利的对称，确保了绩效预算的有效执行。产出管理及决策自由和责任是在外部控制和内部控制高度发展的基础上实现的，所以预算控制的这三个过程是逐步实现的，是预算发展的内在结果。OECD 国家经验表明，绩效预算控制发展的顺序是政府在对公共支出具有强有力的外部控制之后，才转向内部控制，同样在内部控制成熟以后再强调产出和结果控制。如果不遵从这样的顺序，在内部控制高度发展之前就将广泛的决策自由下放给管理者可能会造成很大的风险①。

（二）绩效预算执行的主要内容

预算执行是利用现有资源贯彻执行预算编制政策的阶段。为提高预算执行的效率和有效性，OECD 国家强调增加预算项目对优先级的回应性、强调结果和产出控制、强调管理责任以及市场化方式的应用。

1. 采用管理责任模式对支出进行控制。

管理责任控制方式在 OECD 国家具体操作形式不同，每个国家的改革重点也不同，例如加拿大、墨西哥、新西兰和葡萄牙一直努力赋予管理者更多的权力来决定如何达到目标；韩国和挪威将要赋予机构更多权利使用剩余拨款；希腊、波兰和英国一直在发展合适的工具来评估效果等②。

---

① Jack Diamond，“ From Program to Performance Budgeting：The Challenge for Emerging Market Economics”，IMF Working Paper，2003/169，P3.

② OECD，2002，“individual country in - depth chapter on public expenditure”.

2. 在绩效预算中引入绩效合同。

在管理责任控制方式中，由于放弃了投入的严格控制，逐渐转向产出和结果控制，就要求以契约的方式明确机构的目标和产出以及结果，明晰责任关系。因此，管理责任控制中，责任关系是最重要的改革内容，决定着绩效预算改革的成败。从各国实践看，契约模式主要表现为绩效合同的广泛使用。通过绩效合同，确定了各政府部门、各机构和个人的产出及绩效任务，即要实现的目标、完成的任务，并用量化的指标加以说明。

3. 引入竞争机制，强化市场信号。

管理责任要求管理者改革管理实践，引入市场竞争机制，强化市场信号。OECD 国家改善公共支出有效性的经验表明，在公共部门引入市场竞争机制，强化市场信号，对于改善预算执行绩效非常重要。在供给方，竞争可以降低成本，增加成本效率；在需求方，用户收费可以限制过度消费。因此，引进竞争机制，强化市场信号，通过在供给和需求方面发挥作用可以显著地提高预算执行效率以及有效性。主要做法有供给和购买分离，在公共物品供给中引入竞争机制（如政府采购等）。

4. 改革公共支出管理实践，提高支出有效性。

绩效预算执行的成功与否不仅仅取决于预算本身技术的改进，很大程度上决定于绩效管理的改善，例如绩效目标对绩效预算执行的影响在于良好的绩效目标不会扭曲预算行为，并给预算执行者良好的动机；支出控制对预算编制者实现宏观效率很重要，对于预算执行效率也有很大影响，由于公共部门的特殊性，在一些领域控制支出相当困难，因此，能否控制支出就存在一定的执行风险；公共部门是人力密集型行业，人力资源管理对预算绩效实现影响很大，应该基于市场原则来招募和管理公务员；最后，必须引入面向结果或产出的绩效激励方案。

四、绩效预算的报告过程

（一）绩效报告的目标和对象

作为有效的沟通工具，绩效报告的目标是为满足各级管理者进行有效的沟通、控制、决策和业绩考评需要，而提供各种有用的信息。这些信息完整地反映了受托经济责任的履行情况，同时也满足了内部各级管理者进行内部沟通、控制、决策和业绩考评的需要。从绩效报告的目标来看，绩效报告的对象是指绩效报告核算和控制的客体，即政府提供公共产品与服务过程中资源的耗费、占用和成果。

（二）绩效报告的特征

绩效报告的目标决定了有用性应作为绩效报告最重要的质量特征，这里的有用性是指沟通有用性、控制有用性、决策有用性和业绩考评有用性。此外，绩效报告信息还应具备一系列其他特征，它们可以看成是对信息质量的分层次的要求。如图 12－3 所示。

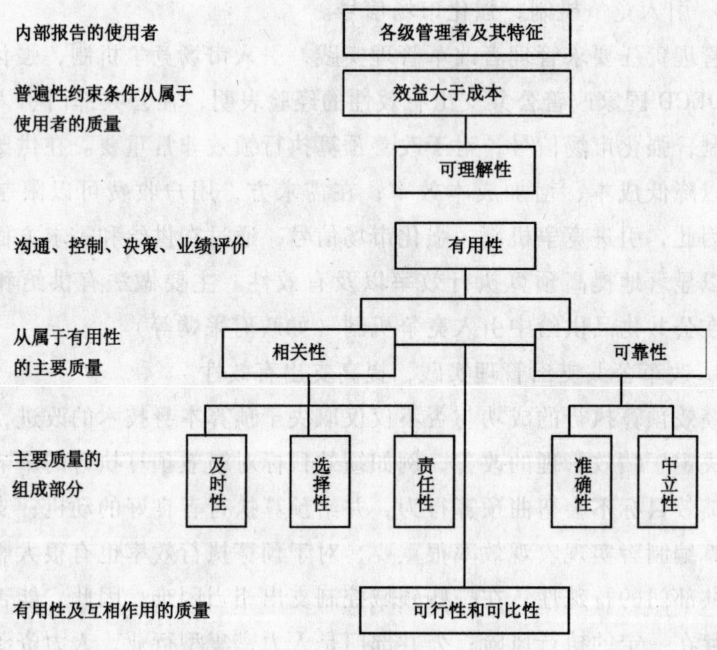

图 12－3　绩效报告信息质量的层次

1. 可理解性。

可理解性要求绩效报告所报告的信息清晰、简明、易懂，消除不必要的复杂性和技术细节，这样有助于更好地进行控制，这是对绩效报告信息的最基本要求。

2. 相关性。

要想达到有用性，所提供的信息必须具有相关性。相关性是绩效报告信息的主要质量特征。绩效报告是提供给决策者供其进行沟通、控制、决策和业绩考评的，因此必须提供有效的管理信息。凡具有相关性的信息，必然具有预测价值和反馈价值。相关性决定了所要报告的信息必须具有及时性、选择性和责任性。其中，及时性是指信息流通应当及时，以在事件完全成为历史以前，采取一切必要的控制行动；选择性是指各级管理者在控制过程中应识别与本部门业绩有关的关键因素；责任性是指信息必须能够有助于负责人解决以下问题：知道应该达到什么；知道已经达到什么；知道正在发生什么。

3. 可靠性。

可靠性是指确保绩效报告信息不出现错误和偏差，并能忠实于它意欲反映的现象或状况的质量。可靠性要求所报告的实际业绩信息要具有准确性、中立性。其中，准确性要求绩效报告的信息应当与所要表达的现象或状况保持一致或吻合，绩效报告信息若不能真实反映所计量的经济事项，就不具有可靠性。在一个报告系统中，计量什么、如何计量需要十分清楚。中立性是指数据对不同信息使用者的影响都是没有偏见的。中立性是一个理想的目标，特别是当数据用来进行业绩考评或作为分配资源、解决争端的根据时，就更应如此。

4. 可行性和可比性。

可行性是指报告具有很强的针对性，而且随着决策层的提高，信息要求越概要越总括。而可比性用来表明两个或几个信息之间关系的质量，可比性要求揭示出重要的趋势和数据之间的关系。

（三）绩效报告的内容和形式

绩效报告的主要内容包括控制标准和实际执行情况之间产生的差异（计量差异），以便进行控制。除此之外，应根据重要性原则对重大差异作进一步的定量和定性分析（差异原因分析），确定其正常与否，并确定相关责任，以便对责任部门或责任人进行业绩考评。在绩效报告的内容中，最具建设性的内容是有关缩小差异的建议，这些建议包括两方面：一方面是在履行职责中如何控制差异的建议；另一方面是根据客观环境的变化，如何及时恰当地调整责任衡量标准的建议。

绩效报告的形式通常有报表、图表、数据分析和文字说明等。将控制目标、实际履行情况及产生的差异用报表予以表示是绩效报告的基本形式。但由于绩效报告是对各责任部门或责任人履行情况所作出的专门报告，因此在揭示差异的同时，必须对重大差异予以分析，这时可以用图表的形式来反映，包括统计曲线、图形以及传统的表格。通过图表的形式，各种经济关系、经济趋势和经济比较，就能够形象化、清晰化、一目了然，从而更易于把握。

（四）绩效报告的功能

1. 沟通功能。

沟通是借助一定的信息符号系统，进行信息发布和接收的一种信息交换行为。绩效报告本身就是一种沟通工具，它定期或不定期地将各责任部门或责任人对预算执行的结果反馈给上级，以便上层决策者及时了解预算的执行情况。为了更好地发挥绩效报告的沟通功能，要求必须报告及时、信息准确、完整以及可理解。

2. 控制功能。

控制是监督各项活动，以保证它们按计划进行并纠正各种重大偏差的过程。绩效报告作为管理控制系统的反馈系统，其控制功能主要体现在：对正在发生的错误，采取挽救措施；对已经发生的错误，指导管理部门查找原因，努力减小损失程度；准确判断过失是怎样产生的，提出可以避免这类过失重犯的方法；找出相关的责任人。

3. 决策功能。

所谓决策，是为实现一定目标，在两个以上备选方案中，选择一个方案的分析判断过程。在这一过程当中，管理者必须掌握充分的信息，进行严密的逻辑分析，才能在多个备选方案中选择一个较理想的方案，而绩效报告正是其所需信息的一部分。绩效报告作为管理控制系统的反馈系统，是进行下一轮决策不可缺少的组成部分。

4. 业绩考评功能。

业绩考评是决策者运用一定的指标体系，对组织的整体运营效果作出概括性考评以及对相关责任人的工作效果进行考评。绩效报告正是预算执行过程和结果的反馈，它的业绩考评功能体现在：整体的预算目标是否实现；各预算单位在预算目标实现过程中贡献的大小；各相关责任人在预算目标实现过程中贡献的多少等等。

五、绩效预算的考评过程

（一）绩效考评的内涵

1. 绩效考评的概念。

绩效考评作为一种管理控制工具，是绩效管理系统中非常重要的内容。在实践中，绩效考评被看作是绩效管理过程中内在的，不可缺少的重要组成部分。具体到政府绩效管理，就是运用科学的方法、标准和程序，对政府部门的业绩、成就和实际工作作出考评，在此基础上对政府绩效进行改善和提高①。

所谓绩效考评，是运用一定的考核方法、量化指标及考评标准，对部门为实现其职能所确定绩效目标的实现程度，以及为实现这一目标安排预算的执行结果所进行的综合性考核与考评。其目的是通过对部门绩效目标的综合考评，合理配置资源，优化支出结构，规范预算资金分配，提高预算资金使用效益和效率。

2. 绩效考评是绩效预算的核心内容。

绩效考评是政府绩效管理中的一个重要环节和组成部分，其目的在于实现财政资源的总量控制、财政资源的优化配置、财政资源使用的效率性和有效性。建立预算支出绩效考评体系的核心，就是把现代市场经济的一些理念融入预算管理中，使政府预算能像企业财务计划一样，对政府的行为进行内部控制，并通过这种内部控制，保障政府目标的实现，提高政府运行效率，促进政府职能转变，提高政府与市场的协调能力。

从操作层面上讲，预算支出绩效考评体系，不仅是对部门预算支出使用情况进行考评和监督，它的根本意义更是以部门预算支出效果为最终目标，评价政府职能目标实现程度，评价政府提供公共产品和服务的数量、质量及成本。正因为预算支出绩效考评体系有着这样的功能，因此，如果仅仅从财政的角度来进行预算支出绩效考评，就很难全方位地反映部门预算支出的实际效益与效率。从这个意义上讲，预算支出绩效考评体系，是以财政部门为主体，政府其他职能部门共同配合而形成的管理公共产品和公共服务的一项制度。

由于财政支出范围广泛，再加上支出绩效表现多样，既有可以用货币衡量的经济效益，又有无法用货币衡量的社会效益，不同的项目还有不同

---

① 中国行政管理学会联合课题组："关于政府机关工作效率标准的研究报告"，《中国行政管理》，2003 年第 3 期。

的长短期效益，直接效益和间接效益等，所以长期以来，财政部门一直无法采取一种比较准确的办法，来对部门预算支出进行衡量。而这一“盲点”恰恰是减少资源损失浪费、提高效率的关键点。预算支出绩效考评体系，就是要把“不可衡量的事”变为可衡量的，确定政府的职能、部门预算支出的目标以及实现这些目标所需的步骤，在给定目标的前提下寻求最有效率的实现目标的方式，以最低的成本最大限度地满足公共需要、社会经济发展的需要。

预算支出绩效考评体系在绩效预算中的关键作用是从质和量两个角度说明政府资金的使用状况，从而使绩效预算的功能突出反映在资金使用效率考评对预算拨款的约束上。因此，可以说预算支出绩效考评是绩效预算的核心内容之一。政府绩效考评体系解决的是预算编制依据问题，预算支出绩效考评体系解决的则是编制好了的预算究竟是否被执行好、事后来看优劣之处是什么，这两者可以说是绩效预算中前后相联的两大侧面。

（二）绩效考评的多重价值标准

绩效考评作为绩效预算的关键组成部分，其考评内容应该是产出还是结果，是考评单个项目还是考评整个预算，OECD 国家之间一直存在争论。焦点集中在两个方面：第一，是考评内容方面的问题。结果经常难以直接测度（例如国家安全）或者它们过于复杂，例如，它们在许多项目和子项目之间互相交叉（例如：更低的发病率）。第二，是考评责任方面的问题，管理者应该对什么负责。实际操作上，机构经常可以对产出进行控制，但最终结果在很大程度上是受外部因素影响的，而这些因素又是不可预测的。另外，观察到的结果往往可以用不同的方法来解释。所以，最终考评获得的结果通常具有两面性，包含着积极和消极两方面影响。

实际上，没有任何一个 OECD 国家仅仅采用结果或者产出绩效考评的办法，而往往是根据绩效管理水平和目标侧重，重点关注某一指标，因此，总的来说，绩效预算考评是一个综合性的考评体系，若想取得满意的考评结果，必须建立能够反映公共管理多元目标的价值标准体系。早在20 世纪 80 年代初，英国的效率小组就建议在财务管理新方案的改革中设立“经济性”、“效率性”、“效益性”的 3E 标准体系，不久，英国审计委员会就将 3E 标准纳入到绩效审计的框架中。从此，3E 标准逐渐发展成为政府绩效考评的核心内容和总目标。

政府绩效考评即对政府部门行为的经济性、效率性和效益性进行考评。其中，经济性考评包括：根据健全的行政管理原则、实务和管理政策对管理活动的经济性进行考评；对政府部门是否经济地使用其资源并将成本保持在较低水平进行考评。效率性考评包括：人力、财力和其他资源是否得到有效应用；政府项目、单位和活动是否得到有效管理、约束、组织和执行；政府服务是否提供及时；政府项目目标的实现是否符合成本效益原则。效益性考评包括：政策目标是否得到实现；所发生的结果是否归于所定制的政策。

经济性、效率性和效益性三者之间彼此相互关联，缺一不可。如果不考虑质量、消费者满意等有效性因素而一味追求节约、效率，则会导致组织偏离自已的目标，而为了取得目标却不计成本、不惜代价、不考虑效率，将最终导致组织资源的浪费和不足。因此，在经济、效率和有效性的关系上，最终体现了资金价值的理念，即在组织管理过程中不断追求"不断增加资金价值的过程"。资金价值标准和理念，反映了公共部门绩效管理中的总体绩效标准，它要求组织根据经济、效率和有效性的标准来获取资源和使用资源，以实现组织的目标要求。经济、效率、有效性和资金价值之间的这种关系，实际上就构成了公共部门绩效考评活动中的价值标准体系。

事实上，"3E"标准只是反映公共绩效考评的多元化价值标准的一种方式。在3E标准的基础上，OECD国家又发展了五重价值标准的考评体系①，包括经济、效率、有效性和遵从、服务质量。遵从是指机构必须遵守预算和拨款的有关法律法案及其他有关现金流管理和信用支付的规定；服务质量指对用户的更快更好的服务，诸如时机合时（timeliness），容易获得（accessibility），服务可靠（reliability），持续稳定（continuity）。

（三）绩效考评主体的多元化

在传统行政管理模式下，效率的考评活动属于管理过程中的控制环节。考评主要是上级对下级单位的反馈活动。但是，随着分权化管理、结果管理、顾客导向、工作团队、组织与雇员发展等新管理主义理念和实践

① Richard Allen and Daniel Tommasi："Managing Public Expenditure - A Reference Book for Transition Countries"，OECD，2001，P359.

活动的大量出现，这种自上而下的单向考评活动已转换为全方位的绩效考评方式。

在组织绩效考评方面，同样也存在考评主体多元化的趋势。因为，随着各种类型的公共组织日益获得更加广泛的管理自由权和资源控制权，它们已不再单一而机械地执行上级的指令，还必须考虑立法部门、利益集团、政治领导人、专业人士、公众以及其他相关部门对它们提出的各种要求，并作出及时的回应。公众组织的责任机制，开始从自上而下的单一链条形式转变为面向多元利益群体的网络形式；公共组织的责任机制已体现在政治、法律、专业技术、管理等各个方面。这种责任机制的实现，很大程度上依赖于相关利益群体对它们所作出的考评。因此，公共组织绩效考评主体同样也呈现出多元化的趋势，这种趋势要求在进行公共部门的绩效考评时，必须权衡顾客的不同需求，提供不同的绩效信息，并开发不同的绩效考评工具。

（四）绩效考评结果的运用

绩效考评所产生的信息需要及时地反馈到部门支出决策的过程中，只有这样才能确保绩效考评真正促进各级政府部门的绩效，而这一传达过程是通过信息反馈系统完成的。

反馈控制是最常用的管理控制方式，这个反馈系统把管理控制不单单看成确定标准、衡量业绩和纠正偏差的工作，还包括更为复杂并切合实际的见解。与实时控制和前馈控制相比，反馈控制系统的优越性体现在：第一，反馈控制提供了计划执行效果的真实信息。如果反馈显示现实与标准偏差很小，说明计划目标已经达到。第二，反馈控制可以增强员工的积极性，因为人们希望获得考评他们绩效的信息，而反馈正是提供了这样的信息。但反馈控制系统的缺陷即管理者获取信息的滞后性也是很明显的。在管理者得到实际执行情况的信息反馈时，损失可能已经发生了，只能采取“亡羊补牢”式的纠正措施。

第二节　绩效预算运行手段

除程序方面的规定外，绩效预算的运行机制还应该包括完备的法律框架、上下衔接的组织框架以及一套完整而准确的指标体系和行之有效的测度工具。这几个方面共同构成了绩效预算正常运行所需要的手段，缺一不可。

一、完备的法律框架

预算是一种政治过程，是政治家之间以及政治家和公众之间为分配资源而进行的一种博弈过程，因此，这一过程必须受到法制的规范和约束，从而保证整个过程的规范化和透明化。在实施绩效预算的国家中，都有一套完备的法律框架，而且往往是“法制先行”。

在美国，1993 年美国第 103 届国会通过了《政府绩效与结果法案》（Government Performance Results Act，以下简称“GPRA”），GPRA 要求行政预算“提供所有的预算信息以备国会制定政策和支出决策所用”，并在美国第一次以立法形式将绩效管理制度固定下来。《政府绩效与成果法案》是 1921 年《预算与会计法案》（Budget and Accounting Act of 1921）的修正案，该法案要求将绩效预算在联邦政府制度化，要求所有的联邦政府部门发展和使用绩效预算技术并向民众报告自己的绩效状况与执行情况。它要求联邦机构制定其旨在为美国人民提供高质量产品和服务的战略规划和绩效评估制度，并且规定了每个部门制定的战略规划的内容。《政府绩效与成果法案》为美国的绩效预算确定了基本的框架。除了《政府绩效与成果法案》外，美国较早制定的《情报自由法》以及 20 世纪 70 年代颁布订立的《联邦政府阳光法案》，要求政府必须将预算内容尽可能完整地予以公布。目前，美国政府每年都将所有与联邦政府预算有关的正式文件，不论是提交总统的，还是提交国会的，均通过互联网、新闻媒体、出版物等渠道向社会公布。通过财政信息的广泛披露，纳税人可以详尽地了解政府税收政策、支出政策以及财政资金的安排、使用情况。此外，2004 年 3 月，美国国会又通过了《项目评估与结果法案（2004）》（Program Assessment and Results Act，PARA），要求 OMB 每五年至少对所有的政府项目进行一次评估，这样，OMB 就更进一步地拥有了增减部门预算额度的科学依据。

在澳大利亚，1984 年通过的《功绩保护法》（Merit Protection Act，1984）、1997 年议会通过的《公共服务法案》（Public Service Bill，1997），《财务管理与责任法案》（Financial Management and Accountability Act，1997）和《审计长法》等法律，构成了澳大利亚绩效预算的法制框架，这一框架完善了政府公共部门绩效的责任管理，使结果导向的政府公共部门绩效考评机制进一步健全。此外，1997 年《联邦政府服务宪章》（Commonwealth Government Service Charters）的公布，为联邦政府各部门制定了"服务标准"，并作为绩效考评的重要依据。

二、完整的组织框架

（一）绩效预算组织框架的构成

在发达的市场经济国家，组织框架的设立往往需要法律的确认，才能够获得足够的权威和执行力。因此，伴随着法律制度的不断完善，在实施绩效预算的国家中，组织框架也得以逐步建立，这是绩效预算得以进行的组织保证。

澳大利亚绩效预算的组织框架由评估主体和评估对象组成，而评估主体的主体地位是依据一系列的法律而得以建立并得到保证的。例如，根据 1922 年议会通过的《公共服务法》（Public Service Act，1922），设立了政治中立的公共服务理事会（Public Service Board，PSB），该理事会下设管理体系与公共效率部，专门负责公共部门及其公务员的绩效评估。1951 年，根据国会通过的《公共会计和审计委员会法案》（Public Accounts and Audit Committee Act，1951），设立了独立于联邦政府的两院公共会计和审计联合委员会（Joint Committee of Public and Audit，JCPAA），负责审查、评估所有接受国会拨款联邦机构的资金运作绩效，以确保联邦的财政资金得到有效的运用。1974 年，为了便于了解公共部门提供公共服务的水平，惠特拉姆政府成立了皇家管理委员会。该委员会肩负着全面检查澳大利亚各公共部门绩效并向联邦议会报告的责任[①]。此外还有内阁支出委员会、提升评审委会等一系列的机构也是政府的评估主体。而对于评估对象，各种法律也都有相应的明确规定。

在英国，除了政府各部门对自己的机构绩效进行评估以外，英国的审计办公室负责中央政府机构的绩效评估，审计委员会负责地方政府的绩效评估。在美国，联邦政府的管理与预算局审批各部的年度绩效计划，总审计署自主选择项目或活动，独立对政府机构进行绩效评估，并向国会和公众公布评估结果。美国绩效预算和考评的组织框架如图 12－4 所示。

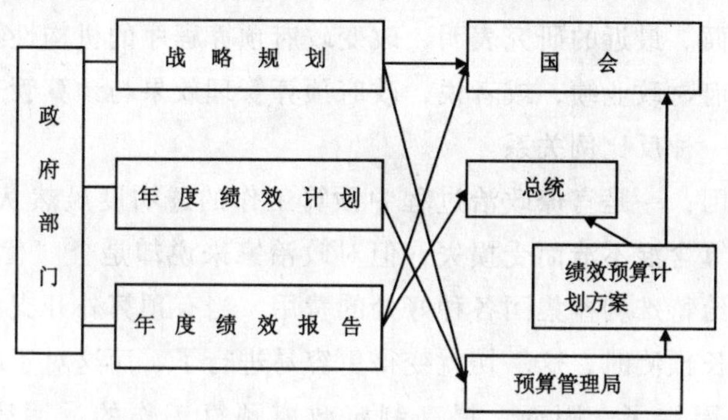

图 12－4　美国绩效预算和考评的组织框架图

（二）组织框架的效率

政府预算权力的分配通过立法后，便形成了一整套相应的预算管理的组织制度，这一组织制度构成了组织政府预算的基础，它反映了宪法、法律和行政方面对政府预算工作所作出的一种制度安排，是政府预算制度中的一个重要组成部分。政府预算管理效率决定于按照预算组织制度设立的财政管理机构和有关的管理方式。

从管理学角度来看，政府预算过程是由一组决策组成的，因而可以把政府预算过程看成是一个“最优化”的过程，即按照规定的预算程序，将预算编制部门编制的政府预算提交给各管理层次的组织机构进行审议，虽然不能肯定这一审议过程一定能使预算的安排更为科学合理，但这一过程至少使预算能够吸收各层次管理组织机构对预算安排的看法，从而使预算能够真正成为综合体现政府各部门和立法机关意图的预算。由于这一过

① 财政部预算司：《预算管理国际经验透视》，中国财政经济出版社，2003 年版。

程是在一个官僚政治体制下进行的，因而也可以说政府预算过程是一个官僚政治过程。

在这一官僚政治过程中，政府预算管理的效率能否真正得到提高和通过体系指标来考核其效率，一直是改革预算程序或官僚政治过程中争论的主题。公共选择理论的研究成果已经充分说明，官僚政治过程往往带来管理的低效率，改进官僚政治过程提高其效率是必要的和可行的。这些观点具体体现在对预算程序的效率评价方面，就是现行的预算程序肯定存在低效率现象，因而，深入研究现行的政府预算程序，应该是提高预算管理效率的重要方面。最近的研究表明，改变政府预算程序的机构性特点可以极大地改善政府财政业绩，或者说，政府预算管理效果与预算管理机构的质量之间存在一种反比例关系。

究其原因：一是官僚政治过程中预算工作的透明度虽然从整体上看，社会会因预算含混不清而受损失，但对政治家来说却是个“优点”，因为它能混淆拨给特殊利益集团各种好处的费用，当有预算外开支和过分乐观的收入及增长预测时，这一切就变得更容易进行了，而这对于政府支出的控制却更加困难了，因而，提高制定政府预算工作的透明度是尤其重要的。

二是预算是如何制定和如何得以批准的也很重要。有证据表明，一个国家是否采取等级制度的方法制定政府预算是至关重要的，即赋予财政部巨大的权力，控制各部委的支出，或将这种权力赋予一个学院性质更强的部门。从原则上讲，等级制度的方法应能促进执行更严格的财经纪律，因为它能够彻底地“自上而下”地控制支出，并限制立法者零敲碎打地扩大预算规模。

三、科学的绩效评价体系

在绩效预算程序中，构建全方位的绩效评价体系是保证绩效预算效果的重要手段。和传统的预算绩效评估不一样的是，绩效预算的评价体系是立体式、复合型的评价体系。如图 12－5 所示，任何一个机构都要同时接受顾客、上下级机构、社会机构以及社会媒体的综合评价，这种评价体系实际上还是一种监督体系。

例如，在美国，公共部门的绩效要依靠单位自身、上级部门以及社会

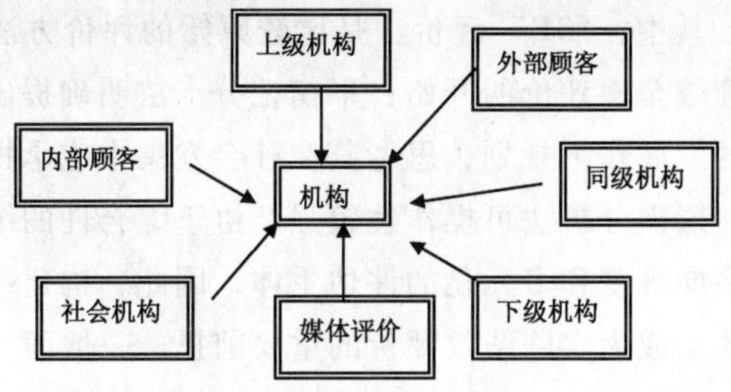

图 12－5　360°绩效评价体系

机构的综合评估来进行。任何公共部门自身均会对本部门的工作绩效进行自我评估。同时，政府的上级部门也会对公共部门进行定期的评估。如：美国人事总署在全国设有 6 个办事处，可以随时就近开展测评工作以确保测评的及时和客观，并且对各政府机构的考评进行指导。另外，美国审计总署是对公共部门进行绩效评估的重要的政府专门机构之一。民间机构也是对公共部门进行绩效评估的一支重要力量。如政府会计标准委员会，它是一个非政府机构，但却是美国注册会计师协会承认拥有制定州与地方政府的一般可接受会计准则权力的唯一实体。另一个较有影响的民间评估机构是坎贝尔研究所。1998 年，它对全美 50 个州政府展开了大规模的绩效测评活动，并公布了各州政府的测评分数和排名，引起了较大的社会反响。1999 年又对全美 35 个财政收入最好的市政府进行了绩效测评。其对政府绩效进行评估并公布分数和排名的做法，被评为 1999 年美国十大新闻之一。2000 年，该研究所第二次开展了对全美 50 个州的绩效测评。坎贝尔研究所主要是从财政管理、人事管理、信息管理、领导目标管理及基础设施管理五个方面对政府进行绩效评估①。此外，高校也是对公共部门进行绩效评估的重要民间机构。哈佛大学、罗各斯大学等高校一直在关注和研究公共部门的绩效评估，它们提出了各自有关公共部门绩效评估的理论、方法、指标体系或步骤等，并以这些理论为指导对地方政府或联邦政府进行测评活动，有力地推动了公共部门绩效评估活动的开展。

各国政府在推行绩效预算的过程中，设计了开展绩效评价的不同方法，其中有代表性的有四种：“3E”评价法、标杆管理法、平衡记分卡法

① 母天学：“对美国政府绩效考评活动的考察”，《行政论坛》，2001 年第 5 期。

和层次分析法。其中，“3E”评价法是比较原始的评价方法；标杆管理法预示着对政府绩效全面评价的开始；平衡记分卡法明确提出政府要以长远的眼光对社会的发展作出规划，思考其在社会发展中应承担的使命，指导政府绩效评价；层次分析法可操作性较强。由于综合性的绩效评价具有多重价值标准、多向维度和多元化的评估主体，因此，构建一个有效可行的绩效评价指标体系成为实施绩效评价的重要前提。一般而言，评价指标包括：投入指标、产出指标、结果指标、中间结果（intermediate outcome）指标、过程指标和质量评价等。对这些指标进行赋值就形成了绩效评价的标准，这些指标以不同方式结合起来就构成了绩效评价的标准体系，可以全面衡量预算执行的绩效。

第三节　绩效预算运行的方法

明确预算程序，建立规范的法律框架、组织框架和绩效评价体系，绩效预算就具备了运行所需的基础条件，但要从根本上提高运行效率，降低运行成本，还必须加强绩效预算运行方法的研究，建立较为完善的激励、约束和协调机制。综合各国的经验，绩效预算的实施机制主要包括以下方面。

一、分权与问责相结合的机制

传统的预算管理方式侧重对投入的控制，往往用条条框框约束部门管理者的具体活动，如对预算资金的用途作出明确的规定，限制管理者调剂使用，结余资金不准结转等等。这种管理方式一定程度上确保了资金使用的安全性，但由于预算只是对未来发生事项的一种中性估计，部门管理者无法根据实际情况灵活安排资金，资金使用效果往往受到影响。绩效预算侧重对产出的控制，由于存在信息不对称，信息较充分的管理者更了解如何优化配置资源以实现本部门的产出目标。因此，以分散管理代替集中管理，赋予管理者较充分的自主权也就成了绩效预算改革的通行做法。例如，新西兰部门管理者有人事支配权，有选择从政府部门或者私人部门购买服务的权利；澳大利亚和瑞典实行整体拨款制度，在拨款数额内，部门管理者可以自主决定资金用途；瑞典部门管理者还有结转、信贷、用人等方面的权利。

权利和责任往往是对等的，在提供部门管理者灵活性的同时，各国也相应完善了问责机制。那些赋予部门管理者较大权利的国家，往往也是问责机制较为健全的国家。新西兰通过签订个人绩效合同直接约束部门管理者，管理者在合同到期时能否续签合同，能否得到分红，都受绩效考评结果的直接影响。瑞典的问责机制包括：发布拨款证明文本，向公众说明机构要实现的目标、绩效指标以及机构因此而得到的拨款数额；进行独立审计并给予评分和评级；实行议会巡查官制度，倾听公众对于公共服务的投诉；编制财务报告和年度报告，接受议会的审查等。加拿大引入了诚信支出法案，使项目负责人可以得到更好的问责。问责机制的建立，对部门管理者行使权力形成了很好的约束，促使他们更加科学有效地执行预算，提高资金的使用效益。

二、绩效目标与绩效评价相结合的机制

绩效预算是以结果为导向的预算，其主要特点是在预算编制之初就要确定预算安排所要达到的绩效目标，绩效目标包括部门层面和个人层面，主要以年度绩效计划和绩效合同为载体来加以明确。年度绩效计划通常在编制年度预算时根据部门的战略目标确立，详细阐述部门在特定年度内拟提供的公共服务数量和水平。包括以结果为导向的绩效目标，实现绩效目标需开展的详细活动和需动用的资源，衡量绩效目标的具体指标以及按照正常条件能够达到的绩效标准等，如新西兰的绩效声明报告，美国的年度绩效计划等。年度绩效计划通常需提交给内阁或者国会通过，以作为将来对该部门或项目进行绩效考评的依据。

绩效合同按照对象的不同分为部门绩效合同和个人绩效合同。如英国确立了“公共服务协议”（Public service agreements：PSAs）框架。公共服务协议在财政部（代表政府）和各部门之间签订。协议规定了各部门未来 3 年的支出计划和预算资金，并对部门预算支出提出了绩效要求。通过该协议，政府承诺向公众提供有效服务。PSA 的引入以及确定了结果导向的绩效任务，“第一次使（3 年内）公共支出决策与部门承诺通过财政

资金支出将达到某种特定的、可测量的绩效目标联系在一起”。新西兰通过签订个人绩效合同直接约束部门管理者，管理者在合同到期时能否续签合同，能否得到分红，都受绩效考评结果的直接影响。二是废除公务员的终身制，实行合同制，通过合同规定公务员在职期间的绩效标准。

确立绩效目标是一种前端控制，明确了努力的方向，但是，如果没有相应的后端控制，即对绩效目标的实现情况进行评估，绩效目标就会流于形式。因此，引入绩效评价体系，增强预算投入与预算结果的关联度，构建促进效率提高的激励机制就成为绩效预算的必然要求。每个年度终了，各部门要负责审核汇总下属各个单位、项目的年度计划执行情况，形成年度绩效与责任报告，报告内容包括本年度部门绩效执行情况、执行过程存在的困难与问题和下一年度的工作计划等。然后，财政部门与审计等部门对部门项目执行绩效结果进行内外部考评，并根据考核结果进行奖惩或调整预算。一是由政府根据内外部考评结果对于绩效好的部门给予奖励，对于指标完成不好的部门，则予以公告，削减直到取消这项预算。二是根据绩效预算按效果拨款的原则，财政部门按照各机构的计划制订情况以及工作绩效的考核结果调整下一年度财政预算。

三、总额控制与管理责任相结合的机制

控制公共支出总额是绩效预算体系的基本目的，也是首位目标，如果没有支出总额的限制，财政资源的分配效率和执行效率以及支出的有效性就很难达到。要保持财政总额控制就必须强制执行财政纪律，不能随意增加收入或追加支出的限额，实现这一目标的方法是按比例将支出总额限定为国内生产总值的一定比例；另一种方法是设定支出总额的绝对限额（以一定数量的货币来表示）；第三种方法是详细说明支出与上年额度或与基准水平相比被允许增加的最大额。在编制预算时，对于各部门的支出也实行总额控制，具体办法是在政府总的支出限额内，根据政府的优先次序确定各部门的支出限额，并将限额通知部门，部门在其限额内，自主安排其支出计划。

总额控制赋予部门较大的预算安排和预算执行自主权，有利于调动部门的管理积极性，但是，这种放权也不是无条件的，它要求部门对预算执行结果承担责任，这就是所谓的“管理责任”。管理责任将对资源的控制

权和对结果的责任全都下放给部门内的具体运作单位。管理责任将控制的重点从投入转向了产出和结果，从管理者购买什么转向了它们生产什么以及效果如何。通过赋予管理者广泛的决策自由来加强管理责任。与之对等，管理者对工作业绩负责。管理责任从两个方面提高运作效率。首先，通过制定产出和结果目标，使管理者对其服务数量、质量和及时性负责。管理效率通过优化产出来增加提高效率的机会。其次，通过使管理者享有运作决策方面的全部权利（或接近全权），使它们可以应用其专业技巧、判断力及掌握的信息来选择最有效率的投入组合，并且可以获得“效率红利”。[①] 一般来说采用管理责任制度国家的模式分为以下几种：①瑞典将数量众多规模较小行使政治和决策职能的部委与执行政府计划的机构分离，并明确二者之间关系，强化责任机制。②20 世纪 80 年代末开始，英国建立起 130 多个执行机构（一般被称为“今后步骤”机构），每个机构都由一名得到任命的最高行政长官来领导，而且它们都根据一份说明机构可以自行处理什么事务以及对哪些问题负责的框架性文件开展工作。③20 世纪 90 年代期间，新西兰将大多数服务职能从政策建议机构中区分出来，引入了以预算为基础的产出制度，以及各种各样像合同一样的文件，这些文件对资源分配和产出进行了详细的说明。④与其他国家相反，澳大利亚保留了综合性部门，但是已经在努力争取将资源分配和运作决策权下放到具体操作单位[②]。

四、预算协调机制

预算分权与制衡的存在，往往产生权力运行中的矛盾与争议，于是产生了对组织结构内部进行协调的需要。第一，在进行预算决策前须对特定的计划或预算建议进行成本——效益的评估，评估的结果往往会给不同的部门或地区带来收益或造成损失，这是引起争议的主要方面；第二，分权的动机虽然是试图避免因职能交叉而引起的纠纷，但制衡的存在却往往产生掌握权力的一方总是试图控制另一相关方的动机；此外，在预算过程中

① 亚洲开发银行：《政府支出管理》，人民出版社，2001 年版，第 122 页。

② ［美］艾伦·希克：《当代公共支出管理方法》，经济管理出版社，2000 年版，第 129 页。

由于预算分权模式赋予每个职能部门特定的“否决权”，在产生矛盾或冲突后，如果要解决这种矛盾和冲突，往往需要相关的职能部门共同参与和取得大家的同意或认可。如果缺乏这种协调或平衡的机制，制衡制度虽然可以达到确保较多人的利益，但在处理矛盾与冲突的时效上，却显得缺乏效率。这就是说，在预算过程中，如果各参与者都能有效地发挥其制衡作用，或制衡机制是有效的，那么，协调是十分必要的。

所谓协调，本质上就是在分权与制衡之间寻找某种“平衡”，换言之，就是要形成某种解决冲突的机制。这种机制对于确保预算组织结构的效率是至关重要的，这种平衡的方式与方法是区别一国与他国预算制度结构的基本标志。综观世界各国的做法，解决矛盾与冲突的机制大致有两种。

通常的做法是建立一种“平行检讨”机制。所谓“平行检讨”机制就是要求各预算申请者和预算职能部门先就其预算建议本身进行协商，充分吸收各预算权力机构和专家的意见，在预算审核和批准前先取得内部的协调，从而达到减少预算过程中冲突与矛盾的目的。“平行检讨”机制之所以必要，一是由于不同的预算组织机构或参与者，无法仅凭对各种预算建议粗略的观察就能够履行其职责，而且预算建议通常冗长而复杂，对所有预算建议都作全面审核既费时又费事；二是对预算建议的成本——效益分析是一项十分专业的工作，预算权力机关特别是立法机关的绝大多数成员都缺乏必要的专业修养，如果缺少专家的参与，往往难以保证预算审核的效率。

解决矛盾与冲突的另一方法是在预算分权与制衡的基础上建立一种否决机制。这种否决机制有几种具体方式：一是按照下级服从上级的“科层组织”关系解决矛盾与冲突，即上级可以否定下级的决定或建议；二是按照投票表决或在投票表决的基础上建立某种权力平衡的机制来解决。如在美国，立法机关虽然拥有决定权，但总统却拥有否决权，立法机关要否定总统的否决权则要得到2/3的绝对多数票才行；而英国等其他许多国家，首相或总统则没有这种权力，所有的矛盾与冲突都是通过立法机关的表决机制来解决。

第四节　构建中国式绩效预算运行机制

构建中国式绩效预算运行机制，要立足当前预算管理所处的发展阶段，结合绩效预算制度安排和管理体制，稳妥地加以推进。由于目前实施绩效预算的条件尚不具备，还做不到按绩效安排预算，无法实施总额控制，在外部控制尚不完备的情况下，还不能采取管理责任的控制方式，也就不能赋予部门更大的自主权。因此，现阶段的绩效预算运行机制，重点是针对开展绩效评价的要求，规范管理程序，完善管理手段，改进管理方法，其主要目的还是要节约财政资金和提高资金的使用效率。

一、重塑预算管理流程，强化绩效评价的作用

建立绩效预算的管理体制和运行机制，需要对现行预算管理流程进行重塑，重点是突出项目评估和绩效评价等方面的内容。以中央本级预算为例，目前预算管理的流程是：部门提出预算需求——财政部各业务司进行初审——财政部预算司汇总平衡——报国务院、全国人大审查批准——各部门按批复的预算执行——决算——审计署组织开展审计。这一流程的特点是强调预算的外部控制和预算的约束力，监督各部门遵守财经纪律，严格按批复的预算组织执行，从预算编制的角度，主要还是压缩经费需求，控制支出规模。与绩效预算的要求相比，这一流程最主要的问题是没有体现对预算绩效的要求，具体表现在两个方面：一方面，在预算编制阶段，主要是财政部门的工作人员对部门申报的项目进行审核，由于数量众多，情况各异，有的涉及到各领域的专业知识，加之缺乏有效的技术手段，因此，财政部门无法进行深入、全面和有效的预算审核，预算管理相对粗放，预算安排的科学性、合理性不高，给控制支出带来很大的困难。另一方面，在预算执行阶段，主要是监督部门严格按批复的预算和相关管理制度组织本部门预算执行，避免预算在不同项目间的调剂使用以及突破预算，对预算执行的效果如何，则没有必要的测评，造成部门重预算编制，轻预算执行，各部门更关注如何争取更多的预算资源，而不是对项目的充

分论证，也不关心项目的实施效果，造成资源的浪费。

构建中国式绩效预算管理流程，就是在现有流程的基础上，增加绩效评估的内容。由于我们还不能做到自上而下确定部门的支出总额，还要采取部门自下而上申请预算的方式，预算审核的主要目的是节约资金和提高预算安排的合理性，因此，在预算申请和审核之间要安排一个预算评估的环节，由财政部门组织相关专家或第三方机构，对部门申报的预算项目是否具备可行性，所提绩效目标能否实现，预算数额是否合理等方面的内容进行专业评估。具体程序是：首先，各部门的预算申请报财政部门后，先由各业务机构进行初审，符合立项条件的，进入评估程序，不符合立项条件的，予以退回。其次，负责评价的机构组织第三方机构或者专家根据事先确定的评价程序、标准和要求，对部门提交的项目材料进行实质性的审查、分析、判断，提出对各个项目的评价意见和评价结果，评价结果分为同意立项、不同意立项两种。在此基础上形成各类项目的优先排序结果和综合评价报告。各个项目的评价意见和评价结果、各类项目的优先排序结果和综合评价报告由评价机构汇总后，统一提供给各业务机构，作为它们审核预算的依据。

为了更好地了解预算执行情况，在预算执行结束后，财政部门也要组织开展绩效评价，重点是对项目支出预算执行情况、预期目标的实现情况、存在的问题及建议。绩效评价可以由财政部门制定规则，各部门具体组织实施，也可以由财政部门组织第三方机构对各部门进行评价。考虑到目前项目数量众多，工作量大，可采取部门自评和财政部门评价相结合的方式。具体程序：首先，预算单位在申报支出项目时，必须提交项目可行性方案，明确提出项目资金使用的绩效目标。绩效目标包括以下内容：申报单位基本情况、项目概况、项目必要性、项目所要达到的预期绩效目标、前景预测、条件论证、内容和规模、资金来源渠道及比例、资金使用进度、相关经济社会效益等。其次，确定评价对象，下达评价通知书。评价通知书应载明评价任务、目的、依据、评价人员、评价时间和有关要求等。再次，成立评价组织机构，制定评价实施方案。确定评价目标后，应根据目标的具体情况，成立评价组织机构，负责评价工作的组织领导，制定评价实施方案、选择委托评价机构，审核评价结果报告。再次，评价机构开展评价。主要工作是搜集基础数据和资料，核实、分析基础数据并计算初步评价结果。最后，形成评价报告。初步评价结果出来后，要反馈给被评价单位，经充分沟通协商，取得一致后，形成正式评价报告，提交相关部门。

二、完善绩效评价机制

实施绩效预算的核心是建立绩效评价体系，对预算执行结果进行科学合理的衡量。因此，构建中国式绩效预算运行机制，也要把绩效评价机制的建设放在重要的位置，充分发挥其在提高预算合理性和财政资金使用效率方面的关键作用。从目前的预算管理看，虽然也强调财政资金使用的有效性，但由于缺少相应的机制，实施的效果并不理想，概括起来，主要存在两方面的问题：一是预算安排的合理性不够高。部门预算改革以来，基本支出初步建立了一套定额标准体系，基本支出预算安排比较合理。在项目支出方面，由于缺乏可供参考的支出标准体系，也没有进行必要的评估，仅凭财政部门的工作人员，无论从知识上还是技术上都不足以给如此众多的项目作出相对合理的判断，因此，预算安排的合理性亟待提高。另一方面，财政资金的使用效益不高。当前对财政资金使用的管理，重点是强调其合规性，以按规定用途使用为目的，对资金使用的效果则没有相应的制度安排和体制机制，在项目立项时，没有关于项目要达到的目标和结果的硬性要求，在项目完成后也主要关注资金是否按规定用途使用，对使用效果则缺乏关注，造成财政资金的使用效益不高。因此，建立和完善预算绩效评价体系，解决当前面临的预算合理性和资金有效性的问题，是一项十分紧迫的任务。

建立预算绩效评价机制，要立足预算管理全过程，把前端管理和后端管理结合起来，实现既要提高预算的合理性，优化财政资源配置效率，又要提高资金使用的有效性的目标。具体而言，这一机制的建设主要包括两方面的工作：一是在预算编制阶段要建立项目评审机制，对部门申报的项目进行评审。这项工作由财政部门负责绩效评价的机构组织实施，可委托第三方机构或聘请相关方面专家，对项目申报材料进行评审，对项目是否能够立项、预算额度等提出专业化的意见。对批准立项的项目，部门要提出明确的绩效目标、实施方式、时间安排等，作为事后评价的依据。二是在预算年度结束后要建立绩效评价机制，对预算执行结果进行评价。绩效评价主要围绕绩效目标的完成情况开展，由专业人员和机构全面评估项目预算支出情况、项目实施的效果，以及结果与目标之间的差异，分析产生差异的原因、存在的问题，提出改进意见。

绩效评价机制作用的有效发挥，离不开绩效评价结果的应用，只有评价结果真正得到应用，并且与部门利益挂钩，才能真正对部门产生有效的约束力。结果应用主要包括三方面：一是作为调整预算的依据，就是根据评价结果，确定下一年度增加或减少预算额度，直至撤销项目；二是作为评价部门的依据，评价结果上报政府，作为政府评判各部门及其负责人的依据之一；三是加强监督的依据，评价结果采取适当的方式公开，接受社会各方面的监督，在提高预算透明度的同时对部门形成强有力的约束。

建立绩效评价机制，会对部门的行为方式产生积极的影响，促使它们在立项时更加慎重，在申报前进行充分的论证。在项目实施过程中，也会围绕绩效目标，更加有效地组织预算执行，提高资金使用的效率和效果。对财政部门而言，这一机制的建立，提供了一种有效的管理手段和方法，能够有效地遏制部门争夺财政资源的冲动，使财政部门不再穷于应付各方面对财政资金无休止的要求，更多地关注财政资源的配置和使用效率，从而大大提高预算管理水平。

三、建立绩效问责机制

建立问责机制，使财政资源的使用者真正对财政资源的使用结果承担相应的责任，是预算管理制度得以落实的最有效的措施，它能够从根本上降低预算制度的交易成本，规范预算行为。所谓绩效问责，是指根据设定的绩效目标，运用科学、合理的方法，设置、选择合适的指标体系，按照统一的程序、标准和原则，对财政支出全过程及其效果进行客观、公正的衡量比较和综合评判，并进行问责监督、追究责任的管理行为。

从目前来看，各部门也对预算执行承担责任，但这种责任主要体现在是否按规定用途和财务制度使用资金，至于资金使用效果如何，则基本上不承担责任。在这种情况下，往往导致部门谋求设立更多的项目、争取更多的资金，而不关心这些项目的结果和资金使用的效益，造成财政资源配置效率低下和资金浪费。因此，建立和完善绩效问责机制，是实施绩效预算必须要开展的一项工作。

现阶段建立绩效问责机制，应主要从以下方面着手：

一是明确绩效问责对象和主体。绩效问责的对象是指申请和使用财政资金的部门及所属预算单位。绩效问责的实施主体是各级人民政府和人大常委会，分别从不同角度实施问责。

二是确定绩效问责范围和内容。绩效问责的实施范围应包括所有的预算项目，但由于项目数量众多，一些项目或者数额较小，或者没有问责的必要，因此，可考虑对数额较大或各方关注的重点项目进行问责。绩效问责主要针对绩效评价结果，主要内容包括：项目立项情况、绩效目标的设定情况、绩效目标的完成情况、财政资金使用情况，以及根据具体情况确定的其他问责内容。

三是规范绩效问责程序。绩效问责的基本程序：第一步，制定工作方案，确定问责对象，下达《问责通知书》，明确问责任务、目的、依据、时间和有关要求及应准备的有关基础资料等事项。第二步，搜集相关材料，实地核实取证。第三步，召开问责会，项目单位负责人汇报项目实施及绩效目标完成等情况，回答相关问题，问责机构作出结论，出具绩效问责报告。

四是绩效问责结果应用。绩效问责坚持问责结果与奖优罚劣、行政问责相结合的原则。问责结果，包括项目的绩效情况、存在的问题及相关建议反馈给被问责单位，并督促其落实整改，以增强绩效问责工作的约束力。财政部门将问责结果作为今后年度编制部门预算和安排财政资金的重要依据，建立问责结果在部门预算安排及预算执行中应用的制度。对绩效问责结果优秀的部门和单位可进行表彰和奖励，对提供虚假数据造成问责结论失真的，则由被问责的部门和单位负责。对以虚报项目、工作量等手段骗取财政资金，或截留、挪用财政资金，或由于管理不善、决策失误造成财政资金严重浪费的行为，除限期追回被骗取、截留、挪用的财政资金外，要根据有关法律法规的规定予以处理；情节严重的，由监察部门追究当事人的责任，构成犯罪的，依法移送司法机关。

四、完善预算协调机制

建立协调机制，就预算管理中的有关问题进行沟通协商，取得共识，有利于预算工作更加顺畅地推进，降低交易成本。在传统的预算程序中已经包含协调内容，但这种机制主要是财政部门与其他部门，以及财政部门内部各机构间就预算安排，包括总规模和具体项目安排情况进行的沟通和协商，内容相对单一，方式也比较简单，还不能算作真正意义上的协调机制。在实施绩效预算后，预算管理的链条进一步拉长，管理环节进一步增加，产生矛盾或冲突的可能性大大提高，特别是涉及项目评审和绩效评价的结果，直接影响部门的切身利益，因此，进一步完善预算协调机制非常必要。

根据上述分析，重点要在两个环节建立预算协调机制，一是在预算编制的项目评审环节；二是在预算完成后的绩效评价环节。之所以选择这两个环节，主要原因一方面是这两个环节对部门影响较大，一个环节影响部门的预算规模，另一个环节影响以后年度的预算安排，因此要进行必要的协调；另一方面，由于评价者知识和技术的限制，不能保证评价结果完全真实可靠，特别是在一些专业的领域和特殊的技术问题上，也需要在财政部门和各部门之间进行协调，避免因评价结果的不准确影响预算工作的正常进行。

拟建立的预算协调机制主要包括预算编制的协调机制和绩效评价的协调机制。预算编制阶段的协调机制主要是在项目评审结果产生后，财政部门根据评审结果和财力状况，提出预算安排的初步意见，并就此与各部门进行沟通，各部门可就评审结果和预算安排情况提出异议，对部门反映比较重大和强烈的问题，必要时还安排复审，直到就主要问题达成共识。绩效评价阶段的协调机制主要是围绕绩效评价结果进行设计和安排，绩效评价工作完成后，财政部门通过特定的方式，将评价内容、过程和初步结果等反馈给被评价部门和单位，征求各部门的意见，就部门提出的问题进行充分讨论，取得一致后，形成正式的绩效评价报告。

第十三章 行政管理体制特征与绩效预算

转轨期间，我国的财政支出快速膨胀，财政支出年均增长率高于经济增长率和物价上涨率，很多年份，财政支出增长率超出经济增长率1倍（1989、1990、1998、1999、2000、2001、2007、2008等年份）、超出物价上涨率10倍以上（1998～2003年）。财政支出总额1978～1987年翻1番，1987～1993年翻1番，1993～1997年翻1番，1997～2001年翻1番，2001～2009翻了4番，总的趋势是翻倍的周期越来越短。1970～1997年27年间美国的财政支出总额增增长了约7.5倍，1978～2009年27年间中国的财政支出总额增长了约69倍。中国的财政支出显示出了超常的高增长。

财政支出规模呈不断扩张趋势是世界各国共有的现象，但问题是我国的扩张速率过高，财政支出2至3年翻一倍是世界上少有的。这种情况有两个问题令人担忧：一是支出增速难免会超出经济增长和公众承受力；二是不可避免地要靠大幅度增加债务发行额来支撑支出扩张。

我国财政支出膨胀的基本成因有两大类：一是公共产品需求膨胀；二是行政管理体制特征助推。当然，这两者有着互为因果的内在联系，本质上是公共产品的需求与供给组织体系间的关系。现在人们研究财政支出膨胀原因时，从公共产品需求角度探讨的多，从行政管理体制特征角度探讨的相对少。然而我国的现实是行政管理特征对财政支出膨胀的拉动作用异常强劲。事实上，西方国家的行政管理体制对财政支出膨胀的助推作用也很强，这些国家从20世纪80年代开始在逐步推进新公共管理运动的背景下纷纷选择绩效预算实际上就是要减少由行政管理体制弊端造成的浪费性支出，进而缓解支出压力避免财政危机。从21世纪开始，预算制度改革成为财政改革的重头戏，背后的根本性原因就是支出压力逐步放大、支出规模急剧膨胀。目前我国各级财政半年的支出相当于20世纪几年的支出总和，不转变管理制度是不可能管好财的。但是，转变预算管理制度的前提是必须对行政管理体制特征与预算管理之间关系有一个全面的认识。进一步说，推行绩效预算，应对行政管理体制特征与绩效预算之间关系有合理的认识。

第一节　行政管理体制对预算管理的基本约束作用

行政管理体制是政府行政活动的管理制度体系和管理模式的总称，行政活动是政府管理公共事务的具体表现，是国家意志的体现。行政管理体制包括政府的规划和政策制定、层级设置、机构设置、人员管理等内容。从结果角度看，行政管理体制就是对政府提供公共产品全过程的管理体系。

政府行政活动体现为公共产品的具体供给过程，这一过程又表现为人力和物质资料的耗费，有些公共产品最终形成物质固体（如博物馆、道路、路灯等），有些则形成精神产品（如教育产品），还有一些最终形成社会利益的维护和调整（如国防、外交、社会保障）。货币经济形成后，政府活动的各种耗费就表现为资金的流动，货币就成为耗费的计价工具。概言之，政府行政活动体现为公共产品供给活动和政府资金流转两个链条。这两个链条中，公共产品供给是主导，政府资金流转依随政府的公共产品供给的规模、结构、质量、流向而进行。显然，行政管理体制决定预算管理的基本格局，任何一种预算管理的变动都是行政管理体制变动的表现。

行政管理体制对预算管理的约束作用具体来说有如下几方面。

一、政府职能界定决定预算管理范围

政府职能界定规定的是政府要提供哪些公共产品。政府活动涉及社会

各个方面，要通过公共产品供给为社会各个领域的发展创造基础条件并维持秩序。在经济领域内，政府既介入非竞争性领域，也介入竞争性领域。然而，与私人不同，政府介入这些领域的根本目的并不是要逐利，而是要实施调控、落实社会目标。在一定的历史阶段，政府有必要通过建立国有企业体系来实现自己的目标。“尽管存在着意识形态方面的种种差别，但在许多发展中国家，国有企业都被人们从这样或那样的立场出发认为是扩大国家政治权利的手”。①

从理论角度看，政府职能既抽象又宽泛，因为：究竟什么是政府应该做的，有着政治、经济、伦理、文化、民族等各种判断标准。公众希望公共福利最大化、公共产品供给个性化，但政府并非万能且资源也不是无限的，政府只能做有限的事。这样，在现实生活中，各级政府职能体现为侧重点不一的公共产品供给结构。

公共财政是政府的财政，根据人民意愿，政府财政支出流向相关领域。因此，政府职能在财政上的反映就是政府支出功能分类。支出功能分类表明了政府资源可以向哪些方面配置。根据国际货币基金组织的定义，政府支出从功能角度看可分为经济服务、社会服务、一般政府服务、其他职能（如政府间转移支付）四大类。其中服务二字本质上反映的是政府职能的特征，即：为经济和社会发展创造条件。在这四类支出中，一般政府服务和社会服务是政府最基本职能的表现。可见，政府支出功能分类数字统计表最终反映的就是某一时期政府职能履行状况，其总量和结构分别说明的是政府此时做了哪些事、政策着力点是什么。

有必要指出，由于政府职能界定较为宽泛，从理论上说，财政支出可以涉及的点面也非常多，财政支出范围界定相应也很难清晰化。所以，单纯从资金流向角度，很难判断出各国财政支出范围的差异。强调这点的意义在于我们不能笼统地说中国的政府职能和支出范围是宽还是窄，有价值的判断是结构分析和制度特征分析所给出的结论。

事实上，政府职能也决定着政府收入预算的范围。一个国家政府要做什么、怎样做直接决定政府如何筹措收入。进一步说，收入预算取决于政府职能宽窄，如果政府职能不断收窄，那么，政府收入就会呈现出体制性

① 《发展中国家的工业发展政策》，经济科学出版社，1990 年版，第 211 页。

下降，反过来则会呈现出体制性上升格局。20 世纪 60 年代之后西方国家财政收入占 GDP 比重逐步抬升，关键就在于政府职能强化、福利国家成为政府目标，迫使政府必须筹措更多收入满足支出需求。我国财政收入的增长，原因主要也在于保支出，特别是当前财政宏观调控职能强化、公共投资规模扩大，同时民生支出压力又在放大，确保财政收入正常增长更为一个难点。

统观国内外经验，初步概括，政府职能界定对预算管理有四方面约束作用：一是政府职能决定预算管理资金规模大小；二是政府职能履行的部门分工决定各部门预算资源配置格局；三是政府职能变动决定预算支出标准变动；四是政府职能范围大小决定预算管理方式的变动。

二、政府发展观决定政府理财观

政府职能综合起来包括协调社会发展和经济发展两大内容。协调社会发展是政府的首要任务，协调经济发展本质上是为了协调社会发展，比如，政府调节宏观经济走势，目的在于优化资源配置、实现可持续发展、促进就业进而维护社会稳定。之所以说协调，是因为社会发展和经济发展都有自主性，政府不可能直接控制经济发展，同样也不可能直接控制社会发展，必须认识到，社会发展同经济发展一样有其内在规律性，政府只能是顺应规律协调，而不能全方位掌控。

政府发展观包括发展速度选择和发展结构选择两项内容。后者是指政府在社会发展和经济发展两方面偏重哪一方面。政府发展观对政府理财观有着根本性约束作用，因为：政府理财必须根据政府发展思路来确定，政府筹措收入、使用资金不可能脱离开发展规划而孤立进行。显然，如果政府发展观是高增长、齐头并进的策略，那么，理财观必然是收支不平衡的理财观。原因在于：力促经济发展和社会发展齐头并进双高速的发展模式必然要求政府快速扩张财政支出，但反过来政府收入增长受税收分配有限性和公众纳税意愿递减的影响往往是极为有限的。换句话说，政府支出增长的主观性和政府收入增长的客观有限性之间存在着强烈的矛盾。为此，政府只能靠赤字、发债来缓解阶段性矛盾，然而这种做法不可避免地又会积累成日后难以解开的麻团。收支不平衡是必然的，长期实行高速发展、齐头并进发展策略势必形成高度收支不平衡。

从世界各国经验看，政府赤字的出现更多的是由社会发展推进所造成的。西方国家在倡导小政府大社会时期财政收支平衡是普遍现象。第二次世界大战之后，政府社会福利标准提高和范围的扩大，教育、科技、能源、国防等支出的阶段性交替扩大，直接引发了财政收支不平衡。欧洲高福利国家赤字的形成最为直接的原因就是社会保障水平超出了收入增长承受力，在把国有企业大幅度私有化之后，格局并没有改变。美国赤字的形成主要是由全球霸主战略、高水平科技投入和社会福利标准提高所促成。进一步说，寻求发展观对理财观的影响，不容忽视的角度是从社会发展战略方面去分析问题。

三、政府层级设置状况约束预算管理体制变动

政府层级设置是行政管理体制的纵向连动体系。政府层级设置状况反映的是一国的行政控制理念及与此相关的规制和政策贯彻模式。一个国家之所以会有多级政府，关键在于公共事务类别繁杂、人口众多、区域广阔。一国的政府大致可分为两类：一类是公共产品供给决策型政府；另一类是公共产品供给型政府。中央和省级政府属于前者，基层政府属于后者。有必要说明的是这两类政府在现实中并不是泾渭分明的，两类政府实际上各自都有公共产品供给决策和提供职能，只是前者决策成分大，后者提供成分大。政府层级多少与预算管理体制变动有着连动关系。其主要原因在于：

（一）一级政府势必要有一级财政

政府本质上就是相对独立的行政管理指挥中心和公共产品供给组织者。因此，每一级政府都有根据事权履行需要筹措资金、支出资金，没有财政收支，政府不可能运转，不可能有相对独立性。因此，在各级政府职能既定的条件下，政府数量多少就有可能决定预算管理机构数量多少，其中最基本的对应关系是有一个政府就要有相应的运转成本，政府数量多政府运转成本总额必然大。

（二）政府层级多少会决定政府数量

政府层级多少的连带现象是地方政府数量的多少。政府层级多意味着地方政府数量多，因为：政府层级多表明的是区域管理细分化程度高，其基层政府管理半径相对小。因此，政府层级多少直接决定预算管理级次

多少。

四、政府部门设置状况直接影响预算管理权限划分

政府职能履行和公共产品供给要由政府各部门来具体组织落实。换言之，政府各部门要代表政府行使某一方面的事权。政府部门基本上可分为一般政府服务、社会服务、经济服务三大类。政府部门数量究竟有多少，体现的是政府事权履行管理细化程度。世界各国政府都试图实现部门职能分工清晰、不交叉，但实际情况是一些部门之间总难免存有职能重叠现象。根源在于某项政府事权需要几个部门通力合作或是事权本身涉及范围广导致由哪一部门承担很难界定。

政府部门职能分工在财政上的具体体现是部门支出预算。基本支出反映的是职能履行基本成本，项目支出反映的是职能履行的阶段性任务。因此，部门多首先会加大政府运行成本，如果部门职能划定模糊，则难免会人为加大项目支出总额。世界各国的普遍现象是政府各部门在确定规划时，往往轻视预算约束，从而人为加大支出预算，因而部门越多，支出膨胀速率越快，同时，在人员使用方面，各部门也普遍存在着轻视效率问题，从而人为加大人员经费支出，部门越多，人员支出膨胀刚性越强。

政府部门设置数量从预算管理角度看，最突出的是影响预算管理权限划分。一般来说，部门多会增加预算管理难度，此外，如果预算管理权分散程度高，会降低管理成本，但可能出现的问题是管理失控，特别是预算资金规模大，更易出现这种情况。可见，在部门多的条件下，把握预算管理权限划分适度化更为艰难。

第二节 我国行政管理体制特征对绩效预算的影响

我国是一个行政管理高度集权的单一政体国家。转轨时期，经济和社会发展的体制性冲动总是伴随着财政收支的快速膨胀。这种统计现象的相对稳定，意味着行政管理与预算管理两者存在着制度性互推关系。依循前

文所述分析问题，可以看出行政管理体制特征对绩效预算有如下几点约束效应。

一、我国各级政府始终在追求高速经济增长和社会发展

改革开放之后，我国逐步摆脱了计划经济，但依然是一个规划导向的国家。中国各级政府的五年规划和年度规划详细地规定了政府的目标、任务、发展路径及与此相连的绩效指标。各部门根据政府总体规划的基本精神，要制定出部门规划。政府规划是政府工作的指南书和时间表，对政府行为具有强烈的约束作用，是考核各级政府机构和官员的政绩的基本依据。因此，各级政府高度重视规划的制定和实施过程，法规、政策、机构设置、职能组合等的确定和变动背后都有规划的身影。尽管人们一直在强调转换政府职能、强化社会力量对经济和社会发展的推动作用，但无所不包、无所不定指标的政府规划，实际上表明政府要对经济增长和社会各项事业发展负全责。

因此，我国各级政府的发展观概括起来就是发展是硬道理、全面高速发展是大道理。具体到地方政府，就是实施跨越式发展战略。因此，各级政府的规划指标都是高增长指标，中央政府几个五年规划中要求年经济增长率达到7%，地方政府的指标值更高。与之相配套，政府的固定资产投资、外资引进、出口贸易、产业发展等指标都要达到两位数的数值水平。同时，中央政府的每一个五年规划都强调要大力发展各项社会事业，教、科、文、卫事业要加快发展，城乡发展要同步推进，城镇化率要提高，农民收入要增加，农林基础设施要加速建设，城市公用事业必须尽快完善。为贯彻中央精神，地方政府同样会把社会发展指标数值定在高限。因此，经济管理部门和社会发展管理部门全都肩负着历史重任。

从需求和情感两个角度看，齐头并进高增长的规划是众望所归。但从客观性角度看，人类社会的需要与可能总是存在尖锐矛盾。现在我国面临的重大现实问题就是人们在确定各项政府规划指标数值时很少考虑资金约束，仿佛资金供应可以跟着指标数值水平走。各部门确定项目时的基本原则是多立项、高起点、可持续，其结果是不断地要求增加投入，当基数法的增长不能满足要求时，就会提出法定增长或部门支出占 GDP 一定比例的设想。对各部门的支出增长需求，作为行政系统内的预算管理审批机构

的财政部门是根本无法遏制的，因为：每一项支出增长需求都被主管部门认定为是不可削减、事关全局发展的支出。所以，考察中国的财政支出增长率结构，看不出重点倾斜面，主要支出类别（如教育、科技、社保、卫生、三农）几乎是平衡性的年均两位数增长。从统计分析角度看，这种结构最终的结果是把总额推入快速增长状态，这种格局形成的根本原因就是行政管理上的体制性快速发展冲动挤压财政支出走入非平衡预算轨道。

政府追求高增长，特别是各级地方政府都要追求跨越式发展，必然造成各部门为完成绩效规划而追求预算资源大幅度增长。南海区支出结构近几年表现出了部门支出增长率相近的情况背后的主导因素是政府追求各行业均等快速发展。南海区属于财力相对强的基层政府，高增长策略因而未导致高负债。中国其他财力弱的基层政府，则都已因高增长战略的实施而步入高负债境地。所以，中国的绩效预算能否科学、合理，前端是行政管理目标体系是否科学、合理。

二、政府职能相对宽泛

相比西方国家，我国的政府职能过于宽泛，几乎无所不覆盖。这不仅体现在经济发展方面，而且体现在社会发展方面。对前者人们比较关注，一直在呼吁政府应逐步削减支出，但对后者，关注程度较低。事实上，过宽的社会发展职能对政府支出膨胀的制度性推动作用更大。

我国现行政府性收支分类中的支出功能分类共分 18 大类。这一分类实际上是我国政府职能的细分表。考察这一分类不难看出我国政府职能的宽泛性。

从经济服务角度看，我国政府全面介入经济各领域，竞争性领域也不例外。这和西方国家是大不相同的。现行 18 类功能性支出的第 15 类是工业、商业、金融等事务。其中涉及的产业有 10 个，款项级科目设置表明政府对这些产业不仅要实施行政管理，而且要投入资金介入产业发展，比如有关纺织、化工、机械、建材等行业的支出科目的设置表明，政府对这些行业的设备制造要投入资金支持。再比如，该类第 6 款为旅游业，其中项级科目设置表明政府甚至要介入旅游宣传活动（涉及境内外旅游促销费用支出）。又比如，第 8、9 两项表明，我国政府注重利用补贴手段支持农业发展，这种支持甚至细化到支付粮油差价补贴、边销茶储备补贴、羊毛储备补贴。

在社会发展方面，政府更是无所不为。西方国家基本不介入的领域我国也是深度介入。比如功能性分类中专门设置了文化体育传媒类。在这方面，政府从场所、团体到活动项目，都可以付费。在西方国家同样介入的社会发展领域方面，我国的介入深度是西方国家无法比拟的。比如教育方面，我国专设有广播电视教育、教师进修及干部继续教育、成人教育等款级科目。比如交通运输，这项职能被划分为 3 款 60 项。从中可以看出，政府不仅要承担主要交通路线和基础设施的建设，还有为运输工具的使用提供资金支持。

政府职能如此宽泛意味着财政支出范围宽泛。无可争议的事实是举凡政府职能细化到的地方，财政资金都有流入，每一个支出科目都有资金支撑，只要支出科目有，相关部门都要力争该项支出最大化。因为人们可以列举出无数个理由说明该项支出的紧迫性和全局意义。显然，职能宽泛造成的支出范围宽泛使支出扩张有了全面基础，在实施齐头并进的高增长发展战略条件下，支出快速扩张自然难以避免。目前我国正在实施基本公共服务均等化战略，社会保障、医疗卫生、就业和住房保障、环境保护等成为社会事业发展的重头戏，从而要求财政加大投入。这对地方政府的预算构成了强劲压力。突出的难点是原有事业发展重点支出增长不能减，新的增长点更要保，两者都要膨胀，然而收入增长相对乏力。

政府职能宽对绩效预算形成了三方面压力：一是编制预算时各类支出需求的标准核定难以做到公平合理；二是公共投资绩效评价标准难以确定；三是绩效评价成本增大。

三、政府部门繁多

政府部门设置状况取决于政府职能范围和职能履行方式。就一般而言，政府职能范围宽泛，政府部门就多。前文已述，我国是一个政府职能范围相对宽的国家，这实际上为多设政府部门打下了基础。

我国的政府部门在中央政府层面多达 80 个以上，在省级政府层面多达 50 个以上，在市、县级政府层面多达 40 个以上。中国的政府部门大致可分为三大类：一是政府组成部门，部门领导（正、副职）人事任免需经同级人大批准；二是政府直管职能机构；三是政府办事机构。后两类部门领导人事任免由政府直接任命。这些机构有的属于行政编制，有的属于事业编制，后者当中有的有行政职能，有的无行政职能也参与提供公共产品。中国的金融市场监管部门均为行使行政职能的事业单位，如证监会、银监会、保监会、电监会等，一些社会服务部门如国家地震局、国家气象局也属行使行政职能的事业单位。在我国，义务教育是公共产品供给决策和具体提供两分离的典型，教育政策和教育规制由教育行政部门确定，教育产品由教育行政部门和部分部门管理的事业单位性质学校来供应。卫生部门属于类似情况。我国政府系列中的办事机构同样具有政策制定权和公共产品供给权，一些办事机构还下设有事业单位，比如国务院扶贫办。概括起来，可以作出这样一个判断：我国的公共产品供给决策和具体供给基本上是一体化的，行政机构确定政策，下属事业单位提供公共产品。

政府部门数量多少取决于多种因素，反映的是行政管理控制模式基本理念和政府首脑施政方式。我国政府部门多的主要体制性成因有两点。

第一，习惯于把加强领导具体化为设置专职部门。在政府事权高度细分化的背景下，人们又认定每一项细分的事权都具有重大意义，必须加强领导、认真组织落实。因此，每一项细化的事权都要设置一个管理部门，甚至一项专门事务就设一个机构。认为科普重要，就专设正部级单位科学技术普及协会，认为保密事务重要，就专设国家保密局（副部级），国务院宗教事务管理局、国家气象局、国家版权局、国家标准委、国家文物局、国家林业局等机构的设置体现的是同一逻辑。

第二，一项事权多个部门履行。我国的政府事权细分化程度高在实践中体现为让多个部门分别落实某项事权的各个侧面。这种格局的形成与规划治国的行政管理体征是连接对应的。因为我国的规划非常细，细到重大工程、专项区域事务、专项行动计划。每当我们强调加强某一事权履行时，就把事权再细分一次，就多设出一些部门。比如，大力发展农业的机构体现是，农业事权分别由农业部、国务院农业综合开发办公室、国务院扶贫办、林业局等多个部门履行。再比如，发展科技事业，科技事权就由科技部、中国科学院、中国工程院、自然科学基金委等正部级单位落实。又比如，加快交通运输业发展，就体现为按交通工具分设交通部、铁道部、中国民航管理总局三个部门来落实相关政策、规划。

如此部门众多形成了强劲的支出扩张推动力。明显的因果联系是：

第一，一个部门一本预算。每个部门有着平等的基本支出标准，每个部门又都有着平等的项目支出立项权。部门多难免造成政府运转成本的加大，因为最起码公务费支出的规模效应大大降低。比如办公设施的利用，部门多办公楼自然多，由此加大了基建支出和维护支出。在我国，财权与事权相统一在条块两方面的行政首长脑海里都是一个坚强的理念。然而，真正的难点是，究竟多少财权和事权才算是统一。从部门角度看，自己的事权履行需要的资金是无限量的，因为每个部门的规划都是高瞻远瞩、豪情万丈，实现规划所需要资金是根本没有标准的。这样，每个部门都要追求项目支出最大化，而预算管理者就只能允许各个部门支出预算平衡性增长，不管这个部门机构有多小。

第二，在一项事权多个部门履行的格局下，我国仍然设有部门预算协调会商机制，每个部门各自编制自己的预算，预算管理机构按功能切分预算资金，各部门上级预算管理单位对所管辖的部门都有着较大程度的预算增长维护意识。这样，不管表面上部门职能边界多么清晰，重复立项的情况都在所难免，事实上，在部门多的情况下，职能边界又根本不可能划清，就像足球比赛一样，在一个足球场上设 3 个裁判是让两个边裁各把一边、主裁判管总，如果让 6 个边裁又管两边，两边的 3 个边裁就不可能再明确搞清楚哪一段是自己的份内之事了，而主裁判也难以判断出谁的意见是对的。显然，一项事权多个部门履行势必派生出支出的体制性膨胀。

显然，中国政府部门的特殊设定体系，使绩效预算只能是在财政支出不断膨胀的条件下运转。综合来看，中国多部门条件下的绩效预算无疑是高管理成本的预算。同时，至为困难的是当为推行绩效预算而向部门下放预算管理权限时，如何有效地控制部门预算管理又成为把握不好的问题。

四、五级政府加大了绩效预算实施难度

管理细化是我国行政管理的基本原则，这在横向上体现为多设部门，在纵向上则体现为多设政府层级。长期以来，在处理中央与地方关系问题上，我国一直强调统一领导、分级管理，强调调动中央和地方两个积极性。落实在行动上，就是设置了五级政府来分级管理，并把一级政府一级财政写入了宪法，实行分税制体制之后，一级政府一级财政原则就更加充

分显示出了调动地方政府积极性的重要作用。同时，统一领导就落实在上级政府管理下级政府上，我国宪法明文规定国务院统管全国行政事务、省级政府统管全省行政事务，下级政府必须遵守上级政府的行政管理要求。在这一背景条件下，960 万平方公里土地上设置了 4.5 万多个地方政府，平均每 200 平方公里有一个政府，如果考虑到青藏高原、沙漠地带等因素，基本上不到150 平方公里就有一个政府，在人口稠密地区（如浙江、江苏）情况则更为突出。

这种政府层级设置格局不可避免地会造成财政支出的体制性膨胀。

第一，有一级政府就要有一级财政，而一级财政意味着独立的财政收支，独立的支出意味着独立的支出规模确定权，当每一级政府都要多办事、办好事时，支出规模的扩张自然就会呈现强烈的刚性。4.5 万个地方政府依循着同一逻辑行事，财政支出的体制性膨胀当然势不可挡。这种背景下，建立规范的预算制度约束预算不难，难则在如何落实。

第二，上级政府领导下级政府的体制意味着下级政府要服从上级政府的规划、机构设置、支出政策和支出标准的决策，实际情况是当下级政府在遵从上级政府制度安排行事时并没有考虑各级政府的职能特点。因此，地方基层政府的机构设置、支出标准、支出政策等与上级政府甚至中央政府保持了高度统一性，这实际上是财政体制性过度支出再明显不过的表现了。考察基层政府运转，我们真的不能理解一个十几万人的县也要设置体育局、新闻出版局、民族事务委员会等机构究竟有多大必要性？在下级政府贯彻上级政府制度安排和政策主张过程中，自然要拼命向上争取资金，一旦争取不到，就要自行开辟财源，此外，在自主选择地方公共物品供应时，由于上级政府下派事务已耗尽预算资金，唯一可行的路就是负债和卖资源。显然，上下连贯的体制人为加大了政府运转成本总额，也直接加大了政府项目预算管理的难度。

五级政府体制使我国只能探索多样化的绩效预算，特别是基层政府，其主要负责提供公共产品的职能特征，使它们的绩效预算必然重在如何实施有效的预算执行绩效管理。反过来，中央政府确有必要制定指导全国的绩效预算基本制度。

第三节　在改革行政管理体制的基础上推行绩效预算

综上分析，可以说中国的行政管理体制特征是绩效预算的制度基础。不改革行政管理体制，实施绩效预算不可能获得预期收益。为此，有必要思考从如下几方面入手改革行政管理体制。

一、编制政府规划要充分考虑资金约束

从理论角度看，政府规划本质上就是政府资金的配置规划，因为政府行为最终都要落实在资金。但在我国的实际工作中，编制政府规划和支出预算编制在初始阶段是两张皮，基本上是先制定规划，后落实到预算。这种制度安排实际上是把资金无限充足视为前提条件了。然而客观情况恰恰相反。我们现在应树立起政府资金有限性理念。编制政府规划时，有必要先预测政府收入增长可能性边界，之后确定政府规划内的具体指标数值。

当然，编制政府规划考虑资金约束并不是说要以收定职能，而是说政府要根据收入状况来确定阶段性的发展重点并确立可行、不致引发后续成本过度扩张的办事标准。考虑资金约束具体来讲就是要充分认识到在中国这样一个转轨国家中，政府收入占 GDP 比重不宜过高，要看到西方国家政府收入占 GDP 比重达到40%甚至50%是人均 GDP 数万美元后的事。事实上，从我国的税率水平看，中国的税收增长已经有了很大的制度空间，再提高税率公众是不可能接受，西方国家的实践反复证明了一点，即：设计税率必须考虑公众意愿，否则，会引起社会动乱。近几年我国税收增长较大，可以说就是高税率与加强征管两相呼应带来的结果。

二、确定规划指标应客观冷静

政府规划是政府职能的具体化。在任何一个国家和地区内，公众都希望公共福利最大化，都有很多问题要解决，而且希望政府立刻就办。从感情和伦理角度看，政府也应该满足公众意愿。但问题是，理想和客观条件

总不可能匹配，事情只能是逐步办。政府规划指标是政府对公众的具体承诺。如果让感情和伦理牵着指标走，那么，无限的承诺就会和有限的条件发生尖锐的矛盾，结果是会使公众从失望走向不理解。

现在我国令人担心的现象是规划指标数值能否按期兑现。我国的十一五规划提出了22项主要指标，涉及经济增长、经济结构、人口资源环境、公共服务人民生活。尽管这些指标明确被划分为预期性和约束性两大类，但实际上分解到地方政府上全都具有强制性，要实现这些指标数值，没有政府的大规模投入根本不可能，因为围绕着这些指标政府承诺要搞若干重点工程，比如围绕社会主义新农村建设政府要搞14个重点工程；围绕加快发展高技术产业政府要搞7个重大专项，围绕振兴装备制造业政府要搞10个重大专项，围绕发展交通业政府要搞5个重点工程，围绕修复自然生态政府要搞10个重点工程，加快科技创新政府要搞14个重大专项。总之，围绕规划提出的目标和指标，政府要搞的重大工程不下上百个。当然，这些工程并不是要政府全部买单，但其中一部分是要政府全部买单的（如教育发展重点工程），其他工程政府最起码要投入引领性资金。要看到，政府承诺搞的这些事，件件都是耗资巨大的事，保守估计要上万亿元，如果把地方各级政府自主决定要搞的区域性重大工程加进来，全部投入要数万亿元。政府既然承诺了，就势必要投入，但反过来，人们在确定这些项目时，有没有充分考虑资金筹措力是值得怀疑的。我们现在可以做一个推算：假设我们每年都能增收5000亿元，这笔钱就要全部投到重大专项上。但矛盾是经常性支出增长的钱哪里来？其他非重点项目投入增加额所需资金哪里来？比如现在工资改革所需资金哪里来？

显然，制定规划指标数值应该客观、冷静，尽可能把水平压低，测算指标数值应综合分析政府资金增长与投入需求的关联度。同时，重大工程和重点项目应精减。还有必要指出的是，一些经济和社会发展规划应当是导向性的，不宜提具体指标数值，比如居民收入指标。在市场经济条件下，居民收入是由市场决定的，政府不可能控制。我们每一次规划都要提出城镇居民人均可支配收入和农村居民人均纯收入年均增长率。这两个指标可操作性很小。因为影响城镇居民和农村居民收入状况的因素根本不可控。比如居民就业、工资水平、劳动力流动等因素。特别是农村居民人均纯收入，农业生产成本始终控制不下来，农药、化肥、水电等价格总在上涨，这种条件下谁能保证纯收入就一定保持一定的增长率。要看到，我们有过指标实现不了的教训，1998 年承诺经济增长率要达到 8%，结果没有实现，今年上半年单位 GDP 能耗不降反升，承诺一开始就显出难以实现苗头。这些事实已经向我们表明，经济指标主要受市场左右，主观意志很难起决定性作用。

三、建立部门预算协调机制

政府机构多是我国行政管理体制改革中的一个难题。应该承认，解决此难题异常困难。事实上，中国人口多，公共产品需求大，比如光是义务教育在校生就有 2 亿，比德、日两国人口总数还多。这种条件下，政府工作任务重，的确需要设置较多机构，从国际比较方面看，中国的财政供养人员占总人口比重在世界上并不是高水平。进一步说，我们还不能简单地认为机构改革就应当大量削减机构、减少人员。

然而必须看到，在部门繁多的条件下不建立部门预算协调机制是不合理的。部门预算协调机制的主要功能是减少重复立项，特别是减少履行同一事权的部门间的重复立项。要做到这点，首先应从理念上破除部门预算仅只是部门自身的事，要看到部门是政府某一事权的受托履行者，部门间的资源配置是通盘配置，重复立项是资金的最大浪费。在具体操作方面，是否可考虑在“二上二下”过程中召开部门的预算联席会议，专门就项目预算进行讨论，理清项目结构，在会议召开之前，财政系统似可先请专家团体进行项目梳理，提出项目预算审批建议。

四、推行部门支出预算绩效考评制度并公开考评结果

目前在中央财政层面已经建立了部门支出预算绩效考评制度，这的确可说是历史性进步。现在关键的问题是如何在各级财政推行。人们普遍认为财政支出绩效考评难度大、意义模糊。拙见以为，这并不是放弃或推迟该项改革的充足理由。要看到，任何一项改革都有难度，否则就不叫改革。部门支出预算绩效考评确定难度大，但有总比没有好，有考评最起码可以说明一种状态、会震动人心，最终多少会减少一些不合理支出，就像投资评审，一开始难度大，推行到现在，总结起来还是削减了很多不合理的投资支出，总算账效益远大于成本。西方国家实行绩效预算多年，尽管

仍不成熟，但还是继续坚持干，原因就在于毕竟是一种对支出的制度性控制，至于考评结果的公开，更是一件不应犹豫的事，审计部门已经把政府部门的审计报告公之于众了，而且又已开始对一些政府部门支出进行绩效审计，财政系统理应跟上公布支出预算绩效考评结果，否则，公众就只能是看到问题，而看不到政府资金使用的绩效和公共财政的透明度。

实行部门支出预算绩效考评首先应构建政府绩效评价体系，以此为基础评价财政支出绩效。构建政府绩效评价指标体系和财政支出绩效评价指标体系可从简设计指标，因为现在关键的问题是作出适度评价，细分化的评价尚需时日，财政支出绩效评价指标更多的应是针对效益。部门支出预算评价结果可先在政府内部公开。

五、调整政府层级设置

五级政府体制属于标准的纵向延伸内部控制模式。从财政支出角度看是政府成本扩张的体制性基础。我国现在已进入市场经济和信息化时代，调整这种体制确已具备条件。“适合由驿站（公共）马车和邮差联系起来的人口稀少地区的行政体制，是不适合由铁路、电报和电话联系起来的人口稠密的地区的。以前分开的东西都统一起来了，行政体制也必须集中，以适应变化了的环境。”①

调整政府层级的根本意义是适应条件变化优化行政控制模式。我国现在似应可以把乡镇政府改为派出机构。乡镇政府负债的蔓延和加剧，根本原因在于一级政权使乡镇政府具有了自主确定地方公共物品供应、扩大债务、增加支出的权力。改为派出机构，既可削弱乡镇支出过度扩张的制度基础，又可规范政府官员行为，把统一意志而不是乡村干部意志贯彻到农民，并不是削弱行政管理。人们担心改为派出机构，乡镇公共事物会没人管。拙见以为，这种看法理由不充分。要看到，我国很多事情都是由派出机构来管理的，比如税收、质检、海关、铁路等。这种做法并没有体现出放松管理的效应。事实上，乡里现在的很多机构已经是派出机构了，比如税务、公安、工商等。这实际上说明乡并不具备建立政府的基本条件。如果我们从税源分布的市场化特征和行政管理区域划分对应性角度去看问

① ［美］F. J. 古德诺著：《政治与行政》，王元译，华夏出版社，1987 年版，第 66 页。

题，更可得出乡级政府不应长期存在的结论。农村税费改革前的乡级政府收入筹措机制不规范，根本原因在于区域税源的有限性与乡级政府职能的尖锐矛盾。把乡镇政府改为派出机构可结合城市化率提高的推进战略来进行，具体来说就是把经济发达的乡镇联结为城市后确立自主性的城市财政。

第十四章　政府绩效评价体系与绩效预算

推行绩效预算是一项复杂的系统工程，涉及到财政制度体系、行政管理体制、经济管理体制等多方面因素。从财政在政府体系中的地位来看，要分步建立绩效预算就应首先认清这一全新的预算模式与政府绩效评价体系之间的关系。具体来说，需要分析政府绩效评价体系在绩效预算中的地位及其对绩效预算各个环节的约束作用。

第一节　如何认识政府绩效评价体系

政府绩效本质上是政府的发展观和政绩观的具体表现。在一个国家或地区内，政府的发展观、政绩观、理财观三者之间有着内在因果关系，其中发展观是基础，当政府选择了发展模式之后，遵从这一模式的要求推进既定的发展战略也就成为政绩的具体表现，政府的财政必须服务于落实发展观和政绩观的需要，理财观自然要依发展模式的特征而相机决定。因此，政府绩效的评价标准和指标体系就是发展观与政绩观的量化表现。应当指出：政府绩效评价标准带有较强的主观性。一件事是否应该由政府做、做的如何，不同的利益集团往往造成政府绩效评价标准的不统一，但有一点可以肯定，从社会可持续发展角度看，关于政府绩效评价的标准还是带有客观性的。财政收支结构则是这种量化表现的政府资金使用体现。

构建政府绩效评价体系首先必须对政府绩效作出合理的解释。这是一个涉及到政府绩效评价标准和确立评价指标的价值判断问题。要作出合理的解释，就必须有合理的前提条件选择。从理论上看，确定合理的前提条件要从发展观和执政观两个角度进行。因为：发展观是政府提倡什么的理念；执政观是政府怎样促进社会发展的理念。

根据科学发展观和执政为民的执政观，政府绩效应该更多地讲求的是政府行政结果的社会效益，其经济效益是依从于社会效益的扩展，前者的具体化是政府行为对社会进步和社会稳定的推动作用及其社会发展可持续性效应。因此，政府绩效应是政府各部门在依法执政、民主执政、科学执政的前提下从全社会利益扩展出发为人民办事的效率和结果。具体而言，政府绩效又可划分为三大类：一是行政行为的合规性。这是指政府行为是否遵循了既定的法律、法规、行政规定和组织原则。之所以把合规性列为政府绩效的一类，主要原因在于按照已有的制度来安排行政是为公众提供符合一定质量要求的公共产品的必要条件，我国公共管理中出现的很多问题，公众对政府的很多意见，本身不是在于公共产品供给数量和供给质量与公共产品需求之间的矛盾，而恰恰是在各级政府部门内大量存在的不按现行制度安排办事而引发的诸多矛盾。显然，照章办事就是成绩，就是维护广大人民的根本利益。二是公共产品供给数量。公共产品可分为有外在物质表现形式和无外在物质表现形式两类，前者如道路，后者如治安。这两类公共产品都可以量化表现。公共产品供给数量体现的是政府部门的工作量和努力程度，因而可说是政府绩效的突出表现。三是公共产品供给的外部正效应。每一种公共产品都有其特定的外部正效应。这种外部正效应是指公共产品自身带来的社会效益。社会治安为公众提供了安全的生活和工作环境、社会救助促进了社会稳定、环境保护保护了人们的身体健康，等等。有必要指出：这种外部正效应的评估是一大难点，因为究竟哪些后果与公共产品供给有着直接的数量关系目前尚无很好的方法来测定。

政府绩效评价体系所要解决的问题是系统反映政府绩效的质和量，既涉及综合评价，又涉及单项评价。政府绩效评价体系包括评价标准、评价指标体系、评价管理体系和评价结果运用体系。这四项内容相互关联、相互约束，前两项是针对评价对象作出的技术规定，后两项是对评价过程作出的制度规定。目前人们对前两项内容关注较多，特别是很多人认为指标、体系最难建立，但实践表明，后两项内容的妥善安排同样是必须认真解决的难题，其中突出点是评价管理体系的构建往往直接决定评价过程和评价结果是否客观、公正、可行，而现实情况恰恰是评价管理体系不尽合理导致评价失效、失信。

决定政府绩效评价体系构建的基本因素主要有四方面：一是政府目标。政府目标给出的是政府总体工作方向和部门工作方向。政府目标是政府社会经济发展战略和年度发展计划中的重要内容。政府目标决定着政府要提供哪些方面的公共产品，这是政府绩效评价的基本依据。二是政府工作任务。工作任务是政府目标的具体化，说明的是政府要提供多少公共产品、多长时间完成。工作任务一般表现为政务事项结构。三是政府部门职能分工。界限清晰的政府部门职能分工是构建政府绩效评价体系的基本决定因素。因为：只有部门责权分明，才能知道哪些事情该谁办，才能知道部门绩效评价范围，才能知道评价的切入点。四是公众偏好。政府行为说到底是为人民服务。因此，公众意志决定政府行为模式和行为取向。在现实社会运转中，公众对政府绩效有特定的评价偏好，构建政府绩效评价体系必须以公众意志为依据，特别是评价标准的确立，首先要考虑公众统一意志。当然，国内外实践中都有一个突出矛盾，即不同利益集团意志的协调，这就要求政府要以大多数人的意志为依据，而不能偏向小集团利益。

构建政府绩效评价体系首先必须确定合理的评价标准。政府绩效评价体系的核心功能是评价政府绩效好坏程度，因此，评价标准选择自然成为评价起点。选择评价标准应遵循可测度和可操作两项原则。所谓可测度，是指提出的标准能够由一些评价指标反映出来。所谓可操作，是指提出的标准在现有的制度条件、信息化条件、人力资源条件下可以由执行环节来具体落实。由于政府绩效分为若干类，有必要分类确定政府绩效评价标准。对提供公共服务的一般性政务活动绩效的评价，应以是否照章及时、准确办事为标准，比如对民政部门的低保补助工作的评价就是以能否及时、足额、按标准发放为标准来评价。对行政活动结果与工作人员努力程度密切相关的政务活动的评价应以有弹性的量值为标准来进行。比如公安部门的破案率，年破案率有高有低，其高度可反映公安队伍的工作努力程度和水平高低。对综合社会效益较强的政务活动的评价应以预期效果和实际效果的对比为标准。比如对公共项目的评价就可以项目完成后效果与定项预期效果进行对比来衡量项目绩效。

构建政府绩效评价体系涉及到的核心技术问题是政府绩效评价指标。

政府绩效评价指标可分为合规性和效益性两个层次。之所以把合规性放在第一个层次，原因是政府行为的合规是法治社会中取得效益的前提条件。

合规性评价层次上的指标可分为三类：一是合法性指标；二是合乎工作流程类指标；三是合乎政策类指标。

效益性评价层次上的指标可分为三类：一是合乎政府目标的指标，包括总体目标和部门目标；二是综合社会效益类指标；三是工作绩效类指标。

从上述方法论出发，对政府各部门绩效进行评价时，又可把政府部门分为三大类进行：一是综合部门，比如国家发改委、外交部、财政部、人民银行总行等；二是社会单项事务管理部门，比如民政部、劳动和社会保障部、公安部、教育部、计生委等；三是经济管理部门，比如铁道部、国家质检总局、国家税务局、国土资源部、水利部、农业部等，针对这三大类政府部门分类制定绩效评价指标体系时要结合各部门职能拆分政府目标指标，也就是要确定反映政府目标的具体指标，这是首先必须解决好的一个难点问题。

确定反映政府绩效的综合社会效益指标应主要考虑三方面因素：一是政府活动的阶段性社会矛盾调解功效；二是政府活动的长远效应；三是政府部门行政活动的互补性效应。比如对政府教育部门的绩效评价，确定综合社会效益指标体系时，就要通过设置一些指标，来反映政府教育方面的行政行为对富人和穷人子弟公共产品享用上的平等程度和所带来的即期不同收入阶层之间矛盾的调解作用。

确定工作绩效类指标时应主要考虑四类因素：一是部门职能特征；二是部门职能范围；三是部门一般行政活动和所实施项目的技术决定因素；四是部门工作流程的设定。

政府绩效评价组织管理体系的核心功能是科学、有效实施政府绩效评价。该体系由三个环节组成：一是制度设计环节，即谁来决定制度；二是评价管理环节，即谁来组织、监督评价活动；三是评价实施环节，即谁来具体实行评价制度、完成评价工作。这三个环节环环相扣，相辅相成。从理论上讲，三个环节的工作应由不同的主体来进行，形成三权分立格局。但从操作角度看，三类主体行使职权极易导致成本失控。很显然，现实的理想模式是在确保成本的前提下构建各环节功能有效发挥的政府评价组织管理体系。国内外经验表明，制度设计环节的工作必须充分发扬民主，否则，评价活动既难实施，又极易被人诟病。

第二节　政府绩效评价体系在绩效预算中的地位

政府预算是政府意志的集中体现，政府支出预算反映的是公共产品供给规划，其中包括供给规模、供给质量和供给时间三项内容。政府绩效的取得要以财政资金及时、足额为保障条件。换言之，财政资金的分布和流出动态与政府绩效的形成是如影相随的。政府绩效评价体系既要评价政府应该取得何种绩效，又要评价政府是否在按规划和法规获得绩效以及绩效的结果如何。

因此，政府绩效评价体系是绩效预算的基础。其对绩效预算的具体约束作用包括如下几方面：首先，政府绩效分为政府行政总目标、部门总目标、部门目标结构、部门行政合规性、部门项目执行情况五个部分。当某一部门这五部分内容规定清晰以后部门预算的支出结构和支出总额界定也就有了基本依据。政府总体目标和部门目标结构是项目预算立项评价的基本依据。其次，政府绩效评价标准说明的是政府各部门应该和可能做到什么、做到何种程度、什么时候做完。因此，一旦政府绩效评价标准明确下来，支出预算的合理性也就相应可以规定下来，支出结构的确定也就有了阶段依据。再其次，政府绩效评价指标本质上指明的是从哪几个方面和哪些点上去衡量政府绩效，同时也说明了政府绩效的可量化方面和不可量化方面。因此，当政府绩效评价指标确定下来了，确定财政支出绩效评价指标体系就有了依据，随之就可以把财政支出合理性指标测定与政府行政效果对应起来。

财政支出绩效评价体系是绩效预算的重要组成部分。这一体系不仅仅是对财政支出情况进行评价和监督，它的根本意义是要以财政支出效果为最终目标，考核政府的职能实现程度，也就是考核政府提供的公共产品或公共服务的数量与质量及成本。正因为财政支出绩效评价体系有着这样的功能，因此，如果仅仅从财政的角度来进行财政支出绩效评价，就很难全方位地反映财政支出的实际效益与效率。从这个意义上讲，财政支出绩效评价体系，是一项以财政部门为主体，政府其他职能部门共同配合而形成的管理公共产品和公共服务供给的制度。

由于财政支出范围广泛，再加上支出绩效呈多样性的表现特点，既有可以用货币衡量的经济效益，还有更多的无法用货币衡量的社会效益，而且不同的项目有不同的长短期效益，直接效益和间接效益，长期以来，财政部门一直无法采取一种比较准确的办法，来对财政支出进行衡量。而这一“盲点”，恰恰是减少资源损失浪费、提高效率的关键点。财政支出绩效评价体系，就是要把“不可衡量的事”变为可衡量的，确定政府的职能、财政支出的目标以及实现这些目标所需的步骤，在给定目标的前提下寻求最有效率的实现目标的方式，以最低的成本最大限度地满足公共需要、社会经济发展的需要。

可见，财政支出绩效评价体系在绩效预算中的关键作用是从质和量两个角度说明政府资金的使用状况，从而使绩效预算的功能突出反映在资金使用效率评价对预算拨款的约束上。因此，可以说财政支出绩效评价是绩效预算的核心内容，但政府绩效评价体系解决的是预算编制依据问题，财政支出绩效评价体系解决的则是编制好了政府绩效规划究竟是否被执行好、事后来看优劣之处是什么。这两者可说是绩效预算中前后相承的两大侧面。

相比其他预算模式，绩效预算更需要严密、系统、规范的组织体系。这一体系的基本功能不仅在于确保绩效预算的顺利实施，更为重要的是为绩效预算的编制、评价和实施的科学、合理提供人力资源、管理规范以及思想方法、技术工具保障。因此，如果说绩效预算是一列行驶的火车的话，政府绩效评价体系则是这列火车的火车头。

第三节　地方政府政绩考核

从理论上讲，政府具有实施政府绩效评价的内在必要性。因为：政府只有说清了绩效状况，才能向人民交待清楚自己的行政活动的社会价值，同时也只有实施了绩效评价，政府才能真正落实好内部控制。事实上，我国很多地方政府早已开展了政绩考核。这种政绩考核一方面表明了政府本身主观上认为有必要通过绩效考评来推动工作，另一方面也说明了政府绩效考评与财政的内在联系。

我国虽然是集权制的单一政体国家，但在行政管理上采行的是统一领导、分级管理原则。中央政府统管全国事务，具体表现是法规、税收、机构设置等的高度集权，概括起来，实际上就是制度决策和制度管理的高度集权。然而任何制度体系都要有一个运行良好的操作体系来付诸实践，属于地方政府操作体系。我国的地方政府包括省、市、县、乡四级，事实上村和街道也行使政府职能，但没有健全的立法、司法体系，只有行政管理机构，前面四级政府带有包括人大、政协、政府执政党组织、法院、检察院等在内的完整国家机器体系。可见，地方政府实际上是一个多级行政管理体系，我国宪法明确规定省级政府统管全省事务，具体说就是省级政府的行政规定和行政指示在全省有效，所以，中国的分级管理实际上分为中央和省两大板块。地方政府管理依靠的是一套完整的内控体系，这一体系包括两大方面：一是政府规划；二是政绩考评。前者界定的是政府具体做什么，后者披露的是政府做的如何。前者是基础，后者是延伸，但必须指出，政绩考评对政府规划具有强烈反向约束力。因为政绩考评能够反映出政府规划的可行度。

我国目前已建立了相对完整的地方政府政绩考核体系和制度。各级地方政府均设有专职从事目标设计和目标落实管理工作的目标管理机构，同时相应设立了督办室。地方政府政绩考核分两个层次：一是本级政府对自己的考核；二是上级政府对下级政府的考核，比如省对市、市对县、县对乡。对地方政府的政绩考核具体来说就是对地方党、政一把手的考核、就是一把手责任制。在具体操作过程中，政府首脑又将考核指标包含的任务和标准分解到下级政府首脑和所辖各部门首脑身上去落实，进一步说，政绩考核的规定任务是由条、块分别落实、协同完成的。

地方政府政绩考核主要包括如下内容：一是目标设置。政绩目标是指某一年度政府应完成的任务。政绩目标分为综合目标、实事目标、单项目标和重点督办事项四种。地方政府下达的综合目标一般有5个，包括国内生产总值、地方财政收入、农民人均纯收入增加额、人口自然增长率等。实事目标10项左右，包括两个确保和再就业工作、低保、教育工作等。单项目标10项左右，包括安全生产工作、全社会固定资产投资、加强电子政务建设、节能减排等。重点督办事项包括偿付农民工工资、住房公积金清理回收工作等。根据省定目标，市政府又分别给各部门和各县（区）政府下达目标，其中县（区）目标又具体划分为综合目标、保证目标和实事目标三类。二是指标设置。政绩指标是政绩目标的各角度具体化，一般可量化，一个政绩目标可能对应多个政绩指标，比如对外开放目标就对应着外商投资、省外招商引资、外源劳务三个政绩指标。省政府下达给市政府的考核指标多达几十个。这些指标基本上可归纳为经济发展、社会发展和制度创新三大类，分解后由各部门执行，成为部门考核指标。下达给县级政府的考核指标则是这些指标的指标值分解值。三是考评标准，考评标准是指政绩衡量尺度，包括质和量两方面，前者体现在目标内容完成程度上，后者体现在分值上，分值多少体现的是某一目标在目标体系中的权重。四是考核管理。省的政绩考核过程可概括为逐层下管、动态监理、分级落实。政府层级越低，任务越重，受管理越严。

从各地情况看，政绩考核实质上既是落实地方政府经济和社会发展战略的重要手段，也是推动体制创新的重要工具，政绩考核目标已成为左右地方政府首脑和部门首脑执行决策的基本依据。财政是政府的财政，有财有政，是为政府向全社会提供公共产品而筹措资金、支付成本、根据政府行动纲领分配资金的政府部门。因此，地方政府财政不可能不受政绩考核的约束。换言之，政绩考核对地方财政运行和财政改革有着多方面影响，具体来说有如下几方面。

第一，政绩考核的目标在很大程度上决定着地方财政支出结构。政绩考核目标规定了政府各部门应力争完成的任务，这些任务既体现了当地的经济和社会发展战略的阶段性重点，同时也被量化在相关投入上。如果我们把这些投入要求联接起来，大致就可以看出当地财政支出的基本框架。究其原因，根本在于，政府职能履行和目标实现是要由各部门来具体落实，每一个部门都承担着相应的职能，也就是要提供某种公共产品，而要实现这些职能必须有相应的财力保障。比如在南海区近年来的财政支出结构中，教育、卫生、社会保障、环保等支出项目比重明显抬升，原因就在于省政府重点督办的实事大部分都涉及这些支出。很显然，判断一个地区的财政支出结构的特点和合理性，逻辑起点应是政绩考核的阶段性重点。

第二，政绩考核给地方政府带来了难以承受的财政支出压力，人为加剧了财政收支矛盾。任何一个国家或地区的政府都有其特定的发展观、政绩观和理财观。这其中发展观是基础，有什么样的发展观就有什么样的政绩观。当发展观和政绩观确定之后，理财观也就相应确定下来了。政绩考核本质上是服务于发展观和政绩观的，考核标准要以发展观和政绩观为依据。显然，实施政绩考核本身并没有错，问题在于当发展观连带政绩观出了偏差时，政绩考核也就成了问题的凸显点，接踵而来的自然是理财观的被动性走偏。从对南海区调查情况来看，地方政府的发展观基本上就是“大干快上、齐头并进”的发展观，政绩观相应也就是“高指标落实观”，而理财观也被动地成为“赤字合理、负债有理观”。由于上级政府下达给南海区政府的各项指标期望值都比较高，尽管该区属于财力大区，但财政支出压力仍很沉重，因之该区综合收支也是负债型。近年来为落实科学发展观，南海区加强了建立服务型政府方面的考核，经济类指标权重有所下调，但主导方向还是促发展，财政压力并未减弱。

第三，政绩考核对省以下财政体制改革具有明显约束作用。完善省以下财政体制面临着三个必须解决的问题：一是优化事权划分；二是优化财权划分；三是减并财政层级。政绩考核对这三方面问题的解决应该说均有约束作用。就第一个问题而言，政绩考核过程实际上就是上级政府对下级政府的事权下派过程，这种事权的下派既包括具体任务、又包括事权履行标准。可见，要细化事权划分，就必须首先调整政绩考核任务下派的指导思想和基本原则。就第二个问题而言，政绩考核在每个财政年度都在加大被考核者的财政支出压力，这和财权划分内在的收支需求相对稳定对应原则是有着强烈矛盾的。可见，优化财权划分不可能绕开政绩考核指标可能带来的对财权划分的冲击，换言之，确定考核指标应充分考虑财权划分界定的地方财政收入增长空间。就第三个问题而言，目前一些省份正在推行省管县、乡财县管等减并财政层级的做法，应该说这是一种在先不直接触动现行行政管理体制的前提下再造财政体制进而缓解基层财政困难的有益探索。但必须看到，层层下指标型的政绩考核势必会直接决定县级财政的支出结构和支出规模，而这与省管县体制是矛盾的，会使省管县体制陷入在财力分配上转死圈的困境。显然，当我们确定省以下财政体制改革方案时，有必要仔细研究政绩考核体制如何与之配套改革。

第四，推行绩效预算可吸收政绩考核的有用之处。绩效预算是以政府绩效考评为依据编制预算、执行预算、审查预算的预算模式。推行绩效预算应是我国预算改革可选择的终极模式。目前我国已开始探索推行绩效预算的可行之路，起点被放在支出评价之上。然而必须看到，由于我们在评价预算绩效时没有首先建立可行的政府绩效考核体系，这种评价实质上缺乏基本依据。一些省份推行的政绩考核不管内容、形式、目的有多少偏颇，起码说明了在我国这样一个实行统一领导、分级管理的高度集权的行政管理体制的国家里，实行政府绩效考核既有必要性，也有可行性。已有的政绩考核体系和今后势必要努力改进、完善的政绩考核体系，本质上就是政府的财政收支绩效考核体系，所包括的指标体系、评价标准体系、考核管理体系，似可在动态改进过程中，转用在绩效预算中的政府绩效评价体系中。

第十五章 绩效预算与部门预算改革

第一节 绩效预算编制模式

一、预算编制模式的历史沿革

预算编制的发展历史是人们对预算绩效功能认识的历史，也是对预算功能全方位实践的过程，同时也是对绩效预算定义反复精炼的过程。预算编制大致经过了以下发展阶段。

（一）条目预算阶段

传统的“条目”预算是由于对支出缺乏足够控制而滋生腐败的情形下进行的改革。19 世纪末和 20 世纪初的预算改革主张建立包含对资源使用的责任制的预算编制体系。早期改革的重点是对预算账户的有效控制、重视预算编制的经济效率。

在条目预算体系中，未来年度的支出根据支出目的，或者“条目”一一列出，通常这些条目十分详细。预算体系的重点是明确规定预算分配过程中条目支出限额和确保各机构支出不会超过其划拨数额。在很多国家的预算体系中，财政部门通过制定严格详细的程序，确保不出现过度支出，从而起到控制的作用。这类体系的优点在于其投入的相对简单性、明确性以及通过与以前年度支出进行方便的比较和明确规定投入用途而具有监管支出的特性。

（二）绩效预算阶段

早期绩效预算最明显的是源于 20 世纪 50 年代美国政府的改革，通过改革，美国政府使用预算绩效方面的信息，重新塑造联邦预算程序，使预算程序更加关注投入资源的产出，而不仅仅是资源的投入。1949 年胡佛委员会开始推广这种方法，1950～1951 财年第一次使用绩效预算。

绩效预算编制试图将政府活动信息纳入预算过程，使预算决策更多地以政府活动和活动成本间的关系为基础。绩效预算编制通过依据一整套与业务活动相关的工作负荷量标准，将支出分摊到每一个机构的各个活动上。绩效预算编制与建立在增量基础上的传统的条目预算编制不同，它以预期工作负荷为基础。绩效预算编制标志着预算编制由支出控制为基础，转向日益重视管理问题。绩效预算编制很少被用于整个预算过程，但由于强调业务活动的信息和预算编制间的一致性，意义重大，在未来预算改革中还一直使用。胡佛委员会就几乎同时使用着项目预算和绩效预算。那些年绩效预算没有实现预算决策上的根本性变革，仅仅作为基于服务运作的有益挂钩。

（三）计划—项目—预算（PPBS）体系阶段

美国政府使用 PPBS 体系最早是国防部在 1961 年引入的，后来被更多的部门和地方政府乃至其他国家所使用。PPBS 程序如它的名字所表明的那样包含三个基本的阶段。计划阶段明确现在和将来的目标，并评价实现这些目标不同的方法；项目阶段是将计划阶段的目标分解到一系列项目中，这些项目体现不同的优先级和政治决策的不同层级。例如，宏观层面优先级的确定是政府和内阁的责任，而单个项目内的最优就是部门或机构的责任。预算的第三个阶段是通过确定谁做什么和安排相应的资源，将多年期的项目转化成单个财年的具体行动。这是非常困难的阶段，因为项目的结构不同于行政管理的结构，在不同的行政管理机构之间安排资源就比较困难。而且，美国联邦预算程序被一系列复杂的规定所规制，随着时间推移，它不仅仅规制预算结构，而且包括预算提交、批准和执行的方式。

与绩效预算不同，PPBS 预算编制将重点确定为各项竞争性政策的预算选择。绩效预算编制的目的是为了找出完成既定目标的最有效的方法，而 PPBS 预算编制则把各个既定目标看作可变因素。PPBS 预算编制不是一种管理体系，而是资源分配体系。传统的预算编制将重点放在对现状的边际调整上，而 PPBS 预算正是替换这种做法的一种具体尝试。它力图将公共项目的成本与结果联系起来。对 PPBS 预算编制来说，关键是项目本身即某项公共政策目标及实现目标所需要的步骤。预算根据项目进行分类，而不是以部门为主线进行，并要求项目目标不仅仅局限于一个财政年度。此外，PPBS 预算编制要求对项目效果进行衡量，这意味着将对项目产出和结果进行衡量。

（四）项目预算阶段

尽管 PPBS 失败了，项目预算仍然某种程度上在美国使用。1974 年，国会和扣留法案得以通过推进了多年期预算：通过使命、功能、规划对预算分类；通过联邦预算办公室和总会计办公室使用复杂的预算分析技术；发展绩效指标；改善会计和信息体系。这种方法坚持下来，联邦才可能使用项目和绩效数据以及成本目标来进行决策。同时，项目预算方法也被世界上其他国家所采用。1965 年联合国发布项目和绩效预算手册，项目和绩效预算作为发展计划的一个工具得到强制实施。20 世纪 60 年代，将近 50 个国家使用不同类型的规划和绩效预算。60 年代末期，几乎所有的拉美国家、几个亚洲国家和一些非洲国家开始使用规划预算。

（五）产出预算和结果预算阶段

20 世纪 90 年代新公共管理改革兴起，主要强调产出效果和预算的绩效；特别是强调在预算中使用绩效信息。这些改革同时也伴随着其他重要的 PEM（公共支出管理）改革：适当给予政府机构灵活性；使用协议安排；从收付实现制会计向权责发生制转变；像私人部门那样编制预算等。为与先前的绩效预算改革相区别，这一时期的预算改革被称为新绩效预算。新绩效预算方法现在已经被普遍接受，OECD 国家 2001 年的调查表明，70% 的成员国已经开始在预算中使用绩效信息，其他国家也在有限的项目中使用绩效信息。而且 40% 的被调查国在产出与效果测量方法上有显著差异，其中 20 个国家采用了针对产出使用系统的年报，15 个国家采用效果绩效指标。

新绩效预算比单独的预算程序改革更加全面，从率先改革的国家来看，最有效的方法是从根本上改变公共部门内部的责任关系。预算管理是复杂的：首先，绩效需要用预算管理者可操作的方法来说明和报告；其次，需要赋予政府机构更多的自主权，放松对它们投入的控制，让它们自己寻找更有效的面向结果的公共服务供给方式；最后，对部门管理者的激励和惩罚机制需要改变，预算管理体系的目标必须和广泛的责任性联系在一起，好的预算管理有奖赏，坏的受到惩罚。这也表明，实施新绩效预算，必须以良好的项目预算为基础①。

19 世纪以来预算编制模式演变的历史，其基本脉络是清晰的，预算编制从强调支出控制（财政纪律）——成本核算（经济效率）——政策规划和产出评价（支出结果）——面向结果（支出有效性和资金价值）。19 世纪末期开始编制的条目预算强调资源控制职能，体现了预算编制中对资源的控制。20 世纪开始的预算编制改革逐渐将制定资源配置职能和管理资源职能引入到预算管理当中，虽然每个阶段要点不同，但总的改革方向是实现优化资源配置和提高公共支出效果。

按照控制程度的不同，预算管理体制可分为集中型、分散型和混合型管理体制。其中条目预算是典型的集中型管理体制，绩效预算、PPBS 预算和项目预算属于混合型管理体制，兼顾投入控制和产出两个方面；新绩效预算更多地体现为一种分散型的管理体制，它强调按总额控制预算，赋予部门更多的自主权，对预算的评价也是按部门来进行。

一般而言，预算编制的目的主要有三：控制资源、制定未来资源分配计划和管理资源。戴梦德②和希克③认为预算改革不能实施跳跃式发展，在发展绩效预算之前一定要经过控制资源阶段，解决资源的控制问题，然后编制项目预算，解决资源的分配问题，此后在绩效管理的大环境下发展绩效预算，对此，OECD 各国基本达成了共识。

二、绩效预算编制的主要类型

OECD 国家认为可以将预算绩效管理分为管理与改进型、责任与控制型和节约开支型等三种类型。其中，管理与改进型着重于激励和促进政府组织管理的改善，更为重视以产出和成果为导向的预算结果；责任与控制型评价则更为重视对政府部门和预算项目的绩效审计，以加强对各政府部

---

① Jack Diamond, "From Program to Performance Budgeting: The Challenge For Emerging Market Economies", IMF Working Paper, 2003, P9.

② Jack Diamond, " From Program to Performance Budgeting: The Challenge for Emerging: The Challenge for Emerging Market Economics ", IMF Working Paper, 2003/169.

③ ［美］孙克姆·霍姆斯主编：《公共支出管理手册》，经济管理出版社，2002 年版，第 10 页。

门预算责任和预算程序的控制；而节约开支型评价则在预算过程中着重强调开支与成本的节约，对预算结果进行绩效评价是实现这一目标的重要手段。由于所面临的具体问题不同，各国在具体实践中选择了不同的绩效管理类型。例如，管理与改进型在澳大利亚、芬兰、瑞典受到较多关注，法国、新西兰、英国较为强调责任与控制型绩效管理模式，加拿大和美国则倾向于节约开支型绩效管理模式。此外，OECD 各成员国的预算绩效管理实践表明，由于管理目标的多样性和混合性，各国并不单一使用某种绩效评价类型，往往根据具体需要将不同类型的绩效管理混合使用，实施复合式绩效管理模式。例如澳大利亚虽然主要关注管理和改善，但依然强调责任和控制，认为责任是绩效管理的一个重要目标；加拿大在关注节约的同时，也强调绩效管理是为了确保弹性管理和顾客至上的服务，同时在新的报告机制中更加强调责任；新西兰是责任与控制绩效管理模式，但节约一直是绩效管理的一个重要目标；美国是节约开支型绩效管理模式，但管理和改善也越来越依赖绩效，同时绩效责任也一直是一个重要的目标。一般而言，绩效管理同时实现三个目标很难，OECD 国家的实践经验也表明，绩效管理可以以一个目标为重点同时兼顾另外一个或者两个目标①。

绩效预算是政府绩效管理中的一个重要环节和组成部分，其目的在于实现财政资源的总量控制、财政资源的优化配置、财政资源使用的效率和有效性。绩效预算的编制是实现绩效管理和绩效预算功能的重要工具和政策手段，从各国实践来看，根据绩效管理和预算编制之间的关系，绩效预算分为两种：一种是绩效管理和预算编制之间没有直接联系，美国、荷兰、澳大利亚等国家采用这种类型，该种模式赋予政府部门更多的自主执行权和灵活性；另外一种是绩效管理与预算编制之间有着直接的联系，新西兰采用的就是这种模式，在此种模式下，政府各部门被赋予更多的责任②。从理想模式来看，绩效预算编制应该是绩效和预算分配挂钩的模式，这种模式对应的是责任和控制的绩效管理模式；而预算分配不直接和绩效相挂钩的绩效预算编制模式一般对应的是管理和改善的绩效管理模式

① OECD，1997，“In Search of results：Performance Management Practice”，Copyright OECD，P132～142.

② 财政部预算司：“绩效预算国际研讨会观点综述”，《预算管理与会计》，2004 年第 11 期。

或者节约型的绩效管理模式。由于各国的管理实践以及预算发展历程及政治体制差异等因素限制，从理论上讲没有适用于所有国家的绩效预算编制模式和绩效管理模式。

三、绩效预算编制的流程及主要内容

绩效预算编制的流程如图所示，从图 15 - 1 可以看出，以绩效管理为基础的预算编制谋求更客观评价部门支出取得的成效，更有约束力地管理公共部门，更高效率地配置资源。在这一过程中，最关键的是以下几个环节。

（一）明确任务、目标，制定支出项目

清晰的任务声明是一个理想的开端。美国在《1993 年政府绩效结果法案》中将绩效评估制度在联邦政府级别上制度化。该项法案要求联邦机构制定最高级别机构的目的和目标，包括年度项目目标；表明它们打算如何达到这些目的；展示为实现这些目的它们如何衡量机构和项目业绩。部门在每一个预算年度开始时都要知道在这一年中要做什么事情，着重强调政府干什么而不是买什么①。

（二）按支出计划行动

根据标准跟踪评估，这是绩效预算的核心内容。支出内容与其所服务的规划紧密相联。根据总的工作规划，着重考核预算支出，使绩效评估渗透到政府的每一个部门。这些绩效考核措施既考核公共资金使用的最终效果，同时又考核为取得上述效果所开展的工作活动情况。这主要是基于传统政府管理方式中的三个具体弱点：①缺乏宏观的方向和目标；②缺乏使政府部门能够选定其自己的目标、预想和工作标准的凝聚力和协调机制；③没有整体的，有时甚至没有部门的信息管理系统来使议员们和高级管理人员了解谁去做什么，以什么代价以及有什么效果。

（三）根据评估结果来进行责任和控制的考核，同时进行调整和改善

这是绩效预算对部门产生调控作用的重要环节。评估结果反映了部门预算支出后完成任务的情况，是否达到标准，公众是否满意，可作出哪些改进和调整。将实际的项目结果与之前确定的标准相比较：如果某些公共

---

① 姜媛媛："论公共部门绩效评估为基础的预算体制"，2003 年武汉大学硕士论文。

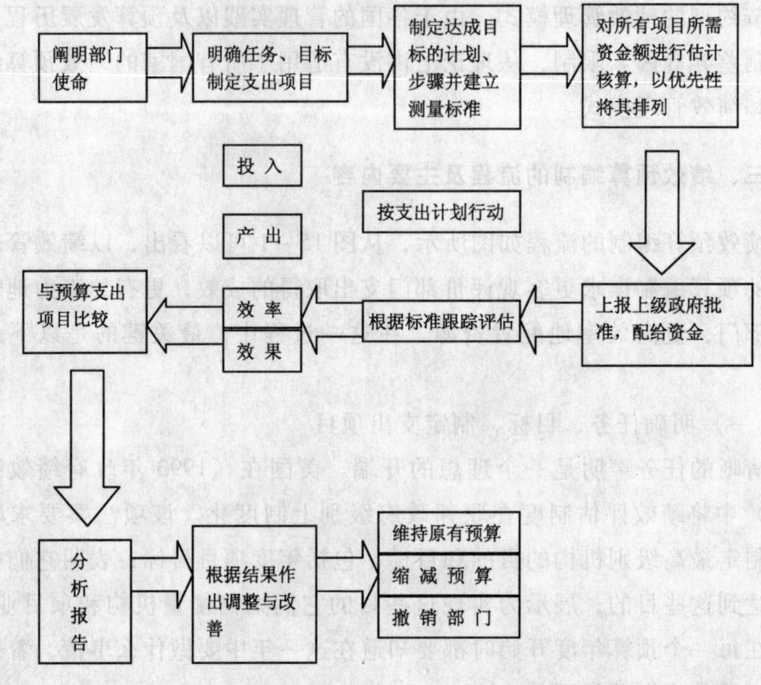

图 15－1　绩效预算编制流程

部门提供公共服务的情况无法令政府和公众满意，政府则会考虑将这部分公共服务的提供权出让给私人部门，政府从中退出，或者撤销该部门，这便促进了公共部门之间的竞争与公私部门之间的竞争①。

不同绩效预算编制模式的重要差异在于预算分配是否直接和绩效挂钩，也就是流程图中的最后一个环节，如果是预算分配直接和绩效挂钩，那么最后一个环节在预算编制中的作用就相当关键，但非直接联系方式最后一个环节就可以去掉，重点在于预算管理过程中的管理和改善。

四、绩效预算编制的主要特点

（一）控制公共支出总额

控制公共支出总额是绩效预算体系的基本目的，也是首位目标，如果没有支出总额的限制，财政资源的分配效率和执行效率以及支出的有效性

① 周志忍："英国公共服务中的竞争机制"，《中国行政管理》，1999 年第 5 期。

就很难达到[①]。控制公共支出之所以重要是因为申请支出的数额总是超过政府能够或者愿意支出的额度。如果不对财政支出的总额进行限制，受不到约束的需求将导致长期的高赤字以及税收和公共支出占国内生产总值比率的不断上升。由于支出项目的好处往往是集中体现，而税收负担往往是分散性的，因此，通过要求追加开支，特定的受益者可以获得比预算约束更多的净收益。这些非理性的动机驱使申请者向政府提出比政府可支出的资源更多的资源要求[②]。

总额控制要求支出总额在预算做出决定之前就确定下来，并且不受其他因素干扰。财政支出总额应该相当明确，应该制定硬性规定而不是软目标，而且不只是在预算准备阶段，必须在执行年度强制执行。从更广泛的意义上说，要保持财政总额控制就必须强制执行财政纪律，不能随意增加收入或追加支出的限额，实现这一目标的方法是按比例将支出总额限定为国内生产总值的一定比例；另一种方法是设定支出总额的绝对限额（以一定数量的货币来表示）；第三种方法是详细说明支出与上年额度或与基准水平相比被允许增加的最大额。

表 15－1　　实施财政总额控制的制度规定

规则	对支出总额的限制（在某些情况下也包括部门支出总额）必须在对各项支出预算确定之前就要建立起来。汇总后支出总额一定要与这些限额保持一致。这些限额可以用多种形式表示：货币数额，相对于国内生产总值的比重，增减比例或者收入与支出之间的平衡关系。这些限制是为中期财政计划（3～5 年）而设定的，而预算决议是在中期支出框架内作出的。
任务	强有力的财政部门被授权执行预算总额，它要求与预算支出部门进行谈判并与内阁展开讨论。财政部是考虑各部门支出建议和监督预算执行的机构。在预算执行过程中，它可能会进行干预，阻止将会导致财政总额突破约束的行为。
信息	中期财政支出框架为衡量政策变化对预算的影响提供了基准线。在预算规划过程中，信息的提供是以基准线的变化为基础的。在实施预算中，支出情况则受到监察以确保其遵守财政总额规则。

资料来源：［美］艾伦·希克：《当代公共支出管理方法》，经济管理出版社，2000 年版，第 13 页。

① ［美］艾伦·希克：《当代公共支出管理方法》，经济管理出版社，2000 年版，第 25 页。
② 同上，第 46 页。

财政限制手段要想对财政收入和支出进行约束，就必须在预算制定之前得到实施。总额约束有许多种形式，从宪法对政府征税、支出、借贷的限制，到阐明政府财政政策但不具备法律约束力的说明性报告，这些约束可以是自愿实行的，也可以由国际机构或其他实体从外部予以规定。有些限制条件的有效期限被确定为1年，其他一些条件则延长至中期（3至5年）或者更长。这些约束可以只适用于赤字，也可以涵盖其他的财政总额数字。它们可以局限于总额数字，也可以涵盖主要的开支类别（如行业部门、政府部门或预算功能）。约束条件可以只用于预算的制定，也可以涵盖限制议会活动的机制和预算的执行。它们可以有强硬的执行机制，以便在约束条件被破坏时采取纠正行动，也可以不要求任何干预。OECD国家在预算编制中对财政总额控制一般都有明确的财政纪律，具体做法差异较大，许多国家对支出限额作出了不太明确的控制，截至2002年，芬兰、日本、西班牙、瑞士、瑞典和美国等国家实施的是这样的限制；其他一些国家通过赤字目标等方式对支出进行限制，例如丹麦对税收进行冻结，短期要求财政收支平衡，中期内保证财政盈余达到GDP 2%，这样对财政支出总额进行了限制。同样，截至1997年英国要求不能增税，建立稳固财政的要求使得支出成为主要的调整变量。①

考虑到绩效预算的多重属性，对财政总额实施控制时必须强调以下几点。

第一，体现绩效预算的法律和政治属性，在相关法律文件中对总额控制的指标进行规定，并反映政治领袖的政治承诺。

选择适合的财政约束手段是政府主要的政治责任。制定适当的目标必须要汇集主要的政治参与者之间的共识。如果政治家不参与商定预算目标的工作，就不能指望他们采取必要的步骤执行预算目标。即使预算目标是由外部强加的时候——例如由欧洲货币联盟和国际货币基金组织提出条件，预算目标的实现仍然依赖于相关国家在政治上的承诺及实际行动。

第二，基于绩效预算目标的特点，考虑国家发展水平，财政总额目标必须符合现实且能够实现。

① Isabell, "Enhancing the Cost Effectiveness of Public spending: Experience in OECD Countries", OECD Economic studies, No37, 2003/2, P118.

如果预算目标与现实不符且无法实现，那么它们要么是被忽视，要么会诱使政治家隐藏和瞒报预算的真实状况。20 世纪 80 年代中期，美国和澳大利亚都确立了财政总额控制，美国是通过法律限制赤字的规模，而澳大利亚则是通过一项规定减少税收、开支和赤字的三部曲政策来执行的。美国的预算目标在其有效期内（1986～1990 年）的每一年都未得到遵守，相比之下，澳大利亚在控制财政总额方面取得了相当大的成功。

第三，必须制定和实施预算总额的中期制度。

典型的制度包括以下内容：对今后几年预算总额以及主要的支出类别总额的预测；一个经批准的包含中期支出和收入的基础预算；估计政策变化可能对财政产生的影响；实施财政控制的会计制度；确立预算约束条件的过程。制定和执行这样一个中期制度成了财政部门的主要职责。随着财政总额控制的成熟，年度预算是在多年度约束的背景下制定的。年度预算成为多年度财政策略中为期一年的组成部分。

第四，总额控制必须基于结构性调整，宏观效率提高必须根植于分配效率的提高。

如果只针对总额制定标准，那么支出限额想要实现的宏观效率是很难达到的。例如，如果不能有效区分经常性和资本性支出就会阻碍投资。因为从政治上削减经常性支出通常十分困难，这部分支出主要是家庭转移性支出和公务员工资；相对于私人部门来说也会阻碍投资，因为项目投资成本通常会在单个会计年度支付，而收益递延到以后若干年。“黄金规则”认为公共投资可以通过借款来融资，而利息和折旧则通过经常性预算安排，这个规则也有问题，因为它也限制了投资，特别是从经济观点来看，经常性支出和资本性支出一般不相关，但却互为补充（例如建造医院和支付健康专家费用），更进一步地说，“黄金规则”会限制人力资本投资（例如在教育和医疗方面），带来资源配置效率的低下①。

第五，控制应包括大多数关键的总额指标，而不仅仅是开支总额或赤字，并应包括法定支出和或有负债。

如果只是针对赤字制定目标，总额限制可能会由于通过增加税收来补

---

① Isabell, “Enhancing the Cost Effectiveness of Public spending: Experience in OECD Countries”, OECD Economic studies, No37, 2003/2, P124.

偿开支的增长而受到影响。如果仅仅是开支受到了制约，政治家就可能会削减税收，使赤字上升。适当的制约条件不必涵盖所有的总额财政目标，但用于约束公债可能会具有相当的价值。少数国家已经开始约束或有债务，但是大多数国家缺乏足够的信息来对这些财政风险进行有效限制。法定支出由于其对财政支出的强制性特点，往往会对财政支出造成巨大的压力，并使得财政总额控制违反财政纪律，因此控制财政总额中必须强调对法定支出的限制[①]。

（二）实施中期预算框架

绩效预算目的在于实现财政总额控制、资源优化配置、财政资源使用的高效率和有效性。为达到这些目的，财政计划与政策之间建立紧密联系就至关重要，而中长期财政框架就是连接绩效预算目的和政策之间的桥梁（如图 15－2 所示），因此，在绩效预算编制中，中长期财政框架起着决定性的作用。

世界上几乎所有的国家政府预算都是按照年度来编制的，但年度预算的时间跨度对于调整支出重点及克服较长时间内出现的不确定来说时间太短。第一，编制预算时，该年度的大多数支出已经确定，例如公务员工资、退休人员的退休金、偿债成本等支出短期是不会改变的，其他支出是可以改变的，但比例很小。这意味着对支出次序进行任何有意义的调整必须在至少几年的时间跨度内进行。第二，年度预算使政府及公众无法了解未来的收支政策。如果没有收支计划，财政稳定性要求会导致在短期内压缩非法定支出，特别是投资，但这往往很难达到结构改革的要求。欧盟国家 20 世纪 90 年代公共投资的显著下降就是明证。第三，支出限制如果是短期的，就会促使政府开辟其他的融资渠道，例如税式支出、预算外资金、公私合作及贷款担保。这些办法都会隐藏真实的支出水平和承诺，也会造成支出项目的不谨慎，同时缺乏竞争也会阻碍资源分配的效率[②]。第四，在纯粹的年度预算中，部门政策和预算分配之间的联系常常是很弱的。部门经常发布政策，但预算经常不能提供必要的资金支持。因此要制

① ［美］艾伦·希克：《当代公共支出管理方法》，经济管理出版社，2000 年版，第 86 页。

② Isabell，“Enhancing the Cost Effectiveness of Public spending：Experience in OECD Countries”，OECD Economic studies，No37，2003/2，P119。

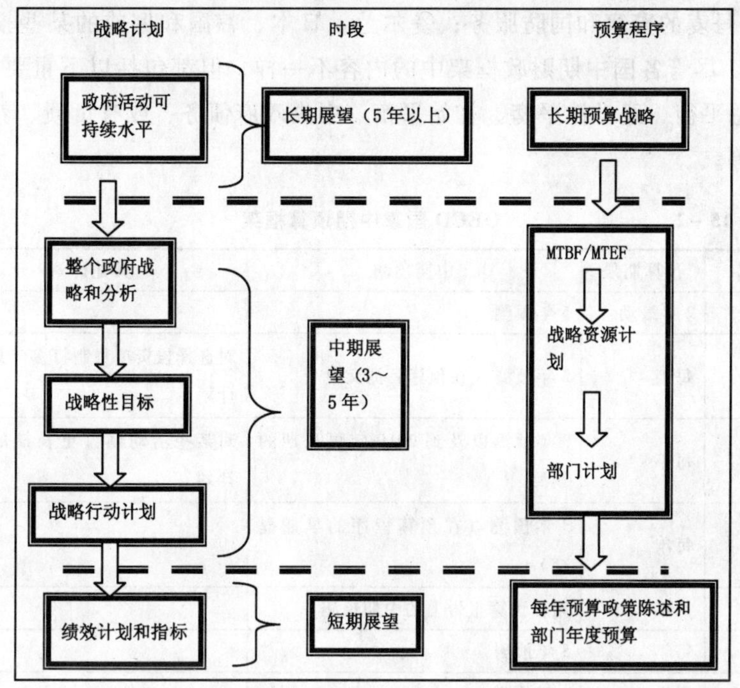

图 15－2　连接计划和预算编制

资料来源：Jack Diamond，"From Program to Performance Budgeting：The Challenge for Emerging：The Challenge for Emerging Market Economics "，IMF Working Paper，2003/169.

订一个好的预算必须考虑年度以外的东西，尤其是宏观经济的实际情况、预期的收入、长期计划成本以及政府政策等①。

中长期预算编制有利于财政纪律的遵守和资源分配的优化。采取中期预算框架是目前 OECD 国家预算改革的一个重要特征。很多国家开始编制为期 3 年的预算计划，也有一些国家采取 5 年或更长的时间跨度，具体见表 15－2 OECD 国家中期预算框架。半数以上的 OECD 国家对建立中期财政框架有法律要求。一些国家预测经济包括财政变量（波兰），另外一些国家提交了详细的预算预测（加拿大、丹麦、爱尔兰和新西兰）；有些国家甚至提交了涵盖 10～50 年的预测或代际账户（澳大利亚、挪威、美国和欧盟国家）；另外有些国家在特别领域使用多年期预算或多年期计划

① 亚洲银行编著：《政府支出管理》，人民出版社，2001 年版，第 91 页。

(例如丹麦的警察和国防服务；爱尔兰、日本、韩国和挪威的某些投资项目)①。尽管各国中期财政框架中的内容不一样，但都包括以下重要指标：预算总平衡、经常性平衡、初始平衡、中央政府债务、或有负债、养老金负债等。

表 15 - 2　　OECD 国家中期预算框架

国家	预算期限	中期预测	其他计划
加拿大	2 年滚动	5 年预测	
捷克	每年	3 年预测（在预算后提交）	对选择投资项目制订多年期融资计划
丹麦	每年	3 年预测以及到 2010 年更长期的预测	对某些活动制订更长期的融资计划
芬兰	每年	3 年预测（在预算程序的早期提交）	
法国	每年	附在预算报告上的中期预测	
德国	每年	5 年预测	
希腊	每年	2 年预测	
匈牙利	每年	3 年预测	
爱尔兰	每年	2 年预测	2001 年为公共运输制订 5 年资金分配计划
意大利	每年	3 年预测	
日本	每年	在改革和展望计划中提交中期预测	为道路和铁路的公共投资制订多年期计划
韩国	每年		大项目实施多年期拨款
墨西哥	每年		
新西兰	每年	5 年详细预算和 10 ~ 50 年广泛汇总预算	
挪威	每年	从 2005 年开始 3 年期预测	在个别领域实施中期计划
波兰	每年	总收入和支出的 3 年预测	
葡萄牙	每年	在预算年度之后 3 年的支出预测	

① Isabell, “Enhancing the Cost Effectiveness of Public spending: Experience in OECD Countries”, OECD Economic studies, No37, 2003/2, P125。

续表

国家	预算期限	中期预测	其他计划
瑞典		提前3年对整个支出和27个部门支出给设定	
瑞士	每年		
美国	对任意支出给出3年预测		

说明：1. 所有的欧盟国家有义务报告它们的中长期预算战略。

2. 匈牙利2001～2002年的2年预算由议会决定。

资料来源：Isabell，2003，"Enhancing the Cost Effectiveness of Public spending：Experience in OECD Countries"，OECD Economic studies，No37，2003/2，P126。

中期预算框架被描述为："在此制度内，部长及其下属在资源配置决策和决策运用时被赋予更大责任的、整体的政府战略政策和支出框架。中期支出框架由以下内容组成：一个自上而下的资源总量限制（资源信封），一个对现行政策的现时和中期成本的自下而上的概算"，以及这些成本同可获得资源的最终配比。成本的资源配比通常应该在年度预算程序范围内发生，它应关注于那些反映宏观经济条件改变的政策变化，以及政府战略性优先权变化的需要。"① 要成为资源配置的一个适当的框架，中期支出框架应该包含所有的部门和所有的支出种类，中期预算框架是整个政府的战略性政策和支出框架，各部门领导及各职能部门在资金分配决策和资金使用方面承担着更大的责任。中央政府中期预算框架的目标②：

一是建立一个连续、现实的资源框架，以改善宏观经济平衡；

二是优化资源配置以体现部门之间和部门内部的战略重点；

三是提高政策和资金筹集的可预测性，使各部门能提前计划，也使项目能持续开展下去；

四是为职能部门提供硬性预算约束，同时增强它们的自主权，从而提

① 世界银行：《公共支出管理手册》，1998年，第46页。

② ［美］孙克姆·霍姆斯主编：《公共支出管理手册》，经济管理出版社，2002年版，第49页。

高它们有效使用资金的积极性。

建立中期预算框架的三要素：一是预算详细程度；二是时间跨度；三是对年度间预算变化的调整。虽然各国在建立中期预算框架时的具体做法不同，但这三个方面是工作的重点。

中期计划通常为3~5年，这是考虑到商业周期的平均长度（最低点和最高点）和重大投资项目所需要的时间（从构想到投产）。世界各国中期计划的目的主要都是通过影响投资的办法来完成经济结构的变化，因而中期计划的时期选择就必须依据商业周期和投资周期。计划之所以强调中期，一方面是因为短期计划容易受周期波动或收支平衡方面波动的影响；另一方面，在制订长期计划时，经济的各要素不确定性太大，对工作的具体指导性不强。因此，5年应当是基本的期限，这个期限足以对经济情况和前景作出准确的估计，并制定出合理的指标，同时这个期限也足以贯彻必要的措施。对于编制中期计划，仍然存在不确定性，拉德纳认为处理不确定性的最优方案就是采用滚动式或滑动式计划，也就是说每当能够获得关于环境和经济制度的新情况时，就马上适应新情况作修改。

由于宏观经济的影响，中期预算框架的设计和实施必须通过自上而下和自下而上方法的结合。为保证政策制定、计划安排和预算编制的统一，在收支严重失衡的国家，可以积极设置自上而下的支出最高限额。与现有制度安排相比，这些最高限额使预算更具可预测性，中期预算框架对改善预算绩效的贡献也依赖于此。因此，这些国家应保守地设定各种最高限额。预算编制应该尽可能快地从资金筹措驱动转为政策驱动。对每年的预算来说，部门最高限额必须在政府核心层（内阁、部长委员会、总统）的重要战略性政策作出之后才能制定。另一方面，各个部门在收到这些最高限额后，必须有足够的时间重新制定各自的优先次序。财政状况良好的国家，自上而下的最高限额的使用限定在预算年度内。同时必须建立中期总支出限制、衡量现有政策中期成本及重新建立优先次序和资源再分配的机制①。

中期预算框架的准备和实施是通过一个完整的、自下而上与自上而下

---

① Isabell, "Enhancing the Cost Effectiveness of Public spending: Experience in OECD Countries", OECD Economic studies, No37, 2003/2, P119。

的战略性计划过程来实现的，它包括下列七个步骤①。

第一阶段：建立宏观经济规划，准确预测未来3～5年或者更长时间财政收入和支出。其中最重要的是宏观分析和建立模型，这是实施总财力约束的必然选择。进行政策优先性决策需要财力可能性和合理性方面的信息，因而需要将经济预测和财政目标相联系。不合理的经济预测会导致财政形势恶化和资源分配的低效。过于乐观的经济预测会影响财政的稳固性。对经济增长率过于保守的估计有负面的影响，特别是在预算有盈余的情况下，会助长支出扩大的趋势，因而经济预测必须审慎，也必须保持相对的独立性。OECD国家就采取了相应的措施，例如美国和德国就将经济预测的任务交给在预算办公室管理下，但享有充分独立性的机构；在澳大利亚、加拿大和荷兰都由独立的机构负责②。

从计划向预算的转化常常受制于财力约束。这主要发生在政策没有将总资源限制或政策的成本考虑在内。建立预测模型则可以通过检查各项政策间的一致性和形成准确的预测来显示存在的问题。同时，还能说明将资源用于不同用途的利弊，并能明确指出优先次序所依赖的各种假设。

建立中期预算框架的难点是经济预测。经济预测是建好中期预算框架的基础，错误的预测可能会导致一定的财政风险，因为经济预测决定中期预算框架下的财政收入和支出预算安排。根据OECD国家经验，控制风险、做好预测的方法包括以下几个方面：一是全面完整的信息披露；二是进行灵敏度分析；三是要与私人部门分析进行比较；四是要建立独立的分析机构。此外，经济预测应采取审慎原则③。

第二阶段：该阶段包含一个审核程序，通过这个程序，部门在目标和活动方面达成共识，并且衡量这些目标及活动的成本。这个部门审核程序分三步：就目标、产出和活动达成共识；审核并确定通过的项目和子项目；计算通过的项目的成本。当各部门审查完项目和子项目并计算其成本

① ［美］孙克姆·霍姆斯主编：《公共支出管理手册》，经济管理出版社，2002年版，第51页。

② Isabell, 2003, “Enhancing the Cost Effectiveness of Public spending: Experience in OECD Countries”, OECD Economic studies, No37, 2003/2, P120。

③ 王卫星：《政府预算管理程序与方法研究》，经济管理出版社，2005年版，第63页。

后，应该就其项目优先性进行排序，同时考虑项目的取消、延迟或者调整问题，并将这些信息传递给财政部，并作为制定支出规划和最高限额的依据。

第三阶段：这一阶段包括财政部和各个部门之间的一系列听证会。听证会的职能在于审核部门审查的结果。

第四阶段：掌握了宏观经济规划和部门审核结果后，财政部就可以起草一个战略性的支出规划。这个规划使部门可以对某些资金使用决策在部门间和部门内的损益进行分析，同时，它还是确定来年及随后两个财政年度部门支出最高限额的基础。

这一规划应用来指导决策制定机构（通常是内阁或部长委员会），进行资源的战略性决策。该规划必须强化总的财力约束，而这需要在主要部门间达成高度一致。这种一致非常重要，因为它确保了一种约束的存在以使支出目标得以坚持，调整支出目标和程序得以遵守。这个规划应当包括一个中期时间框架（3~5 年），同时必须清楚声明如下：①政策的广泛目标及在政府经济生活中的角色；②对宏观经济管理中约束的需要；③公共收入和支出的总目标；④建立及修改支出规划的程序；⑤主要机关的职责。

第五阶段：这是整个中期预算框架过程中极为关键的一步，它要求政府主要决策部门按照财力和部门间优先次序进行中期的部门资源配置。这是通过确定未来 3 年的部门资源范围（预算最高限额）而实现的。这种限制和规范提高了对资源的预见性，因此提高了运行效率，并且可以更灵活地管理部门范围所限定的资源（如通过在严格的总额限制范围内向下级部门移交资源分配的决策权力）。部门资源范围可以这么形成：先为中期政府支出确定一个可延续的宏观限额，然后将这个最高限额分解开来。法定支出和非法定支出间的界限需要明确。中期展望扩大了行使自由决定的范围，如提高职员的级别以及工资水平。可以保留部分未分配的备用金，以应付不确定事件及用来对意料之外的支出进行调整，但是这部分资金应始终保持在最小额度。

第六阶段：各个部门对预算估计值进行修改，使之不超出已通过的最高限额。

第七阶段：修改后的部门预算估计值还要由财政部再次审核，然后提交给内阁和议会以争取最后通过。

中期预算框架的内容主要包括：战略性行业（部门）评价、支出框架的制定、负责部门政策和政策分类内阁的审批。

战略性行业评价包括三个阶段：①对政府在行业中起什么样的作用进行质询，并对目标、产出以及为实现这些目标和产出所选用的手段措施进行评估。②评价已经同意的方案和子方案。③确认已同意方案的成本。这些部门评价应该包括部门中所有活动和组织，并应关注全部支出。

（三）优化资源配置

传统预算是通过对预算支出申请进行综合效益评估，然后按先后顺序予以安排来追求分配的效率。与传统预算编制相比，绩效预算从三个方面提高资源的配置效率。

1. 政府层面的宏观分配效率。

总体与部分之间的关系在预算过程中时时刻刻都存在，如果没有严格的控制，总体就将成为部分的总和；如果存在着控制，并且部门服从于总体财政政策的情况下，财政支出总额才会保持不变。绩效预算试图将部分与总体之间的竞争关系从财政部门和支出部门对立的角度变成财政部门委托各支出部门将支出保持在限制范围之内。具体体现在：

部门在预算编制中的作用增强。这是绩效预算不同于传统预算的一个明显特点。绩效预算给定每个部门一个“信封”（也就是支出限额）。这些限制需要在各个部门提出预算申请之前就确定下来，而且必须由政府根据目标为每个部门具体制定。与传统的、自下而上的、允许对资源提出无限制要求的预算相反，绩效预算要求各个部门资金使用严格限制在“信封”之内。而且，绩效预算要所有项目互相竞争有限的资源：因为绩效预算的基本理念是将市场运行的机制引入到政府管理中，竞争是提高绩效的最好办法。

对资源进行分配是财政部门（中央预算机构）的职能。内阁或财政部对部门内的分配进行中央集权式的控制，是有许多重要原因的：第一，与部长或各个部相比，政府可以在更广阔的范围内进行再分配；第二，对于政府的利益大局和优先项目，财政部门可以拥有比部门更为全面和更具战略性的认识；第三，可以以项目有效性证据、评估结果和目标分析为基础促进再分配；第四，政府的参与对于实施财政总额控制，并确保项目的成本在预算中得到准确反映是非常重要的；第五，如果没有来自政府的强大压力，各个部可能会保护现存的计划而不是重新分配资源；第六，各个部有以低成本启动计划并过低估计其对将来预算影响的动机。如果没有中央的控制，这种行为会破坏财政总额控制和政府建立项目先后次序的能力①。重新分配资源可要求政府或财政部门对战略性决议和重要的优先项目负责，而部长们要对各自职责范围之内的二次分配负责。在绩效预算中，政府可以通过建立详细的战略目标，并在中期支出限制范围之内重新确定项目的先后次序来推动再分配的进行。在传统预算中，财政部门很难对其他部门进行再分配，是因为这会引起政治冲突，促使那些面临着丧失资源威胁的人采取对策保护它们的既得利益。

如果财政部门想要重新分配资源，它应该改变政府对项目先后次序的划分②。与激励部门获得更多的资源不同，再分配取决于能够体现政府目标项目的优先顺序。重新划分先后顺序意味着项目获取资金的难易和数量的变化。与以往零散的分配的方式相比，再分配要求政府有较强的战略规划能力和协调能力。

政府目标和项目优先顺序的确定。某些国家是以执政党的纲领为指导的，其他一些国家的政府则是由强有力的领导人的观点来引导的。在某些多党政府中，政党联盟的协议描绘出了政府将要采取的主动政策措施，其中包括公共资源使用方面的改变。在某些国家中，内阁成员在制定年度预算前几个月就举行会议，明确中期优先项目并决定每个部门的财政限额。近年来，OECD 国家公布预算分配过程中的战略性领域，部长和管理者们必须表明它们所要求的资源将对政府的战略性目标作出贡献。

2. 部门内部的微观分配效率。

部门内部分配方式的变化和分配效率的提升，是绩效预算的一个显著特征，主要表现在：

赋予部门更多的分配权力。将再分配权力下放使财政部门解脱出来，

① ［美］艾伦·希克：《当代公共支出管理方法》，经济管理出版社，2000 年版，第 100 页。

② Isabell, 2003, “Enhancing the Cost Effectiveness of Public spending: Experience in OECD Countries”, OECD Economic studies, No37, 2003/2, P118。

精力集中于重大的政策调整，而不是支出的细节性问题。将部门内部的事务委托给各部长来处理，政府就可以根据预算的先后顺序将支出余额或者结余目标分配给每个部的部长。在保证部门支出限额的条件下，部门管理者被赋予更大的执行权力。在可供分配的范围内，部长可能会建议增加某些活动的资金，增加的部分由从本部门或本部的其他活动中节省下来的资金来负担。在这种权力下放的制度规定之下，部长们有权在设定的限额范围内，批准相对来说比较微小的支出改变；超出限额的再分配提议，将由政府进行审查以确定这种政策的改变是否有助于它的优先项目，并估计它对预算产生的影响。澳大利亚规定各个部在500万澳元的限额之内可以单方面采取行动，这种限额制度使政府可以腾出手来关注重要的政策问题①。

对财政部门所扮演的角色，以及与其他部门的关系进行重新定位。OECD国家绩效预算改革过程中，财政部门都充当了改革设计者和领跑者的角色。为增加部门资源分配的效率，财政部门设计制度，保证计划、政策和预算的一致性，并且监督其他部门绩效预算管理的执行。另外，财政部门还负责建立基准线和资源库，以便评估计划和再分配对预算的影响。同时财政部门可以就财政计划的影响向部长和内阁提出建议②。财政部门会从某些传统的控制之中抽身出来（或者减少参与），不再决定或监督详细的支出项目。作为替代，各个部被赋予管理限额之内预算的权力，包括项目资金的调度、一般资金的使用等。这种权力下放将会使中央政府从预算程序中解脱出来，集中精力做好战略性目标和政策决议。

部门高级管理者更早地参与到预算制定中。在传统预算中，财政部门和支出部门的双边协商一般从中层管理者开始，最后才是高层管理者之间决定。在绩效预算编制中会要求更多的政治支持和政治家更早地参与其中。如果高层管理者不扮演这些角色，财政部门将缺乏足够的促使各个部门进行再分配的手段。因此，从程序上讲，绩效预算编制中要求

① 王卫星：《政府预算管理程序和方法研究》，经济管理出版社，2005年版，第150页。

② Meeting of senior official from the central of government on the public sector modernisation, 2003, “Reflection on the Role of The Central Budget Agency”, GOV/PUMA/MPM (2003) 3, P3。

部门管理者尽早地参与预算的制定。

预算分配与绩效评价相结合。业绩可以在几个方面影响预算分配：一是可以通过长期观察追踪业绩的变化趋势，并将其与项目和支出趋势联系起来；二是工作成果可以与事前设定的目标进行比较并对变化进行分析；三是资源的增加可以与工作成果的增加明确地联系起来。虽然存在着这些表面上的好处，但是迄今为止还没有一个国家制定出完全以业绩为导向的、直接将项目结果和预算分配联系起来的预算制度，尽管有几个国家（澳大利亚、新西兰、瑞典和其他国家）已经取得了重大的进展。原因之一是对结果进行衡量非常昂贵并且很难实际应用。从一个拥有多个（而且有时互相矛盾）目标的复杂的项目中提取几个衡量指标，或者设计出可以公正地说明被观察结果的多种因素（某些可能在政府的控制范围之外）的衡量方法，是较为困难的。在许多国家，预算分配与产出衡量相结合。可衡量的结果成为分配资源的基础，促使部门更加关注产出。

成果衡量是具有指导意义的信号，如果使用得当，它们可以促使决策者对现有项目进行审查并寻求更好的机遇。它们可以指出条件是在变好还是在变坏，政府是在接近还是在远离公布的目标，现有项目是应该继续进行还是应该重新确立目标。即使在特定的计划本身并未在完全预测的条件下运行，部长和官员们也应该注意已经确立的政策是否正在发挥效力。

3. 预算项目符合优先顺序的要求。

与传统预算不同，面向结果的绩效预算在制定标准时增加使用结果数据，使得绩效可以评估，政府资源能够通过激励机制和责任的建立更加有效率和有效的使用。对于上述预算编制方法来讲，基础是有意义的项目结构①。加强项目与优先级的结合，主要从以下方面着手：

（1）预算项目的设计。项目预算的编制尽管遭受了许多批评，但生命力依然持久，其原因在于许多国家的预算管理者认为项目预算对财政管理有价值增值作用，它克服了条目预算的一些问题：关注短期，本

---

① Jack Diamond, 2003, " From Program to Performance Budgeting: The Challenge for Emerging Market Economics ", IMF Working Paper, No. 2003/169, P10。

质上零散，关注投入而不是产出，过于琐碎以至于模糊了达到目标的可选择的方法。OECD 国家经验表明，项目预算是通向绩效预算不可跨越的阶段，同时良好的项目设计是新绩效预算的基础①。实施项目预算必须对预算项目的优先顺序进行再排列。许多国家在预算前期报告及提交给政府的政策说明报告中都开始关注预算优先次序。此外，OECD 国家的预算条目已经或正在减少②。为了增加战略优先顺序，许多国家更加关注项目结果③。绝大多数国家预算文件是按目标定义的程序来安排的，澳大利亚、加拿大、新西兰、荷兰和英国在这方面一直做得最好。现在超过 3/4 的 OECD 国家在其核心预算文本或附属预算文件中包括绩效信息和文本。

预算项目的设计要解决四个方面的问题④。

一是项目结构（Program Structure）应在更广泛的战略框架下设计。项目结构是描述实现项目目标与计划的方法。为了实现项目目标与计划的相关性，项目结构必须具有战略视野。它可以说明为达到国家战略目标，政府的运行目标是怎样设计的。机构来编制实现这些目标的具体计划并申请预算。OECD 国家广泛的战略视角是通过编制中期预算框架来实现的。

二是按绩效分配资源。预算的政治属性强调，预算编制和执行过程是政治势力平衡的过程。项目排序就是实现政治平衡的一种有效方法。为了将项目与政策和项目优先性相联系，必须首先弄清楚项目的资源耗费与预期产出和政策结果是什么样的关系。要实现安排给它们的目标，并提供充足的资源，进一步说，为了确保上述目的，就必须充分核算项目成本。

三是重塑流程，确保责任。为获得预期的产出和结果，要对管理责

---

① Richard Allen and Daniel Tommasi, 2001, "Managing Public Expenditure: A Reference Book for Transition Countries", OECD, P131。

② Isabell, "Enhancing the Cost Effectiveness of Public spending: Experience in OECD Countries", OECD Economic studies, No37, 2003/2, P129。

③ Kristensen, J. K., W. S. Groszyk and B. Buhler, 2002, "Outcome - focused Management and Budgeting", OECD Journal on Budgeting, VOL. 1. No. 4。

④ Jack Diamond, "From Program to Performance Budgeting: The Challenge for Emerging Market Economics", IMF Working Paper, No. 2003/169, P10。

任进行清晰的划分，项目必须被细分为活动和工程。这意味着为获得有效管理和建立清晰的责任机制，项目必须由组织和单位设计和拥有，而不是由财政部门。

四是建立预算执行的责任机制。为改善项目结构，要建立和实施责任机制，进行广泛的预算管理改革。要求每个项目和子项目的责任和预算拨款尽可能相联系；同时要求在预算和政策产出/效果之间建立直接联系。

(2) 搭建广泛的项目预算战略框架。项目预算最核心的部分是可供政府操作的有意义的项目结构。项目结构的形成依赖于部门政策，进一步说依赖于政府关于部门之间优先性的安排。项目设置应该反映政府的主要优先性。项目结构将预算和反映整个政府运营框架的战略计划连接起来。因此，项目结构不仅仅是支出分类的方法，应该当作政策分析的工具。它是一种考虑什么应该融资，应该使用多少资金，以及资金使用的影响。项目预算体现了传统预算根本性的变化，包括预算准备、批准、管理、报告以及评估。相对于自下而上的传统预算编制方法，绩效预算编制使用自上而下与自下而上相结合的方法。在项目设计的初期首先采用自上而下的方法，原因在于实施自上而下的预算编制方法表明国家具有战略性的目标，对预算政策来讲又有许多涵义：第一，公共部门和私人部门是明显不同的，必须明白政府应该做什么，不应该做什么；第二，决定政府可利用的最大化资源水平；第三，决定这个之后，就该决定政府资源应该用在什么地方，为了什么目的。绩效预算作为一种理念和方法就来源于这样的理解。

为了清晰界定政府部门与私人部门之间界限，就要重塑政府。对许多国家来讲，政府重塑涵义是复杂的，政府活动的界定导致政府规模的显著下降和其他公共部门的根本性改革。同时，也导致了公共部门和私人部门关系的重构，政府对私人部门活动的干预明显减少。在公共部门内部，开始借鉴私人部门的计划方法和服务提供技术。一方面，相对于传统的发展计划，政府开始采取战略性计划，按照新西兰模式，可以看作从上而下的三个阶段。第一，政府全部可持续资源水平的决定；第二，在总限额之内，决定政府的核心活动领域；第三，每个基本的核心活动被转化为部门或机构的行动计划[①]。在框架内，部门和机构将政府的核心活动转化为部门的行动计划。在预算形成中，项目必须和部门发展计划有机结合，以获得充足的财政资金。预算的角色是在高层计划和更多细节性执行计划之间建立联系。

（3）编制预算项目结构。为提高财政资源的分配和使用效率，需要增加项目对优先级的回应性和重新设计它们的项目结构，引入新的绩效预算编制方法。项目重构需要放在政府运行的框架下，强调政策、计划和预算编制之间的结合，确保有清晰的政策陈述、目标列表，并充分定义项目和预期结果，基于之上，项目可以被评估和衡量。从这个意义上说，项目的中心特征是政府活动的集合，这些活动可以针对某些共同的目标。也就是说，项目结构是基于政策设计的。

当项目结构被看作预算连接战略性目标的方式时，问题是项目结构应该怎样被设计以满足这些目标。有两个基本的方法完成这个任务。美国采取的方法是设计清晰明确的项目结构并且选择一个部门承担，也就是说在部门活动的范围内设计项目。其他国家是设计范围很广的政策区域，单个机构仅仅能负责项目的一部分。前面的方法由于现存的政府结构限制了项目设计时所需要考虑的政策基础。这种方法使得责任更容易说明、监管和执行。后面一种方法假如不考虑在哪使用，从纯粹政策的角度来看，依赖于项目投入的精确分类和会计核算能力。在许多国家由于没有完善的账户体系，预算严重依赖于投入，因此执行后一种方法有些问题。同时，后一种方法对于明晰责任、监管和执行比较困难。因此，机构内的项目设计在许多国家被采用，但必须承认，项目跨部门执行有时是不可避免的。进行项目设计时可依据政府支出的功能分类（例如联合国的 COFOG 体系）。功能分类汇总了部门行使同样活动的总的数据，因此在诸如国防、健康、社会福利和教育方面提供了可比较的视角[②]。在做这些工作的同时，也为塑造项目结构搭建了一个有用的框架。

在政府分类的框架内，功能性分类的方法还可以被拆分为项目，直接

---

① Jack Diamond，2003 " From Program to Performance Budgeting：The Challenge for Emerging Market Economics "，IMF Working Paper，No. 2003/169，P13。

② 萨尔瓦·拖雷斯基亚沃—坎波、丹尼尔·托马西：《公共支出管理》，中国财政经济出版社，2001 年版，第 65 页。

与政策相连接，当然国别之间差异较大，一般性的指导原则如表15－3所示。

表15－3　项目设计的一般原则

◆ 项目单功能，也就是说每个项目仅和一个功能相联系；
◆ 项目是层级设计，每个项目可以拆分为几个子项目，每个子项目又可以划分为若干活动和工程。每个子项目仅和一个项目相关，同样每个活动或工程仅和一个子项目相关；
◆ 每个子项目的规模适合有效管理。国别之间是不同的，但最经常的定义和资本密集的项目主要是考虑责任单位，绩效详细说明可以比项目层次更低，也就是说一般在子项目的层面；
◆ 项目和子项目都是为便于政治上决策和优先性而设计的，在资源使用、预期产出和预期结果之间有清晰的关系；
◆ 项目必须考虑所有相关的活动（以及有些调整活动）和工程，这些活动在一起有助于获得预期的目标。这意味着在调整项目绩效时经常性支出和资本支出都要考虑；
◆ 项目细分为活动和工程层面时必须存在支持，设计得也要便于子项目层面上的管理；
◆ 子项目层面上应该有清晰的管理责任，经常和偏好的是将责任界定在某个单位里；
◆ 执行某个项目的责任经理和预算上独立的单位结合在一起，在不可以这样做的地方，重要的是安排牵头单位。

为提高预算的分配效率，要对财政部门与其他部门的角色重新进行定位，并且对预算流程进行重塑，具体如下：

第一，在中期预算框架内，政府在各个部门对预算资源提出要求之前，就建立起战略性目标和核心目标。这些目标可以是全国性目标（对全社会或公共部门而言）或部门性目标（对政府活动的特殊领域而言）。

第二，根据政府的战略优先项目在各部长间分配财政资源。在某个目标之内，部长可以通过从其他项目中抽取资源的方法，来增加某个项目的资金。部长们可以进行再分配而不必获得政府批准的自主程度将取决于再分配的规模及政府的结构。在部门数量相对较少的情况下再分配的规模就会更大。

第三，财政部门主要任务在于制定各项程序和政策。为预计将来的预算状况，建立目标并衡量政策改变对财政造成的影响而建立基准。基准线要覆盖3年或3年以上的时间跨度，并且在每年年度预算的基础上向前滚动。对预算的审查集中于政策改变，而不是分散的支出项目。被批准的政策改变（既包括扩展又包括削减）被合并在基准线之中，基准线则成为下一轮预算分配的出发点。

第四，各支出部门在预算分配中要考虑项目结果，但不要建立紧密型的联系。预算分配如果完全基于绩效结果，那么需要大量的信息和基准，并且准确测度项目结果。但实际上，由于结果本身的特性，决定了它的难以测度、受环境影响大并且易变。因此，进行预算分配时，为提高预算分配效率，应该考虑绩效信息，但最好不要直接联系。

第五，编制项目预算增加对优先级的回应性。首先确立政府和部门的使命和战略，根据政府战略和部门使命对项目进行排序；设计项目时，要建立在广泛的战略框架下，并将项目进行细分；要建立有利于增加项目对政策优先级回应性的政治结构和绩效环境；最后要遵循项目设计的一般原则和方法。

第二节　我国预算编制现状

一、中央部门预算改革的主要实践

1999 年财政部向国务院报送了《关于落实全国人大常委会意见改进和规范预算管理工作的请示》。经国务院批准，财政部在广泛征求部门意见的基础上，提出了《关于改进 2000 年中央预算编制的意见》，着手实施部门预算改革。改革的主要工作包括：

（一）改革预算编制形式，实现一个部门一本预算

在传统的预算管理制度下，各部门并没有一本统一的预算，经费按行政经费、事业经费、基本建设经费等不同性质分成若干类，分别由部门下属不同单位切块管理。财政部也不掌握各支出部门的全部收支，财政部审批的仅仅是财政拨款，而对于预算外资金和政府性基金，基本上仍由单位自行安排。这种情况下，难以避免资金使用的交叉或重叠；预算外资金和政府性基金游离于财政监督之外，也游离于人大监督之外，容易形成单位发放福利的“小金库”，成为滋生腐败的温床。为解决上述问题，部门预

算改革以来，实行了一个部门一本预算。部门每年需将部门所有的收入和支出，包括预算外收支和政府性基金，汇总在一本账中，并统一向财政部申报；财政部批复预算时，也将部门的所有收支批复在一本账中。

（二）完善预算编制方式，推进综合预算编制

在传统的预算管理制度下，各部门的预算是按不同性质资金来源分别编制的，强调分头管理、各求平衡。部门预算改革要求实行综合预算编制，即各部门在编制预算时要统筹考虑财政拨款、预算外资金、自有收入等不同的资金来源，财政部在审核预算时也同样要统筹考虑部门的不同资金来源。为此，财政部按照《国务院办公厅转发〈财政部关于深化收支两条线改革　进一步加强财政管理意见〉的通知》（国办发［2001］93号）的要求，不断推进"收支两条线"改革。一是将行政性收费逐步纳入预算管理。2002年起，将公安部等5个部门按规定收取的11项行政事业性收费全部纳入预算管理。到2008年，国务院批准的收费项目中90%已纳入预算管理。二是对部分预算外资金实行"收支脱钩"管理，即预算外收入缴入财政专户，财政部按核定的综合定额标准，统筹安排该部门年度财政支出，编制综合预算。2002年起，对国家质检总局等28个中央部门的预算外资金（不含所属院校的收费）实行收支脱钩管理；2004年起，又新增司法部等7个部门为试点部门。三是将部分预算外资金纳入政府性基金管理。从2007年起，将土地出让收支全额纳入政府性基金预算管理；从2008年起，将彩票公益金纳入政府性基金预算管理。

（三）完善资金分配机制，提高资源分配效率

部门预算改革的目的，就是通过规范预算编制方法，建立规范、科学的预算分配机制。

1. 大力推进基本支出和项目支出改革。

部门预算将部门支出分为基本支出和项目支出。采取不同的分配和管理方式。

一是对基本支出实行定员定额管理，初步建立了以定员定额为核心的基本支出标准体系。几年来，通过扩大定员定额试点范围、细化定额项目、完善定额测定方法，基本支出定员定额标准体系的科学性、规范性不断提高。到编制2009年中央部门预算时，定员定额试点范围已覆盖97家行政单位、103家事业单位、77家参公单位和武警部队6警种。对行政、

事业单位离退休人员和开支“离退休人员管理机构”的行政单位离退休机构人员等归口管理经费实行了定员定额管理，并按有关政策为其核定了人员经费和公用经费定额。

为促进预算管理与公共资产管理的有机结合，2004 年，财政部选择了审计署等 5 个部门，率先对行政机关用房和机动车辆进行实物费用定额试点。经过几年的努力，实物费用定额试点范围不断扩大，到 2008 年，试点部门已扩大到 24 家行政单位。试点方式也由初期的“虚转”方式，逐步调整为定额内“实转”，增强了实物定额试点的约束性。

二是加强项目库建设，启动项目支出标准体系建设。部门预算改革对项目支出预算采取项目库管理方式，从严控制项目规模，按照项目重要程度，分别轻重缓急排序，使项目经费安排与部门事业发展规划和年度工作重点紧密结合。通过组织开展项目清理工作，推动了项目滚动管理。为进一步细化项目支出预算管理，2009 年，正式启动了项目支出标准体系建设工作，提出了构建标准体系的总体设想，明确了项目支出标准体系的目标模式、管理体制、制定方法以及有关基础性工作，制定了开展标准体系建设的工作思路，进一步完善财政支出标准体系。

2. 细化部门预算编制，不断提高年初预算到位率。

在传统的预算管理制度下，预算采取切块方式编制，中央部门往往热衷于为基层预算单位代编预算，即财政部将预算批复到中央部门后，中央部门没有将预算进一步分解给各下属单位，而是代编在本级，执行中再根据需要进行分解下达。这容易导致基层预算单位年初无钱可花、年底突击花钱，直接影响了财政资金的使用效益。为解决此问题，财政部不断推进预算编制细化工作。规定预算从最基层预算单位开始，自下而上编制预算，从编制 2009 年部门预算起，将基本支出和项目支出预算全部细化到款级科目以下，原则上每项支出都落实到具体承担单位，使部门和单位的预算与其履行的职能紧密结合起来。

（四）规范预算编报程序，建立统一的部门预算管理工作规程

在传统的预算管理制度下，不同性质的经费实行切块管理，预算编制程序和编报途径各不相同，编制要求不尽一致，不可避免地出现预算编制时间不统一、编制内容和形式不规范等问题，许多经费预算批复时间都没有按照预算管理的有关规定执行。部门预算管理改革后，财政部实行了

“二上二下”预算编制规程，即将预算编制明确分为“一上”、“一下”、“二上”、“二下”四个阶段，从以前自上而下的预算代编方式转变为自下而上的预算逐级汇总方式，从基层预算单位开始编制预算。为提高中央部门预算管理的规范性，2008年，在总结经验的基础上，研究修订了《中央部门预算管理工作规程》，新规程突出了完整性、可操作性、规范性和精细化等特点，进一步明确了预算管理职责分工，规范了中央部门预算管理程序和行为，为部门预算的规范化管理提供了制度保证。

（五）加强结余资金管理，提高财政资金使用效益

在传统的预算管理制度下，财政资金下达给部门后，就基本脱离了财政部的监督，资金是否当年使用、资金使用进度如何、是否形成资金结余等事项，财政部门都没有准确掌握，造成一方面资金大量沉淀在部门、另一方面各部门又要求追加财政拨款的现象。从2004年起，财政部开始将规范和加强专项结转和净结余资金管理作为部门预算管理改革的一项重要工作来抓，相应出台了《中央部门财政拨款结转和结余资金管理办法》，并加大了财政拨款结转和结余资金统筹使用的力度。经过几年的努力，专项结转和净结余资金规模不断增加的趋势得到有效控制，提高了财政资金使用效益。

（六）完善政府收支分类体系，不断提高预算透明度

1. 积极推进政府收支分类改革。

推进政府收支分类改革，解决“外行看不懂、内行说不清”问题。从1999年起财政部研究政府收支分类改革方案，在充分试点的基础上，新的政府收支分类体系从编制2007年部门预算起开始全面采用。新的政府收支分类体系克服了旧科目的弊端，较好地解决了政府收支的规范反映和明晰反映问题。通过按新科目编制的政府预算，社会公众能更清楚地看到，政府总的收支盘子有多大、国防、教育、农业、社会保障各方面花了多少钱，具体用到了什么地方。新的政府收支分类体系更有利于推进政府预算的公开、公正、透明，并将对不断提高我国依法理财、民主理财和科学理财水平，产生广泛而深刻的影响。

2. 不断加大预算信息公开力度。

传统的预算管理方式下，财政部只需向全国人大报送按功能汇总的全国预算草案，人大代表并不了解各部门的预算情况。部门预算管理改革

后，财政部加大了向全国人大的信息披露力度。一方面，预算草案的内容不断细化，中央财政用于教育、科技、医疗、社保等方面涉及人民群众根本利益的重大支出总量和结构情况要单独进行说明。另一方面，除了继续报送全国预算草案外，财政部也开始向全国人大报送部门预算，让人大代表能够更好地对中央部门进行监督。近年来，部门预算的报送范围不断扩大，2000 年只有教育部、农业部等 4 个部门需提供部门预算，2009 年报送的范围扩大到 95 个部门。

预算编制有三个目的：控制资源、制定未来资源分配计划和管理资源，我国编制部门预算，改革收支分类，细化预算编制，发展项目滚动库，强调综合预算等，都在于控制资源，按照预算发展阶段来看，我国仍然处于典型的投入控制阶段，改革的重点也是加强控制，如综合预算、细化预算、结余资金管理等，虽然也赋予部门一定的预算权限，如允许部门在财政部下达的人员经费和公用经费控制数内，根据部门实际情况在目级科目间自主编制预算，但不是主要目的。戴梦德①和希克②认为预算改革不能实施跳跃式发展，在发展绩效预算之前一定要经过控制资源阶段，解决资源的控制问题，然后编制项目预算，解决资源的分配问题，此后在绩效管理的大环境下发展绩效预算，对此，OECD 各国基本达成了共识。

二、存在的主要问题

预算编制改革虽然一直在向绩效预算改革的道路上推进，但与绩效预算编制的要求相比仍有相当大的差距，主要表现在以下几个方面。

（一）缺少有效的中期预算框架

我国虽然在 2003 年试编了财政发展五年规划，各省、自治区、直辖市和计划单列市也第一次试编了财政发展 3 年规划（2004—2006 年），但远未形成有约束力的制度，也没有实现规划与年度预算紧密结合的机制。编制滚动计划和中长期预算框架要与财政立法工作结合起来，进行法律上

① Jack Diamond，2003，“ From Program to Performance Budgeting：The Challenge for Emerging：The Challenge for Emerging Market Economics ”，IMF Working Paper，2003/169。

② ［美］孙克姆·霍姆斯主编：《公共支出管理手册》，经济管理出版社，2002 年版，第 10 页。

的约束，这是实现政府宏观调控、公平收入分配、实现财政可持续发展的重要举措，也是财政预算编制改革实现财政资源控制、制定未来资源分配计划和进行财政资源管理的有效方法。

（二）财政总额控制依然压力巨大

如表 15－4 所示，按照世界银行所列问题，中国基本都存在，不现实的预算在部门和地方表现比较突出，许多地方发展计划不考虑本地区实际情况，根据计划所需财政资金远远大于实际收入，造成财政性债务，这也是当前中国面对的一个比较严峻的问题。我国虽然也强调预算的约束性，对部门预算调整进行了严格的限制，但从实践看，追加预算的现象仍普遍存在，经全国人大批准的预算并没有对部门形成强有力的制约。

表 15－4　　中国预算编制面对的财政总额控制问题

实践方法	一般问题	是否存在
不现实的预算	批准的预算无法实施，因为批准的预算超出了政府的支付能力。	部分存在
隐藏的预算	只有一个小圈子的人或者只有在财政年度结束后进行回顾才知道“真正”的预算（实际收入和支出）。	是
逃避现实的预算	不现实的预算导致了逃避现实的预算：政府有意批准其明知无法实现的重要支出项目，以便造成这样一种影响，即它正在对呼吁社会进步的要求作出反应。	部分存在
调整预算	财政年度进行过程中，为了对经济或政治情况作出反应，所以频繁地调整预算。	是
钱箱预算	政府在有钱可用的情况下，不再根据事先制定的预算来支付账单或者负担支出。	是
延期预算	预算可能会报告平衡（或接近平衡），但这只是因为某些需求（如维护费用）或债务（如到期的账单）尚未支付，被延期的支出会年复一年增加。	是

（三）预算编制的分配效率依然较低

由于长期以来，预算编制的主要目的在于控制财政资源，而不是追求分配效率，造成预算资源分配效率低下，主要表现在表 15－5 中。

表 15－5　　中国预算分配存在的分配问题

实践方法	问　　题	是否存在
短期预算	政府每次制定一个财政年度的预算，而不考虑其中期跨度内的意义。	是
逃避现实的计划	从政治上看，计划是重要的，但是政府在计划中作出的承诺却无法在预算中承兑。	部分存在
扭曲的先后顺序	不足的资源被花在没有多少实际意义的项目上，预算在人力资本（健康、教育等）方面的投入不足。	是
“切块”预算	通过建立特别基金、独立的投资预算、社会（或实物）投资计划及其他形式，通过切块之间的隔离，将其与预算的其他部分分隔开来的手段来保护某些优先项目。	是

政府制定短期预算，无法对政策和计划的长期成本进行统筹考虑，也无法对政策作出回应；项目优先顺序扭曲，造成财政资源分配的扭曲，例如长期以来在专项支出预算的安排上往往是先有财政切块分配资金，再由管理部门将资金分解落实到具体项目或执行单位。许多项目并没有经过专家审定和招投标就安排了预算，有相当一部分专项资金在年初预算中落实不到具体项目，在执行中随时安排。项目资金安排成为预算管理的薄弱环节；切块预算造成既得利益保护，无法实现资源的优化和调整，例如政府性基金、预算外资金仍然实行与预算资金不同的管理办法。虽然预算外资金已经列入部门预算，但大量预算外资金的使用没有与预算资金相互结合，部门预算还停留在预算外、内资金“两张皮”的水平上，没有形成真正的部门综合预算。

（四）支出控制的手段仍然不足

加强支出控制，准确衡量实现政府政策的成本，需要建立完善的财政支出标准体系。目前，虽然通过推行基本支出定员定额试点，初步建立了以定员定额为核心的基本支出标准体系，但由于种种原因，试点仅涵盖了部分部门，仍有大部分事业单位尚未纳入试点范围；一些基础数据信息尚不完整；与资产管理结合的力度不够，需要进一步深化和加强。相对于基本支出标准体系而言，项目支出标准体系建设相对滞后，虽然已出台了一些专项经费的支出标准，但数量少、应用性不强，仍未形成系统、完整的项目支出标准体系，影响了预算编制的准确性和科学性。

（五）预算的透明度需要提高

部门预算改革以来，通过强化人大、审计监督、改革政府收支分类体系等措施，预算的透明度有了一定的提高。但与政务公开的要求相比仍有一定的差距，主要体现在：一是报送人大审议预算的部门数量有待增加，虽然近几年报送人大审议预算的部门数量逐年增加，2009 年已达到 95 家，占中央部门总数的一半多，但由于种种原因，仍有一些部门的预算尚未报送人大审议。二是报送人大审议预算的细化程度有待提高，目前只是细化到款级科目，尚未到项级科目和具体项目。三是部门预算公开工作刚刚起步，公开的程度和力度都有待进一步加强。

第三节　中国式绩效预算编制改革

一、我国绩效预算编制改革的目标

在当前情况下推进中国式的绩效预算编制改革，要遵循预算模式进化的一般规律和基本过程，即由条目预算——项目预算——绩效预算。我国目前仍处于条目预算不断深化的阶段，不可能越过项目预算，直接进入全面的绩效预算阶段，因此，近期的预算编制改革的目标还是实施项目预算，同时积极创造绩效预算实施的环境和条件，最终实现绩效预算。需要强调的是，在这一过程中，并不排斥对绩效预算基本理念和具体方法的运用，在不改变预算编制模式基本特征的前提下，引入评价机制，在预算编制阶段根据评价确定的绩效目标安排项目支出预算，在项目完成后对预算执行的结果进行考核和评价，以提高财政资源使用的效率和效益，同时也为全面实施绩效预算积累经验。具体而言，改革的目标包括：

1. 确保预算符合宏观经济目标，确保支出处于控制之下。

2. 按照政府政策目标配置资源，坚持以目标和结果为导向的原则，通过对项目的效益性、效率性、有效性的分析评价，判断其效果优劣。坚持效率优先、绩效优先原则，项目必须确立明确的绩效目标。预算安排与支出绩效评价结果相结合，以绩效为基础，以提高资金使用效益为核心。

3. 确保实现运行效率所需的条件。

二、改革的主要任务

（一）深化条目预算改革，加强支出控制

1. 继续推进综合预算编制，形成公共资源统筹使用的机制。

要进一步深化“收支两条线”改革，按照市场经济和建立公共财政体制的要求，合理确定各项政府非税收入的性质、范围及管理模式，加强各项政府非税收入预算管理力度，推进各项非税收入与财政拨款的统一管理和统筹使用。一是进一步加强预算外资金管理，坚决纠正部门和单位仍将预算外资金视同自有资金、“收支挂钩”的错误观念，完善预算外资金管理的法律、法规和相关制度，依法加强对预算外资金的管理，严肃处理截留、挪用、坐收坐支预算外资金等违规、违纪行为，逐步将预算外资金全部纳入预算管理。二是进一步加强政府性基金管理。按照综合预算的要求，对政府性基金实施规范的预算管理，严格控制各类基金的设立，对目前已经立项的政府性基金，要避免在资金安排上与其他资金的交叉和重叠，做到统筹管理。

要进一步加大对部门专项结转和净结余资金的统筹使用力度。预算编制阶段，对于基本支出，有基本支出结余的，综合考虑基本支出结余；对于项目支出，有专项结转资金的，优先动用专项结转资金。在此基础上，统筹安排动用部门结余资金，仍有缺口的再向财政部门申请解决。

2. 继续细化预算编制，提高预算管理的科学性。

要继续提高预算年初到位率。一是继续推进基本支出和项目支出预算编制的细化工作，实现“一上”预算编制全部细化到项级科目。二是对主管部门的预算分配进行限制，这些部门必须提高年初预算的到位率，减少代编预算，对年初不能下达的部分，要提出严格的时限要求，各部门按规定时间编制投资计划或项目实施计划，减少预算执行中的调整。三是严格限制上级单位代编下级单位预算，真正做到从最基层预算单位开始编制预算，预算也要批复到基层单位和具体项目。

实施功能分类与经济分类相结合的预算编制方式。2006 年收支分类

改革后，按功能分类和按经济分类编制支出预算、明细反映支出用途的科目体系已经建立。目前，中央本级已有14个部门试行按经济分类编制项目支出预算，取得了一定的经验。按经济分类编制预算，有利于明晰财政资金的具体用途，也是细化预算编制和建立支出标准体系的基础工作。为此，应逐步扩大按经济分类编制预算的范围，推进"功能分类"和"经济分类"两条腿走路，从经济性质和具体用途两个"维度"准确反映财政支出的用途。

（二）改进项目管理，提高资源配置效率

1. 预算编制与战略规划相衔接。

预算是政府职能和政策的反映，因此，设计有效政策并确保政策与预算之间联系的机制至关重要。这一机制的主要内容：

一是确定国家战略目标，逐级分解为部门的核心目标以及明确单位各自的使命；

二是增强财政部门的权威，加强宏观资源配置与政府目标的一致性；

三是建立预算分配机制、政策与项目的协调机制、部门协调机制、公众参与机制等，降低预算编制成本；

四是规范项目立项管理，增强预算项目对政策的回应性；

五是建立政策成本的核算体系，明确政策变动对财政收支的影响。

具体做法是：按职能和广义的经济类型进行总支出估测，审查主要项目和计划的远期成本；再进一步，在宏观经济框架内制定跨年度支出计划，这种计划与预算编制有关，只包括资金已经确定的计划和项目；确保跨年度支出计划以持续性政策为重点，只在编制年度预算期间决定新政策；最终阶段，编制全面正式的跨年度支出计划，这一计划与年度预算覆盖面相同，详细程度也一样，为有效实现这一目标，可以考虑采取渐进式方法。应关注主要的和占支出比例较高的项目，如法定支出或主要部门的支出。

2. 建立项目评审机制。

项目评审以专家为依托，为行政决策提供依据，是提高预算编制科学性的重要手段，目前已成为各级财政部门预算编制的重要环节之一。建立评审机制，一是各部门要结合本部门履行职能和中长期发展规划，完善本部门的项目立项、评审机制，对项目进行严格的遴选、论证、审核和排序，推进项目库建设和滚动管理，不断提高项目管理的科学性。二是财政部门要加强项目审核，提高项目立项的门槛。三是加强项目评审，包括政策性评审，即项目是否与政府目标、规划和职能相一致；技术性评审，即审核确定项目的预算额度。

3. 建立并完善公共支出标准体系，提高预算管理的公正性。

年度预算实际上是对政府政策成本的预计，对成本测量的准确程度，直接影响到预算编制的准确性和资源分配效率，因此，目标支出标准体系是预算编制的重要基础：对于中央部门而言，标准体系为各部门申请预算提供依据，也为各部门约束下级预算单位的预算申报行为提供依据；对于财政部门而言，标准体系可以为预算审核提供依据，减少预算审核的随意性，摆脱基数法管理模式的弊端。

一方面，逐步完善基本支出定额标准体系。一是建立完善人员信息数据库，逐步实现对各级预算单位编制、人员、资产、支出等数据的动态管理，为基本支出测算提供准确的数据支撑。二是进一步推进参公单位纳入定员定额试点，将尚未试点的参公单位逐步纳入试点范围。三是扩大事业单位定员定额范围。本着谨慎、稳妥的原则，在深入了解事业单位有关情况的基础上，积极探索加强事业单位预算管理的有效方式，着力研究将一些基本情况清晰、经费保障水平较低、完全依靠财政拨款的单位先行纳入定员定额试点。四是继续推进实物费用定额试点，将资产定额与预算定额挂钩，进一步完善定员定额与实物费用定额相结合的基本支出标准体系，推动资产与预算更加紧密的结合。

另一方面，积极推进项目支出标准体系建设。项目支出标准体系建设涉及面广，工作量大，技术性强，不可能在短时间内完成，必须在统筹考虑各方面因素的基础上，制定项目支出标准体系建设规划，合理划分工作步骤，由易到难，逐步深入。要做好各项基础工作，包括研究制定科学的项目支出分类方法，对现有项目分类进行适当调整；研究制定资产配置标准，形成与部门履行职能相适应的资产配置标准体系等。

（三）编制中期预算框架

中期支出框架的建立将给中国提供一个更好的联系政策制定与预算的有效机制。这种 OECD 国家在过去几年中通过不同形式采用的方法包括一系列相互联系的程序：①确定跨度为两到三年的可用于公共支出的资源汇总；②在总资源限额内确定部门或组织的分配限额，并传达给各行政事业单位；③提出和确定时间跨度内未来支出成本的预计；④通过建立支出先后顺序调整未来的预期和部门的分配额度；⑤在年度预算编制程序之前确定部门支出限额以建立中期支出框架的第一年计划与年度预算的关系。

中期支出框架的预计是每年滚动的。当第一年计划同年度预算完全一致时，对其余年度（第二年和第三年）支出的预测只是指示性的。未来支出预计描述了现行或延续政策和政策变化的总成本。

制定中期支出框架的具体步骤包括：①确立整体财政政策目标并明确阐述政府将如何在中期实现它们；②对现有政策的中期成本提供更好的信息（这通常表明如果财政政策目标要被实现，可用的资源就非常有限）；③更大范围的预算政策创新（将需一年以上的时间完成的）。实际上，预算要求被提出时，从某种意义上来说，预算年度的大多数支出已经被承诺支付了（公务员工资、退休金和偿债成本在短期内是不变的）。这意味着，任何支出优先顺序的真正调整，如果成功的话，都必须在几年内完成。

相对于目前的预算编制程序而言，在我国实行中期支出框架还存在诸多困难：①我国实行的是单式预算，没有进行资本性和经常性预算的划分，而中期支出框架的资本性和经常性预算是同时估计的。②预算自下而上编制，部门需求大大超出政府财力许可的范围，而中期支出框架要求建立滚动的多年预算限额并将其下达给各行政事业单位。③年度预算的编制不参照中期或3年期计划，目前5年期时间框架太长以致于不能与年度预算编制程序紧密联系。

因而，引进中期支出框架是一个困难的有挑战性的程序，它不但需要强有力的承诺、来自财政部门强有力的资金支持，还需要长期的时间。在采用这一工具之前，需要做好以下工作：

1. 对宏观经济的良好分析和预测。需要较强的宏观财政能力和可靠的预测收入的方法来估计中长期的可运用财政资源的汇总。对此，需要在负责中期支出框架实施的财政部门、权威的宏观预测机构和负责计划管理的部门之间相互协调的制度安排，建立科学的宏观经济预测模型，提高对宏观经济预测的准确性。

2. 适量的信息库。中期支出框架要求有一个强大的信息库，它要包括广泛的预算覆盖范围，关于实际支出的可靠信息，能按相关的功能分析支出的一个全面详细的分类结构，以及精确和及时的会计信息。因此，在完成政府收支分类改革和政府会计改革以前我国还无法建立中期预算框架，此外，中期预算框架的建立还应该同政府财政管理信息系统的建设紧密联系在一起。

3. 适当的参数。中期支出框架的参数需要仔细选择，特别是所有支出功能的汇总，支出的内容，政府的组织结构和中期支出框架的部门细分，中期支出框架与发展计划和年度预算的协调机制，以及预测人员和资本性支出的适当方法。

（四）继续强化预算管理监督，保障预算管理公开透明

1. 完善政府收支分类体系。继续按照政府收支分类改革中确定的基本原则，不断完善与社会主义市场经济体制和公共财政管理框架相适应的政府收支分类体系，为推进部门预算管理改革夯实基础；研究探索新科目体系下预算管理的基本流程和管理模式，重点是新科目体系与现行预算管理流程以及预算管理模式之间的衔接问题。

2. 提高预算透明度，强化全国人大对政府预算的监督，进一步加大预算对社会公布的力度。要逐步细化、规范和完善报送人大审议的政府预算体系。要将所有部门预算报送人大审议，部门预算编制口径也要按照综合预算的要求，反映部门预算的全部收支。要建立起完善的预算信息公开披露制度，除国家秘密和涉及国家安全等规定不予公开的信息外，预算编制、预算资金分配制度办法以及人大审议批准的政府预算、部门预算等财政预算信息都要及时向社会公布。

3. 加强行政事业单位国有资产管理。在推进资产信息动态管理的基础上，进一步加大预算管理与资产管理结合的力度，研究制定行政事业资产配置标准、费用标准；完善行政事业单位国有资产管理制度体系，加强行政事业单位国有资产管理信息化建设；加强对行政事业单位国有资产收益的监管，将国有资产有偿使用收入和资产处置收入逐步纳入预算管理，避免国有资产流失。

4. 完善预算监督体系。加强财政内部监督，强化人大、审计和社会监督；加强对财政支出的事前调查审核、事中跟踪监控，重点加强对

事关人民群众切身利益、涉及公共服务领域和弱势群体的财政资金使用情况的监督；切实加强支出监管，明确资金使用方向，减少财政资金的挤占、挪用和浪费，减少楼堂馆所等“形象工程”建设，提高资金使用效率；加大“小金库”检查力度。

第十六章　绩效预算与预算执行改革

第一节　绩效预算执行模式

一、支出控制的主要模式

预算执行过程也就是对支出进行控制的过程，支出控制是预算的基本职能。预算控制经历了三个阶段：通过监控机构对支出进行外部控制；通过部门自身对投入进行内部控制；以及对产出的管理决策自由和责任[①]。表16－1对三种不同类型的控制制度进行了比较。传统的预算控制制度（外部和内部控制制度）着重点是遵照执行，即通过详细的投入控制保证不透支和不改变经批准的预算内容。这种方法的目的是确保财政纪律，但存在两个问题，一方面是过细的控制耗费大量的时间和资源，使得预算变得僵硬，没有给予部门管理者应有的灵活性；另一方面，传统的预算控制方法关注资金支付，但问题往往发生在其他地方，如人员过多、权力集中、公共服务资金支付拖欠等。

普雷姆詹德又将支出控制按职能类别分为政策控制、过程控制和效率控制[②]，其中政策控制指制定宏观经济战略和制定有关的综合指标，并且进行机构的改革重组；过程控制指履行法定职责，进行人事管理、政府采

① ［美］艾伦·希克：《当代公共支出管理方法》，经济管理出版社，2000年版，第113页。

② ［美］A. 普雷姆詹德著：《公共支出管理》，中国金融出版社，1995年版，第3页。

表 16－1　　支出控制的类型

控制类型	执行部门	控制对象	责任方式
外部控制	中央机构	投入；详细明确的支出项目	与详细说明的预算和政府范围内的规则保持一致，对交易进行事先审计。
内部控制	支出部门	投入；支出的种类	部门制度服从于政府范围内的标准，进行事后审计。
管理责任	执行管理者	产出、结果及运营成本	对产出和结果的责任， 事前对产出进行详细说明， 事后对结果进行审计。

购、工程承包、项目招标及资金支付；效率控制：对最后获得的结果，参照一定标准，进行评价。同时按支出控制类型分为指令控制、激励控制和协同控制。指令控制指强大的中央机构负责国民经济的管理，权力高度集中。指令控制的顺利进行，需要各级机构与中央机构保持一致。此外，指令控制的正确决策，需要大量信息并且必须具有可靠性；激励控制是指令控制的一种补充形式，并不适用所有的政府任务。政府任务的成功，取决于社会满足程度以及各级工作人员的反应，因此，任务本身应包含激励机制，对于私人部门的任务，政府应辅之以合适的税收优惠和财政补贴，以激励私人部门完成任务。对于公共部门的任务，政府应规定相应的标准，对没有超支的机构给予奖励，对超支机构予以惩罚；协同控制也是指令控制的一种补充形式，只适用于一些特殊情况。协同控制强调中央机构与各级机构相互协商谈判，以此作为制定政策计划的基础，这往往导致了上下级机构之间的讨价还价。

政策控制在中央机构规定资金上限的情况下，支出机构不得修改，这属于指令控制。如果中央机构与支出机构相互协商，共同决定计划，这属于协同控制。中央机构也可制定相应标准，对支出机构进行奖惩，这属于激励控制。过程控制必须遵守法律和相关实施细则，因此不属于协同控制。效率控制，其控制不是单方面进行的，而是中央机构和地方机构共同确定标准，共同参与控制，因此不属于指令控制。

表 16－2　　支出控制形式和类型的联系

	支出控制形式			支出控制类型		
	政策	过程	效率	指令	激励	协同
外部控制	是	是	否	是	是	否
内部控制	是	是	部分是	部分是	部分是	部分是
管理自主和责任	是	否	是	否	是	是

资料来源：根据上述文字说明，整理而得。

如表 16－2 所示，外部控制强调外部中央机构对支出机构的政策和过程控制，基本属于指令控制，部分程度上引入了激励机制。内部控制强调支出部门对政策和过程的控制，是某种程度上的激励和协同控制；管理自主和责任就是基于激励和协同的效率控制。

（一）外部控制制度

外部控制形式有三个基本特征：支出和控制职能分别属于两个部门；控制针对资金投入加以实施；控制是在资金支付之前实施。

从预算 100 多年的发展来看，外部控制一直是预算控制的一种重要方法。外部控制是在预算的投入方面实施的，并未涉及产出，而且对与产出有关的数据也没有进行系统的分析和汇总。尽管其作用范围有限，但由于它是对支出的事前控制，可以在整个政府系统应用，有利于节约支出，并将那些决定支出是否合法和适当的人与那些实际花费支出的人区分开来，所以外部控制仍然可以发挥很大的作用。艾伦认为预算外部控制可以一直被预算管理者使用，原因在于：一是预算政府职能的相对简单；二是管理技术有限；三是信息成本过高；四是会计和行政制度落后。但是随着以上条件的突破，外部控制制度也就逐渐失去自己生存延续的土壤，逐渐转向结果和产出控制。OECD 国家改革的实践也充分说明了这一点。

外部控制是政策和过程控制。外部控制通过向预算部门强调政策规则和指令，对资金投入进行详细的控制，这就要求各部门编制详细的预算，根据行政事务规则雇用并监管工作人员，按照政府的规定购买物品。它们还必须向监控机构定期汇报它们的活动情况。许多发展中国家预算管理改革主要集中在加强外部控制，以便减少腐败。随着经济和社会的发展，以外部控制为基础的管理成本会增加。这些控制之所以成本很高，是因为控制程序繁琐，并且要求进行大规模的监督。遵守规定比高效率的运作更为重要，在各个部门内部，大量的部门管理者受过专门的训练，操作人事、预算和采购制度，从而导致部门规避外部控制越来越多。另外，在外部控制日益完善的情况下，财政部门对项目和效率问题比对详细的投入控制更感兴趣，为提高支出效率和增加支出的有效性，在各部门建立管理责任，转向内部控制和管理自主成为必然的选择。

（二）内部控制制度

内部控制制度具有三个明显特征：一是内部控制意味着那些使用财政资金的人，要为确保其行为的合法性和适当性负责。在内部控制之下，执行机构必须根据政府规定建立起标准的人事、采购等管理制度；二是内部控制仍然集中在投入上，但是管理者在采取行动之前不必获得外部同意。三是事先审计（在进行支出之前）转向事后审计（在财政年度结束之后），并且不再审查所有的交易，采取抽样审查的方法以确定运作是否与规定相一致。

内部控制主要使用政策控制和过程控制，同时部分程度上引入效率控制；在控制类型上采取指令控制、激励控制和协同控制部分做法，因此，内部控制是一种过渡型控制类型，既强调外部法律和规则的重要性，又给予支出部门一定权限，在资金的使用上关注部门安排使用资金的合法和合理性。尽管内部控制使管理者在运作中享有更大的决策自由，但仍要按统一的规定执行。在管理资源的过程中，它们必须遵守政府的各类制度，必须根据事先规定的程序进行采购，必须遵守外部规则。根本的区别是某项特定的交易是否符合规定，是由它们而不是由外人作出的。

内部控制赋予支出管理者一定权限，但仍然没有给予它们足够的自主权。首先，支出管理者必须按统一规定使用资金，削弱了管理者在实际运作中的决策自由；其次，管理者在作出关键性运作决议时仍然必须得到财政部门的批准。

（三）管理责任

外部控制将支出决策权集中在政府的核心部门进行，而让具体执行人员负起运作责任；内部控制让具体执行人员对运作状况负责但是将支出控制权移交给了部门；管理责任将对资源的控制权和对结果的责任全都下放给部门内的具体运作单位。管理责任将控制的重点从投入转向了产出和结果，从部门购买什么转向了它们生产什么以及效果如何。通过赋予部门享有广泛的决策权来加强管理责任。作为交换，管理者对工作业绩负责。这种交换的两个方面是相互联系在一起的：如果没有决策权，就无法使管理者对结果负责；如果无法使管理者对结果负责，管理者就不会（或不应该）享有决策权。

管理责任是政策控制、效率控制、激励控制和协调控制。它虽然是政策控制，但关注的是对政策目标的实现，而不是细节性的规定。管理责任从两个方面提高运作效率。首先，通过制定产出和结果目标，使管理者对其服务数量、质量和及时性负责。其次，通过赋予管理者决策方面的全部权利，使它们可以应用其专业技巧、判断力及掌握的信息来选择最有效率的投入组合，从而获得"效率红利"。①

管理责任要求下放管理权限，并将成本分配到活动之中。作为协同和激励控制方式，管理责任阶段在协同商定的支出总额限制下，支出项目之间是相互可以替代的；管理者有提高资金使用效益的积极性，因为它们可以通过在某些项目上少花一些资金而用在其他项目上。为提高资金效率，管理者必须建立成本核算体系，将产出成本分配到项目，再到子项目，最后到单个活动②。

（四）支出控制改革的次序和重点

预算支出控制对实现预算绩效是十分必要的，但在不同的发展阶段，选择合适的控制形式和类型对实现有效的控制又是重要的，因为每种控制的有效运行都要求相应的条件和基础。

1. 改革的顺序是从外部控制到内部控制再到管理责任阶段。

在预算发展的各个阶段，所有的国家都建立了外部控制，某些国家甚至在其预算体制已经高度发展的情况下仍然坚持外部控制；很多国家则已经转向了内部控制。也有一些国家开始强调管理责任和产出及结果控制。OECD 国家经验表明，绩效预算控制改革的顺序是政府在对支出具有强有

① 亚洲开发银行：《政府支出管理》，人民出版社，2001 年版，第 122 页。

② Jack Diamond, " From Program to Performance Budgeting: The Challenge for Emerging Market Economics ", IMF Working Paper, No. 2003/169, P20。

力的外部控制之后，才转向内部控制，同样在内部控制成熟以后再强调产出和结果控制。如果不遵从这样的顺序，在内部控制高度发展之前就将广泛的决策权下放给管理者可能会造成很大的风险①。发展中国家或转型国家尚未建立正规的控制制度，资金使用效率不高。改革顺序应该首先建立可靠的外部控制，然后转向内部控制，只有在这些制度已经很好地包含在管理之中才可以转向管理责任阶段。

2. 建立有效的控制包括建立制度和制定程序两个要素。

有效的控制制度依赖于规则和程序的约束力。如果一个国家的预算管理人员没有将遵守规则和制度作为自觉的行为，那么采取下一步改革就不合适。外部控制可以养成按照规则进行管理的习惯，它确实会影响预算效率，当法治植根于预算管理制度时，通过外部控制实现绩效提高的目的也就达到了。内部控制意味着部门要对确保支出的合法性和效率负责，它意味着控制是内在的，部门管理者认可规则。在管理责任制度下，财政部门不对投入进行严格限制，各级预算单位的管理者已将规则和制度内生于自己的行为，并对产出和结果负责。

3. 使用相应的方法，加速改革进程。

大部分发展中国家和转型国家处于外部控制阶段，下一步可以通过以下几个措施，推进改革进程。一是使外部控制合理化，逐渐消除无效控制；二是在外部控制已经良好的部门进行试点，将内部控制权力逐渐移交；三是培训管理技术；四是制定初步的绩效衡量指标。这些步骤会提高运作效率并为将来改革作好准备。

二、绩效预算执行的主要内容

预算执行是利用现有资源贯彻执行预算编制政策的阶段。在绩效预算执行阶段同样要求关注预算的三项基本职能：稳定宏观经济运行；优化资源配置；提高资源利用效率和效果。同时，作为绩效预算编制职能的延续，预算执行还必须落实预算编制的控制公共资源、制定未来资源配置计

① Jack Diamond, " From Program to Performance Budgeting: The Challenge for Emerging Market Economics ", IMF Working Paper, No. 2003/169, P3。

划和管理资源的功能[①]。绩效预算管理从资源配置的宏观绩效、分配绩效和使用的效率和有效性三个方面关注预算绩效，但在执行阶段更偏重于部门层次的分配绩效和资源使用的效率、有效性。按照预算执行的一般要求，绩效预算执行也必须关注以下四个方面：①确保依照财政政策法令赋予的权限执行预算。②预算执行能适应宏观经济的变化。③解决预算执行过程中的问题。④高效率和有效地管理资源的采购和使用[②]。为提高预算执行的效率和有效性，OECD 国家强调增加预算项目对优先级的回应性、强调结果和产出控制、强调管理责任以及市场化方式的应用。

（一）采用管理责任模式对支出进行控制

管理责任模式从根本上说是公共部门责任关系的重大调整。从绩效预算管理的涵义看：首先，绩效需要用财政部门可以操作的方式来说明和报告；其次，政府部门需要更多的管理自主权和更多投入的决定权，这样它们可以自己决定以最有效的方式提供公共服务；第三，对部门管理者的激励和惩罚机制需要改变[③]。要真正实现绩效预算，必须改变公共部门的责任关系，对此，许多国家进行了探索和实践，一般来说采用管理责任制度国家的模式分为以下几种：①瑞典将行使政治和决策职能的部委与执行政府计划的机构分离，并明确二者之间关系，强化责任机制；②20 世纪 80 年代末开始，英国建立起 130 多个执行机构，每个机构都由一名最高行政长官来领导，而且它们都根据一份说明机构可以自行处理什么事务以及对哪些问题负责的框架性文件开展工作；③20 世纪 90 年代期间，新西兰将大多数服务职能从政策建议机构中区分出来，引入了以预算为基础的产出制度，以及各种各样像合同一样的文件，这些文件对资源分配和产出进行了详细的说明；④与其他国家相反，澳大利亚保留了综合性部门，但是已经在努力争取将资源分配和运作决策权下放到具体操作单位[④]。

管理责任控制方式在 OECD 国家具体操作形式不同，每个国家的改革

① ［美］孙克姆·霍姆斯主编：《公共支出管理手册》，经济管理出版社，2002 年版，第 1 页。

② 亚洲开发银行：《政府支出管理》，人民出版社，2001 年版，第 152 页。

③ Jack Diamond，“ From Program to Performance Budgeting：The Challenge for Emerging Market Economics ”，IMF Working Paper，No. 2003/169，P9。

④ ［美］艾伦·希克：《当代公共支出管理方法》，经济管理出版社，2000 年版，第 129 页。

重点也不同，例如加拿大、墨西哥、新西兰和葡萄牙一直努力赋予管理者更多的权力来决定如何达到目标；韩国和挪威将要赋予机构更多权利使用剩余拨款；希腊、波兰和英国一直在发展合适的工具来评估效果等①。表16－3描述了加强管理责任的手段。

表16－3　改进管理责任的手段

方　法	好　处
运营成本预算	管理者获得所有的运作资金，它们可以选择自己认为合适的方法将资金投入，从而减少遵循成本和激励管理者良好运作。
预算权力下放	具体执行部门管理者可以控制预算，对环境和事项作出反应进行高效运作。
效率收益	预算削减的百分比和预期的年度生产率收益是相等的，从而鼓励管理者提高效率。
详细说明产出和结果	在预算文件中详细说明预算的产出或者结果，从而使管理者提前得到关于将要实现目标的通知，并使政府可以将目标与结果进行比较。
购买者和供应者分离	减少供应商对购买者的影响，使购买者可以在多个供应商之间进行选择，从而在政府之间建立市场。
市场检验	通过比较从自己的机构手中购买服务所需成本与从外部购买服务所需成本，选择有效的服务方式。
绩效合同	政府与最高行政长官或其他机构之间的契约关系详细说明了可以利用的资源及将要提供的产出，从而建立起评估个人和机构业绩的基础。
年度报告和审计	机构关于预算执行结果和产出年度报告受到独立的审计，以使评估绩效信息更可信。

（二）绩效预算中的绩效合同

管理责任控制方式强调政策控制、激励控制和协同控制，如果没有有效的奖惩机制，其激励效应就很难达到。在管理责任控制方式中，由于放弃了投入的严格控制，逐渐转向产出和结果控制，就要求以契约的方式明确机构的目标和产出以及结果，明晰责任关系。因此，管理责任控制中，

① OECD，2002，“individual country in－depth chapter on public expenditure”。

责任关系是最重要的改革内容，决定着绩效预算改革的成败。从各国实践看，契约模式主要表现为绩效合同的广泛使用。对绩效合同的广泛使用是由于它促使公共部门更加有效和富有效率。公共代理人在保持必要的可靠性的同时，绩效合同使公共代理人更加清楚他们将要获得什么。

从实施绩效预算国家的情况看，绩效合同应用在三个层面：

1. 政府与部门签订的绩效合同。

如，1998 年英国政府开展了一次"总支出评估"，以审查政府部门预算资金的使用情况。此次评估中，政府对预算管理进行了一系列改革，其中最重要的一点是在预算管理中引入"公共服务协议"（Public Service Agreements：PSAs），公共服务协议实际上是政府与各部门签订的"绩效合同"，通过该合同，确定了各政府部门的产出和绩效任务，即各政府部门要实现的目标、完成的任务，并用量化的指标加以说明。政府则提供相应的预算资金，各政府部门则承诺通过特定的财政支出完成"公共服务协议"中规定的各种产出和绩效任务，以向公众提供高水平的公共服务，实现"货币价值"。通过公共服务协议框架，英国正式引入结果导向的预算管理模式。2000 年 7 月，政府第二次支出评估又出台了修正的 PSAs，即"服务提供协议"（Service Delivery Agreements：SDAs），SDAs 进一步强化了对公共支出的绩效要求，并对各部门要完成的绩效任务增加了许多细节要求。这些改革举措使绩效预算的各项管理工作日臻完善，这一预算模式也不断走向成熟，其对于提高预算支出的经济、效率和效果的作用也日益凸显。

2. 部门与执行机构签订的绩效合同。

如，为推进绩效预算改革，新西兰相继制定了企业法、国有部门法、公共财政法、储备银行法、财政责任法以及一些关于公共服务权力下放的法案。其中，国有部门法明确了部长和 CEO 的职责，要求部长与 CEO 之间签订绩效协议。新西兰通过签订个人绩效合同直接约束部门管理者，管理者在合同到期时能否续签合同，能否得到分红，都受绩效考评结果的直接影响。再如，1987 年，澳大利亚将许多部合并，产生了一些超级大部，将一些原来的部级机构改制成为专门的以绩效为基础的执行机构。由部和它们签订绩效合同；机构首脑拥有人事和财务管理的较大权限，但必须达到合同规定的产出和结果。

3. 部门管理者与下属签订的绩效合同。

如，1980 年，英国环境大臣赫素尔廷在环境部率先建立起部长管理信息系统。MINS 的目的在于向部长及时提供全面、规范化的信息（主要是部门活动的直接产出信息），为部门的绩效评估提供系统、可靠的信息，这一系统涉及到的一些管理原则和技术成为后来财务管理新方案的基础，并在政府部门得到广泛推广。部长管理信息系统的实施分三个步骤：第一，每个内设机构的负责人向部长提交工作陈述，包括工作内容、程序、目标等等，如有可能还要提出绩效目标。第二，部长审核各机构的工作陈述，并就工作目标、绩效指标等进行讨论，达成一致意见。第三，各机构按照与部里达成的协议开展工作并定期向部长汇报。部长根据这些具体信息，作出目标、资源分配等方面的调整。新西兰废除了公务员终身制，实行合同制，通过合同规定公务员在职期间的绩效标准。期满后，根据合同规定的绩效考核标准达到与否决定是否续签。澳大利亚政府颁布了《财政管理及问责法案》、《联邦当局和公司法案》以及《审计长法案》，这些新的法律明确规定了部门负责人的绩效责任，要求部门负责人要为本部门支出的有效性和自身的道德承担责任。所有部门负责人都要与部长签订个人绩效合同，薪水取决于个人绩效及部门绩效。

（三）引入竞争机制，强化市场信号

管理责任要求管理者改革管理实践，引入市场竞争机制，强化市场信号。OECD 国家改善公共支出有效性的经验表明，在公共部门引入市场竞争机制，强化市场信号，对于改善预算执行绩效非常重要。在供给方，竞争可以降低成本，增加成本效率；在需求方，用户收费可以限制过度消费。因此，引进竞争机制，强化市场信号，通过在供给和需求方面发挥作用可以显著地提高预算执行效率以及有效性。

1. 供给和购买分离。

在传统公共管理中，政府应该采取怎样的行动以及应该怎样提供服务是在同一个组织机构中决定的。长期以来，这种功能性的结合一直被认为是有效的，因为它对政策制定者和管理者之间的思想及信息的自由交流是有益的。而在现代公共支出管理中，它常常被视为对提高效率有妨碍作用，因为：第一，决策者被供给者所控制；第二，决策者缺乏所需的独立的和实施责任制度的信息；第三，决策者无法选择从效率最高的供应商那里购买服务①。发达国家中一个不断增长的趋势是政府将服务提供的各个方面都进行私人化，从而导致服务提供和服务生产概念的划分②。一个政府可以提供服务，但这并不表示政府必须生产这些服务。相反，这些服务可以从私人部门那里购得。因此，根据安排，政府可以成为公共服务的买方或卖方（如表 16－4 所示 OECD 国家在医疗领域的政府和私人支出比例）③。

表 16－4　医疗支出公共和私人的融资来源

（2001 年健康支出的百分比）

	公共财政融资	私人融资			备注
		私人健康保险	预算外支出（out－of－pocket）	总的私人支出	
澳大利亚	68.9	7.3	18.5	31.1	8.9
奥地利	69.7	7.0	18.6	30.3	8.0
加拿大	70.9	11.4	15.8	29.1	9.2
捷克	91.4		8.6	8.6	7.3
丹麦	82.4	1.6	16.0	17.6	8.6
芬兰	75.6	2.5	20.2	24.4	9.5
法国	76.0	12.7	10.2	24.0	9.5
德国	74.9	12.6	10.6	25.1	10.7
匈牙利	75.1	0.3	21.3	24.9	6.8
冰岛	84.4	0.4	15.2	15.6	9.1
意大利	75.3	0.9	20.3	24.7	8.4
日本	78.3	0.3	16.8	21.8	7.6
韩国	44.4	8.7	41.3	55.6	5.9
卢森堡	87.8	1.6	7.7	10.5	5.6
墨西哥	45.9	2.5	51.6	54.1	6.6

① Isabell, 2003, "Enhancing the Cost Effectiveness of Public spending: Experience in OECD Countries", OECD Economic studies, No37, 2003/2.

② Kolderie, T.："私有化的两个概念"，《公共管理评论》，1986 年 3 月，第 285～291 页。

③ Newman M. K. Lam："公共服务提供模式的转变——香港的发展情况"，香港中文大学内部文稿。

续表

	公共财政融资	私人融资			备注
		私人健康保险	预算外支出（out－of－pocket）	总的私人支出	
荷兰	63.3	15.5	8.8	36.7	8.9
新西兰	76.7	6.2	16.8	23.3	8.2
挪威	85.5	0.0	14.0	14.5	8.3
斯洛文尼亚	89.3	0.0	10.7	10.7	5.7
西班牙	71.4	4.0	23.7	28.6	7.5
瑞士	55.6	10.5	32.9	44.4	10.7
美国	44.4	35.6	14.8	55.6	13.9
上述国家平均	2.3	7.0	18.6	27.6	8.2

说明：澳大利亚、奥地利、加拿大、冰岛、日本、卢森堡和瑞士的数据是2000年。

数据来源：OECD Health Database，2003.

2. 鼓励公共物品供给的竞争。

政府是商品和服务的主要购买者和生产者，应以更低的成本来为公众服务。在OECD国家，总的政府消费和投资支出占GDP 20%左右。当政府为某种商品或服务融资时，并不表示它一定会全部提供或者垄断供给。对供给者持续性的竞争压力会增加成本的有效性和对消费者偏好的回应。

许多OECD国家越来越依赖于协议和竞争性招标来提供低成本的公共服务。经验也表明，竞争性的招标所提供服务的成本比不竞争的要低。节约数值因国家不同差异很大，但一般介于10%～30%之间[①]。外购服务节约来源于专业分工和规模经济，同时公开透明的程序也意味着更加激烈的竞争和对防治腐败的更多监管。竞争性招标最主要的方式就是政府采购。实行绩效预算的国家大都建立了较为完善的政府采购制度。各国普遍通过制定政府采购法律，设立专门负责该项业务的管理机构，制定一系列采购原则，采取招投标采购方式，加强政府采购人员培训和信息化建设等方

① Isabell，2003，“Enhancing the Cost Effectiveness of Public spending：Experience in OECD Countries”，OECD Economic studies，No37，2003/2.

式，逐步建立并完善了政府采购制度。例如，美国参加了WTO《政府采购协议》，建立了完备的政府采购法律法规体系，由联邦事务管理局专门负责政府采购工作，联邦供应局为具体采办部门，建立了严格的招标制度、作业标准化制度等，并充分利用互联网强大的信息功能发布政府采购信息，政府采购在促进经济发展、推进政府公共管理改革、提高政府效率和透明度等方面发挥着越来越重要的作用。其他OECD国家也鼓励使用政府采购：简化政府采购的立法和程序（法国、意大利和挪威）；规范招标程序（波兰）；制定不同层级的政府采购规则（澳大利亚、瑞士是在某种程度上实施）；建立独立的机构解决政府采购中的争端（挪威）等。

（四）改革公共支出管理实践，提高支出有效性

绩效预算执行的成功与否不仅仅取决于预算本身技术的改进，很大程度上决定于绩效管理的改善，例如绩效目标对绩效预算执行的影响在于良好的绩效目标不会扭曲预算行为，并给预算执行者良好的动机；支出控制对预算编制者实现宏观效率很重要，对于预算执行效率也有很大影响，由于公共部门的特殊性，在一些领域控制支出相当困难，因此，能否控制支出就存在一定的执行风险；公共部门是人力密集型行业，人力资源管理对预算绩效实现影响很大，应该基于市场原则来招募和管理公务员；最后，必须引入面向结果或产出的绩效激励方案。

1. 绩效预算执行需要确认良好的绩效目标。

成功执行面向绩效的预算编制方法很大程度上依赖于详细说明绩效目标的良好框架，但制定有效的绩效指标并不是一件很容易的事情，大部分国家都经历了边干边学的过程。例如，在英国，内含于1998年支出评论的第一套指标并不成功。挪威2002年公共雇员服务中涵盖的指标又太多，一方面是模糊了项目的优先级，另外，在实际绩效和预算拨款之间建立联系非常困难①。绩效指标假如没有设计好的话，可能会带来负面效应。在英国，国家审计办公室发现很多不能使用定量衡量的项目都用定性的方法来评估，从而带来负面激励。一个明显的例子是先前相关于国民健康服务的公共服务协议，它设置有一个指标是减少等待超过1年就医病人的数

① Statskonsult, 1999, "USE OF PERFORMANCE CONTRACTING IN NORWAY", OECD the Public Management Department.

量，这给医生的激励是治疗新的病人，使原来等待的病人继续等待更长时间。

2. 保证支出总额控制。

放松投入控制，选择基于结果的管理方式可能带来效率收益，但也可能带来总支出控制方面的风险。比如，瑞典20世纪90年代在医院使用“远期支付系统”，一方面带来产出的极大增长，另一方面，预算也突破了界限，这反映了一种暂时被压抑的需求。从长远看，面向绩效的财政管理也要控制总支出。要为公共品设置价格，以限制过剩的需求，同时在供给者之间引进公平和公正的竞争，并且给良好绩效者以奖励。即使在这样的环境下，如何设计内含激励机制的工资体系，限制过度供给仍是十分困难的。特别是在医疗部门，医生比病人和保险人更了解医疗的真实信息。对给定的公共服务项目，应设置拨款“信封”，鼓励服务供给者在“信封”之内竞争，澳大利亚的医院和挪威的研究部门就是这样做的，这有利于减少服务的过度供给。

3. 改革人力资源管理，使公共部门成为可选择的雇主。

许多OECD国家为了使人力资源管理适应公共部门服务需求的变化而采取了一些举措。在加拿大、丹麦、芬兰、冰岛、意大利、新西兰、葡萄牙和瑞士长期工作协议基本被废除。澳大利亚、希腊、意大利、墨西哥和葡萄牙等国一直努力减少公共部门中人员流动的障碍，避免人员过剩和不足。此外，鼓励人员在公共部门和私人部门之间流动的措施也在采取（例如在公共部门和私人部门之间提供平等的养老金、为养老金迁移提供方便等）。几个国家通过改革成本高昂和程序不顺的招募体系，改善招募实践（加拿大和墨西哥）。为了减少招募人员中的问题，公共部门工资一直在调整，以更好地反映市场形势（包括芬兰和冰岛）以及地区生活成本差异（例如德国和意大利）。

（五）建立国库集中收付制度，加强政府资源控制

实行绩效预算的一个重要前提就是要将所有现金都纳入国库管理，并能够对资金使用情况进行有效监督。国库集中收付是通过建立国库单一账户，规范财政资金收入和支付运行机制，进而提高预算执行的透明度以及资金运行效率的财政管理活动。国库集中收付制度是市场经济国家普遍采用的国库管理制度，这项制度起源于英国，在西方发达市场经济国家经过

几十年甚至上百年的探索，逐渐形成并发展成一套行之有效的现代国库管理制度，为世界上绝大多数市场经济国家所采用。国际上的基本做法：一是财政部门统一开设国库单一账户。预算单位不再设立银行账户，所有财政资金收付活动都要通过国库单一账户办理。国库单一账户可以开设在中央银行，也可以开设在商业银行。二是建立收付直达的资金缴拨方式。税收和非税收入直接缴入国库单一账户，提高财政资金的入库效率；财政资金支出由国库单一账户直接支付给商品和劳务供应者或用款单位，减少资金中转环节。在支付发生之前，财政资金余额只保存在国库单一账户中。三是实现财政收支实时动态监控。财政部门实时监控每一笔财政资金收入以及支出情况，有效地解决财政资金运行中的信息不对称、风险控制以及透明度等问题。在这一制度下，财政收支比较规范，预算执行透明度和财政资金运行效率可以明显提高。

一些国家设立了专门的国库现金管理机构，将政府现金集中于国库单一账户管理。例如，澳大利亚从 1980 年开始改革完善国库管理制度，1999 年，在财政部下设立了财务管理办公室，专门负责国债和国库资金的管理。国库集中收付制度的建立，加强了对财政收支的控制，为绩效预算的推行奠定了扎实的基础。

第二节　我国预算执行改革情况

我国预算编制整体处于条目预算阶段，第一位强调的是资源投入控制，第二位是资源使用规划，第三位才是资源使用的效率和有效性。从整体上说，预算执行也处于资源使用的控制阶段，主要是外部控制，对于资源使用的效率和有效性，仅仅是执行过程中的目标之一，但不是最重要的目标。目前，我国对预算执行的监督已初步形成了一个由人大监督、财政监督、审计监督和社会中介机构监督的全方位、宽领域、多环节、多层次的财政监督网络体系。这一体系已日益发挥其作用，对我国预算执行给予了强有力的监督。近些年来推行的国库集中收付制度改革是加强外部控制、监控资金使用的制度创新，而政府采购制度是通过引入市场机制，规范政府采购行为。这些改革举措在规范预算执行行为的同时，也提高了预算执行的效率和有效性。

一、改革的主要内容

（一）加强预算执行的外部控制，全面推进国库集中收付改革

1. 国库集中收付制度改革的主要内容[①]。

我国的国库集中收付制度是在改革传统的资金拨付方式下建立的以国库单一账户体系为基础、资金缴拨以国库集中收付为主要形式的现代财政国库管理制度。主要的做法是，设立国库单一账户体系，财政资金通过国库单一账户体系直接支付给收款人。改革的主要内容包括：一是改革账户管理制度。建立科学、可控、集中的国库单一账户体系，包括国库单一账户、零余额账户、财政专户和特设专户四类账户，从账户分类设置、开设程序、监督管理等各方面规范管理，改革了传统模式下账户分散设置、管理薄弱、监督不力的弊端。二是改革资金收缴方式。建立财政资金新型收缴管理方式，采取直接缴库和集中汇缴方式，通过国库单一账户体系，将税收收入和政府非税收入直接缴入国库单一账户或财政专户，取消收入过渡性账户，改革传统方式下收入透明度低、收入退库不规范、收缴信息滞后等弊端。三是改革资金支付方式。实行财政直接支付和财政授权支付方式，通过国库单一账户体系将资金直接支付给收款人，资金由“中转”变为“直达”。改革传统以拨作支、层层转拨的资金拨付方式，有效地防止或者减少传统方式下资金被截留、挤占、挪用等问题，提高资金的有效性、规范性和安全性。

2. 国库集中收付制度改革的进展。

2001 年试点以来，中央与地方共同实施国库集中收付制度改革，取得了重大进展，明显提高了财政资金的安全性、规范性和有效性，基本确立了国库集中收付制度在财政财务管理中的基础地位。截至 2005 年底，已在中央和地方全面推行。2006 年向纵深推进，中央部门实施国库集中支付改革的基层预算单位达到 5300 多个，纳入改革的财政资金总量达到 4000 多亿元；地方 36 个省、市、自治区、计划单列市本级，270 多个地

---

① 财政部国库司：《现代财政国库管理制度实践与发展》，财政部网站。

市，1000多个县（区），共计16万个基层预算单位实施了国库集中支付改革。2007年1至6月，中央单位改革实施范围进一步扩大，实施改革的中央基层预算单位总数达到6460个，实施改革的预算资金达到4400多亿元。从收缴管理改革来看，积极推进财税库银税收收入电子缴库横向联网工作，实行税收收入电子缴库，实现财政、税务、国库间的信息共享机制，提高税款入库效率和透明度，建立健全税收收入收缴管理机制。非税收入收缴管理改革力度加大，范围不断扩大，有非税收入的中央部门均纳入改革范围，其中40多家已正式实施改革；财政部驻各地监察专员办征收和监缴的非税收入实施了收缴管理改革。地方收缴管理改革也迈出了较大步伐，有十几个省份使用中央开发的非税收入收缴信息系统实施改革，其他地方也积极探索了适合本地情况的改革模式。

建立国库集中收付制度是对我国传统财政资金银行账户设置方式和缴拨方式进行的根本性变革。改革从方案设计到分步实施，经过不懈的努力，现已全面推行并不断完善。到2007年底，中央所有部门及所属9300多个基层预算单位实施了国库集中支付制度改革；全国36个省、自治区、直辖市和计划单列市本级，300多个地市，1300多个县（区），超过23万个基层预算单位实施了改革。实施改革的资金涵盖一般预算资金、专项转移支付资金、政府性基金和国有资本经营预算资金等各类财政性资金。形成了包括预算指标管理、用款计划控制、支付申请及审核、支付结算及资金清算、会计核算、资金支付动态监控、代理银行考核等各环节紧密相连的国库集中支付管理体系。财税库银税收收入电子缴库横向联网稳步实施，有10多个横向联网试点省份已经取得初步成效；中央近50个部门，地方大多数省份的省本级、近200个地市、1000多个县（区）、超过18万个执收单位实施了非税收入收缴改革。国库集中收付制度改革的成功实施，为建立我国现代财政国库管理制度打下了坚实基础。

3. 国库集中收付改革成效显著。

一是预算执行监控机制实现突破。改革以国库单一账户体系为基础，以国库集中收付制度为资金运作方式，以电子化的动态监控系统为手段，实现了对财政收支运行的全面动态监控，基本形成了过去无法实现的事前、事中和事后相结合的监控机制，有效发挥了动态监控的威慑作用。由于监控系统的威慑作用，中央部门违规比例近几年明显减少（如图16－1

所示）。二是预算执行管理手段实现创新。改革前，许多财政资金以拨代支，缺乏来自预算单位的预算执行信息，有些预算执行信息来源于一级预算单位，而且是通过纸质报表报送。这样的传递方法，信息来源粗略，信息延伸半径短，很难做到完整、准确、及时，透明度较低。改革后，预算执行信息来源于基层预算单位零余额账户的每一笔支付交易记录，不仅信息生成机制不一样，而且通过信息网络传输，预算执行信息的完整性、准确性、及时性大幅度提高，有效增加了预算执行透明度，为财政运行管理和宏观经济调控提供了更为及时可靠的信息基础。三是财政资金运行效率和效益实现提升。改革前，分散、多重设置银行账户及各单位自行占压资金，不仅导致资金收缴和支付的运行效率较低，而且不利于降低财政筹资成本。改革后，财政资金收缴和支付运行避免了中间环节的层层滞留，大幅度提高了运行效率，并为国库现金管理、降低财政筹资成本、提高财政资金运行效益提供了必要条件。

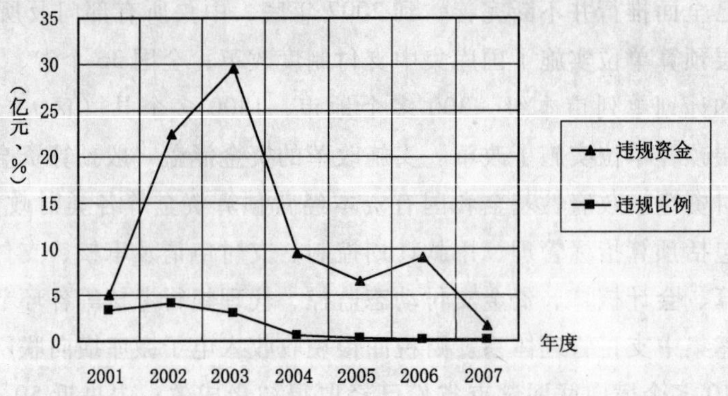

图 16－1　2001～2007 年违规金额及违规比例变动趋势

注：2007 年违规金额和违规比例为 1～6 月份数据。

（二）引入市场竞争机制，建立政府采购制度

1. 政府采购范围和规模不断扩大[①]。

政府采购范围已由单纯的货物类采购扩大到工程类和服务类采购，且工程采购的比重呈现上升趋势。政府采购资金构成日趋多元化，从最初的预算内安排的资金，扩展到包括预算内外、自筹资金在内的各种财政性资

① 张通：《认真贯彻落实科学发展观　推动政府采购制度改革深入发展》，财政部网站。

金。一些公益性强、关系民生的采购项目，如中小学免费教材、财政补贴农民购置机具、良种和测土配方施肥等也纳入政府采购范围，使农民、群众得到了实惠。政府采购规模保持了快速增长，由2002年的1009.6亿元增加到2006年的3681亿元，年均增长达到39.5%，2007年已突破4000亿元。采购规模的增长，带动了经济效益的提高，2002年至2007年我国政府采购资金年节约率在11%左右，累计节约财政资金1800多亿元。

2. 政府采购制度建设取得新进展。

自政府采购法正式实施以来，财政部作为政府采购监督管理部门，相继制定了《政府采购货物和服务招标投标管理办法》、《政府采购信息公告管理办法》、《政府采购供应商投诉处理办法》、《政府采购代理机构资格认定办法》、《政府采购评审专家管理办法》、《集中采购机构监督考核管理办法》等配套规章和规范性制度30多个，初步建立了以政府采购法为统领的政府采购法律制度体系，为政府采购工作提供了制度保障。与此同时，地方法规制度建设也取得很大进展。有的地方通过人大立法颁布实施了本区域的政府采购条例，不少地方以人民政府法规或规章的形式制定了本地区政府采购管理实施办法，绝大部分地方财政部门都结合本地实际，根据政府采购法的规定制定了专项管理办法和具体操作规程。

3. 管采分离的管理体制初步建立。

按照政府采购法关于政府采购管理职能与操作职能相分离的要求，全国政府采购管理机构与操作机构分离工作取得了阶段性进展。到2007年底，中央、省、市、县四级政府基本上在财政部门设立了政府采购管理机构，全国36个地区（省、自治区、直辖市、计划单列市）中的30个地区和大部分地市设置了集中采购机构，没有成立集中采购机构的地方，积极探索由采购单位委托社会中介机构组织实施采购。政府采购管理机构、采购单位和集中采购机构的工作职责分工日趋合理，“管采分离、机构分设、政事分开、相互制约”的工作机制基本形成，初步建立了采购管理机构统一监督管理下的集中采购机构和采购单位具体操作执行的采购管理体制。

4. 政府采购政策功能得以落实。

在促进节能环保方面：从2004年开始，先后制定了节能产品和环境标志产品政府采购实施意见，2007年建立了政府强制采购节能产品制度。

据不完全统计，2006年节能产品政府采购金额占同类产品政府采购总额的比重达到60%左右，对节能减排工作发挥了重要作用。在促进自主创新方面：根据国家中长期科技发展规划纲要要求，先后制定了《财政部关于实施促进自主创新政府采购政策的若干意见》、《自主创新产品预算管理办法》等五个配套制度办法。在促进相关产业发展方面：制定了无限局域网产品采购政策、政府采购计算机预装正版软件等规定。一些地方也结合本地实际制定了相关配套措施。在实施工作中，采购单位实现政策目标的意识明显增强，集中采购机构认真组织落实，有效地支持了国内相关产业或行业的发展。

5. 政府采购格局初步形成。

为了推进集中采购、实现规模效益，各地区、各部门积极采取措施，在制定集中采购目录、完善协议供货、探索联动的区域性大市场、整合运行程序、提高采购效率和质量、网上管理与操作等方面锐意进取，创新采购模式。集中采购机构作为集中采购项目的主要操作者，更加注重加强自身建设，业务素质、操作技能、采购效率和服务意识有了明显提高。2006年，全国集中采购规模为2187.5亿元，占全国采购总规模的59%，部门集中采购规模占全国采购总规模的22%，分散采购规模占全国采购总规模的19%，已经形成以集中采购为主、部门集中采购和分散采购为辅，三种采购实施形式并行、相互补充的采购格局。

6. 形成了公开透明的采购运行机制。

一是公开招标作为主要采购方式的主导地位不断巩固。各地区、各部门按照省级以上人民政府规定的数额标准，全力开展以公开招标为主要方式的采购活动，公开招标项目数量逐年增加，保证了从采购方式上实现采购的公开、公正和公平。2006年，全国采用公开招标方式的采购规模为2489亿元，占全国采购总规模的67.6%，比2002年增长了19个百分点。二是政府采购信息公开化和电子化程度不断提高。财政部先后指定《中国财经报》、《中国政府采购》和《中国财政》杂志、中国政府采购网、《政府采购信息报》等媒体为政府采购信息发布和宣传媒体，地方财政部门也指定了本地区的政府采购信息发布媒体，形成了固定权威的信息公开平台，政府采购信息公告数量成倍增加。到2007年底，仅在财政部指定媒体上公告的信息就达到了20多万条，比2002年的5000多条增加了几十倍。许多地方实现了政府采购管理与操作的电子化，建立了不同层次和内容的电子系统，促进了政府采购“阳光工程”的建设。三是政府采购预算和资金支付管理逐步完善。政府采购预算基本实现了与部门预算同步编制，预算内容趋于完整、科学、规范，无预算采购等现象明显减少。采购资金实行国库集中支付的力度和规模越来越大，控制了违规采购和不正当交易行为。四是评审专家管理更加科学合理。通过在财政部门统一建立专家库、随机抽取、加强培训、实施考核等措施，实现了管理与使用分离、专家资源共享，有效地保障了政府采购评审工作质量。五是代理机构资格认定有序进行。从 2005 年开始，财政部对符合条件的社会中介机构进行政府采购代理资格认定。截至 2007 年底，全国已有 800 多家社会中介机构获得了甲级资格和确认资格。各省（自治区、直辖市）财政部门也开展了相应的乙级资质的认定，这些机构作为补充力量为建立充分竞争的政府采购市场增添了活力。六是供应商质疑答复和投诉处理工作日趋完善。各地区逐步建立和完善供应商质疑投诉处理操作规程，采购单位、采购代理机构和财政部门按照有关质疑投诉处理法律制度规定，答复处理质疑和投诉案件，保护了政府采购当事人的合法权益，保障了政府采购活动规范有序进行。此外，采购方式、组织实施、招标采购、合同审核等采购过程方面的管理程序、审批环节也更加规范。

二、预算执行存在的主要问题

（一）预算执行控制机制尚不完善

1. 预算执行中财政控制处于主体地位。

在我国，虽然监督主体和部门很多，但缺乏科学的配合与协调，整个体系难以形成完整的闭合系统，财政之外的监督主体很难发挥作用，具体表现如下：①人大监督仍不够深入。其原因如下：一是报送人大审议的预算还不够细化，影响了审核。二是人代会审议力量薄弱，这就使审查难以深入全面。三是审议时间过短，只有几天的时间，往往使审议流于形式。②审计监督的独立性不够。相对于大多数国家的立法型审计体制而言，我国的行政型审计体制还具有较浓厚的内部监督色彩。国务院是最高权力机关的执行机关，而审计机关作为执行机关的组成部门去监督执行机关自身，力度肯定会受到一定的影响。③舆论监督和社会公众监督力度不够。

这一方面是由于公民的财政监督意识还不强，缺乏对财政监督的积极性；另一方面是由于财政监督主体的监督结果未全部向社会公开，特别是一些普通的、日常的监督结果则不予向社会公布，影响了监督的效果①。

2. 预算执行过程的控制机制不完善。

各监督主体未能做到准确定位，形成不必要的“缺位”和“越位”现象，具体表现如下：①财政部门对财政收支管理的实时监控还远未到位，形成不少监督“空白”，使“寓监督于管理中”的目的未能达到。在我国当前的公共财政改革过程中，财政监督未能及时调整自身职能，将财政监督功能寓于财政资金收支管理的全过程之中。一方面，仍采用传统的突击检查式监督，重事后监督，事前、事中监督仍很薄弱。另一方面，财政部门内部管理控制机制仍不健全，监督机构对其他业务机构的管理监督还远不到位、力度也不够。②审计部门与财政部门在财政监督上存在“缺位”和“越位”现象。主要表现在审计部门监督和财政部门监督在检查时间、内容、对象上有很多相同和交叉的地方，这极大地增加了监督成本，也影响了监督效能。

3. 财政控制机制的改革不到位。

我国现行的财政监督运行机制中，除了上述主要问题以外，还存在一些需要改进的地方，主要有：①财政部门的监督方式仍未脱离传统的检查型模式。从我国目前的财政监督工作来看，仍以账务检查为主，检查内容多以专项任务下达为主，检查结果以违纪金额、处罚情况为主。这一监督方式已经不适应对财政资金运行过程实时监控的需要。②监督考核指标也没有脱离传统的检查型模式。考核指标以检查项目的多少、违纪金额的大小、追究责任人员的多少、检查时间的长短、检查人员的多寡为标准，量越多，监督成绩越大。这些考核指标不适应绩效管理型监督模式的需要。③监督模式没有实现从检查型向绩效管理型转变。在目前的财政监督实践运作中，财政监督仍是注重对财政收支的合规性检查，而对日常的监管和绩效监督的力度不够。

（二）国库集中收付制度尚不成熟

---

① 厦门专员办课题组：“财政监督在公共财政框架中的理论定位和实践运作”，财政部内部文稿，2003 年 8 月。

1. 涵盖的资源不完整。

建立国库集中收付制度，充分发挥其作用要求政府所有资金都纳入国库管理，并且对资金使用情况进行有效监督。但由于目前收入收缴改革尚不到位，还有相当一部分财政资金未纳入国库管理，如国有资产处置收入和出租出借收入等，因而无法反映政府资金的总量。这部分资金由部门和单位自收自用，脱离了应有的管理和监督，加之对单位账户管理方面存在的漏洞，为“小金库”等消极腐败现象的滋生蔓延提供了有利条件。此外，仍有个别预算单位出于既得利益的考虑，为规避监管，对国库集中收付制度改革态度消极，影响了国库集中收付制度改革的进展。

2. 国库集中支付中直接支付量占总支付量的比重偏低。

根据《财政国库管理制度改革试点方案》（财库［2001］24 号）规定：财政资金有直接支付和授权支付两种支付方式，其中直接支付的范围包括工资支出、购买支出以及中央对地方的专项转移支付，拨付企业型项目或大型设备采购的资金等，以及各类转移性支出，都要直接支付到供应商或用款单位。从实施情况看，对工资支出、政府采购支出基本实现了直接支付，但一些自主进行的采购活动和部分工程项目支出仍作为授权支付处理，由于政府采购预算编制不完整、部分工程项目支出未纳入直接支付范围；预算执行的约束力不强等因素使得直接支付的比率偏低，影响了财政监督职能的充分发挥。

3. 国库的监督职能尚未发挥到位。

按照现行规定，国库支付的审核和监督主要是围绕科目来进行的，即对部门提交的支付申请，审核是否超过科目汇总数，如果未超过科目总额，即可通过审核。这种审核方式一个比较突出的问题是预算编制与预算执行脱节，目前预算编制已经细化到基层单位和具体项目，如果预算执行不按项目拨款，一方面，细化预算编制的作用就大打折扣，难以发挥其对部门和单位的外部控制功能；另一方面，为预算单位调整预算安排，挤占挪用预算资金打开了方便之门，这也是预算编制和执行差距较大的原因之一。此外，各部门办理业务时不需提供原始凭证，国库审核机构不能对其所填支付凭证的真实性进行审核，对超标准的开支及不符合《现金管理条例》的提现缺乏必要的监督，不能更好地发挥深层次的监督职能，加大了现金违规的可能性。

4. 管理制度和信息系统尚不完善。

国库集中支付改革后，建立了一系列的集中支付管理制度和办法，但由于集中支付还处于不完善阶段，支付、清算、会计核算等各项制度办法可能不够全面，同时各制度办法之间的衔接也并非完全顺畅，国库集中支付操作流程本身的合理性或相关人员在业务处理中未严格执行业务流程而造成资金集中支付过程中可能出现风险。国库集中支付中，财政资金大量、频繁的支付和清算很大程度上是依赖信息系统，由于国库集中支付管理系统在功能模块、流程控制、数据处理、系统访问控制等方面功能还不够完善，对国库集中支付资金运行会造成一定的风险隐患。

5. 外部监督和内控机制不健全。

一方面外部监督机制尚不完善，财政部门对于预算单位集中支付特别是授权支付业务的监督重点基本上在事后监督，事前、事中监督机制还不够健全，而对于代理银行执行国库集中支付业务的合法性、规范性主要依赖其内部监督，一旦代理银行内部监督出现问题，财政管理部门将很难控制其对集中支付的影响。另一方面是集中支付运行存在的内部控制管理风险。由于集中支付改革正处在适应期，集中支付制度、管理模式、业务操作手段等不断变化，因而集中支付的各参与方都还未能建立成熟完善的内部控制管理制度，从而导致国库集中支付存在一定的资金运行风险。

（三）政府采购制度需要进一步完善①

1. 规避政府采购问题比较突出。

政府采购法规定，国家机关、事业单位和社会团体使用财政性资金采购货物、工程和服务时应当按政府采购规定执行。但在实际工作中，有些采购单位以采购项目紧急、采购项目涉及国家秘密为由不执行政府采购。有些采购单位将政府集中采购目录内的项目委托社会代理机构或自行采购，规避集中采购的现象比较突出。

2. 采购制度规定执行不到位。

主要表现在：一是采购活动存在倾向性和歧视性。在确定采购需求、编制采购文件时，按照特定供应商条件或产品技术指标进行规定，甚至指定某一品牌。二是部分专家违规评审，将其他投标供应商作废标处理，或

① 张通：《进一步推动政府采购制度改革与发展》，政府采购信息网。

只给中标供应商评审打分，随意性较大。三是擅自变更采购方式，应当公开招标而未公开招标。四是随意缩短招标时间，许多公开招标项目的标期明显违反不少于20天的规定，不按中标数额签订采购合同的现象较为普遍。

3. 政府采购预算编制不完全。

许多采购单位未按预算管理要求将政府采购项目全部编入部门预算，年度执行中追加政府采购预算的现象比较突出，普遍存在漏编采购预算、超采购预算或无预算采购的问题，导致预算约束力不强。

4. 部分政府采购结果价格高、效率低。

这类问题主要发生在集中采购活动中。现在协议供货已成为集中采购的主要实施方式，由于集中采购协议供货产品调整周期长，产品型号变动快，价格变动滞后，使得用高价产品替换低价中标产品现象时有发生，而一些采购单位不能及时确定采购需求，采购需求因不符合政府采购规定而调整等，在一定程度上影响了采购价格和效率。

5. 部分社会代理机构采购活动不规范。

在委托社会代理机构采购活动中，社会代理机构为招揽业务获取盈利，迎合采购单位的不正当要求，普遍存在不签委托代理协议或委托代理协议签订内容不完整、不按规定在专家库中抽取专家、评审组织工作不规范等。

第三节　中国式绩效预算执行改革

从目前情况看，我国预算执行还处于外部控制阶段，外部控制在不断深化的过程中，根据预算控制模式发展的一般规律，即由外部控制到内部控制，再到管理责任。因此，预算执行改革的最终目标是管理责任，近期目标是内部控制，当前还是要完善外部控制，积极为内部控制的实现创造条件。在这一过程中，还要借鉴国际经验，充分发挥政府采购等竞争机制的作用，提高预算执行效率。

一、完善外部控制机制

目前，我国正在实施的国库集中收付、政府采购等各项改革，目的在于增强财政部门对资源使用的控制。作为发展中国家和转型国家，我国财政制度建设需要很长一段时期，这个时期，应该是政府对财政资源控制的强化时期。如果没有完善和有力的外部控制，财政资源的使用很难达到效率和有效性，并会对财政改革的继续推进造成阻碍。预算执行作为预算职能履行的重要环节和预算编制职能的延续，在预算管理中起着举足轻重的作用。因此在此阶段，从政策要素上讲应该注意以下方面：

（一）建立预算执行的外部控制体系

完善的外部控制是保证预算顺利执行的重要条件。要建立包括立法机关、财政部门、审计部门和银行在内的控制体系，明确各自的监管职责和流程，形成全过程和全方位的监控能力，发现和纠正预算执行中存在的问题。各部门要建立内部控制和内部审计制度，依照有关法律、行政法规和国家有关规定，对其所属各单位的预算执行情况进行监督检查。各部门的所有支出都必须由财务部门进行管理和记录，对预算进行有效的控制。

（二）建立严格的报告制度，加强预算执行信息的反馈

主要包括以下几个方面：一是各预算单位要定期向主管部门报送本单位预算执行情况的报表和详细的文字说明材料；二是各部门要按照规定的期限，向财政部门报送本部门预算执行情况的报表和文字说明材料；三是下级政府要定期向上一级政府报告预算执行情况，严格执行上级政府作出的决定，并将执行结果及时上报。此外，还要尽快建立预算执行信息管理系统，在全国范围内联网，及时取得预算执行的信息。

（三）改革预算拨款的审核方法

预算执行过程中，应当实行定期、按进度、按计划拨款，保持全年预算执行进度的均衡。同时，要按照批复的预算，加大对预算执行的审核力度，具体而言，就是部门要按项目请款，财政部门也按项目进行审核，包括项目是否超支、项目开支的内容和范围是否与预算编制相符、开支标准是否符合规定等，充分发挥其对预算执行的监督作用，实现预算编制与预算执行的无缝对接。

（四）硬化预算约束，增强预算的严肃性

经立法机关审议、批准的预算具有法律约束力，各部门要严格按照批准的预算执行，预算支出数不突破预算限额，并且只能用于预算确定的用途，对违反预算的行为要予以处罚。对预算执行过程中的调整事项，财政部门要严格管理，努力减少调整规模，严格审核程序。对按《预算法》规定需要提交立法机关审议的，还要报人大审议，从而达到有效控制支出规模的外部控制目标。

二、从外部控制逐渐过渡到内部控制

内部控制是外部控制与管理责任之间的桥梁。由于它减少了遵循成本，而且提高了各个部门管理本部门事务的能力，不必让财政部门和其他的外部监管机构对它们每一个行动都进行审查，有利于提高各预算部门的执行效率。一旦建立起了内部控制制度，财政部门的角色就从事先审查各项具体业务转向了对制度进行审查。在内部控制下，每个部门都可以依据法律法规制定自己的制度，如行政事务制度、支出制度、采购制度、信息管理制度等。从部门管理者的角度来说，从外部控制转向内部控制并没有根本性的差别，控制任务像以前一样繁重，对部门所属单位也像以前一样以一种僵化的方式进行监控。造成这种状况的原因是：在转向内部控制的过程中，以前由财政、审计等实施的控制都会转移到主管部门。就较低层次的预算单位来说，具体的规则是由外部门和上级主管部门制定和实施，没有多少区别。无论是哪一种情况，服从都是主题，而对业绩问题的考虑则被忽视了①。

进入内部控制阶段，财政部门与其他部门的角色定位应作如下调整：一是财政部门对支出部门的授权应该逐渐增加，并逐步放松外部控制，关注的重点更多地转移到部门发展规划和宏观资源配置效率上；二是支出部门在政府规定的基础上逐步建立自己完善的支出制度、采购制度、信息管理制度、人事管理制度和内部制衡机制，实施内部控制；三是财政部门对支出部门的效率和协同控制，应该逐渐替代政策和过程控制；四是具备条件的主管部门对所属单位也应该从外部控制逐渐过渡到内部控制；五是改

---

① ［美］艾伦·希克：《当代公共支出管理方法》，经济管理出版社，2000 年版，第 120 页。

革管理实践，引入市场机制，强化市场信号。

需要说明的是，实施内部控制需要具备一定的条件，如比较完备的财政支出标准体系；比较完善的预算管理制度体系；建立现代国库管理制度，对全部政府资金进行管理和监督；强有力的外部控制手段，主管部门具有较高的预算管理水平，有加强内部控制的意愿和能力。在具备上述条件的情况下，财政部门将控制权逐步移交给主管部门才是比较稳妥的。随着预算管理和改革的推进，可选择部门基础条件较好、管理水平较高的部门进行内部控制试点，取得经验后再逐步推开。

三、深化国库集中收付制度改革①

（一）完善国库单一账户体系

国库单一账户体系是现代财政国库管理制度运行的基础，是深化国库集中收付制度改革的关键环节。比较完善的国库单一账户体系包括财政部门持有和管理的财政资金和运营财政资金账户、收入收缴及支出支付运营账户、经国务院和省级人民政府批准或授权财政部门开设的特殊用途账户、代保管性质账户。同时，进一步明确各类账户的功能、性质和设立程序。确立比较完善的国库单一账户体系后，所有财政性资金都要纳入此体系内规范运行。

（二）扩大国库集中支付范围

国库集中支付制度改革的目标是所有预算单位、所有财政资金都实施国库集中支付。一是扩大国库集中支付范围，在一般预算资金实施改革的基础上，对政府性基金、预算外资金、国有资产收益、中央补助地方专项资金等实行国库集中支付，将改革推进到所有基层预算单位。二是充分利用现代支付清算工具，建立公务卡制度，杜绝现金管理漏洞，进一步提高财政财务管理水平。

（三）完善收入收缴制度

在非税收入收缴方面，要将改革实施到所有有非税收入单位的所有非税收入。加强非税收入收缴管理监督、分析预测，逐步将非税收入资金支付纳入国库集中支付范围。在税收收入收缴方面，通过财政、税务和中国

① 财政部国库司：《现代财政国库管理制度实践与发展》，财政部网站。

人民银行国库进行联网的技术支撑，完善税收收入收缴管理。利用现代信息技术手段，推进财税库银税收收入电子缴库横向联网，并进一步实现与海关的横向联网，建立健全财政对税收收入缴库、退库、更正、免抵调、对账业务的监督管理和控制制度；建立健全税收收入信息反馈制度，将财政的税收收入宏观信息建立在微观基础上，在缴库明细信息和纳税单位经济信息获得方面取得突破。

（四）完善预算执行动态监控机制

国库动态监控是在财政国库管理制度改革中建立的，以国库单一账户体系为基础、信息化技术为支撑的新型财政管理监督机制。要逐步拓展国库动态监控范围，建立和加强财政国库内部监控机制，保障财政国库体系安全运行；将外部监控范围逐步扩大到所有的改革资金和单位，保障财政资金收支规范。完善国库动态监控运行机制，以实时动态监控为重点，通过综合核查、动态监控信息披露、监控检查通报、处理整改等手段，提升国库动态监控水平。建立国库动态监控分析报告制度，对财政国库运行进行综合分析，反映预算执行管理中存在的问题并分析其成因，提出加强和完善预算执行管理的意见。

（五）健全国库集中收付制度法规体系

在法律法规建设方面，通过修订《预算法》、《国家金库条例》及其实施细则，以及制订《财政资金支付条例》，确立财政国库管理制度的法律地位。在管理制度建设方面，制定政府非税收入收缴管理办法和中央级非税收入收缴管理办法、中央补助地方专项资金国库集中支付管理办法、中央预算单位公务卡管理办法、中央单位代建制项目国库集中支付管理办法等。

四、深化政府采购制度改革

（一）完善政府采购制度管理体系

通过修订《政府采购法实施条例》、完善现有规章制度，解决制度缺失、规定不严格、操作性差等方面的问题，规范操作执行；要继续充实采购政策功能规定，研究和制定符合政府采购特点的产品政策目录标准，整合现有产品政策目录；要研究制定政府采购代理机构资格管理、供应商诚信建设与处罚管理、政府采购执业人员资格管理等制度办法，加强采购市场环境的管理。

（二）建立科学的采购运行机制

要进一步完善“管采分离”的管理体制，财政部门要继续履行好监督管理和业务指导职责，不得从事和干预具体采购交易活动；集中采购机构和采购单位要规范操作行为。要进一步完善集中采购运行机制。集中采购机构应当按采购流程设置内部机构；完善集中采购代理制度，逐步引入竞争机制；继续完善创新协议供货等集中采购形式，提高集中采购效率与效益；要推进集中采购机构专业化、人员职业化，提高集中采购机构操作水平和能力。在投诉处理工作中要引入仲裁机制，对采购预算编制、采购文件编制、采购流程、专家评审、合同签订和资金支付等重要环节实施规范管理。

（三）创新监管方式，建立动态监控体系

要建立监督与处罚并举的动态监控体系，逐步实现对政府采购行为的事前、事中和事后的全过程监督。要对采购需求确定、采购事项审批、采购操作执行、项目评审决策、合同履行验收等环节实施重点监控，及时预警、发现和纠正采购操作执行中的偏差。要充分发挥监察、审计等职能部门的监督作用，完善财政监督与监察、审计监督相结合的工作机制。要把供应商、评审专家和社会代理机构纳入监督范围，建立考核评价制度、不良行为公告制度和政府采购市场禁入制度，推进政府采购市场诚信体系建设，建立严格的惩治制度，推动监督模式由合规性向合规与效益并重转变。

（四）坚持采购规模和效益并重的采购发展方式

在继续扩大范围和规模的同时，要坚持规模和效益并重的发展方式，注重提高采购质量和综合效益。要完善政府采购预算编制管理，健全采购方式，对符合法律规定的项目全部实施政府采购，加强对分散采购的管理；进一步发挥政府采购政策功能，开拓政策功能实施的新领域，为拓宽政府采购范围创造条件。

（五）建立政府采购执业资格制度

加大从业人员的德才培养，不断提高业务技能和操作能力；借鉴国际管理经验，制定政府采购从业人员准则和岗位标准，实行科学的资格考核制度，持证上岗，建立政府采购从业人员职业化管理制度，形成优胜劣汰的良性机制。

（六）建立统一的政府采购管理交易系统

政府采购管理交易系统建设要坚持统一领导、统筹规划、统一建设。认真吸收国内各方面电子化开发实施经验，加快全国统一的政府采购管理电子交易系统建设工作，确立管理平台和交易平台的功能框架、技术设计和实施步骤，以及与现有各种系统整合衔接的方案，建立全国统一的系统平台，实现政府采购管理各环节通畅、操作功能完善、运行程序公开、全过程监控和网络安全可靠的系统建设目标。

第十七章　绩效预算与绩效评价体系建设

第一节　绩效评价模式研究

一、绩效评价运行体系

绩效预算管理模式区别于传统预算管理模式的核心，是将市场机制和竞争机制引入到部门预算管理，使部门预算的编制、执行、调整紧紧围绕绩效而展开。大体上，绩效评价运行框架包括：

一是年度绩效计划。年度绩效计划通常在编制年度预算时根据部门的战略目标确立，详细阐述部门在特定年度内拟提供的公共服务数量和水平，包括以结果为导向的绩效目标，实现绩效目标需开展的详细活动和需动用的资源，衡量绩效目标的具体指标以及按照正常条件能够达到的绩效标准等，如新西兰的绩效声明报告、美国的年度绩效计划等。年度绩效计划通常需提交给内阁或者国会通过，以作为将来对该部门或项目进行绩效评价的依据。

二是提交绩效报告。为跟踪部门年度绩效计划的进展情况，一般要求部门管理者定期或者不定期提交绩效报告，通过绩效指标详细描述绩效目标的完成程度。这一方面有利于部门管理者了解工作进展情况，据以改进工作，另一方面有利于独立机构或者公众进行绩效评价。除少数国家（如澳大利亚、新西兰等）需提交月报和年中报告外，其他国家仅在预算年度结束后提交年度绩效报告。部门绩效报告一般也要经过独立机构进行审计。

三是进行绩效评价。绩效评价是对部门完成绩效的情况进行评价。虽然绩效报告一般会对年度绩效计划和实际完成绩效进行比较，并对部门绩效目标实现情况作出判断，但是，由于绩效报告由部门自己提供，很难保证评价结果的客观公正性，需由独立于部门的外部机构进行评价。如新西兰，绩效评价工作由财政部、国库部、审计署等部门完成。

四是反馈绩效评价结果。对于不同的利益相关者，绩效评价结果产生的作用不同：对于部门管理者，绩效评价结果有利于其了解公众的偏好以及自身工作存在的不足，据以加强预算管理、提高管理效率；对于财政部门，绩效评价结果是调整以后年度预算分配的重要依据。目前实行绩效预算改革的国家主要有两种模式：一种是绩效评价与预算分配之间没有非常直接的联系，如美国、荷兰、澳大利亚等，这些国家主要以加强管理、提高效率为目的进行绩效评价；另一种是绩效评价与预算分配之间有一种非常直接的联系，绩效评价的好坏直接影响到拨款的多少，如新西兰、新加坡等。

二、绩效评价体系的构成

（一）绩效评价的价值标准

如果要很好地评价结果，首先要做的就是建立能够反映公共管理多元目标的价值标准体系，以取代传统的、单一的“经济或效率取向”。早在20世纪80年代初，英国的效率小组就建议在财务管理新方案的改革中设立“经济”（economy）、“效率”（efficiency）、“有效性”（effectiveness）的3Es标准体系，以取代传统的效率标准（如财务、会计指标等）。不久，英国审计委员会就将3Es标准纳入到绩效审计的框架中，并运用于地方政府以及国家健康服务系统（NHS）的管理实践中[①]。3Es实际上是包含不同价值观点的标准体系。用这种多元价值的标准体系来取代传统模式下的单一财务和预算指标，可以更好地体现管理责任，从而使“被授权

① 刘旭涛：《政府绩效管理制度、战略与方法》，机械工业出版社，2005年版，第171页。

的管理者根据既定的绩效标准完成既定的任务”。①

经济、效率和有效性三者之间彼此相互关联，缺一不可。如果不考虑质量、消费者满意等有效性因素而一味追求节约、效率，则会导致组织偏离自己的目标，而为了取得目标却不计成本、不惜代价、不考虑效率，将最终导致组织资源的浪费和不足。因此，在经济、效率和有效性的关系上，最终体现了资金价值的理念，即在组织管理过程中不断追求“不断增加的资金价值的过程”。资金价值标准和理念，反映了公共部门绩效管理中的总体绩效标准，它要求组织根据经济、效率和有效性的标准来获取资源和使用资源，以实现组织的目标要求。

3Es 标准只是反映公共绩效评价的多元化价值标准的一种方式。在 3Es 标准的基础上，OECD 国家发展了五重价值标准的评价体系②，包括经济、效率、有效性和遵从、服务质量。遵从指机构必须遵守预算和拨款的有关法律法案和其他有关于现金流管理和信用支付的规定。例如税收征收管理机关可以有详细的绩效目标（诸如税收拖欠数量）。当然，有时候这样的财务指标和效率关系更密切，而不是遵从。在宽泛的概念上讲，服务质量指有效性，但在狭义的概念上说，服务质量指对用户的更快更好的服务，诸如时机合时，容易获得，服务可靠，持续稳定。它指的是服务供给的质量，而不是服务的结果。

（二）绩效评价的主体

在传统行政模式下，效率的评价活动属于管理过程中的控制环节。评价主要是上级对下级单位的反馈活动。但是，随着分权化管理、结果管理、顾客导向等新管理主义理念和实践活动的大量出现，这种自上而下的单向评价活动已转换为全方位的绩效评价方式。近年来，在人力资源领域普遍采用 360°个人绩效评价体系（如图 17－1 所示），被认为能够对个人绩效提供更全面、准确、可靠、可信的评价③。

在组织绩效评价方面，同样也存在评价主体多元化的趋势。因为，随

① Iaaac－Henry, Kester, Chris Painter and Chris Barnes, 1997, “Management in the Public Sector: Challenge and Change (second edition), London: Thomson Business Press, P83.

② Richard Allen and Daniel Tommasi, 2001, “Managing Public Expenditure－A Reference Book for Transition Countries”, OECD, P359.

③ 刘旭涛：《政府绩效管理制度、战略与方法》，机械工业出版社，2005 年版，第 176 页。

着各种类型的公共组织日益获得更加广泛的管理权和资源控制权，它们已不再单一而机械地执行上级的指令，还必须考虑立法部门、利益集团、政治领导人、专业人士、公众以及其他相关部门对它们提出的各种要求，并作出及时的回应。公众组织的责任机制，开始从自上而下的单一链条形式转变为面向多元利益群体的网络形式；公共组织的责任机制已体现在政治、法律、专业技术、管理等各个方面。这种责任机制的实现，很大程度上依赖于相关利益群体对它们所作出的评价。因此，公共组织绩效评价主体同样也呈现出多元化的趋势，这种趋势要求在进行公共部门的绩效评价时，必须权衡顾客的不同需求，提供不同的绩效信息，并开发不同的绩效评价工具。

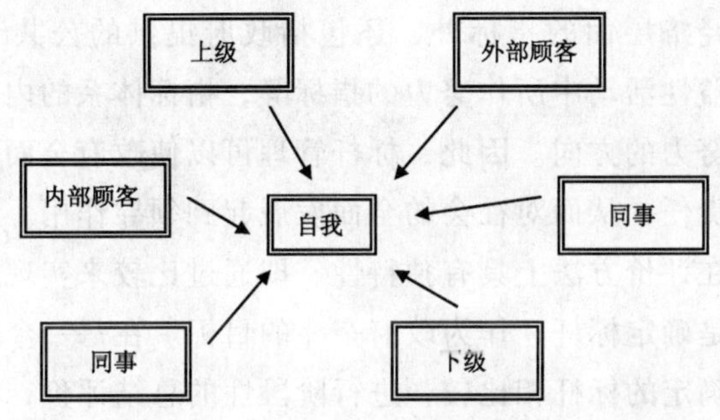

图 17－1 360°个人绩效评价体系

（三）政府绩效评价的主要方法

国外政府绩效评价发展最具代表性的评价方法主要有四种：“3E”评价法、标杆管理法、平衡记分卡法和层次分析法。标杆管理法预示着对政府绩效全面评价的开始，平衡记分卡法明确提出政府要以长远的眼光对社会的发展作出愿景规划，思考其在社会发展中应承担的使命，指导政府绩效评价。层次分析法可操作性较强。

1. “3E”评价法。

“3E”评价法是一种较早得到运用的绩效评价方法。为了更好地控制政府财政支出，节约成本，在 20 世纪 60 年代，美国会计总署率先把对政府工作的审计重心从经济性审计转向经济性（Economy）、效率性（Efficiency）、效果性（Effectiveness）并重的审计，从单一指标扩展到多重指标，这就是政府绩效评价的雏形，俗称“3E”评价法。所谓经济是指投入成本的降低程度；效率指标反映所获得的工作成果与工作过程中的资源消耗之间的对比关系；效益指标通常用来描述政府所进行的工作或提供的服务在多大程度上达到了政府的目标，并满足了公众的需求。

由于政府在社会中所追求的价值理念如平等、公益、民主等和“3E”评价法单纯强调经济性之间存在矛盾与冲突，因此后来又加入了公平（Equity）指标，发展为“4E”。

2. 标杆管理法。

传统的“3E”评价法的指标比较片面和单一，在评价内容上侧重于对历史事件既定结果的审计，以对下一年度的财政拨款作出预测。这种评价方法相对于政府行为的复杂性来说过于笼统，而标杆管理的指标体系比较全面，除了经济层面的指标外，还包括政府提供的公共产品的比较评价，政府在公益性活动中所作努力的指标等，指标体系的内容在一定程度上引导着政府努力的方向。因此，标杆管理可以使政府全面考虑自身在社会中应承担的责任，从而对社会的全面发展起到领导作用。

此外，它在评价方法上具有独特性，即通过比较来实现评价。标杆管理法的第一步是确定标杆，作为政府奋斗的目标。在每一个实施阶段结束后都把结果与确定的标杆相比较，进行阶段性的总结评价，以对下一阶段的方法作出调整，直至最后达到标杆水平，确定更高的标杆。这里比较和评价完全融为一体，通过比较实现评价，以评价促进与更高水平的比较。而“3E”评价法仅仅集中于实施结果的审计，缺乏标杆的引导和激励作用。

3. 平衡记分卡法。

1992 年，哈佛商学院教授罗伯特·S. 卡普兰和大卫·P. 诺顿开发出了一种新型的侧重于企业的绩效评价方法——平衡记分卡法。该方法从四个角度来管理组织的绩效：顾客、财务、内部业务和内部创新与学习，并要求彼此之间保持适度的平衡。平衡记分卡在公共部门同样适用，其重点是：政府部门对自身战略、使命的准确分析和把握并在部门内部分解；政府部门对服务对象即顾客的正确认识；政府部门内部的不断学习、变革和创新氛围的形成。

平衡记分卡的指标体系分为三个层次：

第一层次包括四个领域，即财务、顾客、内部业务和内部学习与创新。

第二层次即上述每个领域所包含的内容。财务领域主要是政府部门怎样满足公众的需求。顾客领域就是政府部门所面临的服务对象。内部业务领域主要是政府在业务领域内所必须擅长的技能。内部学习和创新领域主要是政府工作人员的自我学习和提高的能力。

第三层次即每一领域内的每一内容上的具体的、可量化的测评指标。

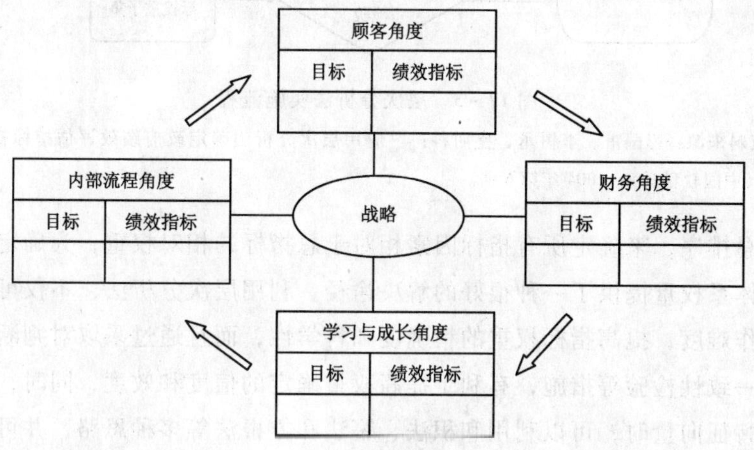

图 17－2 平衡记分卡与绩效评价指标

资料来源：［美］罗伯特·S. 卡普兰，大卫·P. 诺顿："平衡计分法：良好的绩效测评体系"，《公司绩效测评》，彼德·F. 德鲁克等著，李焰、江娅译，中国人民大学出版社，1999 年版。

4. 层次分析法。

层次分析法是由美国匹兹堡大学教授 T. L. Saaty 在 20 世纪 70 年代中期提出的。它是将复杂问题分解为多个因素，并将这些因素按支配关系进一步分解，按目标层、准则层、指标层排列起来，形成一个多目标、多层次的模型，形成有序的梯阶层次结构。通过两两比较的方式确定层次中诸因素的相对重要性，然后综合评价主体的判断确定诸因素的总顺序。层次分析法的基本思想就是将组成复杂问题的多个元素权重的整体判断转变为对这些元素进行"两两比较"，然后再转为对这些元素的整体权重进行排序判断，最后确立各元素的权重。具体流程如图 17－3 所示。

政府绩效评价指标体系是一个多层次、多指标的复合体系，层次分析法通过构造判断矩阵，先对单层指标进行权重计算，然后再进行层次间的

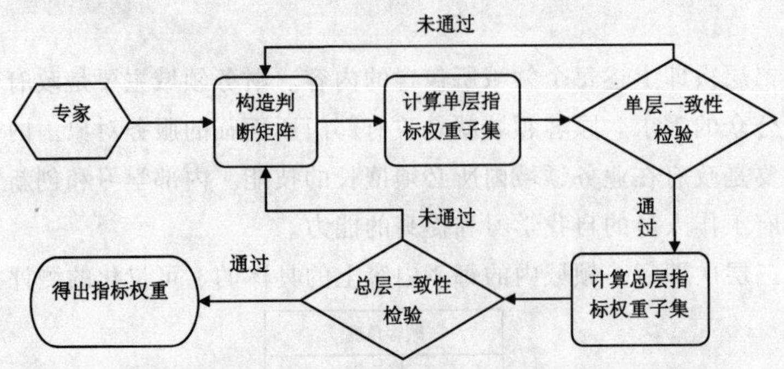

图 17－3 层次分析法实施流程

资料来源：彭国甫、李树丞、盛明科："应用层次分析法确定政府绩效评估指标权重研究"，《中国软科学》，2004 年第 6 期。

指标总排序，来确定所有指标因素相对于总指标的相对权重，为确定类似指标体系权重提供了一种很好的解决途径。利用层次分析法，不仅可以降低工作难度，提高指标权重的精确度和科学性，而且通过采取对判断矩阵进行一致性检验等措施，有利于提高权重确定的信度和效度，同时，计算矩阵特征向量时，可以利用和积法、幂法和方根法等多种思路，并可以应用计算机来处理数据，具有较强的可操作性。

（四）绩效评价指标设计

由于综合性的绩效评价具有多重价值标准、多向维度和多元化的评价主体，因此，构建一个有效可行的绩效评价指标体系成为实施绩效评价的重要前提。约翰·卢斯认为，有效的绩效指标对于绩效预算的成功运行起到非常重要的作用①。他认为良好的绩效指标有助于改善公共组织的内部管理，增强公共组织的责任性和指引组织、员工的行为朝正确的方向上来。

1. 指标类型。

（1）投入指标。投入指标关注人员、设备、材料等的使用，经常用支出数量和人员时间来表达。投入指标主要表示提供公共物品和服务所使用资源的经济性。当用产出或结果和投入的比率来表达时，投入指标就是

① Iaaac－Henry, Kester, Chris Painter and Chris Barnes, 1997, "Management in the Public Sector: Challenge and Change (second edition), London: Thomson Business Press, P89－92.

为了衡量效率和成本有效性。投入应该包括经常性支出和资本商品的使用，并基于权责发生制来衡量。例如，对道路维护项目来说，成本有效性应该考虑设备的贬值，因为它们在完整的成本中占很大的比例①。

为实现最终绩效，资源分配者需要将产出和结果与成本联系起来。成本核算问题在绩效评价中是非常重要的，因为绩效评价建立在合理的成本之上，并且依赖于可信成本数据的存在②。

（2）产出指标。产出指政府活动所生产的商品或者提供的服务（例如，建造的公路里程，预防接种的儿童数量等）。产出指标一般用来评价效率。效率一般用单位产出的人员数量或者消耗的人员时间来表示（例如，单位里程的维修时间）。生产率经常用来衡量产出对投入的比率。工作负荷和活动水平也经常用来表示产出（例如执行检查的数量）。

（3）结果指标。结果对应于最终的政策目的，或者通过提供产出的政策合意结果（改善偏僻地区的交通条件，减少特殊疾病的数量等等）。结果衡量关注有效性。

（4）中间结果（intermediate outcome）指标。中间结果被期望可以导致最终的合意结果，但本身并不是最终结果。例如在环保项目中，中间结果可以用通过的法律数量、改变企业行为的数量；减少危险性废物的数量等来表示。也可以用不同的术语来加以区别。例如，欧洲委员会使用影响（impact）描述项目对社会的影响，最初的影响（initial impact）指效果，长期的影响指结果（outcome）。

（5）过程指标。过程评价通常应用在某些产出或者结果难以评价的领域。通过测度投入和工作率提供工作负荷的指标，对衡量机构的技术效率是非常重要的。过程指标应该包括项目中的工作数量，也应该包括那些没有完成但正在进行中的工作。当许多工作不是产出或者结果时，工作负荷数据可以使用投入对产出数据，例如使用没有完成数量代表对消费者服务的拖延。

（6）质量评价。在考虑服务提供效率时，如果通过降低产出的质量，

① Richard Allen and Daniel Tommasi，2001，“Managing Public Expenditure - A Reference Book for Transition Countries”，OECD，P360.

② Jack Diamond，2005，“Establishing a Performance Management Framework for Government ”，IMF Working Paper，WP/2005/50，P10.

那么使用产出对投入的比率利于改善服务效率。而如果追踪结果指标，那么通过质量评价可以得出更精确的效率指标，指标设计时要分解成表17-1所列的几项。质量评价是一个重要的测度绩效的方法。一些政府也开始强调内部质量评价的重要性（例如丹麦），实施服务满意度调查。

表 17-1　　　　典型的服务质量特征

典型的服务质量特征
①服务供给的及时性
②可获得性和便捷性
③服务的精确度
④服务态度
⑤对潜在使用者提供充分的信息
⑥机构设施使用的条件和安全
⑦消费者满意度

资料来源：Hatry, J., 1999, "Activity Based Management and Performance Measurement Systems," Government Finance Review, February, P13-16.

2. 绩效指标设计的原则。

（1）指标设计的SMART原则。绩效指标一般可以分为数量指标和行为指标。所谓数量指标，是指可以用实际数据来测量的指标，如犯罪率、小学入学率等；所谓行为指标，是指用来表示组织或人员某种行为强度高低的指标，一般难以用实际数据来表示，只能用相对的数值比较相互之间行为强度的高低，如"5分制"中用1分表示强度最低的行为，用5分表示强度最高的行为。在绩效指标设计上，英美等国家普遍遵循的基本原则可以概括为一个由英文大写字母组成的单词"SMART"。

"S"代表"specific"，要求绩效指标应该是"具体的"、"明晰的"、"切中目标的"，而不是"模棱两可"或者"抽象的"。

"M"代表"measurable"，要求绩效指标最终是"可衡量的"、"可评价的"，能够形成数量指标或行为强度指标，而不是"笼统的"、"主观的"描述。

"A"代表"achievable"，要求绩效指标是"能够实现的"，而不是"过高过低"或者不切实际的。

"R"代表"realistic"，要求绩效指标是"现实的"，而不是"凭空想象的”或者“假设的”。

“T”代表“timebound”，要求绩效指标具有时限性，而不仅仅存在模糊的时间概念或不考虑完成期限[①]。

（2）世界银行的绩效指标设计原则。世界银行认为过度依赖绩效指标会存在视野狭窄（看到绩效指标的正面作用而忽视了它的负面作用）、固化测量（为了评价而评价，而不着眼于服务本身）、短期化倾向（关注长期化目标不够，或者仅仅关注狭窄的政府活动范围，不再放眼于宽泛的政府目标，造成公共服务质量的低水平供给）、行为的策略性管理（为了达到容易获得的目标，故意在绩效水平之下设置目标）、数据的误用或者故意扭曲使用（对数据进行处理，然后对绩效进行测量）、坚守绩效目标（绩效目标设置不具有灵活性）、腐败和丧失信心（提供公共服务的人员认为目标远远比服务本身重要）[②]。为了克服这些问题，沙德认为设计绩效指标时要遵循以下几个原则[③]，也就是 CREAM 原则（CLEAR，RELEVANT，ECONOMIC，ADEQUATE，MONITORABLE）：

清晰和可以理解：绩效衡量应该简单，容易被使用者理解。

相关和有用：评价应该与项目相关，并反映项目的主要目标和目的，管理者的绩效测量应该界定于它们能够控制的领域。

成本有效性：绩效衡量应该建立在合理成本的基础上。引入绩效衡量所需数据的搜集成本和管理系统相对于收益来讲应该现实。

可以监控结果：为了持续系统地评价绩效，绩效评价措施需连续在单位之间使用。

信息充分：能够提供评价绩效的基础。

三、绩效评价步骤

关于绩效评价体系如何设计，不同的专家具有不同的观点，有的认为四个步骤是必需的，有的认为七个步骤比较合适。世界银行设计了一套面

① 刘旭涛：《政府绩效管理制度、战略于方法》，机械工业出版社，2005 年版，第 182 页。

② Richard Allen and Daniel Tommasi，2001，“Managing Public Expenditure – A Reference Book for Transition Countries”，OECD，P365.

③ Shand，David，1998，The Role of Performance Indicators in Public Expenditure Management. PREM Seminar Series，February. Washington，DC：World Bank.

向结果评价的十个步骤模型来评价绩效[①]。

（一）准备阶段的评价

它是绩效管理建立的基础，就像建筑的地基，准备阶段的评价在绩效管理之前就得开始。这个阶段包括三个主要的部分：①在开始绩效预算之前，必须建立政治、制度或人事上的激励来引导部门设计面向结果的评价体系。②政府绩效评价中部门的角色、责任和结构调整。③建立面向结果评价体系的能力评价。

准备阶段的评价需要回答八个问题：①公共部门是否存在采用绩效评价体系的压力，为什么？②谁是绩效评价体系的倡导者？③支持这项改革的牵头单位的动力是什么？④谁将控制评价体系？谁将从体系中收益？评价体系需要数据量有多大？⑤评价体系将如何支持更好的资源分配以及获取项目目标？⑥组织、领导者和人员对评价体系的负面信息反映如何？⑦现存支持评价体系的能力是什么？⑧评价体系将如何连接工程（project）、项目（program）、部门和国家目标。

（二）获得评价结果的共识

这个阶段主要任务在于设置结果，并与相关各方达成一致，包括以下几个过程：①确认利益相关者的代表；②尽可能地将问题转化为结果改善的陈述；③分解关键的合意性结果；④制定评价上述结果的计划。

（三）选择关键的监管和评价指标

这个阶段的任务在于设置指标，具体指标意义在于：有助于理解机构或单位是否获得预期目标或目的；是否正在向合意的结果前进。设置指标衡量投入、活动、产出、结果以及目标等都是十分重要的，因此，构建综合性的多层次的绩效评价指标体系应该是绩效管理体系的重要环节。构建指标后，需要将结果转化为指标，例如，在教育部门，儿童可以接受更好的学前教育是结果，转化为指标就是孩子入学前的识字率；中学学习结果改善是结果，指标是学生在标准数学和科学考试中得分超过70%的，等等；设计指标中要坚持“CREAM”原则；在精确和直接衡量非常困难的

① Jody Zall Kusek, Ray C. Rist, 2004, “Ten Steps to a Results - Based Monitoring and Evaluation System”, THE WORLD BANK Washington, D. C. A Handbook for Development Practitioners, 29672, P23.

情况下，应该使用替代指标。

（四）设置基准并搜集指标数据

在选择了绩效评价指标之后，应该建立基准的数据，也就是目前处于什么样的阶段。假如没有建立基准，就不可能将绩效转变为将来的目标。首先，要设立指标的基准数据，例如，还以刚才的教育部门为例，具体如表 17－2 所示。

表 17－2　设立基准的例子：以教育部门为例

结　果	指　标	基　准	目　标
国家儿童可以接受更好的学前教育	1. 城市孩子入学前的识字率 2. 农村孩子入学前的识字率	1. 1999 年，3～5 岁孩子的 75% 2. 2000 年，3～5 岁孩子的 40%	
中学学习结果改善	学生在标准数学和科学考试中得分超过 70% 的比例	2002 年，75% 的孩子在标准数学考试中得分超过 70%；60% 的在科学考试中超过 70%	

数据搜集在绩效评价中起到基础性的作用，各种方法所需成本、对数据搜集者的培训数量、完成时间以及回应率要求都是不一样的，考虑到项目执行条件的影响和制约，在进行搜集方法取舍时，要选择最佳的方法。表 17－3 说明了四种数据搜集方法的优缺点。

表 17－3　主要数据搜集方法的比较

特点	数据搜集方法			
	项目记录评论	自管理问卷	访谈	培训观察者比例
成本	低	中等	中等到高	依赖于低成本观察者的可行性
需要培训数据搜集者的数量	一些	不需要到一些	中等到高	中等到高
完成时间	依赖于需要数据数量	中等	中等	短期到中等
回应率	高，假如记录包含所需要数据时	依赖于如何分配	中等到高	高

（五）选择结果目标

目标是具体的目的，包含了将要实现项目的数字、时间和定位①。建立目标的方法之一是从基准指标开始，考虑期望改善的水平，最终实现的就是目标绩效。具体如下所示。

基准指标水平 + 期望达到的改善水平 = 目标绩效（在给定时间内达到的绩效水平）

目标设置的具体例子如表 17－4 所示。

表 17－4　　目标设置例子表

结果	指标	基准	目标
国家儿童可以接受更好的学前教育	1. 城市孩子入学前的识字率 2. 农村孩子入学前的识字率	1. 1999 年，3～5 岁孩子的 75% 2. 2000 年，3～5 岁孩子的 40%	1. 2005 年，3～5 岁孩子的 85% 2. 2006 年，3～5 岁孩子的 60%
中学学习结果改善	学生在标准数学和科学考试中得分超过 70% 的比例	2002 年，75% 的孩子在标准数学考试中得分超过 70%；60% 的孩子在科学考试中超过 70%	截至 2006 年，80% 的孩子在标准数学考试中超过 70%；67% 的孩子在科学考试中超过 70%

（六）监管结果

监管包括两个层面，执行监管和结果监管。在面向结果的管理中，这两者都非常重要。执行监管主要着眼于跟踪获得给定结果的方式和策略，包括预算资源，人力和活动计划等。下面是两类监管的例子如表 17－5 所示。

建立结果监管体系需要遵循以下几个原则：在工程、项目和政策层面都有结果信息；确认每个层面上结果信息的需求；明确每个层面的责任（搜集什么数据、什么时候搜集、怎样搜集数据、谁搜集数据、谁报告数据以及数据为谁搜集）。

---

① IDA (International Development Association), 2002, "Measuring Outputs and Outcomes in IDA Countries." IDA 13. World Bank. Washington, D. C.

表 17－5　　结果监管的例子

	婴儿健康	女孩教育
政策监管	婴儿死亡率的下降	增加女孩获得教育
项目监管	怀孕妇女婴儿出生前享受孕前护理	女孩完成初中数学和科学的数量
工程监管	提供良好的孕前信息给6个目标村庄	4个主要农村完成主要教育的数量

（七）理解评价的角色

绩效评价有助于解决绩效管理中的八类问题。①描述性：关注于描述形式、过程或事件；②标准化或遵从：即工程、项目或政策是否满足国家标准，如一年中多少天满足国家饮水标准；③相关性：表明形式上的关系，而非详细的因果关系，如某地区读写率和受过教育与老师数量之间是什么关系；④影响或原因和结果：即在形式和条件之间建立因果关系，如引入杂交种子使得庄稼产量增加了吗；⑤项目逻辑：即评价设计的因果关系是否正确；⑥执行或过程：说明是否按计划执行，如项目是否像预期的那样改善了吸取饮用水的质量；⑦绩效：即在投入、活动、产出、结果和影响之间建立联系；⑧正确使用政策工具：建立是否正确选用合适的工具来获得目标的标准。

（八）报告发现

评价报告根据使用目的的不同会起到不同的作用。假如是为了明确责任，报告可以以政治承诺的方式提供给市民和利益相关者；假如是为了使人们相信，那么使用报告作为证据；假如为了教育，那么报告发现有助于组织学习；假如为了探索和调查，那么报告可以说明什么起作用了，什么没有起作用，并且分析了原因；假如是为了档案，那么报告记录并且生成了制度性的文本；假如是为了参与，那么报告包括了参与者的参与过程；假如为了促进理解，那么报告结果有助于增加对工程、项目和政策的理解。报告中一般包括如下数据：支出或收入（如工程、项目或政策的成本或收益）、原始数据（早期指标，原始的预测，估计等等）、百分比（例如工程服务于市民人数的百分比）、统计测试、组织单位、地理区域、人口统计、消费者满意度调查。

（九）使用评价成果

绩效评价成果可以用在：①回应选举时官方和公民对责任关系说明；

②编制和调整预算；③改进资源分配决策；④引发深度检测并纠正绩效问题；⑤帮助管理人员持续地改善绩效管理；⑥制定和监督绩效协议；⑦为深度项目评价提供数据；⑧更有效率地提供服务；⑨支持战略和其他长期计划的制定；⑩更好地和公众交流，争取公众信任。

（十）在组织内建立绩效评价的长效机制

绩效评价的使用必须是长期性的，才会对绩效管理产生作用。为在组织内部建立绩效评价的长效机制，必须注意六个方面的问题：①激励组织对绩效评价产生持续性的需求，这就要求政府建立合适的激励机制和约束制度。②明晰各个单位的角色。在绩效评价中，组织之间和组织内部清晰的分工是必要的，责任的清晰划分有助于组织建立长效机制。③绩效信息值得信赖。组织必须保证绩效信息的可信性，不能妥协于政治压力和其他外在影响因素。④责任。组织必须建立明确的责任机制，因为任何政府组织都不能免于责任的约束。在建立责任机制时，可以引进中介组织。⑤能力。合理的数据搜集、分析技术对组织是必须的，同时，战略目标的管理技术对政府组织也至关重要。政府必须为组织持续性地使用信息搜集和运行系统提供足够的财政资源。⑥激励机制。建立激励机制鼓励使用绩效信息，使用绩效评价的组织可以得到回报，预算剩余可以分享，绩效评价能够产生价值增值。

四、绩效评价模式演变的特点

（一）绩效评价的侧重点从节约、技术效率逐渐过渡到经济效率、有效性和资金价值

从 OECD 国家的实践来看，绩效评价最初引入公共部门时，是以财政节约和行政效率为核心课题，重视节约成本、提高效率，但随着行政的改革继续以经济和效率为重点，必然受到牺牲质量和公共服务来追求开支节省的指责。因此，OECD 国家绩效评价的发展基本都是从重视节约、效率到侧重有效性和资金价值。侧重有效性和资金价值，并不等于完全依赖有效性衡量，OECD 国家没有任何一个国家实施完全的有效性评价，都是以某类绩效为重点，包括综合性的绩效评价体系。

（二）评价主体从公共组织逐渐扩展到社会公众

OECD 国家绩效评价最初引入公共部门时，主要是作为上级部门评

试点等①。

为稳妥起见，绩效评价工作秉承了我国预算改革的基本做法，先试点、再推广。2006年，财政部选择了农业部“农业科技跨越计划”等3个部门的4个项目进行绩效评价试点，2007年试点范围扩大到4个部门的6个项目。在总结前两年试点经验的基础上，为提高绩效管理意识，2008年财政部明确提出“原则上每个中央部门都要选择一、两个预算项目进行绩效评价试点，垂直管理部门选择试点的项目原则上不得少于三个”，大幅度扩大了绩效评价试点范围，当年最终选择74个部门的108个项目进行绩效评价试点。

一、绩效评价试点的主要做法②

（一）建立绩效评价试点工作组织体系

合理的分工是绩效评价试点得以顺利进行的重要保障。通过试点，加强了财政部门、试点部门、有关专家及机构的协调配合，明确划分了各自的职责，合理分工，初步形成了有效的工作组织体系，保证了试点工作的顺利开展。在中央部门预算支出绩效评价试点中，初步形成了财政部统一领导、部门具体组织实施的绩效评价分工体系。各地在试点中也逐步理顺了各部门在绩效评价中的职责，确立了财政部门在绩效评价工作中的主导作用，一些省市在试点过程中还成立了由政府主要部门负责人组成的专门小组具体指导绩效评价试点工作。

（二）规范绩效评价工作程序

绩效评价试点初期，中央和地方都没有规范的试点工作程序，不同行业也都是按照自己的程序开展绩效评价试点。针对这一问题，财政部对中央部门绩效评价试点工作程序进行了统一规范，经过几年的实践，初步形成了部门申请→财政部确定评价对象→部门提出绩效目标并报财政部→部门拟定评价方案→部门向评价实施者提交绩效报告→评价实施者进行评价和综合评价→撰写评价报告→向部门提交评价报告→部门将评价报告报财政部备案的绩效评价工作程序，保证了绩效评价试点的顺利开展。地方各

① 财政部预算司：“情况反映”，2005年第9期，财政部内部资料。

② 财政部预算司：《绩效预算和支出绩效考评研究》，中国财政经济出版社，2007年版。

级财政部门也从当地实际出发，对绩效评价工作程序作了进一步规范。

（三）研究设计绩效评价指标体系

试点过程中，中央和地方部门摸索并初步建立了共性指标与个性指标相结合、定性指标与定量指标相结合、短期效益指标与长期效益指标相结合的指标设计方法。同时，许多试点部门加强了与专家学者、中介机构、项目单位的合作，设计了适合本部门特点的绩效评价指标体系，形成了较为规范的指标体系设计流程。如农业部针对不同类型的财政农业项目，建立了分类财政农业项目绩效评价指标体系，并根据实际需要进行修正和完善，对绩效评价指标体系进行了细化，为绩效评价试点的开展奠定了基础；国家海洋局根据海洋事业的特点，精心设计了绩效评价工作方案，构建了绩效评价指标体系框架，科学设立了四级指标体系，平衡了各指标权重。开展绩效评价工作以来，各省市也纷纷根据自身特点，探索建立绩效评价指标体系。如广东省绩效评价指标体系由定量指标和定性指标构成，其中定量指标又分为基本指标和个性指标，个性指标又根据财政支出性质的不同分为九大类。湖北省按照财政支出的基本分类和不同的评价对象，将评价指标体系的主体构成初步设计为基本指标、专用指标和定性指标三个部分，指标体系由政策性指标、结构性指标、收入型指标、运行效绩指标、资产管理指标、社会效益指标和经济效益指标组成。

（四）加强绩效信息的收集和公开

在试点过程中，部门加强对资金落实情况、实际支出情况、财务信息质量、财务管理状况等内容的评价，更加清楚地掌握了资金的使用情况和流向，加强了对项目资金使用环节的监督。同时，一些部门在试点中将评价结果在部门内部或面向公众公开，强化了部门内部监督，增强了部门预算管理的透明度。将政府部门的活动置于公众的监督之下。如中国科学院将对研究所和研究人员进行的评价结果在该部门内部网站公布，接受工作人员的监督。海南省三亚市将一些与群众利益相关的项目绩效评价情况在《三亚晨报》上公示，接受市民监督。

二、现阶段绩效评价的成效和特点

对预算支出进行绩效评价，将部门预算与部门发展规划和年度工作计划有机结合起来，有利于合理分配财政资源，促使部门预算编制更加科学、规范、客观，能够更加准确地了解各部门履行职责所需的经费情况，从而提高财政资金使用效益。通过开展试点，一方面，提高了财政资源配置效率。实施项目绩效评价，提高了部门对项目预算管理的认识水平和项目规划设计的科学性。同时，也为财政部门项目审核提供了依据，提高了财政部门的决策水平，增强了项目资金投向的合理性。另一方面，提高了项目资金使用效率。绩效评价促使试点部门增强“成本—效益”观念，及时发现项目管理中存在的问题，提高了项目管理水平和项目资金使用效率。综合分析，当前绩效评价具有以下特点：

（一）绩效评价对象以项目为主，尝试对单位进行整体评价

绩效评价的对象可以是单个项目，也可以是部门整体。对部门整体的绩效评价侧重于部门职能的履行情况，难度较大；对项目支出的绩效评价侧重于项目的效率和效益情况，难度较小。从我国的实践情况看，由于刚开始进行绩效评价试点，中央部门绩效评价对象的选择以项目为主，如财政部 2008 年选择了教育部等 74 个部门的 108 个项目开展绩效评价试点，但少数部门也开始尝试对部门整体进行评价，如中国科学院、交通部等开始对下属试点单位进行整体评价。

（二）绩效评价内容以绩效为主，兼顾财务的预算管理

绩效评价关注的是绩效目标的完成情况，评价内容主要集中于产出或者结果，而非资源的投入情况，这是绩效评价与传统项目评价的本质区别。我国的预算支出绩效评价也不例外，将绩效摆在了评价的首要位置。同时，结合现阶段预算管理水平，我国的绩效评价内容也有自己的特点，在强调绩效的同时也兼顾财务和预算管理等内容。以长江三峡通航监管指挥系统为例，一级指标中既包括绩效目标完成程度、经济和社会效益等绩效指标，也包括预算执行情况、财务管理状况、资产的配置和使用情况等管理指标。

（三）绩效评价指标体系初步形成，尝试用定量指标来衡量绩效

绩效目标通常是定性的，要判断绩效目标的完成情况，有必要对绩效目标进一步细化，转变成一组可量化衡量的绩效指标。以联合国千禧年发展目标为例，目标之一是“普及小学教育，到 2015 年，保证世界各地男孩和女孩均能达到小学教育水平”，并通过设置“小学的净入学率”、“从

一年级到五年级的小学生比例”、“15～24 岁人群的识字率”等三个指标来具体进行衡量。在我国的绩效评价试点中，各部门也开始尝试建立绩效指标体系，用绩效指标来衡量绩效目标。以中科院知识创新工程为例，对于研究所可持续发展能力这一定性指标，通过设置经费强度、将帅人才、竞争能力和投入产出效率四个定量指标加以衡量，并对这四个指标进行了详细说明，以提高绩效评价的可操作性（详见表 17－6）。

表 17－6　中科院某研究所 2002 年创新工程基础指标体系

一级指标	二级指标	三级指标	说　明
研究所产出评价（100 分）	科技创新目标完成情况评价		定性评价，采用同行专家评议方式。
	科技创新产出定量测评	高质量论文	数据统计范围：sci－1 区刊物上发表的论文。
		国际学术会议报告	数据统计范围：国际会议大会报告和特邀报告。
		科技奖励	统计范围：国家最高科学技术奖、国家自然科学奖、国家技术发明奖和国家科学技术进步奖、中国科学院科技创新奖。
	社会经济效益定量测评	成果转让	以成果转让合同经费计算，以 300 万元为记分基数。
		企业孵化	以孵化企业资产总额 3000 万元以上、净资产 1500 万元以上、利润总额 300 万元以上为记分基数。
		所有者权益总和	以试点单位年度所有者权益总和 500 万元为记分基数。
		国家标准制定	当年公布的国际标准、国家标准、行业标准、地方标准、企业标准等标准的技术标准、标准样品数。
		重大咨询	数据统计依据为建议或报告等被采纳或实质性批示。
		发明专利	当年度授权国际发明专利、国内发明专利数和软件登记数。
		新医药、新农药、作物新品种	当年度批准的二类以上新药、国审作物新品种、农业部审定的新农药。

续表

一级指标	二级指标	三级指标	说明
研究所可持续发展能力评价（100分）	经费强度		全所总收入与所当年在编人员数之比。
	将帅人才		当年新当选两院院士、863领域和主题专家组成员及项目首席科学家、973计划大专家组成员及项目首席科学家等。
	竞争能力		承担重大项目情况等。
	投入产出效率		研究所产出与创新经常性经费之比。

资料来源：中科院报告材料。

（四）评价方式以后评价为主，逐步过渡到前后评价相结合

如果成本测量技术比较成熟，在预算编制阶段能够按绩效分配预算，那么，在预算年度结束后对绩效目标实现情况进行评价是合理的选择。如果不具备完善的成本核算手段，则无法在投入和结果之间建立密切的联系，评价的真实性也难以保证。我国尚处于绩效评价试点初期，评价方式以后评价为主。但由于预算分配的准确性问题尚未解决，仅通过后评价无法从经济和效率的角度准确衡量项目绩效。随着对绩效评价认识的逐步深入，一些地方尝试引入前评价机制。如南海区在预算编制环节实施项目评审，对项目的可行性、预算的合理性、目标的现实性等进行审核，在预算年度结束后，再评价绩效目标完成情况。这种做法，一方面提高了预算分配的合理性；另一方面在投入和结果之间建立了更加紧密的联系，改善了评价的效果。

（五）绩效评价实施情况差异较大，但又呈现出一定的规律性

从近几年的试点情况看，绩效评价的实施水平参差不齐，但又呈现出一定的规律性：一是与各部门、各地方的重视程度密切相关，越重视绩效评价的部门和地方，其绩效评价的实施水平就越高。例如，中科院比较重视绩效评价工作，在规划战略局下成立了评价处，专门负责此项工作，其绩效评价实施水平明显高于大多数部门。又如，广东省研究草拟了《广东省财政支出绩效评价管理办法》报省政府法制办，列入广东省2007～2010年法制建设规划项目，较好地推动了地方绩效评价立法工作。相反，很多部门、地方不够重视此项工作，将绩效评价当作一项附带工作，没有

专人负责，制度建设滞后，其绩效评价实施水平就相对较差。二是与各部门的财务预算管理水平密切相关，即财务预算管理水平较高的部门，其组织实施绩效评价的能力相应较高，绩效评价的实施水平也相应较高。三是与经济发展水平相关。广东、上海、北京、浙江等地经济比较发达，这些地区开展绩效评价试点的时间也早于其他地区，绩效评价方式更加完善，实施水平也较高。

三、绩效评价存在的问题

我国开展绩效评价的时间较短，还处于不断探索的过程中，不可避免地存在不成熟、不完善之处，主要体现在以下几方面。

（一）尚未形成绩效评价环境

我国自2003年开始推行绩效评价工作，目前尚在试点和局部推广阶段，从内容来看，也仅限于项目支出，远未达到绩效预算所要求的综合绩效评价阶段。虽然十六届三中全会提出要“改革预算编制制度，完善预算编制、执行的制衡机制，加强审计监督，建立预算支出绩效评价体系”，但从实施情况看，这项工作主要是财政部门在推动，还没有上升到政府层面，工作的力度受到影响。一些部门对这项工作的认识还不到位，没有把开展绩效评价当成份内的工作，总是处于消极应付的状态，影响了这项工作的深入开展。

（二）缺乏统一规范的制度体系

目前，虽然各级财政部门制定了一些绩效评价的制度和办法，但由于缺乏一个统一权威的管理制度，各地对绩效评价的范围、财政部门和其他部门的职责定位、评价程序、指标设计、评价经费的来源等方面规定各不相同，影响了制度的规范性和严肃性。由于缺乏统一的评价方法和工具，在实施过程中，各地往往根据自己的理解和当场实际，自行组织开展评价工作，基本没有可比性。

（三）项目选择和评价方式不科学

一是评价项目不能反映部门的核心职能活动。从试点情况看主要存在三方面的问题：①评价项目以小型项目为主，如2008年列入财政部绩效评价试点范围的项目中，预算金额小于500万元的项目达到56个，超过试点规模的一半；②直接面向公众的项目较少，维修改造或运行维护的项目较多，如2008年直接面向公众的项目不足10个，而维修改造项目占了一半以上；③不同年度的绩效评价试点项目不一致，一次性项目较多。二是有明显的事后评价的特征。有些项目是在执行过程中或者完工之后，再由中介机构对项目实施单位下达绩效评价通知书，制定绩效评价指标，具有明显的事后特征。这种事后评价的弊端是没有对项目执行过程形成有效的约束，不利于及时发现项目执行中的问题。三是不利于明确责任，容易使绩效评价流于形式。目前评价机构由试点部门选定，绩效指标拟达到的目标在试点部门的可控范围之内，不管实际绩效如何，试点部门都可以通过调整绩效指标拟达到的目标值，保证绩效目标的实现。

（四）绩效评价指标体系不完善

一是绩效指标缺乏综合性。按照设计原则，绩效指标应该形成一个多维度的指标体系，但在我国目前的绩效评价实践中，比较关注的是内部业务指标（也是有限的业务考虑），对其他方面的指标尚未涉及。例如中科院对研究所的绩效评价指标中，财务评价的内容就没有包括研究所资金和资源使用的经济合理性、财务管理状况缺乏考核。二是定性指标和定量指标构成不合理。绩效管理的国际比较中，许多OECD国家在绩效评价中都在逐步推广定量评价，而我国绩效评价中定性分析过多，定量分析较少。过多的定性评价和投入评价容易使绩效评价工作流于形式，导致指标设计较为笼统，绩效评价不能真正考察项目的绩效目标。三是投入评价指标多，产出评价指标少，没有突出最终要达到的结果即绩效，而是更多地关注投入或者中间产出，如财政资金的到位率情况、工程的完工量情况等。这些指标与目前为财务评价或者竣工验收设定的指标没有本质区别。

（五）绩效评价结果缺乏有效运用，影响绩效评价的实施效果

评价结果的应用是绩效评价体系得以存在和发挥作用的重要条件，也是绩效预算的重要运行机制之一。建立绩效评价体系的目的不是简单地持续生成绩效信息，而是要为绩效信息寻找合适的运用渠道，否则绩效信息就不能为相关人员提供激励。在维持绩效管理系统需要大量人力物力的情况下，该系统必将失去可持续性。但由于前面提到的种种因素，我国目前的绩效评价结果还缺乏足够的可信性，使其运用渠道受到了很大限制，部门内部尚可根据评价结果改善管理或支持决策，但部门外部很难使用，特别是绩效评价信息共享机制的缺失，更加剧了这种难度。

第三节　构建中国式绩效评价体系

一、总体思路

构建中国式绩效评价体系，要遵循绩效评价演变的一般规律，深刻分析我国预算管理所处的阶段，包括预算编制和预算执行，对当前绩效评价工作的实际有清醒的认识，总体来讲，一是要坚持立足国情。深刻认识当前推进绩效评价的有利条件和面临的困难，将绩效评价与现阶段的预算管理工作有机结合起来，形成绩效评价和预算改革相互推进的工作格局。二是合理借鉴。预算支出绩效评价在发达国家已有几十年的实践，形成了一些行之有效的经验，对此，我们要合理借鉴，尽量少走弯路，减少改革成本。三是系统推进。绩效评价是政府治理理念的一次重大变革，其影响广泛而深刻，要达到预期的效果，相关改革要统一规划、系统推进。具体思路是：

（一）绩效评价的侧重点从节约、支出效率逐渐过渡到经济效率

我国目前还处于绩效评价的起步阶段，仅仅在某些项目支出上进行试点，基本目标还是强调节约和支出效率。随着绩效评价逐步涵盖所有的财政支出和部门，绩效评价就必然向有效性和资金价值的方向改革。改革可分两步走：第一步是继续推行项目绩效评价，然后涵盖基本支出，但基本目标在于节约财政资金和提高支出效率；第二步是在全面推进绩效评价的基础上，注重项目支出的经济效率和有效性。

（二）构建以财政部门为主导的多层次评价体系，评价主体从公共组织逐渐扩展到社会公众

借鉴 OECD 国家经验，考虑我国实际，短期内，财政部门应具体负责绩效评价的整体规划，并组织和指导各部门的绩效评价工作。同时，逐步构建包括人大、审计、民间中介组织和社会公众在内的多层次的预算绩效评价体系。我国绩效评价主体在短期内以强化政府组织为主，但随着绩效评价逐步过渡到有效性评价阶段，评价主体也应该从政府组织扩展到社会

公众。

（三）评价目的从评判到控制

我国绩效评价目的短期内必须与绩效预算编制和执行的发展阶段相联系，预算编制改革短期内以投入控制为主，中期内发展到项目预算，长期内实现产出预算和结果预算。预算执行同样必须遵循短期内强调外部控制，中期内注重内部控制，长期内改革到管理责任阶段。因此，绩效评价在短期内必须以评判为主，逐步达到有效控制的目的。

（四）评价价值标准多元化

我国目前处于绩效评价起步阶段，效率测量是单一的效率取向，即追求投入产出的最大化，绩效指标的设计也侧重于效率指标。随着绩效评价的深入和要求的提高，我国构建多元化的绩效评价价值标准应该考虑以下几个方面：节约、效率、有效性、遵从。之所以要强调遵从，是因为我国缺乏法治化的传统，必须在绩效评价中加上制度遵从，从而保证绩效评价切实在法制化、规范化的轨道上前进。

（五）建立和完善绩效管理体系

构建绩效管理体系就要把绩效评价体系与预算编制和预算执行结合起来，将绩效管理的要求体现在预算管理的全过程，项目设置、预算分配、信息搜集、绩效评价等都要围绕绩效这个核心展开。为强化对绩效评价工作的管理，调动预算部门开展绩效评价工作的积极性，应将绩效评价工作规程与现有的“二上二下”预算编制规程有机结合起来，使绩效评价工作成为部门预算管理工作的有机组成部分。

二、主要工作

（一）理顺绩效评价管理体制

1. 试点阶段由财政部门主导。

在绩效评价试点阶段，应由财政部门主导这项工作，负责绩效评价的整体规划，制定制度办法，组织指导各部门的评价工作。因为，我国财政部门作为负责政府支出的职能部门，不仅负责预算管理，在政府宏观调控和政府管理中都处于重要的地位，具有其他部门不可替代的作用。因此，起步时期，财政部门应在推动绩效评价中发挥关键性的作用。同时，绩效评价工作涉及面广，涉及各方面的利益关系，因此，还必须逐步建立包括人大、审计、社会中介组织和公众在内的多层次绩效评价体系。人大作为最高权力机关，有权对各部门的绩效报告和绩效情况进行审查监督；审计机关作为重点的监督部门，有权对各部门资源配置和使用情况进行绩效审计；大力发展社会中介组织，充分发挥它们第三方的独立作用，提高评价的公正性和客观性。

2. 成立政府绩效评价领导机构。

在绩效评价工作发展到一定阶段，应在政府层面设立专门的领导机构，自上而下推进预算绩效评价。在中央政府，可成立由国务院总理或常务副总理担任领导的政府绩效评价领导小组，负责制定政府绩效评价的方针政策，审核确定政府各部门的绩效目标，指导、协调各部门的绩效评价工作。绩效领导小组成员包括财政部、监察部、审计署、人保部、国家发改委、中央编办、中组部、中纪委等主要部门，根据各部门的"三定"职能，明确各部门在绩效评价中的职责分工。财政部门主要负责预算支出的绩效评价，并将绩效评价结果运用于资源配置中。部门层面上，各部门也应相应成立由部门负责人领导的绩效委员会，指导本部门的绩效管理工作，并将绩效管理工作落实到专门的机构和人员。

3. 建立健全社会公众参与机制。

绩效评价工作离不开公众自下而上的参与，这也是绩效评价发展的规律。公众的参与在绩效评价中表现在四个方面：一是公众的知情权，即公众有权了解政府预算绩效的相关信息，如绩效目标、绩效指标等；二是公众的参与权，即公众有权参与预算绩效目标、绩效指标的制定和选择；三是公众的表达权，即要为公众提供多种形式的利益表达渠道，使公众的偏好能够准确、及时地传递给相关政府部门；四是公众的监督权，即公众有权监督预算绩效目标的完成情况以及政府职能履行情况。结合我国的具体国情，可逐步、有序地提高公众在预算绩效评价中的主体地位。

（二）加强项目审核和绩效评价项目筛选

1. 要加强项目立项管理。

良好的项目立项管理有助于明确责任，提高效率和便于评价。从目前来看，项目要依据国家战略、部门发展计划和年度目标设立，增强项目与战略和目标的联系。

2. 要建立预算投入与项目结果之间的紧密联系。

项目结果与预算投入之间建立联系，有助于通过结果约束部门的预算执行，提高结果的有效性。具体而言，要在预算编制阶段强化项目评审，特别是根据项目绩效目标审核和安排预算，以便在预算年度结束后通过结果与投入的比较衡量预算支出的效率。

3. 要严格选择绩效评价对象。

在项目选择上，一是应主要选择面向公众的项目进行评价，这类项目有利于引起公众的关注，也便于公众进行监督，从而能更好地普及绩效管理理念；二是应选择与部门职能活动密切相关的项目，这类项目有利于准确反映部门的绩效状况；三是应选择部门之间有可比性的项目，有利于在不同部门之间进行效率比较。在部门选择上，在对部门整体进行绩效评价存在难度的情况下，有条件的部门要争取对下属单位进行整体评价，如文化部可对下属的不同院团进行整体评价、中科院可对下属的不同科研院所进行整体评价等。

（三）加强绩效信息搜集和管理

绩效信息搜集指广泛搜集涉及将要接受评估的项目绩效的各方面信息和资料。一般来说，包括两方面的内容：一是绩效评价要使用的资料；二是绩效评价者根据其价值观选择和确定所评估的事项。要做到信息资料能够准确、客观和全面地反映政府部门的管理绩效、社会效果和公共管理过程中所存在的问题，信息资料的搜集就必须真实可靠、客观与全面。就现阶段而言，包括做好以下信息的搜集。

1. 要加强绩效计划管理。

绩效评价要实现事前计划、事中监控、事后评价的有机结合。为此，要改变目前偏重事后评价的做法，突出绩效计划的制订环节，在绩效评价对象选定后，部门应制订并提交绩效计划，内容包括项目的绩效目标、绩效指标、绩效基准、绩效指标拟达到的目标、可供项目使用的资源等等，以便为后续绩效报告以及绩效评价工作提供基准。

2. 建立绩效监测报告制度。

一是要建立绩效信息监测系统，实时监测绩效目标的完成情况，这样既有利于及时发现管理中的漏洞，适当调整资源的投入规模和方向；也便于检验绩效目标同部门战略目标之间的匹配性。监测绩效信息时应明确责任，谁来搜集绩效信息、搜集什么种类的信息、什么时候搜集、怎样搜集，都要求有明确的规定。二是要建立绩效信息报告制度。报告绩效有很多目的，但主要目的是传递信息，告诉恰当的对象通过搜集、分析、评价绩效信息得出的结论。这又分为两个层面：第一个层面是绩效信息内部报告制度，包括绩效报告和绩效评价报告的提交；第二个层面是绩效信息外部报告制度，目的是加强公众监督，提高公众对绩效预算管理的参与度。

3. 建立健全绩效信息共享机制。

由于职能的不同，各部门搜集的绩效信息侧重点不同，每个部门掌握的绩效信息可能都是片面的；同时，搜集绩效信息的部门和使用绩效信息的部门存在不一致，如审计署等专门监督部门通过审计掌握着各部门资金使用的大量信息，但使用者范围远远超出审计署。为此，有必要建立绩效信息共享机制，以全面掌握政府部门的绩效状况。结合我国的具体国情，逐步实现绩效信息向社会公开。

（四）构建绩效评价指标体系

绩效指标体系最为关键的有三部分：一是选择绩效指标。绩效目标需要通过绩效指标来量化，而绩效指标的选择是建立绩效评价指标体系的核心环节和难点。二是确定绩效基准。绩效基准就是确定各绩效指标在项目实施前所处的状态，为决策者制订计划、项目或活动的目标提供比较的基础。三是制定各绩效指标拟达到的目标。

构建绩效评价指标体系应该坚持世界银行的 CREAM 原则：即，相关和有用性、清晰和可以理解、成本有效性、可以监控结果、信息充分。同时根据我国预算管理实际，按照财政支出的基本分类和财政支出的评价对象，将评价指标设定为通用指标、个性指标和补充指标三大类。每类指标中既要设置可计量指标，同时也要设置评议性指标（包括专家评议和社会评议）。（如表 17 – 7 所示）

1. 通用指标。

通用指标是按照评价对象的不同分类，针对每类评价对象而设定的通用性指标，包括单位绩效指标和项目效果指标。

单位绩效指标。单位绩效指标是为了评价财政资金具体使用单位的绩效情况而设立的指标。设置单位绩效指标的目的是评价财政资金使用单位支出项目实施情况、目标实现情况以及产生的效果等情况。

表 17－7　　　　　　　　绩效预算评价主要指标设置

<table>
<tr><td rowspan="12">绩效评价指标</td><td rowspan="2">通用指标</td><td>单位绩效指标</td></tr>
<tr><td>项目绩效指标</td></tr>
<tr><td rowspan="8">个性指标</td><td>经济建设支出指标</td></tr>
<tr><td>教育支出指标</td></tr>
<tr><td>科学事业支出指标</td></tr>
<tr><td>文化事业支出指标</td></tr>
<tr><td>社会保障支出项目指标</td></tr>
<tr><td>行政管理支出项目指标</td></tr>
<tr><td>公检法支出项目指标</td></tr>
<tr><td>农林水支出项目指标</td></tr>
<tr><td>补充指标</td><td>根据国家对财政支出管理时效性较强的政策和具体评价项目的实际需要进行个案和确定。</td></tr>
</table>

项目效果指标：项目效果指标是指对项目支出的综合性评价指标，项目的评价不仅仅是对项目指标的重复计算，而是依据国民经济发展状况、地区经济发展政策、产业发展方向以及国家各项法律、制度，对项目所产生的效果进行评价。项目评价指标应包括项目的财务指标、顾客满意度指标、内部业务流程指标以及学习和发展能力指标。

2. 个性指标。

个性指标是指按照财政资金支出功能设置的评价指标，具体可以结合财政支出功能分类设置为经济建设支出、教育、科学事业、文化事业、社会保障、行政管理、公检法、农林水支出项目等八大类评价指标（一级指标），还可以根据不同支出项目级次分类设置划分到二级、三级指标，这类指标主要是设置可计量性指标。

3. 补充指标。

补充指标是指根据预算评价对象以及当时所处的社会、经济环境而设置的可选性评价指标。一方面是根据国家对财政支出管理时效性较强的政策和要求设定，另一方面还可以由具体评价工作组织机构结合具体评价项目的实际需要进行个案选择和确定[①]。

（五）完善绩效评价方法和手段

1. 评价方法。

评价方法是将能够说明政府绩效的原始事实资料转换为各项指标分值的办法。评价方法有定性方法和定量方法之分。定性评估是指对政府工作绩效进行质的鉴别和确定等级，比如评审的方法；定量评估是指对政府的工作绩效进行量的鉴别和确定等级，主要是在测量的基础上，运用统计和数学方法，对测量所得出的数据进行整理和分析，如统计、会计和审计等分析方法。定性和定量方法的选择，并不取决于评价主体的意志，而是受制于评价内容是否具备精确定量的属性。比如，公民满意度属于主观指标，只能使用定性方法，而人均 GDP、外来投资占 GDP 的比重就具有定量的客观属性。因此，首先要在指标设计和选择上，尽量采用客观指标，为定量评价方法的使用创造条件。对于主观指标，由于不同的评价主体对该项指标的理解、对政府这方面的绩效评价各不相同，评价结果出入较大，就应当扩大评价主体的范围和样本，构成具有代表性、全面性、多元化的评价主体，来保证对主观指标定性评价的相对客观公正性。

2. 评价工具。

为更好地评价项目支出绩效，美国推出一种用于预算项目绩效评估的技术（工具），即“项目评估分级工具（Program Assessment Rating Tool, PART）”。PART 的运作原理极为简单，主要是通过对某预算项目的目标、设计、规划、管理、成效和责任进行全面评估来确定其有效性和有效性程度。就 PART 的工具性质而言，它试图通过测评预算单位管理（政府部门）的每个预算项目的执行结果，来衡量该预算单位在管理联邦政府开支项目中所负责任的程度。PART 是由精心设计的一系列“提问”组成的，设计这些“提问”的目的在于为联邦政府内部确认项目绩效等级提供一种一致性方法。统一的工具对项目绩效评价的积极作用非常明显，它使不同部门的不同项目按统一的内容和方法进行评价，各部门所占权重也是一样的，这样便于比较各部门项目实施的效果，体现部门之间的差距。

（六）规范绩效评价程序

---

① 申书海主编：《财政支出效益评价》，中国财政经济出版社，2002 年版，第 132 页。

评估程序包括绩效评估方案的确定与公开、绩效评估的组织动员和具体实施、社会公众的参与、评估过程的监督、评估结果的公布和运用等多个环节。评估程序是保证绩效评估正常和顺利进行的重要条件，从某种意义上说，程序公正是实质公正的保证。绩效评估程序应当采取适当方式公开，绩效评估过程中的每个重要环节都应当接受社会监督。应当保持评估程序的稳定性，不得随意变更程序，特别是在一次绩效评估工作开始后，中途不得随意变更程序规则。应当明确评估程序相应阶段的工作重点内容和方式，确定相应的责任主体，消除扯皮推诿的现象，保持绩效评估程序的流畅和平稳。

绩效评价工作一般包括制定绩效目标、选择绩效指标、监测绩效信息、报告绩效信息、运用绩效信息等环节。未来一段时期，我国的预算支出绩效评价工作仍将处于试点阶段，因此选择绩效评价对象也是一个重要环节。完善绩效评价程序，应围绕绩效评价的各个环节展开，切实提高绩效评价工作的可操作性（如图 17 -4 所示）。

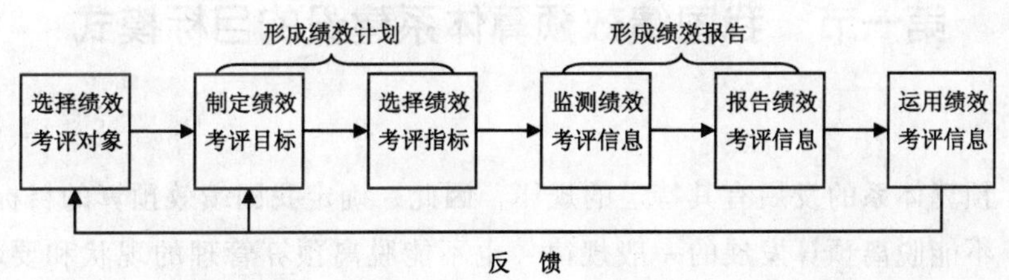

图 17 -4 绩效考评工作机制

（七）建立健全绩效评价信息运用机制

绩效评价结果用途广泛，如世界银行专家 Kusek 提到的用途就有 10 种之多。我国的绩效评价信息运用途径主要有三方面：一是用于查找政府部门预算管理中的漏洞，寻求改善部门管理的途径，提高部门预算管理水平。二是绩效信息用于优化资源配置，实现绩效评价结果与预算分配的有机结合，提高财政资金的分配和使用效率。三是用于社会各方面监督政府部门，对政府部门高效地配置和使用财政资源形成强大的外部压力。此外，绩效评价信息还可作为考察部门及其负责人的依据。

第十八章　我国绩效预算的目标模式

确定我国绩效预算发展的目标模式，不能脱离当前的实际。只有对我国预算体系的现状进行全面的分析和判断，充分了解其特征、存在的问题和发展的要求等，才能确定科学合理的，而且是通过努力可以实现的目标模式。

第一节　我国绩效预算体系建设的目标模式

预算体系的发展有其特定的规律，因此，确定我国绩效预算的目标模式，不能脱离预算发展的一般规律，也不能脱离预算管理的现状和要求，根据前文对预算发展规律和我国预算管理现状的分析，我国绩效预算体系建设可分为近期目标和远期目标。

一、近期目标

就近期而言，就是针对预算编制、执行和绩效评价存在的问题，把现在正在进行的各项改革继续推向深入，力争早日建立起比较规范的以投入控制为主要目标的预算体系。具体包括：一是深化部门预算改革，建立完善的条目预算；二是深化国库制度改革，加强人大和审计监督，建立完善的外部控制体系；三是加快绩效评价体系建设，开发适合节约开支需要的评价方法和指标。

二、远期目标

从长远看，按照预算发展的规律，预算编制应由条目预算发展为项目预算，预算执行由外部控制发展到内部控制，绩效评价由关注节约转向关注效率。但从各国预算改革的实践看，这一过程经历了近 50 年的时间，根据目前我国所处的发展阶段，短时间内难以做到，只能作为长期努力的方向。真正切实可行的目标应当是在可以预见的将来，经过努力能够实现的，其状态应当是介于两种预算模式之间的中间模式或过渡模式。初步设想，这一目标包括以下要点：

预算编制：在建立完善的条目预算的基地上，加强项目立项和项目评审，提高预算分配效率；编制中期预算框架，建立政策制定与预算结合的有效机制；改革政府收支分类体系，提高预算透明度。

预算执行：建立比较完善的国库管理制度，完善外部控制；适度扩大部门管理权限，逐步向内部控制过渡；建立比较规范的政府采购制度，强化市场机制的作用。

绩效评价：进一步推进绩效评价体系建设，绩效评价范围由项目扩展到整个部门，评价的重点由节约和遵从转向效率，建立事前评审和事后评价相结合的机制，实现控制功能与评判功能的结合。

第二节　我国绩效预算改革的路径

绩效预算改革的过程是预算制度变迁的过程。按照新制度经济学的观点，没有潜在利润，就不可能有制度变迁，但有了潜在利润，也未必有制度变迁，因为制度变迁涉及成本问题[①]。新制度经济学家诺思认为，如果预期的收益超过预期成本，一项制度安排就会被创新。对于预算制度变迁而言，改革的潜在收益大于预期成本是绩效预算变迁的前提条件。制度变

① ［日］青木昌彦："什么是制度？我们如何理解制度？"，《经济社会体制比较》，2000 年第 6 期。

迁理论认为，制度是总是处于变动之中的，但制度的变迁总是渐进的，这主要是由于路径依赖的存在，过去的选择影响今天和以后的选择。所谓路径依赖，是指在制度变迁中，由于存在报酬递增和自我强化的机制，这种机制使制度变迁一旦走上了某一条路径，它的既定方向会在以后的发展中得到自我强化，而且一旦进入锁定状态要脱身而出就会变得十分困难。因此，绩效预算改革的起始条件对于改革的成败与否以及路径选择影响巨大。考虑到预算改革涉及到政治、经济、文化、管理、法律等各个方面，情况更是如此。此外，旧制度的废除到新制度的形成并发挥作用之前，会存在一定的“时滞”，如果在新制度得以有效运行的客观条件并未就绪的情况下，就简单地放弃旧的控制，就有可能形成所谓的“制度真空”，表现为制度的断裂、脱节和错位，造成经济和社会秩序的混乱。因此，在绩效预算改革过程中，要根据轻重缓急和实际情况，合理安排各项改革方案的出台时机和先后次序。具体而言，我国绩效预算改革可采取两步走的策略。

一、完善条目预算编制，加强预算执行的外部控制，以节约为目标积极推进预算绩效评价

这个阶段是绩效预算改革的初步阶段，也是当前我国预算改革所处的阶段，各国的实践也证明，这是实现绩效预算不可逾越的阶段。这个阶段预算改革的任务是严肃财经纪律，加强对资源投入的控制，节约开支，为下一步的预算改革夯实基础。主要包括以下几方面。

（一）深化条目预算改革，加强支出控制

这一阶段预算编制的主要任务是投入控制，为达到这一目标，要继续深化条目预算改革，有效控制财政资源。一是继续推进综合预算编制，逐步将所有政府性资金纳入预算管理，预算覆盖的范围要完整，应反映税式支出等对财政支出影响较大的因素。二是要加大对部门结转和结余资金、预算内外资金、预算资金与自有资金等统筹使用的力度，形成公共资源统筹使用的机制。三是继续细化预算编制，提高预算年初到位率，减少代编预算，切实加大投入控制的力度。四是加强项目支出管理，完善项目库滚动管理的制度和机制，开展项目评审，提高项目支出预算的合理性。五是加强行政事业单位国有资产管理，制定资产配置标准，推动预算管理与资

产管理相结合。六是改进支出成本衡量技术，建立包括基本支出定员定额和项目支出标准在内的较为完善的财政支出标准体系，扩大标准体系覆盖面，提高预算编制的准确性。七是完善政府收支分类体系，采用功能分类与经济分类相结合的预算编制方式，从经济性质和具体用途两个“维度”反映财政支出的用途，提高预算透明度。八是建立预算信息公开披露制度，除国家秘密和涉及国家安全等规定不予公开的信息外，经人大审议批准的政府预算、部门预算等财政预算信息都要及时向社会公布。九是加快预算管理制度建设，为强化控制提供依据。

（二）改革国库管理制度，强化预算执行的外部控制

我国正在实施的国库集中收付等各项改革，目的在于增强财政部门对预算执行的外部控制。在总体遵从性还不高的情况下，如果没有完善和有力的外部控制，那么很容易造成财政资源的挤占挪用和损失浪费，也影响了预算编制对投入进行控制的效果。在这一阶段，改革要着重以下几方面：一是要建立包括立法机关、财政部门、审计部门和银行在内的外部控制体系，各部门也要建立内部控制制度，对预算进行有效的控制。二是完善国库单一账户体系和收入收缴制度，扩大国库集中支付范围，完善预算执行动态监控机制，建立完善的现代国库管理制度。三是改革预算拨款的审核方法，由按科目拨款转为按项目拨款，实现预算编制与预算执行的无缝对接。四是硬化预算约束，确保经费按确定的限额和用途使用，严格控制预算执行中的调整事项，增强预算的严肃性。五是实施预算执行报告制度，建立预算执行信息管理系统，及时搜集预算执行信息，增强控制的时效性。六是深化政府采购制度改革，建立政府采购管理交易系统、执业资格制度和动态监控体系，创新监管方式，进一步完善“管采分离”的管理体制，建立科学的运行机制，坚持采购规模和效益并重，充分发挥政府采购节约支出和外部控制的作用。

（三）继续推进绩效评价试点，建立有利于节约财政资金的评价体系

我国目前还处于绩效评价的起步阶段，试点工作还仅限于项目支出，基本目标还是强调节约。按照这一要求，近期绩效评价改革的重点：一是理顺绩效评价管理体制，分别成立政府层面和部门层面的绩效评价领导机构，具体工作由财政部门承担，加强对这项工作的领导。二是健全绩效评价组织体系，试点阶段以财政部门主导，适当发挥社会中介机构的作用，

提高评价的公正性和客观性。三是构建绩效评价指标体系，完善评价方法和手段，规范评价程序，提高评价的质量和效果。四是加强绩效评价对象的筛选，重点是面向公众的项目、与部门职能活动密切相关的项目和在部门之间有可比性的项目。五是改进绩效信息工作，加强绩效计划管理，健全绩效信息共享机制和绩效评价结果运用机制，发挥绩效评价的激励和约束作用。

二、改进项目预算管理，强化预算执行的内部控制，以效率为目标开展预算绩效评价

本部分所涉及的内容是在上一阶段的任务完成后，预算改革继续向前推进所要实现的目标。一般而言，预算编制在达到完善的条目预算后，应进入项目预算阶段。项目预算阶段的典型特征是预算支出项目必须反映政府战略和部门核心政策，改革的重点在于制定有效的政策并建立政策与预算之间有效联系的机制。与项目预算相对应的预算执行必须强调内部控制为主，外部控制为辅。相应地，这个阶段的绩效评价应以节约和效率为评价目标。考虑到西方国家从条目预算过渡到项目预算经历了 50 多年的时间，而我国部门预算改革仅有 10 年的时间，我们在短时间内还难以实现真正的项目预算，同样道理，完全的内部控制和关注效率的绩效评价体系也不会一蹴而就。因此，这一阶段的任务是把条目预算和项目预算、外部控制和内部控制、关注节约和关注效率结合起来，具体包括以下几个方面。

（一）改进项目管理，提高资源配置效率

提高资源配置效率，项目支出是重点，既要做到项目与政策相结合，又要做到按项目的优先顺序分配预算，具体包括：一是促进预算编制与战略目标相衔接。要做到这一点，首先要确定政府战略目标，逐级分解为部门的核心目标以及各单位的使命；其次要在宏观资源配置上与政府战略目标保持一致；再次是规范项目立项管理，增强预算项目对政策的回应性，确定项目的优先顺序；最后要建立政策成本的核算体系，选择实现政策目标的最优方案。二是建立项目评审机制。建立评审机制，首先，各部门要加强项目库建设，完善项目立项、评审、遴选和排序机制，提高项目质量；其次，财政部门要完善项目管理制度，作为项目评审的依据；最后，

要从政策和技术两方面加强项目评审，确保项目与政府目标和部门主要职能相一致，项目预算额度比较准确。

（二）编制中期预算框架，促进预算和政策间的联系

中期预算框架是一个联系政策制定与预算编制的有效机制。这一机制的建立包括以下步骤：一是考虑到目前以5年为周期的政府规划时间跨度太长以致于不能与年度预算编制程序紧密联系，可考虑将规划周期缩短为3年或在5年规划的基础上编制3年的发展规划，作为编制中期预算框架的依据。二是建立宏观经济预测模型，正确把握未来经济发展，提高宏观经济预测水平。三是确定未来3年的可用财力总规模，在总资源限额内确定各部门的分配限额，并把其下达给各部门。四是提出和确定时间跨度内现行或延续政策以及政策变化的总成本，通过确定支出的先后顺序来调整未来的预期和部门的分配额度。五是在年度预算编制程序之前确定部门支出限额以建立中期支出框架的第一年计划与年度预算的关系。

（三）从外部控制逐渐向内部控制过渡

内部控制减少了遵循成本，提高了各部门管理本部门事务的能力和预算执行效率。向内部控制过渡，财政部门与其他部门的角色定位应作相应调整：一是财政部门对支出部门的授权应该逐渐增加，并逐步放松外部控制，关注的重点更多地转移到部门发展规划和宏观资源配置效率。二是部门在政府统一规定的基础上逐步建立完善的管理制度和内部制衡机制，强化内部控制。三是财政部门对支出部门的效率和协同控制，应该逐渐替代政策和过程控制。四是具备条件的主管部门对所属单位也应该从外部控制逐渐过渡到内部控制。五是改革管理实践，继续完善政府采购制度和实践，引进市场和市场机制，强化市场信号，提高公共服务提供效率。为稳妥推进这项工作，可选择部门基础条件较好，管理水平较高的部门进行内部控制试点，取得经验后再逐步推开，在这一过程中，需要继续完善现代国库管理制度，对全部政府资金进行管理和监督，保持强有力的外部控制手段。

（四）以效率为重点全面推进绩效评价体系建设

我国绩效评价目的短期内必须与绩效预算编制和执行的发展阶段相联系，预算编制近期以投入控制为主，逐步向项目预算过渡。预算执行短期内强调外部控制，逐步向注重内部控制过渡。因此，绩效评价在短期内必

须以节约为主，逐步向提高效率转变。要顺利实现这一转变，就要在前期工作的基础上继续强化以下几点：一是通过事前和事后评价相结合，强化预算编制阶段对项目的评审，包括合规性、可行性和绩效目标的合理性，以便在预算年度结束后通过结果与投入的比较衡量预算支出的效率，从而建立预算投入与项目结果之间的紧密联系。二是建立健全社会公众参与机制，结合我国的具体国情，逐步、有序提高公众在预算绩效评价中的主体地位。三是建立绩效监测报告制度。要建立绩效信息监测系统，实时监测绩效目标的完成情况；要建立绩效信息报告制度，加强绩效信息的搜集、整理和分析，加强社会公众对预算的监督。

（五）强化财政信息公开，增加预算透明度

透明度是预算制度的本质要求，是预算改革的重要内容和环节，这一阶段的预算透明度改革包括如下内容：一是按照《政府信息公开条例》等的规定，制定预算信息公开的制度办法，形成比较规范的预算信息公开内容、程序和方式，实现除涉密信息和不宜公开的信息外，比较全面和彻底的预算公开。二是建立政府财务报告制度。借鉴发达国家的做法，在常规的预算文件之外，提供合并的（或部分合并的）政府资产负债表、政府（预算）营运表以及现金流量表。三是建立以政府财政信息管理系统为核心的信息技术平台，为各类信息使用者，便捷地提供所需要的各种财政预算信息，增加财政透明度。

第三节　需要关注的几个问题

绩效预算改革是一项系统性的工程，西方国家几十年预算改革的历史和我国预算改革的探索都说明了绩效预算改革的复杂性，其原因一方面在于绩效预算本身的复杂性，它难以被准确设计；另一方面在于人们对绩效预算的认识，它有一个逐步深入的过程。考虑到我国当前的实际情况，在推进绩效预算改革过程中，除改革措施本身外，还有一些十分重要的问题需要引起我们的重视。

一、要得到政府主要领导和立法机关的支持

获得政府高层人士和立法部门的支持对任何改革来讲都是十分重要的。一项改革在探索阶段可以发挥各地区、各部门的主观能动性，但要进入正式实施，必须得到政府领导的支持。因为我们的改革主要是行政推动，在行政系统内部实行的是行政首长负责制，因此，政府主要领导是否理解、支持和全力推动，对绩效预算改革而言是非常关键的，这也符合我们各项改革的实践，也是目前预算改革比较超前的地区的一条重要经验。此外，绩效预算获得立法部门的支持也很重要，立法机关的重要性体现在两个方面：一方面，绩效预算改革是预算制度的变迁，制度只有上升到法律层面才真正具有严肃性和强迫性。美国早期的绩效预算之所以失败重要的原因之一就是没有获得立法部门的支持；另一方面，立法机关作为最高权力机关，在国家政治生活中发挥着重要的作用，立法机关的强力推进往往是某项改革得以实施的重要条件，如我国的部门预算改革在很大程度上是应全国人大的要求进行的。

二、绩效预算改革应采取渐进的方式

任何事物的发展都有自己的规律，绩效预算改革同样也有自己的路径。按照制度变迁理论，制度是总是处于变动之中的，但由于路径依赖的存在，制度的变迁总是渐进的。一是原有制度下形成了一些与这一制度共存共荣的既得利益集团，它们总是努力去维持和强化现有制度，使它沿着既定的轨道持续下去。二是意识形态、文化传统等非正式制度的影响和制约。“非正式制度在制度渐进的演进方式中起着重要作用，因此，是路径依赖的来源。”① 从绩效预算改革的实践看，两方面的原因决定了改革的渐进性，一是改革的阶段性。西方国家引入绩效预算的重要经验是结合经济发展的客观阶段，由易到难，先加强对投入的控制，再逐渐赋予部门灵活性，过渡到侧重产出控制。绩效预算评价侧重点也必须从节约、效率逐渐过渡到有效性和货币价值，不同的阶段追求不同内涵的绩效。二是技术变迁的长期性。实施中期预算框架比较关键的是对经济和财政收支的预

① 诸斯著：《制度、制度变迁与经济绩效》，上海三联书店，1994 年版。

测，经济形势在变化，新生的经济事物层出不穷，国际经济形势变幻莫测，决定了建立科学的经济预测模型是一个长期的过程。此外，准确衡量绩效水平依赖科学合理的绩效评价指标体系，而这一体系的建立和完善也需要经过长时间的探索。结合制度变迁的理论和各国绩效预算改革的经验，我国建立绩效预算制度也要采取渐进的方式，根据经济体制改革、行政管理体制改革和宏观经济形势的变化，针对现行预算制度所存在的问题和改革的需要，提出改革设想、设计改革方案并在局部试点的基础上逐步推广，在实施中修改和完善。

三、绩效预算改革要与相关领域的改革协调推进

预算改革是一个复杂的系统工程，受到诸多方面因素的影响，一方面它需要某些领域的改革为前提，另一方面它需要以某些改革为支撑，因此，改革要想成功就必须与其他的改革配套进行，包括政府行政管理体制改革、政府会计制度改革等。预算反映政府职能和活动方向，政府职能变化了，预算的内容和形式也要相应加以改变。我国尚处于转轨时期，政府职能由管理型向服务型转变，预算改革的内容和进程也必须服务于政府转变职能的进程和要求。实施绩效预算，要求政府机构要保持稳定，各部门的职责要进行清晰的划分，以分清责任，但我国行政管理体系改革仍未到位，决定了绩效预算改革必须与政府行政管理体制改革同步进行，避免形成“木桶效应”。政府会计制度是绩效预算重要的制度基础。按照收入或费用的确认标准不同，可分为收付实现制和权责发生制，在这两种模式之间，按照权责发生制因素的多少，还可分为修正的收付实现制和修正的权责发生制。不同的会计模式各有特点，不同的预算模式也需要不同的会计模式。一般而言，收付实现制对预算管理强调投入控制时比较有用。因为预算管理强调遵守法律法规，对会计的主要需求就是到年底审查各个机构是否按照事先规定的条目来支出，收付实现制可以非常有效的服务于这个目标。如果预算管理开始强调稳定，那么预算体系必须对财政年度中的经济变化作出调整，为控制政府支出的影响就必须对现金支出进行分析和关注，这就需要关注财政支出不同阶段的效应，进而导致对非收付实现制会计的需求，例如，假如政府发出支出承诺，到期后就要进行现金支付，因而收付实现制必须进行相应调整，辅之以修正的收付实现制，即用权责发

生制的一些信息来进行补充。当改革转向追求效率和有效性，则权责发生制会计相对有益。这并不是不需要收付实现制会计和报告，权责发生制体系也提供现金信息，从而说明财政政策的短期影响。但从效率观点来看，权责发生制更能衡量政府的完整活动成本和更广泛的政府运行评价。因此，政府会计制度改革要与预算改革同步推进，其模式也应与预算体系的模式相匹配。

四、要设计好的绩效预算改革方案

好的改革方案首先要科学合理，既符合改革的方向，又要与本国的国情相适应，只有这样的改革方案才能在实践中行得通，因此，最好的改革方案不是最优，而是次优。其次，改革方案要兼顾各方面的利益。财政改革是利益关系的调整，充分考虑和尊重各方的利益是改革得以进行的重要条件。没有广泛的认可和支持，再好的方案也无法有效实施，因此，必要的妥协是必不可少的。最后，绩效预算本身存在难以克服的制度障碍，它很难完全实现设计者的初衷。具体包括：

首先是绩效战略与目标体系评价的困难。基于战略框架的绩效管理要求清晰的目标体系，目标体系要由具体的和可测量的指标来建立，重点放在产出和结果上。而公共部门的行为方式和价值观念存在自身的特殊性。一是政府目标的多元化。作为绩效预算的前提，战略规划要求明确目标体系，但这实际上与政府多元化的目标相冲突：一方面是基于效率考虑的战略规划失去了灵活性，另一方面是体现政府多元化目标的灵活性抹杀了效率。二是民众表达偏好的机制决定了绩效预算实施的困难。公共选择机制通过中间投票人机制，将个人偏好加总为社会偏好，由于民主形式的不同和国民民主素质的不同，“免费搭车”转化为公共品实际数量也是不同的，这就决定了绩效预算实施的困难。三是政府与市场、部门与部门、中央与地方之间的职责界定很难完全科学合理，世界上没有任何两个国家的政府职能完全一样，也没有任何两个国家中央和地方关系完全一样，在事权不能完全界定的情况下，对绩效的考评就难以进行。

其次是绩效指标设计和计量困难。绩效指标与计量是绩效预算评价体系的核心，这也是世界财政管理学界公认的难题。原因在于：第一，政府力求政治、经济、社会目标的统筹兼顾与目标本身存在的矛盾导致了在绩效指标选择、目标设定等问题上的价值冲突；第二，公共支出与私人支出最大的不同在于产出不易测量，由于公共支出不仅仅考虑个别项目的成本收益，更多的是考虑社会收益；第三，绩效预算制度结构非市场化导致了评估主体的错位，即在市场经济条件下，对市场产品的评估是消费者，而对公共支出的绩效评价，纳税人很难直接参与。

最后是绩效报告与应用困难。绩效报告是预算前一周期的结果，又是后一周期的基础和依据。然而现实情况是，绩效报告的质量和作用不能令人满意，例如，支出控制者由于信息不对称很难对未完成的绩效的解释说明提出意见，现有绩效的真实性得不到有效保证。绩效计量体现为一系列统计数字及其说明的总和，这又为某些支出单位搞“数字游戏”提供了便利，容易形成重视绩效指标，而忽视公众利益的问题。由于政府部门产出和绩效指标过多，导致重要的管理报告累赘和时间上被拖延。

因此，在绩效评价改革方案设计和预算制度建设方面，不能求全责备，追求完善，应先建立完整的制度框架，具体内容随着时间的发展和技术的进步，逐步加以完善。

五、要在全社会形成绩效观念和绩效文化

非正式规则对正式规则具有潜移默化的影响，甚至会转变为正式规则。我国现行的非正式预算规则对绩效预算改革的推进可能会造成障碍。绩效预算只有融合在我国的传统文化体系中才能在实施中发挥优势和作用。然而实际上，绩效预算的运转所需要的组织文化与中国传统的价值观念并不一致甚至存在冲突，在现存格局下很难通过改造而被公众接受。中华文化是儒家文化，这一思想体系具有强大的生命力和包容性，公众对这一文化体系具有很强的精神依赖，具体表现在：首先，中国社会是以血缘与情感为本位形成的人际关系网，这形成了“公法毁而私情行”的社会积淀。在这种人治模式下，规则会退居次要地位，而让位于人情；其次，集权统治在中国留下了深刻影响，“信托政治”就是在这种统治下产生的，“委托—代理”模式的特征是公众会绝对服从统治者的领导，不会有丝毫的怀疑。现在及今后很长一段时间内，我国的行政管理民主化才会逐

渐深入人心①。

在这种情况下，加大对意识形态、思想观念等方面的投入，尽快建立起与绩效预算制度安排相适应的非正式制度，在全社会弘扬绩效文化，培养立法机关、政府部门和公众对绩效管理的认同感，树立绩效思想，支持和配合绩效预算工作，对绩效预算改革的成败非常重要。考虑到非正式制度变迁的长期性，加强非正式绩效预算制度建设主要从以下方面开展：一是要加大对绩效预算的宣传。通过系统的媒体报道、专家学者和政府工作人员专题研讨、进修培训、加强国家间交流合作等方式，有效消除社会各方面对改革的误解，统一思想认识，取得社会各界和广大人民群众积极的参与和广泛的支持，这是确保绩效预算改革成功的社会基础。二是要发挥正式制度对非正式制度的引导作用。正式制度确定后，非正式制度会随之发生变化，因此，要加大对非正式制度形成具有重要影响的正式制度的实施力度，尤其是问责制。之所以选择问责制，主要考虑它的影响力：一方面会影响部门的预算额度，另一方面会影响部门负责人的发展。这两个方面都是部门及其负责人所关注的，也会促使他们更加重视预算绩效，采取措施提高预算绩效，在这一过程中，他们的思想认识也会相应转变，逐步树立绩效理念。

① 黄仁宇：《万历十五年》，生活·读书·新知三联书店，1997年版。

主要参考书目

中文文献：

1. 贾康：《财政本质与财政调控》，经济科学出版社，1998 年版。

2. 卓越：《政府绩效管理导论》，清华大学出版社，2006 年版。

3. 财政部预算司：《预算管理国际经验透视》，中国财政经济出版社，2003 年版。

4. 于国安：《政府预算管理与改革》，经济科学出版社，2006 年版。

5. 杨之刚：《财政分权理论与基层公共财政改革》，经济科学出版社，2006 年版。

6. 马骏：《中国公共预算改革：理性化与民主化》，中央编译出版社，2005 年版。

7. 财政部国际司：《财政新视角——外国财政管理与改革》，经济科学出版社，2003 年版。

8. 马骏："中国省级预算中的政策过程与预算过程：来自两省的调查"，《经济社会体制比较》，2006. 8. 2。

9. 马骏、叶娟丽："公共预算理论：现状与未来"，《武汉大学学报》，2003 年第 2 期。

10. 马蔡琛："论阳光财政视野中的公共预算绩效管理"，《现代财经》，2006 年第 3 期。

11. 永萍："注重公共财政成本绩效研究"，《财政研究》，2006 年第 2 期。

12. 小龙："中国地方政府治理结构改革——一种财政视角的分析"，《新华文摘》，2004 年第 17 期。

13. 马国贤："绩效预算、单一财政账户和政府采购是构建我国公共支出体系框架的三项核心制度”，《湖北财税》，2000 年第 4 期。

14. 普雷姆詹德：《公共支出管理》，经济科学出版社，2002 年版。

15. 朱志刚：《财政支出绩效评价研究》，中国财政经济出版社，2003 年版。

16. 丛树海、周炜、于宁：“公共支出绩效评价指标体系的构建”，《财贸经济》，2005 年第 3 期。

17. 庆平：“公共财政支出的绩效管理”，《财政研究》，2003 年第 4 期。

18. 陈工、袁星侯：《财政支出管理与绩效评价》，中国财政经济出版社，2007 年版。

19. 岳海洋、王睿：“地方财政支出绩效评价浅议”，《地方财政研究》，2006 年第 11 期。

20. 杨文明、马瑞华：“平衡计分卡在我国政府绩效评价中的应用”，《天津大学学报（社会科学版）》，2007 年第 7 期。

21. 范柏乃、余有贤：“澳大利亚的政府服务绩效评估及对我国的启示”，《行政与法》，2005 年第 11 期。

22. 安秀梅、邵世才：“政府公共支出绩效评价方法的国际比较与我国评价方法的选择”，《财政监督》，2007 年第 3 期。

23. 罗建钢：“财政支出效益：一个评价框架”，《财政研究》，2003 年第 3 期。

24. 郭亚军、何延芳：“我国 1994 ~ 2001 年财政支出状况的综合评价”，《财经研究》，2003 年第 29 期。

25. 王伟同：“地方政府公共服务提供能力与绩效——基于东北三省样本的相对分析”，《地方财政研究》，2007 年第 11 期。

26. 杨玉霞、王东伟：“辽宁政府预算绩效评价体系构建及实证分析”，《地方财政研究》，2009 年第 5 期。

27. 王跃生：《没有规矩不成方圆：新制度经济学漫话》，三联书店，2000 年版。

28. 朱富强：《真实世界的经济学》，当代中国出版社，2002 年版。

29. 傅殷才：《制度经济学派》，武汉大学出版社，1995 年版。

30. 卢现祥：《西方新制度经济学》，中国发展出版社，2003 年版。

31. 苟燕楠、董静：《公共预算决策——现代观点》，中国财政经济出版社，2004年版。

32. 刘旭涛：《政府绩效管理制度、战略与方法》，机械工业出版社，2005年版。

33. 申书海：《财政支出效益评价》，中国财政经济出版社，2002年版。

34. [日] 青木昌彦：《比较制度分析》，上海远东出版社，2001年版。

35. [冰岛] 埃格特森：《新制度经济学》，商务印书馆，1996年版。

36. [美] 科斯等：《财产权利与制度变迁》，上海三联书店，1994年版。

37. [美] 诺斯：《制度、制度变迁与经济绩效》，上海三联书店，1994年版。

38. [美] 诺斯：《经济史中的结构和变迁》，三联书店，1994年版。

39. [美] 罗伊·T. 梅耶斯等：《公共预算经典（第一卷——面向绩效的新发展）》，上海财经大学出版社，2005年版。

40. 亚洲开发银行：《公共支出管理》，中国财政经济出版社，2001年版。

41. 国际货币基金组织：《财政透明度》，人民出版社，2001年版。

42. 经济合作与发展组织：《比较预算》，人民出版社，2001年版。

43. [英] 史蒂芬·贝利：《公共部门经济学》，中国税务出版社，2005年版。

44. [美] 艾伦·希克：《当代公共支出管理方法》，经济管理出版社，2000年版。

45. [美] 孙克姆·霍姆斯：《公共支出管理手册》，经济管理出版社，2002年版。

46. [美] 萨尔瓦·拖雷斯基亚沃—坎波，丹尼尔·托马西：《公共支出管理》，中国财政经济出版社，2001年版。

47. [美] A·普雷姆詹德：《公共支出管理》，中国金融出版社，1995年版。

48. [美] B·J. 理德，约翰·W. 斯韦恩：《公共财政管理》（第二版)，中国财政经济出版社，2000 年版。

49. ［美］保罗·R. 尼文：《政府及非营利组织平衡计分卡》，中国财政经济出版社，2004 年版。

50. ［美］大卫·N. 海曼：《公共财政：现代理论在政策中的应用》(第六版)，中国财政经济出版社，2002 年版。

51. ［美］戴维·奥斯本，彼得·普拉斯特里克：《政府改革手册：战略与工具》，中国人民大学出版社，2004 年版。

52. ［美］丹尼尔·W. 布罗姆利：《经济利益与经济制度——公共政策的理论基础》，上海三联书店、上海人民出版社，1997 年版。

53. ［美］A·普雷姆詹德：《预算经济学》，中国财政经济出版社，1989 年版。

54. ［美］桑贾伊·普拉丹：《公共支出分析的基本方法》，中国财政经济出版社，2001 年版。

55. 白景明、高小萍："绩效预算与政府绩效评价体系的要点"，财政部科研所《研究报告》，2005 年第 27 期（总 477 期）。

56. 财政部科研所《绩效预算》课题组：《美国政府绩效评价体系》，经济管理出版社，2004 年版。

57. 财政部预算司："绩效预算国际研讨会观点综述"，《预算管理与会计》，2004 年第 11 期。

58. 陈振明：《政府再造——西方"新公共管理运动"述评》，中国人民大学出版社，2003 年版。

59. 廖晓军：《2004 财税改革纵论》，经济科学出版社，2004 年版。

60. 马骏："新绩效预算"，《中央财经大学学报》，2004 年第 8 期。

61. 彭健："OECD 成员国的预算绩效评价实践及其借鉴"，《东财政学院学报（双月刊）》，2005 年第 2 期（总第 76 期）。

62. 彭健："多样化的政府预算理论研究视角探析"，《财政研究》，2005 年第 10 期。

63. 沙安文、沈春丽：《地方政府与政府财政建设》，中信出版社，2005 年版。

64. 王进杰："政府绩效预算改革研究"，《财政研究》，2006 年第 8 期。

65. 王进杰："政府绩效预算执行控制改革研究"，《财政研究》，2007年第4期。

66. 王卫星：《政府预算管理程序与方法研究》，经济管理出版社，2005年版。

67. 张馨、袁星侯："绩效预算的改革探析"，《财政研究》，2005年第10期。

68. 郑建新：《政府预算改革研究》，中国财政经济出版社，2002年版。

69. 政府预算管理和会计改革国际研讨会：《西方国家政府预算和政府会计模式》论文集，2001年。

70. 张梦中、杰夫·斯特劳斯曼："美国联邦政府的改革剖析"，《中国行政管理》1999年第6期，第43~45页。

71. 唐铁汉："我国开展行政问责制的理论与实践"，《中国行政管理》，2007年第1期。

72. 陈天祥："论中国制度变迁的方式"，《中山大学学报》，2001年第3期。

73. ［英］约翰·J. 格林：《公共部门财务管理》，经济管理出版社，2002年版。

74. 财政部科研所《绩效预算》课题组：《美国政府绩效评价体系》，经济管理出版社，2004年版。

75. ［美］R.E. 布朗、T. 加勒、C. 威廉斯著，袁军等译：《政府绩效审计》，中国财政经济出版社，1992年版。

76. 张燕君："美国公共部门绩效评估的实践及启示"，《行政论坛》，2004年第3期。

77. ［美］戴维·奥斯本，彼得·普拉斯特里克：《摒放官僚体制：政府再造的五项战略》，中国人民大学出版社，2002年版。

78. 财政部预算司：《绩效预算和支出绩效考评研究》，中国财政经济出版社，2007年版。

英文文献：

1. Coase, The new institutional economics, American Economic Review,

May, 1998.

2. North, Structure and Change in Economic History, New York: W. W. Worton and Co, 1981.

3. North, and Thomas, The Rise of the Western World: A New Economic History, Cambridge University Press, 1973.

4. Jack Diamond, 2002, "Performance Budgeting—Is Accrual Accounting Required?", IMF WP/02/240, P18.

5. John L. Mikesell, 1995, Fiscal Administration, 4th edition, New York: Wadsworth.

6. Cleveland, Frederick A., "Evolution of the Budget Idea in the United States", Annals of the American Academy of Political and Social Science 62 (November 1915).

7. Jack Diamond, Performance Budgeting: Managing the Reform Process, International Monetary Fund Research Report, November 2001.

8. Jack Diamond, 2005, "Establishing a Performance Management Framework for Government", IMF Working Paper, WP/2005/50, P23.

9. A Brief Guide for Performance Measurement in Local Government, National Center for Public Productivity, Rutgers University, 1997.

10. Zifeak, Spenser (1994), New Managerialism: Administrative Reform in Whitehall and Canberra (Buckingham: Open University Press), P27.

11. Handerson, s., "The Challenges of Measuring Performance", paper presented at the OECD Senior Budget Office Meeting, "Performance and Information in the Budget Process", Paris, April, 2004.

12. Iaaac - Henry, Kester, Chris Painter and Chris Barrnes, "Management in the Public Sector: Challenge and Change (second edition)", London: Thomson Business Press, 1997, P89 ~ 92.

13. Jody Zall Kusek, Ray C. Rist "Ten Steps to a Results - Based Monitoring and Evaluation System", THE WORLD BANK Washington, D. C. A Handbook for Development Practitioners, 29672, 2004, P23.

14. Robert D. Behn, "Cut back Budgeting", The Journal of Policy Analysis and Management, Vol. 4, No. 2 (Winter 1985), P155 ~ 177.

15. Wildavsky, Aaron B. , 1988. The New Politics of Budgetary Process, Illinois: Scott, Foresman and Company.

16. Rubin, Irene S. , 1988. "The Authorization Process: Implications for Budget Theory ", in Irene S. Rubin, New Directions in Budget Theory, Albany: State University of New York press.

17. Fleischman, R. K and Marquette, R. P. (1986, Spring), "The Origins of Public Budgeting: Municipal Reform during the Progressive Era", Public Budgeting and Finance, 6: 71 ~ 77.

18. Aaron B. Wildavsky, 1964. The Politics of Budgetary Process, Boston: Little Brown.

19. Luther Gulick and L. Urwick, eds. , Papers on the Science of Administration (New York: Institute of Public Administration, 1937), p. 192.

20. Andrew Lawson and David Booth, 2004, "Evaluation Framework Report to Management Group for the Joint Evaluation of General Budget Support".

21. Cothran, D. 1993, Entrepreneurial budgeting: An emerging reform? Public Administration Review Vol. 53: 445 ~ 454.

22. Handerson, s. , 2004, "The Challenges of Measuring Performance", paper presented at the OECD Senior Budget Office Meeting, "Performance and Information in the Budget Process", Paris, April.

23. Jack Diamond. Performance measurement and evaluation [M]. OECD Working Papers, 1994.

后 记

中国高潮迭起的预算改革向学术界提出了无数个必须研究、解答的问题。本着理论源于实践的原则，我们尝试思考解决这些问题。在两年的研究过程中，我们一直在思考中国预算改革的目标模式，并得出结论认为中国应该走到绩效预算的轨道上来。为此，我们选取了广东佛山市南海区这一绩效预算改革的典型，对此进行了全面深入的调研，提炼出了其成功的原因和经验，由此出发，提出了如何构建中国式绩效预算的系统设想，最终形成本书，以求教社会各界。

全书分上下两篇共十八章。白景明负责全书总纂，并撰写了绪论、第十三、第十四章，赵星国撰写了第一、第十、第十一、第十二、第十五、第十六、第十七、第十八章，李成威撰写了第三、第四、第五、第六、第七、第八章，马洪范撰写了第二、第九章。作者数次到南海调研，南海财政局为本书的写作提供了丰富的资料，特此致谢！广东省财政厅科研所黎旭东同志提出了咨询意见，在此，表示深深的谢意！中国财政经济出版社的李洪波同志对本书的出版给予了大力支持，责任编辑付出了辛勤劳动，在此表示真诚的感谢！